ÉTUDES

SUR

L'ÉTYMOLOGIE & LE VOCABULAIRE

DU VIEUX SLAVE

PAR

A. MEILLET

DIRECTEUR D'ÉTUDES ADJOINT A L'ÉCOLE DES HAUTES ÉTUDES

SECONDE PARTIE

PARIS (2e)

LIBRAIRIE ÉMILE BOUILLON, ÉDITEUR

67, RUE DE RICHELIEU, AU PREMIER

1905

IV

FORMATION DES NOMS

INTRODUCTION

On s'est proposé ici d'analyser les diverses formations de substantifs et d'adjectifs représentées en vieux slave proprement dit et d'en marquer sommairement les origines indo-européennes.

En cette matière comme en toutes les autres, la grammaire comparée des langues slaves de Miklosich, dont le second volume, paru en 1875, est consacré à la formation des mots, présente l'inconvénient de ne pas reposer sur le dépouillement d'une langue une : le vieux slave de Miklosich est, on le sait, l'ensemble de tous les textes littéraires bulgares, serbes et russes depuis les plus anciens documents jusqu'à la fin du moyen âge. La présente étude, au contraire, est essentiellement fondée sur les textes conformes au canon de M. Leskien, et l'on s'est efforcé d'y donner un tableau complet de toutes les formations — mais non pas de tous les mots — que présentent ces textes, tout en tenant compte des quelques mots sûrement slaves communs dont par hasard le vieux slave ne fournit pas d'exemples. Le *Handbuch* de M. Leskien n'a pas de chapitre sur ce sujet (que M. Vondrák a aussi négligé de traiter) ; il en résulte que, dans les recherches de grammaire comparée, on trouve souvent cités des mots slaves empruntés à des textes de très basse époque et qu'on juxtapose des faits de dates très diverses et de dialectes aussi divers. Le présent travail, qui permettra d'envisager une langue à peu près une, cherche donc à combler une regrettable lacune.

Quant aux origines indo-européennes, il n'existe d'autre

travail d'ensemble que la partie du *Grundriss* de M. Brugmann qui est consacrée à la formation des noms ; v. aussi, dans la *Kurze vergleichende grammatik* du même auteur, p. 311 et suiv.

Les deux ouvrages, celui de Miklosich et celui de M. Brugmann, auraient dû être cités à chaque page ; il suffira d'avertir une fois pour toutes le lecteur qu'il devra rechercher chez Miklosich les faits des divers dialectes slaves et chez M. Brugmann le détail des rapprochements avec les diverses langues indo-européennes ; quant aux faits des dialectes baltiques, qui ont au point de vue slave une importance particulière, ils ont été exposés par M. Leskien, avec la maîtrise que l'on sait, dans sa *Bildung der nomina im litauischen* (au volume XII des *Abhandlungen* de l'Académie de Saxe, phil. hist. cl.), citée ci-dessous au moyen de l'abréviation : Leskien, *Bild.* (les chiffres de pages cités sont ceux du volume des *Abhandlungen* et non ceux du tirage à part).

Tous les résultats maintenant acquis, qui sont consignés dans ces ouvrages d'ensemble, seront supposés connus, et il a semblé inutile d'y renvoyer (ce qu'il aurait fallu faire à chaque ligne) ou de reproduire les doctrines et les faits qu'on y trouve aisément ; le présent ouvrage ne dispense jamais d'y recourir.

L'étude de la formation des mots présente, à un degré tout à fait éminent, quelques-unes des difficultés les plus graves de la morphologie, si bien qu'elle constitue un cas tout particulier (cf. Paul, *Sitzsber. d. bayer. Acad. d. wiss.*, 1896, p. 692 et suiv.).

Tout d'abord, on constate que, à un moment donné, une langue ne présente qu'un nombre très limité de formations productives, c'est-à-dire susceptibles de fournir des mots nouveaux ; mais chacune des formations qui ont été productives à diverses dates antérieures peut continuer d'être représentée par un plus ou moins grand nombre d'exemples ; il en est tout autrement dans la flexion grammaticale où, en cessant d'être productif, un type cesse aussi d'être représenté sauf par quelques formes d'usage particulièrement fréquent. Ainsi le type indo-européen des thèmes en *-es-*, qui a cessé d'être productif dès une période préhistorique dans tous les dialectes, est largement attesté en grec et en latin ;

et en slave même, il est encore représenté par quelques
noms isolés, tels que *nebo* et *slovo*. Le suffixe **-ko-* a joué un
grand rôle en slave, notamment pour élargir d'anciens adjectifs
en -*ĭ*- et en -*ŭ*-, types *gorĭkŭ*, *sladŭkŭ*, et c., mais, dès les plus
anciens textes, il n'apparaît dans aucun adjectif nouveau. Et
tous les degrés se rencontrent depuis les mots complètement isolés jusqu'à ceux qui appartiennent à un type régulièrement productif. Les faits auxquels on a affaire dans la formation des mots ne sont donc pas homogènes. Outre les
types encore productifs au moment où les textes ont été composés, on y trouve des restes des divers procédés qui ont été
en usage depuis la période indo-européenne jusqu'au jour où
le slave a été fixé par l'écriture, c'est-à-dire durant un espace
de temps qu'on ne peut limiter exactement, mais qui est sûrement supérieur à vingt siècles.

D'autre part, sauf quelques formations régulières, comme
celle des dérivés en -*ĭje* des participes passés passifs, l'emploi
de tel ou tel type dans chaque cas particulier est déterminé
par des circonstances particulières propres à ce mot et qui sont
en partie fortuites. On ne voit pas, par exemple, pourquoi l'on
a *molitva* et *lovitva*, tandis que **roditva* n'existe pas. — De là
résulte que les mots sont très sujets à subir l'influence les uns
des autres et qu'il tend à se constituer de petits groupes ; par
exemple, on a des adjectifs en -*ĭjivŭ* désignant des particularités de caractère : *zavidĭljivŭ* « envieux », *poslušĭljivŭ* « sou-
mis », etc. C'est ce qui fait aussi qu'en un certain sens la
formation des mots est plus libre que la flexion ; on peut
fabriquer des mots qui n'ont qu'un usage momentané et qui
seront immédiatement compris, mais qui ne seront pas nécessairement reproduits ; les comiques, comme Aristophane et
Plaute, ont largement usé de cette liberté ; et, à un autre égard,
les traducteurs et adaptateurs de textes étrangers en ont aussi
profité : beaucoup de formations énumérées ci-dessous sont de
simples calques slaves de mots grecs : *podŭnožĭje,* par exemple,
n'est rien qu'une slavisation de ὑποπόδιον. Toutefois ceci n'est
qu'une conséquence indirecte de l'absence de rigueur et de
constance des types de dérivation, et, pour autant qu'il s'agit
de termes courants, il n'est pas licite de former des mots qui
s'écartent de l'usage établi.

Le trait commun à ces deux particularités, c'est que la mémoire y joue un rôle décisif: alors que les formes grammaticales existent seulement si elles peuvent être refaites à tout instant par le sujet parlant, et que seules les formes anomales se maintiennent toutes faites dans la mémoire, les mots au contraire existent pour la plupart complets dans l'esprit du sujet parlant et ne sont pas refaits à chaque fois, comme le sont les formes casuelles d'un même nom ou les personnes d'un même verbe. Un abstrait tel que *širota* « largeur » n'est pas recréé à chaque fois qu'on l'emploie; car, d'une part, il n'existe pas d'abstrait en *-ota* d'un adjectif vieux slave quelconque, mais seulement de quelques adjectifs, et, de l'autre, l'adjectif *širokŭ* « large » est muni d'un suffixe secondaire qui ne se retrouve pas dans le dérivé *širota*; néanmoins, *širota* a quelque chose d'analogue à une forme grammaticale en ceci que ce mot est associé d'une part à l'adjectif *širokŭ*, de l'autre aux abstraits en *-ota*, et notamment à ceux qui indiquent les autres dimensions de l'espace: *vysota* « hauteur », de *vysokŭ* « haut », et *dlĭgota* « longueur », de *dlĭgŭ* « long ». Il y a ainsi tous les intermédiaires possibles entre les mots complètement isolés comme *volŭ* « bœuf » et les mots susceptibles d'être refaits à volonté à chaque fois qu'on en a besoin, comme les abstraits du type *roždenĭje* « naissance » ou les adjectifs substitués à des génitifs du type *Petrovŭ* « de Pierre »; le premier cas est en dehors de la morphologie dans laquelle, au contraire, le second rentre entièrement.

La structure des mots slaves diffère essentiellement de celle des mots indo-européens, comme il arrive d'ailleurs dans toutes les langues attestées à la même date que le slave. Les mots indo-européens, assez peu nombreux, que le slave a conservés intacts (sauf naturellement les altérations phonétiques et morphologiques régulières) diffèrent en réalité en slave de ce qu'ils étaient en indo-européen, car les sujets parlants ou ne les analysaient plus, ainsi *kotoryjĭ* « lequel », ou les analysaient autrement qu'ils ne l'étaient à l'origine.

Tout d'abord, les noms ne sont plus rattachés à la racine; tous ceux qui ne sont pas isolés sont dérivés ou de verbes ou d'autres noms. Ainsi, en regard du mot indo-européen attesté par skr. *janită*, gr. γενετήρ, γενέτωρ, lat. *genitor*, lequel se rattache directement à la racine *$g_ienə$-, le slave a un nom d'agent dérivé du verbe *roditi* « engendrer », à savoir *roditelji*. Et ceci est si vrai que l'*i* de *roditelji* s'est soudé au suffixe et que certains noms d'agents sont tirés de thèmes du présent, ainsi *ziżditelji* « constructeur » de *ziżdǫ* « je bâtis ».

D'un autre côté, les suffixes se sont compliqués. Les suffixes simples indo-européens, obscurcis pour la plupart par les innovations phonétiques et morphologiques, ont cessé d'être productifs et ne se montrent plus que dans des mots isolés comme *slovo, slovese* « parole », ou *brěmę* « fardeau », *sěmę* « semence », etc. Ceux qui sont constitués par une simple voyelle -*e*-/-*o*- ou -*ā*-, ou par l'une des anciennes sonantes voyelles -*ĭ*- ou -*ŭ*- sont devenus de simples éléments de la flexion par suite des altérations phonétiques de la fin de mot et des actions analogiques qui ont suivi. Les suffixes usuels du slave sont pour la plupart des suffixes complexes résultant de l'agrégation de deux suffixes anciens ou de plus encore. Par exemple les abstraits verbaux en -*nije* renferment le suffixe du participe passé passif -*n(o)*- et celui des dérivés en *-*iyo*-. Et ainsi dans presque tous les cas. Le latin, par exemple, présente des faits analogues (v. W. Otto, I. F., XV, 9 et suiv.).

De plus les suffixes s'accumulent les uns sur les autres pour former des dérivés de dérivés, si bien qu'un nom slave peut avoir une série illimitée de suffixes. Par exemple, l'adjectif *pravŭ* « droit » comprend déjà un suffixe ; de là sort l'abstrait *prav-ĭda*, avec un suffixe -*ĭda*- qui contient lui-même deux ou trois suffixes indo-européens : *-*ĭ*-*d*-*ā*- ; de cet abstrait, on a un adjectif *pravĭdĭnŭ* « juste », d'où le nom désignant une personne : *pravĭdĭnikŭ*, et l'adjectif substitué à un génitif : *pravĭdĭničĭ* « du juste ». A cet égard au moins, le slave a un aspect très caractéristique et qui rappelle d'une manière curieuse le finnois ; et il s'écarte résolument du type indo-européen.

Ces particularités empêchent de donner de la formation des mots slaves — et des mots d'une langue indo-européenne quelconque — un exposé vraiment systématique et ordonné. Les formations ont été groupées ici empiriquement d'après l'un de leurs éléments qui a paru particulièrement important, et plutôt au point de vue des origines indo-européennes qu'à celui du slave historiquement attesté. Mais on s'est efforcé de marquer exactement dans chaque cas si le type était susceptible de produire des mots nouveaux en vieux slave, en slave commun, ou à quelque date entre l'indo-européen et le slave commun. L'énumération, qui a été faite très large, des exemples vieux slaves indique immédiatement le degré d'importance de chacun des types qui ne sont pas productifs d'une manière illimitée.

Il a semblé impossible de tirer parti de toutes les étymologies qui ne sont pas transparentes ; les rapprochements incertains dont on fait état trop souvent ne peuvent être employés comme moyens de démonstration dans l'étude des faits grammaticaux, et le plus sage est de les négliger purement et simplement. Si l'on songe au nombre immense de mots d'origine inconnue ou très douteuse que présente une langue pour laquelle on possède une suite ininterrompue de documents historiques remontant à plus de 2 000 ans, comme le français, on verra combien il serait puéril de croire qu'on puisse avoir une explication sûre, ou même simplement plausible, de tous les mots d'une langue telle que le slave au premier jour même de son histoire.

Il est à peine utile d'ajouter que, en aucun cas, on ne trouvera ici d'hypothèses sur les origines premières des formations slaves ; le slave ne présente du reste aucun exemple de suffixe issu d'un second terme de composé, tel que all. *-heit* ou fr. *-ment*, ni de formation tirée d'une forme casuelle. On ne rencontrera donc que des développements plus ou moins clairs, plus ou moins étendus et neufs, des procédés de formation indo-européens, procédés dont on peut déterminer la nature, mais dont l'origine est inconnue.

M. Hirt, dans son *Ablaut*, et les savants qui l'ont suivi, notamment M. Reichelt (K. Z., XXXIX, 1 et suiv.), rattachent aux racines — ou plutôt aux bases — plusieurs des éléments qu'on considérait jusqu'à présent comme suffixaux. Il a paru inutile d'entrer ici dans la discussion de ces hypothèses qui n'ont d'intérêt que pour la théorie de l'indo-européen et qui n'ont guère de portée pour l'histoire du slave proprement dit. Du reste, ces hypothèses sont pour la plupart ou indémontrables, ou évidemment fausses : il est indémontrable

que le *v* de sl. *divŭ* « merveille » soit radical, et il est faux que
le *v* de skr. *dhĭvant-* (dérivé évident de *dhī-* « méditation, pensée ») appartienne à la racine, comme le veut M. Reichelt (K.
Z., XXXIX, 50).

Les composés — pour la plupart calqués sur des modèles
grecs — ont été laissés de côté ici ; ils ont été déjà étudiés
par M. Jagic', *Archiv*, XX, 519-556 et XXI, 28-43. Et c'est
précisément parce que le slave n'a par lui-même, et sauf
imitations étrangères, presque aucun composé qu'il n'a pu
développer de suffixes issus de seconds termes de composés,
comme all. *-heit, etc.*

Dans tout ce qui suit, on ne devra jamais perdre de vue que
tous les textes considérés sont des traductions ; les proportions
respectives des diverses formations, telles qu'elles existaient
dans la langue parlée, n'y sont donc pas représentées exactement, et le nombre des abstraits est beaucoup plus grand qu'il
ne le serait si l'on possédait des textes reproduisant le parler
slave courant. Mais ceci ne change rien à la forme des mots
qui est le principal objet du présent travail.

Les formations lituaniennes ont été constamment rappro-
chées de celles du slave ; l'admirable répertoire de M. Leskien
rendait la comparaison facile. On pourra donc aisément se
rendre compte du degré de ressemblance des procédés de formation dans les deux langues ; on verra que ces procédés sont
en somme bien différents, et que le nombre des noms exactement superposables du baltique et du slave est petit. D'une
manière générale, le baltique et le slave ne présentent pas
autant d'innovations communes qu'on le croit souvent, et il
ne semble pas légitime de parler d'une époque d'unité balto-
slave ; au fond, et abstraction faite de ce que les dialectes
baltiques et slaves, également connus à des dates assez basses,
se présentent sous des formes qui les rendent facilement comparables entre eux, il est douteux que le baltique ressemble
plus au slave que le celtique, pris dans son ensemble, ne ressemble à l'italique ; aucune des innovations communes au
baltique et au slave qu'indique M. Brugmann, *Kurze vergl.*

gramm., p. 18, n'a rien d'essentiel ; certaines sont discutables :
ainsi la simplification des consonnes géminées qui continue
simplement une tendance indo-européenne ; toutes s'expliquent
par des actions analogiques simples et qui ne sont pas bornées
nécessairement au « balto-slave » : par exemple les instrumen-
taux pluriels lit. *akmenimìs* et v. sl. *kamenǐmi* sont faits exactement comme lat. *hominibus* ; le type d'adjectifs déterminés,
lit. *geràsis*, v. sl. *dobryjǐ*, diffère notablement en baltique et en
slave, et, dans les deux langues, résulte d'un emploi anapho-
rique de i.-e. **yo-* atone dont on retrouve l'équivalent dans la
langue de l'Avesta. A part les emprunts de mots faits par le
baltique au slave, et à part les ressemblances dues à des circonstances extérieures (habitat, niveau de civilisation, etc.),
le baltique et le slave ont des aspects très différents et surtout
il n'est guère de points où le baltique commun coïncide exactement avec le slave commun. Le problème du degré de
parenté entre le baltique et le slave est trop important pour
être abordé ici d'une manière incidente ; mais les faits étudiés dans le présent ouvrage doivent contribuer à en faire
désirer et peut-être à en faciliter la solution, et, en tout cas,
à rappeler que la question a été tranchée trop vite et sans
qu'on ait critiqué d'assez près les preuves alléguées en faveur
d'une période d'unité « balto-slave » ; deux dialectes indo-européens voisins se développant indépendamment dans des conditions aussi pareilles que le baltique et le slave ne peuvent pas
ne pas présenter de traits communs ; ce qui est surprenant, ce
n'est pas que le baltique et le slave aient des particularités
analogues, mais bien plutôt qu'ils en aient aussi peu et d'aussi
peu essentielles.

I

LES NOMS A SUFFIXE ZÉRO

L'indo-européen employait d'une manière normale des noms
caractérisés par l'absence de tout suffixe, ou, en d'autres
termes, par le suffixe zéro, ainsi skr. *vák*, zd *vāxš*, lat. *uōx*,
gr. ὄψ.

Le terme de suffixe zéro, qui peut paraître surprenant au
premier abord, n'est pas seulement légitime, il est nécessaire,
car il répond à une réalité définie. L'absence d'un certain
élément morphologique, en tel ou tel cas, dans une langue où
cet élément morphologique est, pour tous les autres cas comparables, d'un usage constant, n'est pas moins caractéristique
d'un mot donné que ne l'est une forme quelconque de ce même
élément. Le vocalisme zéro de la racine dans ἔλιπον est caractéristique de l'aoriste de la même manière et au même degré que
le vocalisme *e* l'est du présent λείπω ou le vocalisme *o* du par-
fait λέλοιπα (v. R. Gauthiot, *Note sur le degré zéro,* dans *Mélanges
Meillet,* p. 49 et suiv.). La désinence zéro de gr. πατήρ caractérise le nominatif comme la désinence *-ος caractérise le
génitif πατρός.

L'importance du suffixe zéro en indo-européen est déjà
reconnue en principe, mais on n'en tient pas le compte qu'il
conviendrait. En dehors de l'indo-iranien et, en quelque
mesure, du grec et du latin (v. Brugmann, *Grundr.,* II,
§§ 161-163), les noms à suffixe zéro ont presque entièrement
disparu. Et, même dans ces langues, où il en subsiste un assez
grand nombre, beaucoup d'autres qui existaient anciennement
ne sont plus représentés à date historique que par des dérivés
formés à l'aide de suffixes secondaires. Quelques exemples de

ce dernier cas ont été donnés, M. S. L., XI, 298 ; il serait aisé
de les multiplier. Lorsque des noms qui ne se rattachent pas
à une racine verbale se présentent dans les diverses langues
avec des suffixes différents, on est fondé à poser un thème
indo-européen à suffixe zéro dont les mots attestés sont des
dérivés. En voici quelques exemples :

Le nom du « bouc » est en lituanien *ožŷs* (lette *āzis*), celui de
la « chèvre » *oszkà*, tandis que le vocabulaire d'Elbing donne
pour le vieux prussien : *wosux* « bok », *wosee* « czege », *wolistian*
(lire *wosistian*) « czickel ». Ces diverses formes, et notamment
le lit. *oszkà*, où M. Leskien (*Bild.*, 506) essaie vainement de
voir l'imitation de quelque forme slave, supposent un thème
$\bar{a}g_1$- en regard de la forme thématique skr. *ajáḥ,* fémin. *ajă* ;
le v. sl. *azino* « peau » (de chèvre) est tiré de ce même thème.
Et, en effet, le mot voisin, mais différent, du grec est un thème
à suffixe zéro sans voyelle thématique : αἴξ, αἰγός, cf. arm. *ayc,
ayci*.

M. Fick, *Et. wört.*, I⁴, 470, constate qu'on peut rapprocher
skr. *paṅkaḥ, paṅkam* « boue », de got. *fani*, v. isl. *fen*, v. h. a.
fenna, de v. pruss. *pannean* « mosebruch » (Voc.) et du gaul.
anam « paludem » (Fick-Stokes, *Et. wört.*, II⁴, 14), à condition
de voir dans -*ka*- un élément suffixal. La forme munie d'un
suffixe à gutturale se retrouve dans v. h. a. *füht,* ags. *füht,*
comme l'a vu M. Lidén, B. B., XXI, 93. Et il faut ajouter
une forme germanique **fango-,* exactement correspondante à
skr. *paṅkaḥ, paṅkam* qui est supposée par l'emprunt roman au
germanique : v. fr. *fanc*, ital. *fango* (et fr. *fange*, prov. *fanga*,
ital. *fanga*), à côté de prov. *fanha* qui sort de **panjō-*. Comme
**-k-* et **-ko-*, les suffixes **-yo-* et aussi **-ā-* sont des suffixes
secondaires. Tout cet ensemble de rapprochements atteste
l'existence d'un thème indo-européen à suffixe zéro **pon-, pᵒn-,
pṇ-*, signifiant « boue ».

De même, on ne saurait rendre compte du rapprochement
de lat. *salix* et v. irl. *sail, sailech* (c'est-à-dire **sᵒlik-*), gr. ἑλίκη,
v. h. a. *salaha*, ags. *sealh* sans partir d'un ancien thème **sel-,*
non conservé ; toute la question est de savoir si ce primitif
signifiait déjà « saule » ou s'il ne faut pas penser, avec
M. Solmsen, *Untersuch. z. griech. laut-und verslehre*, p. 15, n.,
à gr. ἕλος « lieu humide », etc. (sur ce mot, cf. Niedermann,

E und I im lateinischen, p. 72, une hypothèse très hardie qui, en tout cas, échappe à la démonstration).

Un thème à suffixe zéro *bhei- est supposé par v. prus. *bi-tte,* lit. *bi-tis* « abeille »; v. irl. *bech* (de *bhi-ko-?), lat. *fūcus* (de *bhoi-ko-? Johansson, I. F., III, 225, n.); v. h. a. *bi-ni, bī-na, bīa,* ags. *béo,* v. isl. *bý-fluga.*

Des noms athématiques indo-européens à suffixe zéro, le slave n'a presque rien conservé. On ne peut citer que trois mots qui présentent encore des restes de ce type à l'époque historique :

krŭvĭ « αἷμα » (v. pol. *kry,* v. slov. *kri*) a un génitif *krŭve,* par ex. L., XI, 51 (cf. pol. *krwe, krzwe*), qui atteste le thème *krū-, *kruw-, cf. zd *xrū-* « viande crue » et ses dérivés *xr(ū)vant-, xrūta-, xrūma-, xrūra-* « cruel », dans le *Altiranisches wörterbuch* de M. Bartholomae; toutes les autres formes sont celles d'un thème en -ĭ-. En dehors du slave et de l'iranien, le mot i.-e. *krewə-, krū- est attesté par de nombreuses formations secondaires : gr. κρέϜα-ς, skr. *kraví-ṣ-,* lat. *cruo-r,* irl. *crú*; gr. κρυ-ερός, skr. *krū-ráḥ,* zd *xrū-rō*; lat. *cru-entus* et *crū-dus*; v. isl. *hrár,* v. h. a. *(h)rō*; skr. *krav-yam,* lit. *kraũ-jas.*

oči et *uši* représentent le nominatif-accusatif duel neutre des thèmes consonantiques *okʷ- et *aus- (ou *ous-); l'*i* du datif instrumental *očima* et *ušima* montre qu'il ne s'agit pas d'anciens thèmes en -ĭ- : *očima* et *ušima* ont été faits sur *oči* et *uši*; les singuliers du baltique, lit. *akis,* v. pruss. *ackis* et lit. *ausis,* v. pruss. *ausis* (*ausnis?* dans le Vocabulaire) ont été refaits sur les duels *akī, *ausī (lit. *aki, ausi*), v. J. Schmidt, *Pluralbildungen,* 251 et suiv.; et c'est aussi *ausī que représente le latin *aurēs, aurium* où le pluriel a été substitué au duel. Le gr. ὄσσε résulte sans doute de l'addition de la désinence -ε du duel à un ancien *okʷi. Sur le thème *okʷ-, v. J. Schmidt, *l. c.,* p. 388 et suiv., et sur le thème *us- (zd *ušibya* Nir., 26, 27, etc., v. Bartholomae, *Altiran. wört.,* art. *uš-*), *aus-, *ous-, *l. c.,* 406 et suiv.

Certains noms, qui sont conservés presque partout ailleurs, ont disparu en slave; le plus remarquable est le nom du « pied », skr. *påt,* gr. πούς, arm. *otn* (plur. *otkh*), lat. *pēs,* got. accus. *fotu,* qui a disparu en baltique et en slave : le slave a *noga*, le vieux prussien *nage*, le lituanien *kója*, le lette *kāja*. — De même le slave emploie *zǫbŭ* « dent » (cf. lette *zûbs*, skr. *jámbhaḥ*) en regard de skr. *dant-*, gr. ὀδούς, lat. *dens*, got. accûs. *tunþu*, lit. *dantìs* (gén. plur. *dantu̧*), etc.

Parfois le slave a des formes thématiques en regard de formes athématiques qu'on trouve ailleurs ; ainsi :

sněgŭ « neige », lit. *snēgas*, got. *snaiws*, en face de gr. νίφα et lat. *nix, niuem* ;

nosŭ « nez », lat. *nāsus*, en face de skr. duel *nắsā*, instr. sing. *nasắ*, lat. *nārēs*, lit. *nósis*.

v. r. *mŭxŭ* « mousse », en face de latin *mus-cus*.

nagŭ « nu », lit. *nůgas* ; cf. skr. *nag-náḥ*, got. *naq-aþs*, lat. *nūdus* (de *nog^w-edos).

kratŭ, dans *tri kraty* « 3 fois », J., XIII, 38 ; *sedmĭ kratŭ* « 7 fois », Mt., XVIII, 21, 22, etc. ; cf. lit. *kařtas* en regard de skr. *sa-kṛt* « une fois » = zd *hakərət* ; *kraty*, de *dŭva kraty* « 2 fois », L., XVIII, 12 ; *koli kraty*, L., XIII, 34 (Mar.), *sedmĭ kraty*, Ps., CXVIII, 164, est l'accusatif pluriel *kraty* devenu forme fixée et non fléchie. Il y a peut-être encore une trace de l'ancienne forme athématique dans *to kratĭ*, Supr., 173,18 et 313,25 (πρὸ μικροῦ) ; pol. *dwa kroc', pięc' kroc'*, etc. ; tch. *pětkrát', tenkrát'* (à côté de *-krát*, Gebauer, *Hist. mluv.*, I, 388).

Plusieurs ont passé aux thèmes en *-ĭ-*, ce qui peut être attribué au moins en partie à l'influence de l'accusatif singulier où lit. *-į* = v. sl. *-ĭ* peut représenter également *-u̧ et *-in. C'est ce qu'on observe dans :

brŭvĭ « sourcil », cf. skr. *bhrûḥ*, gr. ὀφρῦς ; pour la forme, cf. *krŭvĭ*.

myšĭ « souris », cf. skr. *mūṣ-*, gr. μῦς, lat. *mūs*, v. h. a. *mûs*.

visĭ « maison de campagne », cf. skr. *viç-*, zd *vīs-*, v. perse. *viθ-*, lit. *věsz-pats*, v. pruss. *waispattin*, gr. Ϝοῖκ-α-(δε).

zvěrĭ « bête sauvage », lit. *zvèris* (gén. plur. *zweru*, Szyrwid, *Punkty kaz.*, éd. Garbe, 48,32), cf. gr. θήρ.

gǫsĭ « oie », cf. lit. gén. plur. *zǫsu̧*, gr. χήν. Le mot est souvent tenu pour emprunté au germanique à cause du *g* initial ; mais le *g* s'explique en slave même (cf. ci-dessus, p. 178).

Le v. sl. *solĭ* (féminin) « sel » doit être issu d'un thème consonantique qu'on reconnaît encore dans le dérivé *slanŭ* « salé » (r. *sólonyj*, pol. *słony*); cf. gr. ἄλς, ἀλός; lat. *sāl, salis*; Schmidt, *Pluralbild.*, 253, a supposé un ancien nominatif-accusatif singulier **sali*, analogue pour la forme à skr. *hŕdi, hā́rdi* « cœur »; on expliquerait ainsi lat. *sale*; mais on n'a pas besoin de cette forme pour rendre compte de arm. *ał*, instr. *ałiw*; gr. ἁλι-πόρφυρος, etc.; lette *sāls* (thème en -*i*-). Le thème **sal*- apparaît muni de suffixes secondaires dans : arm. *alt*, got. *salt*, et dans irl. *salann*, gall. *halan*.

Le mot *dvĭri* « porte » (d'abord *plurale tantum*) en face de skr. *dúrah*, lat. *forēs*, v. h. a. *turi*, lit. *dùrys* (gén. *durų*), arm. *durkh*, etc., est aussi un ancien thème consonantique (v. en dernier lieu M. S. L., XII, 236).

Au second terme des composés, on rencontre :

gospodĭ « seigneur », dont le deuxième terme est sûrement un ancien **pot-, *pod-*, et dont la flexion présente un mélange de formes en -*ĭ*- et en -*o*- (pour la bibliographie relative à ce mot et aux mots parents des autres langues, v. K. Z., XXXVI, 111 et suiv.); l'idée que *gospodĭ* serait un emprunt plus ou moins ancien semble devoir être écartée (v. en dernier lieu l'hypothèse de M. Mikkola, *Sbornik Fortunatov*, 274 et suiv., dont le fondement est plus qu'incertain).

medvědĭ « ours », cf. skr. *madh(u)v-ád-*.

D'anciens thèmes à suffixe zéro sont conservés en slave grâce à l'addition de toutes sortes de suffixes secondaires. Il suffira de citer ici les exemples les plus nets ; les autres sont énumérés en leur lieu, au chapitre de chacun des suffixes.

Suffixe **-ā-* :

juxa « soupe », cf. skr. *yūḥ, yūṣṇáḥ*, lat. *iūs*; cf., avec d'autres suffixes secondaires, lit. *júszê*, v. pruss. *juse*; gr. ζύμη (?) ; irl. *íth*, m. bret. *yot* « bouillie ».

srěda « milieu » et, avec un autre suffixe, *srŭdĭce* « cœur », cf. v. pruss. *seyr* (Voc.), *sīran* (Ench.), gr. κῆρ, lat. *cor, cordis*, et, avec divers suffixes, lette *serde* « cœur de bois » (v. Leskien, *Bild.*, 266), lit. *szirdìs*, arm. *sirt* (instr. *srtiw*), v. irl. *cride*, gr. καρδία, got. *hairto* (sur lit. *szirdis* « cœur de bois », v. Gauthiot, *Sbornik Fortunatov*, p. 404 et suiv.).

muxa « mouche », cf. v. pruss. *muso* ; le thème à suffixe zéro n'est conservé nulle part, mais il est supposé par : lat. *mus-ca* ; lit. *mus-ė*, gr. μυῖα, et v. sl. *mŭšica* « moucheron » de **musi-* avec la même finale que dans *ovĭca* ; arm. *mun* ; les formes germaniques ne sont pas claires (v. Kluge, *Et. wört.*, sous *mücke*). Le sanskrit a probablement de même *mákṣā* et *mákṣikā* « mouche », en regard du thème *makṣ-* attesté par le nominatif pluriel *mákṣaḥ* (R. V., VII, 32,2).

stĭdza « sentier », lette *stiga* « sentier », v. h. a. *stega* « escalier », à côté de pol. *s'c'ieżka* « sentier », dérivé de **stĕga* = got. *staiga* ; cf. gr. nom. plur. στίχες « rangées » (et στίχος, στοῖχος). Le v. sl. *stĭgna, stŭgna* « rue » est un autre dérivé du même thème.

gora « montagne », dérivé d'un thème à suffixe zéro qui reparaît, avec d'autres suffixes, dans skr. *girĭḥ*, zd *gairiš* « montagne » ; lit. *girė* « forêt » ; sans doute aussi dans gr. βορέᾱς « vent du Nord » (vent de la montagne).

noga « pied », sans doute d'abord « pied d'un animal » : sabot », cf. lit. *nagà* « sabot (d'animal) » ; le gr. ὄνυξ « ongle » présente le type le plus ancien ; cf. d'ailleurs skr. *nakháḥ* et lit. *nãgas* ; lat. *unguis* ; irl. *ingen* ; v. h. a. *nagal* ; et, en slave même, *nogŭtĭ* « ongle ».

slava « gloire », cf., avec un autre suffixe, lit. *szlovė* ; on tient souvent le mot lituanien pour emprunté au slave, mais sans raison (v. Leskien, *Bild.*, 281) ; l'intonation douce de *o* (acc. *szlõvę*) n'est pas probante ici ; car, bien que moins sujet à la métatonie douce que certains autres suffixes à -*j*- initial, le type en -*(j)ė* n'en est pas exempt (F. de Saussure, M. S. L., VIII, 441, n.) ; soit par la formation, soit par l'intonation, *szlovė* est exactement comparable aux mots *srovė* « courant », *żolė* « herbe » qui ne sont nullement suspects d'être empruntés.

voda « eau » ; un thème en -*r*/-*n*-, est attesté par gr. ὕδωρ, ὕδατος ; skr. *udakám, udnáḥ* ; v. h. a. *wazzar*, got. *watins* (génitif), etc. V. irl. *uisce* « eau » ; on voit par le slave et l'irlandais que les dérivés secondaires sont tirés ici de la racine sans le suffixe -*r*/-*n*-, ce qui indique le caractère secondaire de celui-ci. Le latin a aussi un dérivé en -*ā*-, mais avec nasale infixée, *unda*, cf. lit. *vandŭ*.

Suffixe sl. *-ja-* = lit. *-(j)ė-* :

zemlja « terre », lit. *žėmė*, v. pruss. *semmē*; cf. skr. *kṣam-*, gr. χθών, et zd *zəm-*.

luča « rayon », cf. skr. *rúc-* « lumière » (d'où *rukmáḥ*), lat. *lūx*, et, avec des suffixes secondaires, got. *liuhaþ*, gr. λοῦσ-σον, etc. Le slave a aussi *luči* « lumière ».

Suffixe *-yo-* :

ježi « hérisson », lit. *ežỹs*; cf., avec d'autres suffixes, gr. ἐχῖνος, arm. *ozni*, v. h. a. *igil*, v. isl. *igell*.

morje « mer », v. h. a. *meri*; cf., avec d'autres suffixes, lit. *mārės*, got. *marei*; irl. *muir*, lat. *mare*.

Suffixe *-en-* :

jaseni « frêne »; le thème **ŏs-* est supposé par lit. *úsis* (génit. *úsio*), v. pruss. *woasis* (Voc.); v. h. a. *asc*, v. isl. *askr*; cf. arm. *haci*; lat. *ornus*.

mėsęci (avec un second suffixe secondaire **-ko-*) « lune » et « mois », cf. skr. *māḥ*, gr. μήν, irl. *mí*; et lat. *mensis*; got. *mena*; got. *menoþs*; gr. μήνη.

želądi (avec suffixe secondaire **-d-*) « gland »; cf. lat. *glans, glandis*; lit. *gilė*; gr. βάλανος; arm. *kełin*.

Suffixe *-tei-* :

**osti* « pointe » (r. *ost'*, s. *ȍsti*, pol. *os'c'*); le thème **ak₁-* est supposé par lit. *aszaka* « arête de poisson »; gr. ἀκίς; gr. ἀκή; lat. *aciēs*; skr. *açániḥ*; ags. *egl* « aiguillon », arm. *asełn* « aiguille », etc.

On ne saurait guère limiter le nombre des cas de ce genre. Les suffixes commençant par *-k-* étant essentiellement secondaires, des mots comme *biči, žica, znakŭ*, etc., ne peuvent être tenus que pour des dérivés secondaires d'anciens noms à suffixe zéro; de même les mots dont le suffixe a pour consonne un *-g-*, ainsi *mǫži*, dérivé d'un nom qui a fourni par ailleurs skr. *mánu-* et got. *manna*; de même *zelĭje* « légume » et *zelenŭ* « vert », cf. lit. *žolė*, etc. Parfois la formation est tout à fait obscure, ainsi dans *govędo* « bœuf », en regard de skr. *gáuḥ*, gr. βοῦς, etc.

On est tenté de voir aussi des représentants d'anciens thèmes à suffixe zéro dans les composés munis de suffixes, comme *vojevoda* ou *bogočitici*; cf. le type latin *tubicen* et, avec suffixe *-ā-*, *incola*. Les composés slaves sont, il est vrai, à peu près tous suspects d'avoir été calqués sur des mots étrangers : *vojevoda* traduit exactement v. h. a. *herizogo*, v. isl. *hertoge*, et *bogočĭtĭcĭ*, gr. θεοσεβής (cf. Jagic', *Arch.*, XX, 519-556, et XXI, 28-43). Mais il devait exister quelques modèles en slave même ; autrement la formation serait inintelligible.

En somme, au cours de toutes les recherches sur la formation des mots slaves, on ne devra jamais oublier que ceux des mots slaves qui remontent directement à l'indo-européen représentent en grande partie des noms à suffixe zéro qui ont été élargis, à date plus ou moins ancienne, par des suffixes secondaires.

Cette seconde partie était à l'impression quand l'auteur a eu connaissance du livre de M. A. L. Pogodin, *Slědy kornej-osnov v slavjanskix jazykax* (Varsovie, 1903) ; on y trouvera une discussion détaillée de questions connexes à celles qui sont étudiées ici, avec des hypothèses en partie très hardies et difficilement démontrables.

II

SUFFIXE *-arjĭ*.

Le suffixe *-arjĭ* indique l'homme qui exerce une profession ; il s'ajoute à des noms, et non pas, au moins anciennement, à des thèmes verbaux ; les textes anciens n'en ont que peu d'exemples ; on a dans Év. :

mytarjĭ « τελώνης », de *myto,* L., XVIII, 10, Zogr. Mar. Ass. ; le mot tend de bonne heure à être remplacé par d'autres, par ex. *mĭzdoimĭcĭ,* Ostr., ou *mytoimĭcĭ,* Euch., 79 a, en regard de *mytarjĭ,* 77 a.

rybarjĭ « ἁλιεύς », de *ryba,* Mt., IV, 18, Zogr. (*lovĭcĭ* Ass.) ; L., V, 2, Zogr. (*rybitvŭ,* Mar. Ass.) ; Mc, 1, 16, Zogr. Mar. (Ass. def.) ; l'examen des variantes semble indiquer que le traducteur de l'Évangile, ou du moins le traducteur de l'Évangile par leçons, n'employait pas *rybarjĭ.*

vinarjĭ « ἀμπελουργός », de *vino,* L., XIII, 7, Zogr. Mar. (Ass. def.).

vrŭtogradarjĭ « κηπουρός », de *vrŭtogradŭ,* J., XX, 15, Mar. Ass. (Zogr. def.) ; cf. s. *vr̃tār.*

Supr. présente en outre :

grŭnĭčarjĭ « κεραμεύς », de *grŭnĭcĭ,* 295, 7 ; cf. pol. *garnczarz* et *garncarz,* tch. *hrnčíř,* r. *gončár.*

kljevetarjĭ « κατήγορος », de *kljeveta,* 331, 25.

vratarjĭ « θυρωρός », de *vrata,* Ostr. ; *vratarica,* Supr., 332, 26.

boljar-inŭ, boljar-ĭskŭ (v. les renvois dans Miklosich, *Lexicon*).

De plus, un mot **kovarjĭ,* de *kovŭ* « ἐπιβουλή », est supposé par *kovarĭnŭ* « πανοῦργος », II Cor., XII, 16, et *kovarĭstvo,* Supr., 347, 13, *kovarĭstvije* II Thess., II, 3 ; I Cor., III, 19, etc. « πανουργία, τρόπος ».

Les Actes des Apôtres ont:

usmarjĭ, de *usmŭ*, βυρσεύς, IX, 43; X, 6 et 32.

Tous ces exemples des anciens textes sont tirés de noms; il en est de même des mots suivants attestés à diverses dates: *kravarjĭ* (s. *krăvār*) de *krava*, *mèdarjĭ* de *mĕdĭ*, *njivarjĭ* de *njiva*, *ovĭčarjĭ* (r. *ovčár*, s. *òvčār*, pol. *owczarz*) de *ovĭca*, *skotarjĭ* de *skotŭ*, *žitarjĭ* (s. *žĭtār*) de *žito*, *zlatarjĭ* (r. *zolotár'*, s. *zlàtār*, pol. *zlotarz*) de *zlato*. Le suffixe *-arjĭ* a de bonne heure été ajouté au mot v. sl. *gospodĭ*, d'où v. s. et v. r. *gospodarjĭ*, r. *gospodár'*, s. *gospòdār*, pol. *gospodarz*, tch. *hospodár*.

En vieux slave proprement dit, ce sont les suffixes *-teljĭ* et *-ĭcĭ* qui sont employés après un thème verbal: Év. a *tęžateljĭ*, et non *tęžarjĭ* qu'on rencontre dans les textes postérieurs; *zĭžditeljĭ* est vieux slave, et non *zidarjĭ* (s. *zidar* « maçon ») ou *zĭdarjĭ*. Les mots en *-arjĭ* tirés de thèmes verbaux sont fort peu nombreux: *pekarjĭ* « boulanger » (r. *pékar'*, s. *pĕkār*, pol. *piekarz*) est imité du mot germanique, v. sax. *bakkeri*; *pisarjĭ* (r. *pĭsar'*, s. *pĭsār* et *pisār*, tch. *písař*) est sans doute moins ancien que *pisĭcĭ*; *pądarjĭ* est de formation obscure; aucun de ces mots n'est vieux slave.

Ceci s'explique par l'origine du suffixe: *-arjĭ* est le représentant slave du suffixe latin *-ārius* qui joue dans les langues romanes un si grand rôle et qui s'est étendu à presque toute l'Europe: on le retrouve en celtique (irl. *-aire*, v. Vendryes, *De hibernicis uocabulis quae a latina lingua originem duxerunt*, § 97, p. 90) et en grec (gr. mod. *-άρις*); on sait l'importance qu'il a en germanique (got. *-areis*); le slave lui-même l'a fourni au lituanien *-ōrius* (Leskien, *Bild.*, 447 et suiv.). On est ici en face, non d'un fait linguistique, mais d'un fait de civilisation; ce n'est qu'à un degré de civilisation déjà élevé qu'apparaissent de nombreux métiers différenciés les uns des autres; cet état était atteint par la Rome impériale qui a fourni au reste de l'Europe des modèles et des maîtres; le suffixe *-ārius* s'est répandu à la suite des artisans romains.

En slave, on constate au début une lutte entre le type emprunté en *-arjĭ*, qui sert exclusivement à former des noms de professions, et le type indigène en *-inikŭ* qui sert à former des noms d'agents de toutes sortes; le traducteur de l'Évangile emploie, par exemple, non *vratarjĭ*, mais *vratĭnikŭ* « θυρωρὸς » Mc, XIII, 34; de même un traducteur de sermon dans Cloz., 828 = Supr., 339,9; on perçoit ici la valeur bien précise du suffixe: ces traducteurs emploient -*inikŭ* et non -*arjĭ*, parce que le « portier » exerce une fonction bien plutôt qu'il n'a proprement un métier, comme le pêcheur ou le vigneron; mais cette extrême précision n'a pas duré, et l'on a fini par dire aussi *vratarjĭ*.

Les mots attestés avec ce suffixe qui se retrouvent hors du slave sont: *mytarjĭ*, cf. got. *motareis* (le mot slave repose sur germ. **mūtārja-*, cf. v. isl. *mūta* [et v. h. a. *mūta*], en regard de got. *mota*), et *bukarjĭ* « γραμματεύς », got. *bokareis*, v. h. a. *buohhāri* à côté du mot *buky* « γράμμα », aussi emprunté; peut-être aussi *drągarjĭ* qui pourrait reproduire un lat. **drungārius* (?). Le mot *lěkarjĭ* (r. *lěkar'*, s. *ljèkār*, pol. *lekarz*), dont le radical est emprunté, est de formation slave: cf. got. *lekeis*, v. h. a. *lāhhi* et aussi v. irl. *liaig*; on trouve du reste aussi v. r. *lěčici*. Mais ce n'est pas seulement par ces mots et peut-être par quelques autres que le suffixe est passé en slave; il a été introduit par des hommes qui savaient plus ou moins le latin ou une langue germanique et qui ont employé un élément très significatif dont ils n'avaient pas l'équivalent dans leur propre langue.

Le *č* de *grŭničarjĭ* et de *ovĭčarjĭ* est embarrassant; on ne voit pas ce qui aurait pu déterminer ici une imitation du contraste *věnĭcĭ* : *věnĭčati*; d'autre part il est hasardeux de supposer que le slave ait reçu, à côté de -*ārius*, ce -*iārius* auquel on a rapporté l'origine de la forme française -*ier* du suffixe; Miklosich ne signale de formes en **-jarjĭ* qu'en polonais: *winiarz, koziarz, krowiarz*, etc. (v. A. Thomas, *Romania*, XXXI, 481 et suiv., où est exposée l'hypothèse que le fr. -*ier* reposerait sur une forme ayant subi l'*umlaut* allemand).

Les mots en -*arjĭ* ont été rapprochés des mots indigènes en -*teljĭ* dont ils reproduisent exactement la flexion: ils se trouvent ainsi complètement slavisés, et comme ils ont reçu l'une des flexions les plus archaïques de la langue, au premier abord ils ne se dénoncent pas comme récents.

III

NOMS CARACTÉRISÉS PAR L'ÉLÉMENT -*e*/*o*-.

Sans entrer dans aucune discussion sur le caractère et la
nature primitive de l'élément -*e*/*o*-, il suffira de rappeler ici
qu'on trouve dans les diverses langues indo-européennes un
grand nombre de noms dont la voyelle -*e*/*o*- est le seul élément
caractéristique ; ces noms ont une flexion assez différente des
autres, et le ton y est toujours immobile. Ce type de formation est largement représenté en slave comme en baltique
(v. Leskien, *Bild.*, 159 et suiv., où l'on trouvera des observations générales qui s'appliquent également bien au slave).

1° Noms radicaux.

Certains dialectes — le grec, le germanique (dans une plus
faible mesure), l'indo-iranien, le baltique et le slave — ont
conservé et développé un type indo-européen caractérisé par
le vocalisme *o* de la racine et dont le sens variait suivant la
place du ton : en regard de gr. τέμνω, τόμος « coupe » et τομός
« coupant » ; en regard de τρέχω, τρόχος « course » et τροχός
« ce qui court, roue » ; cf. skr. *çókaḥ* « éclat » et *çokáḥ* « brillant », etc. Originairement indépendant de toute autre formation de la racine, ce type en est arrivé à donner au slave
surtout des noms verbaux.

Le type paroxyton des noms abstraits tels que gr. τόμος,
τρόχος, skr. *çókaḥ* fournit au slave une foule de mots ; il a été
productif longtemps, et des mots ont encore été tirés de verbes
empruntés au germanique, ainsi *kupŭ* « achat » de *kupiti*, -*kusŭ*
de *kusiti* ; en même temps, il comprend nombre de mots
qui sont attestés dans d'autres langues indo-européennes. Le
vocalisme *o* est bien conservé en vieux slave, mais on y observe

d'assez bonne heure, comme en germanique, une tendance à
l'altérer sous l'influence des formes verbales voisines, dans
des mots comme *podŭmetŭ* par exemple. A l'époque historique,
le type ne peut plus être considéré comme productif, mais la
présence des préverbes dans un très grand nombre de cas
suffit à confirmer l'influence persistante des verbes sur ces
formations nominales, influence que le sens souligne nettement dans la plupart des cas. — Le type oxyton est très
peu représenté en slave.

-*ązŭ* et -*vązŭ*, à côté de *vęzati*, dans *sŭ-ązŭ* « σύνδεσμος »,
Euch., 18 a, et 105 b (= Ephés., IV, 3), cf. Supr., 298, 5 ;
sŭ-vązŭ (même sens), Cloz., 533, Supr., 183, 29 ; 317, 7 ; etc. ;
obązŭ « lien », Supr., 176, 27 ; r. *pri-tž*, gén. *pri-tža* ; et, avec
substitution du vocalisme du verbe *vęzati,* les formes sans préverbe s. *vêž, vêža* ; pet. r. *vjaž.* Il n'est pas impossible qu'ici
sl. *ą* représente un i.-e. **an*, car le grec a ἄγχω, le latin *angustus,*
etc. Mais l'alternance *vęzati* : -*ązŭ, -vązŭ* est, au point de vue
slave, parallèle à toutes celles qui suivent.

bêgŭ « fuite » (r. *bêg, bê'ga* ; s. *bìjeg, bìjega*), non attesté en
vieux slave, de *bêgati, bêžati* ; cf. lit. *bégas* ; il n'y a pas d'alternance vocalique attestée en slave dans cette famille de
mots ; *pribêgŭ, prêbêgŭ, ubêgŭ,* pas attestés non plus en vieux
slave, sont des noms d'agents.

-*bojĭ* « fouet » (v. le *Lexicon* de Miklosich ; cf. *bìją, biti*) ;
razbojĭ « meurtre », Euch., 68 a ; 102 a (d'où *razbojinikŭ*
« λῃστής », Év.) ; *ubojĭ* « φόνος », Supr., 324, 3 ; r. *bój, bója* ;
s. *bôj, bôja* ; pol. *bój.*

blądŭ « ἀσωτία » (cf. *blędą, blęsti* et *bląditi*), Euch., 36 b ;
68 a ; etc. (d'où *blądĭnŭ* « ἄσωτος », L. XV, 13) ; r. *blúd, blúda* ;
pol. *błąd.*

blêskŭ, o-blêskŭ « éclat » (cf. *blìsnąti, blĭštati*), non signalés
dans les textes proprement vieux slaves ; r. *blésk, bléska* ; pol.
blask. — On lit *bliskŭ* « foudre », d'après *bliskati,* dans Euch.,
34 a.

-*borŭ* (cf. *berą, bĭrati*), dans *sŭborŭ* « συνέδριον » qui remplace
ordinairement, dans Supr., *sŭnĭmŭ* de Év. ; aussi Euch., 40 a
et b ; et *jizborŭ* « élection » ; r. *bór, bóra* « fait de prendre,
marché » ; *sbór, sbóra* « réunion », s. *zbôr, zbôra* « réunion »
(et aussi *sábor* d'après *sábrati*), pol. *pobór* « impôt » ; cf. gr.

φόρος « impôt », skr. *bháraḥ* « chose reçue, gain », et gr. φορός « enceinte », skr. *bhāráḥ* « fardeau ».

brodŭ « gué » (cf. *bredǫ,* non attesté en vieux slave), s. *brôd, brŏda* ; r. *bród, bróda* ; pol. *bród* ; cf. lit. *brãdas* (Leskien, *Bild.,* 167).

-brusŭ (cf. *brŭsnǫtĭ*) dans *ubrusŭ* « σουδάριον », L., XIX, 20, et J., XI, 44 ; r. *ubrús, ubrúsa,* et *obrús* ; s. *ubrus, ubrusa* ; pol. *obrus.* De plus, r. *brús, brúsa* « pierre à aiguiser » ; s. *brús, brúsa* ; pol. *brus.*

cvětŭ « ἄνθος » (cf. *cvĭtǫ, cvisti*), Mt., VI, 28, et L., XII, 27, Zogr. ; Ps., CII, 15 ; Supr., 379, 28 ; r. *cvêt, cvé'ta* ; s. *cvìjet, cvìjeta* ; pol. *kwiat.* Miklosich, *Lex.,* cite *cvĭtŭ* (avec le vocalisme de *cvĭtǫ*) ; s. *cvât, cvâta.*

-čĭtŭ (*čĭtǫ, čisti*) dans *pričĭtŭ* « κλῆρος, γενεαλογία » (*pričĭtĭnikŭ* « κληρικός », Euch., 57 b ; 102 a) ; *počĭtŭ, sŭčĭtŭ* ; r. *počët* ; *sčët* ; pol. *poczet,* etc., le tout avec le vocalisme du présent *čĭtǫ.* La forme à vocalisme *o* n'est pas attendue ; elle ne pourrait être que **cětŭ* (cf. skr. *kétaḥ*), et le lien avec *čĭtǫ, čisti* ne serait plus sensible. La ressemblance avec skr. *citā* « pile de bois, couche » est fortuite ; car le substantif slave est postverbal, et le *t* y est radical, tandis que le substantif sanskrit a pour suffixe *-tā* et appartient à la racine de *cinóti.*

xladŭ « αὔρα », Ps., CVI, 29 ; Euch., 23 b, etc. ; r. *xólod, xóloda* ; s. *hlâd, hlâda* ; pol. *chlód.* Mot isolé, sans étymologie certaine et sans alternance vocalique en slave même.

xodŭ (cf. *šĭdŭ, xoditi*), Supr., 175, 11 ; *jisxodŭ* « ἔξοδος », L., IX, 31 ; Ps., XVIII, 7 ; *uxodŭ,* Supr., 238, 13 ; *vŭsxodŭ* « montée », Supr., 210, 1 ; *prixodŭ, prěxodŭ* ; r. *xód, xóda* ; s. *hôd, hŏda* ; pol. *chód* ; le gr. ὁδός (féminin) appartient au type oxyton et ne signifie pas « marche » ; c'est un mot concret signifiant « route » et de genre féminin ; la différence de place du ton n'a donc rien de surprenant.

(ne-)dǫgŭ « νόσος, νόσημα, ἀρρωστία », Év., Ps., Euch. ; r. *nedúg, nedúga* ; tch. *duh, neduh* ; cf. irl. *dingim,* etc. (Bezzenberger, chez Fick-Stokes, *Et. wört.,* II⁴, 146).

-dorŭ (cf. *derǫ, dĭrati*), dans *razdorŭ* « σχίσμα », Supr., 444, 28 ; r. *razdór, razdóra* ; s. *rázdor, rázdora* ; tch. *nádor.* Le gr. δορός « outre » et sans doute aussi le skr. *daraḥ* « trou » dont on n'a pas l'accent appartiennent au type oxyton. Le sanskrit a

pradaráḥ oxyton ; en slave, la présence d'un préverbe ne tend pas à entraîner oxytonaison dans les mots de ce genre, comme elle tend à le faire en sanskrit (v. B. Lindner, *Altind. nominalbildung*, p. 31).

podragŭ « κράςπεδον », Supr., 288, 2 ; h. sor. *podrohi* « franges » (et tch. *podraha* « frange ») ; cf. *sŭ-drŭgnati* « tirer ».

duxŭ (à côté de *dŭxnati*) « πνεῦμα », Év. (et *vŭzduxŭ*) ; r. *dúx, dúxa* ; s. *dûh, dûha* ; tch. *duch* ; cf. lit. *dausas* (v. Leskien, *Bild.*, 194).

-dvigŭ, de *dvignati*, dans *podvigŭ* « ἀγωνία », L., XXII, 44 ; « ἄγων », Supr., 381, 10 ; r. *pódvig* « action héroïque » et *podvíg* « action de pousser ». La famille de sl. *dvignati* n'a plus trace d'alternance vocalique.

-ĕdŭ, de *ěsti*, dans *obĕdŭ* « ἄριστον » Év. ; r. *obé'd, obé'da* ; s. *òbjed, òbjeda* ; pol. *obiad*. Famille de mots sans alternance vocalique. A séparer de *jadŭ* « poison », Supr., 314, 10, qui est peut-être un thème en -*ŭ*- : génit. *jadu*, Supr., 314, 25 (sur tch. *jed*, cf. Gebauer, *Hist. mluv.*, III, I, 328).

gladŭ « λιμός », Év., Ps. ; r. *gólod, góloda* ; s. *glâd, glâda* ; pol. *głód* ; à côté de *žlĭdĕti* « désirer ».

glasŭ « φωνή », Év., Ps. ; r. *gólos, gólosa* ; s. *glâs, glâsa* ; pol. *głos*. Pour la forme, cf. lit. *gar̃sas*. Il n'y a pas d'alternance vocalique attestée en slave pour ce mot.

gnojĭ « κοπρία, ἕλκη », L., XIV, 35 ; XVI, 21 ; r. *gnój, gnója* ; s. *gnôj, gnòja* ; pol. *gnój* ; à côté de *gniti*.

godŭ « ὥρα », L., I, 10 ; r. *gód, góda* ; s. *gôd, gòda* ; forme isolée.

v. serbe *gojĭ* (non attesté en vieux slave), s. *gôj, gòja* « prospérité » ; pet. r. *híj, hóju* « médecine » ; cf. skr. *gáyaḥ* « maison », zd *gayŭ* « vie » ; de la même racine que *žiti*.

r. *gón, góna* « chasse », pol. *gon*, tch. *hon*, slov. *gon* ; le pluriel de ce mot signifie « longueur d'une course, d'une étape » ; on a aussi des formes avec divers préverbes, ainsi r. *pogón*, s. *pògon*, pol. *pogon*, etc. ; cf. gr. φόνος, et aussi les mots du type oxyton : skr. *ghanáḥ* « massue » et lette *gans* « berger », *gani* « pâturage » (pour le sens, cf. r. *výgon* « pâturage », etc.).

grobŭ « τάφος », Év. ; r. *grób, gróba* ; s. *grȍb, grȍba* (avec une accentuation, sans doute plus ancienne, qui répond bien à celle d'un nom à valeur passive « chose creusée », cf. gr. ἑλκός « chose tirée, trace ») ; pol. *gród* ; à côté de *grebą*. D'après *pogrebą*, on a *e* dans *pogrebŭ* « sépulture ». — On a parfois supposé que *grobŭ* serait un emprunt au germanique, cf. v. h. a. *grab*, mais sans aucune raison ; la place de l'accent dans le s. *gròb, gròba* serait alors inexplicable.

gromŭ « βροντή », J., XII, 29 ; r. *gróm, gróma* ; s. *grôm, grôma* (v. Leskien, *Untersuch. üb. quantität*, I, B., p. 535) ; pol. *grom* ; à côté de *grĭmĕti* ; cf. gr. βρόμος (ou χρόμος? et v. h. a. *gram*?).

sŭn-ĭmŭ « συνέδριον », Év., fait sur *sŭn-ĭmą, sŭn-ęti* ; ce mot, qui se retrouve dans s. *sájam, sanam* (Jagic', *Archiv.*, XV, 112), est de formation proprement slave, comme le montre le vocalisme ; son extension dialectale est bien moindre que celle de son synonyme *sŭborŭ* ; aussi *za-jĭmŭ*, L., VI, 34, etc., où *za* est préposition et où *-ĭmŭ* est isolé.

u-kazŭ « ἀπόδειξις », Supr., 324, 23 ; r. *ukáz, ukáza* ; à côté de *kazati*.

po-jasŭ « ζώνη », Év. ; r. *pójas*, s. *pòjās*, tch. *pás* ; avec préverbe, d'après *pojasati*.

po-kojĭ « ἀνάπαυσις », Év. ; r. *pokój, pokója* ; s. *pòkój, pòkoja* ; pol. *pokój* ; à côté de *po-čiti*.

pri-kladŭ « σύμβολον », Cloz., 655 ; r. *priklád, prikláda* ; pol. *przy-kład* ; à côté de *pri-kladą*.

po-klonŭ « inclination », Supr., 192, 10, a été fait sur *poklonĭti*.

kolŭ « πάλλος », Supr., 2, 8 ; 116, 25 ; r. *kól, kolá* (oxyton, en qualité de mot à signification passive ; cf. la remarque sur *grobŭ*), pol. *kół* ; en regard de *kolją, klati* ; il existe d'autre part un nom d'action *raskolŭ* « διχονοία » (d'où *raskolĭnŭ*, Supr., 384, 16 et 17) ; r. *raskól raskóla* ; pour la forme, cf. lit. *pãkalas* « hache », *prĕkalas, preĭkalas* « enclume » (v. Leskien, *Bild.*, 176).

za-konŭ « νόμος », Év. ; r. *zakón, zakóna* ; s. *zákon, zákona* ; pol. *zakon* ; à côté de *za-čęti* « commencer » (mais le sens n'est pas clair) ; cf. r. *po-kón* « usage, etc. », v. Niedermann, B. B., XXVII, 196 et suiv. ; r. *kón* « commencement, fin, ordre », etc. (cf. Miklosich, *Et. wört.*, p. 115).

u-korŭ « ὕβρις », Supr., 326, 14 ; r. *ukór, ukóra* ; s. *ŭkor*.

kovŭ, originairement « action de forger », sens conservé plus ou moins nettement dans r. *kóv, kóva* ; s. *kôv, kôva* ; traduit en vieux slave « στάσις », Mc, XV, 7, Mar. ; « ἔνστασις », Cloz.,

768 (cf. *kująšta kovŭ* « κινοῦντα στάσεις », Actes, XXIV, 5) « πτερ-
νισμός », Ps., XL, 10 ; à côté de *kovati*.

u-krojĭ « καιρία », J., XI, 44 ; r. *krój, krója* « coupe » ; s. *krój,
krŏja* ; pol. *krój* ; à côté de *krojiti* « couper, tailler ».

u-kropŭ « eau bouillante, déjeuner », Supr., 218, 3 ; à côté
de *kropiti*.

krovŭ « στέγη, σκέπη », Év., Ps. (XVI, 8) ; r. *króv, króva* ; s.
krôv, krŏva ; tch. *krov* ; à côté de *kryti* ; on notera, avec préverbes, *pokrovŭ* (même sens), Mc, II, 4 ; Ps., CIV, 39 ; *sŭkrovŭ*
« κρυπτή », L., XI, 33, Mar.

kruxŭ « morceau », r. *krúx, krúxa* ; s. *krŭh, krŭha* ; pol. *kruch*
(cf. l'adjectif *kruchy* « cassant, fragile, tendre ») ; avec préverbe : *ukruxŭ* « κλάσμα », Év. ; à côté de *krŭšiti*, sans douţe
dérivé de *krŭxa*.

kupŭ « achat, affaire », Supr., 97, 1 (cf. *prikupŭ* « πραγματεία »,
Supr., 273, 25), à côté de *kupiti* ; cf. v. h. a. *kouf*, ags. *céap*.

vŭ-kusŭ « γεῦσις », Supr., 258, 29 ; fait sur *vŭ-kusiti* ; de
même *jis-kusŭ* « épreuve », Supr., 216, 21 et 27, et 221, 1,
fait sur *jis-kusiti*.

kvasŭ « ζύμη », Év. ; r. *kvás, kvása* ; s. *kvâs, kvâsa* ; tch. *kvas* ;
à côté de *kysnąti*.

sŭ-lazŭ « descente », Supr., 372, 21 ; r. *s-láz* ; v. sl. *za-lazŭ*,
Supr., 77, 5 ; r. *zaláz*, s. *zálaz* ; *vŭ-lazŭ* « εἴσοδος », Supr., 226,
28 ; on cite aussi *jiz-lazŭ* ; r. *iz-láz*, s. *íz-laz* ; à côté de *lězą*
et *laziti*.

lękŭ « τόξος », Ps., VII, 13 ; r. *lúk, lúka* ; čak. *lúk, lúka* ;
tch. *luk* ; pol. *łęki* ; à côté de *lęknąti* (*naljęšję lękŭ svoi* « ἐνέτειναν
τόξον αὐτῶν », Ps., XXXVI, 14) ; cf. lit. *lañkas, ãt-lankas* (Leskien, *Bild.*, 168 et 171) ; il y a aussi un adjectif *sŭlękŭ* « courbé »,
Euch., 40 a.

otŭ-lěkŭ « τὰ κατάλοιπα, ἐγκατάλειμμα », Ps., XVI, 14 ; LXXV,
11 ; cf. lit. *lěkas* « qui reste, onzième », *ãt-laikas, pã-laikas,
ãtlěkas* (v. Leskien, *Bild.*, 185 et 187), gr. λοιπός, skr. *ati-rékaḥ*
« reste ». Ce mot est le seul débris que le slave ait conservé
de la racine i.-e. **leik^w-* « laisser ».

prě-logŭ « changement », Euch., 31 a (où ce mot désigne
une maladie) ; *pri-logŭ* « atteinte », Euch., 80 a ; *zalogŭ* « gage,
contrat », Supr., 359, 12 ; r. *lóg, lóga* ; *zalóg* ; s. *lôg, lŏga* ;
zálog ; à côté de *ležati* ; cf. gr. λόγος.

loji « graisse » (v. le *Lexicon* de Miklosich), r. *lój, lója*; s. *lôj, lôja*; pol. *łój*; à côté de *lĭjati*.

lovŭ « θήρα », Ps., XVI, 12, « ἀλεία », Supr., 380, 15 ; r. *lóv, lóva*; s. *lôv, lôva*; pol. *łów*; à côté de *loviti*.

podŭ-metŭ « κράσπεδον », Mt., XXIII, 5, avec la voyelle *e* du verbe correspondant *podŭ-metǫ*; on a de même, par exemple, r. *na-mĕt*; s. *ná-met*; pol. *na-miot*; sur lit. *mėtas*, etc., v. Leskien, *Bild.*, 160, et sur *ápmetaī, ibid*.

pri-mĕsŭ « mélange » (d'où *primĕsĭnŭ* « mélangé », Euch., 1 a); pour le vocalisme radical, cf. lit. *maĩszalas* « mélange » qui a une autre formation.

morŭ « λοιμός », L., XXI, 11 ; r. *mór, móra*; s. *môr*; pol. *mór*; à côté de *mrĕti, mĭrǫ*; cf. lit. *mãras* « mort, peste » et skr. *marah* « mort », *mārah* « peste ».

mrakŭ « γνόφος », Ps., XCVI, 2 (et *primrakŭ* [même sens], Ps., XVII, 10); r. *mórok, móroka*; s. *mrâk, mráka*; pol. *mrok*; tch. *mrak*; à côté de *mrŭknǫti*; on rapproche l'ἅπαξ védique *markáh* (R. V., X, 27, 20), mais avec peu de vraisemblance, à cause de l'intonation rude de ͬr dans s. *mr̥knuti* et r. *mérknut'*, intonation qui fait apparaître comme rĕcente l'intonation douce de r. *mórok*, s. *mrâk*.

mrazŭ « κρύσταλλος », Euch., 14 a ; r. *moróz, moróza*; s. *mrâz, mráza*; pol. *mróz*; tch. *mráz*; à côté de *mrŭznǫti*.

po-nosŭ « ὄνειδος », Ps., CXVIII, 22 ; r. *po-nós*, s. *pó-nos*; *pri-nosŭ* « πρόσοδος », Supr., 278, 20 ; *vodo-nosŭ* « ὑδρία », J., II, 6 ; à côté de *nesti*; cf. lit. *prã-naszas* « prophète » et *už-naszai* (Leskien, *Bild.*, 172).

za-padŭ « δυσμή », L., XIII, 29 ; Ps., XLIX, 1 ; r. *západ* « ouest » et *západ, zapád* « chute », s. *západ* « ouest », tch. *západ*; à côté de *padǫ*.

platŭ « ῥάκος », Mt., IX, 16, et Mc, II, 21, est un mot d'origine incertaine, peut-être emprunté au germanique (Johansson, K. Z., XXXVI, 372 et suiv.).

pljuskŭ « bruit intense » (produit par un objet qui tombe), Supr., 168, 4; cf. lit. *pljáuszkinu* « je frappe dans les mains »; M. Berneker, I. F., X, 154, a rapproché lit. *páuszkiu* « je claque », mais cette hypothèse, que l'auteur présente sans l'affirmer, suppose que sl. *ju* représente ici *eu, alors que ce type de noms a normalement le vocalisme *o*.

plodŭ « καρπός », Év. ; r. *plod, plodá* (avec l'oxytonaison des noms à valeur passive ; *plodŭ* désigne un produit) ; pet. r. *plíd, plódu,* s. *plôd, plŏda* (paroxytons comme l'ensemble du type) ; pol. *płód* ; mot isolé en slave et d'étymologie incertaine (quelques auteurs rapprochent v. sl. *plemę*).

plotŭ « φραγμός », Ps., LXI, 4 (et *oplotŭ* [même sens], Mc, XII, 1) ; r. *plôt, plóta* ; s. *plôt, plŏta* ; pol. *płot* ; à côté de *pletą*.

r. arch. *plóv, plóva* « action de nager, bateau », à côté de v. sl. *plovą* ; cf. gr. πλό(F)ος, skr. *plaváḥ* « bateau ».

v. russe *sŭ-porŭ* « dispute », r. *spór, spóra* ; pol. *spór* ; à côté de v. sl. *pĭrja, pĭrěti.*

podŭ-porŭ « appui » ; à côté de *podŭ-perą* ; r. *u-pór, u-póra.*

rastŭ « taille », Supr., 55, 6 (et *vŭzdrastŭ* « ἡλικία », J., IX, 21) ; r. *rôst, rósta* ; s. *râst, rásta* ; à côté de *rastą.*

ob-razŭ « εἰκών, μορφή, ὑπόδειγμα », Év. ; r. *ób-raz,* s. *ob-raz,* pol. *ob-raz* ; et le simple r. *ráz, ráza* « coup », s. *ráz, ráza* (avec un changement d'intonation), tch. *ráz* (la longue représente l'intonation rude normale) ; à côté de *rězati* ; cf. gr. ῥώξ pour le vocalisme.

ragŭ « moquerie », Euch., 104 a (d'où *rągĭnŭ* « καταγελω-σтός », Supr., 333, 11) ; pet. r. *rúg, rúga* ; s. *rúg, rúga* (mais čak. *rúg, rūgà*) ; pol. *u-rąg* ; à côté de *ręgnąti.*

rodŭ « γενεά, γένος, ἔθνος », Év. ; r. *ród, róda* ; s. *rôd, rŏda* ; pol. *ród* ; et *na-rodŭ* « ὄχλος », Év. ; r. *na-ród,* s. *ná-rod,* pol. *na-ród* ; à côté de *roditi* (qui peut du reste être dénominatif de *rodŭ*).

-rojĭ « flux » dans *jiz-rojĭ, na-rojĭ, sŭ-rojĭ* ; *rojĭ* « essaim d'abeilles » ; r. *rój, rója* ; s. *rôj, rŏja* ; pol. *rój* ; à côté de *rinąti* ; cf. peut-être skr. *rayaḥ* « cours, courant ».

rokŭ « ὅρος », Euch., 1 a ; 58 a ; r. *rók, róka* ; s. *rôk, rŏka* ; pol. *rok* ; et *narokŭ* « nom, voix », Supr., 228, 23 ; 325, 11 ; *prirokŭ* « surnom », Supr., 199, 15 ; *urokŭ* « terme fixé », Supr., 311, 2 ; *porokŭ* « reproche », L., 1, 6 ; *obrokŭ* « ὀψώνιον », L., III, 14 ; à côté de *reką.*

rovŭ « λάκκος », Ps., VII, 16 ; Supr., 4, 6 ; etc. ; s. *rôv, rŏva* (et *rŏv, rŏva*), pol. *rów* ; à côté de *ryti* (v. Ps., VII, 16) ; le russe a *róv, rvá,* d'après *rŭvati.*

sluxŭ « ἀκοή », Év. ; r. *slúx, slúxa* ; pol. *słuch* ; à côté de *slyšati* ; cf. zd *sraošō* « obéissance ».

smradŭ « puanteur », Supr., 146, 25 ; r. *smŏrod, smóroda* ; s. *smrâd, smrâda* ; pol. *smród* ; tch. *smrad* ; à côté de *smrŭděti* ; cf. lette *smards*, lit. *smardas* (Leskien, *Bild.*, 168). Le latin *merda* a un vocalisme inattendu.

sněgŭ « χιών », Mt., XXVIII, 3 ; r. *sně'g, sně'ga* ; s. *snĭjeg, snĭjega* ; tch. *sníh* ; isolé en slave ; cf. lit. *sněgas*, v. pruss. *snaygis*, got. *snaiws*.

u-stavŭ « dogme, chose posée », Euch., 69 a ; Supr., 324, 23 ; 381, 20 ; pourrait comprendre un suffixe *-vo-, mais a bien plutôt l'air d'un déverbatif de *ustaviti* (*ustavŭ ustavišę*, Supr., 149, 13).

za-stąpŭ « προστασία », Supr., 278, 4 ; Euch., 79 b ; fait sur *zastąpiti* ; on a aussi *zastąpĭnikŭ* « ἀντιλήπτωρ », Ps., III, 4, etc.

stogŭ « tas, monceau » ; r. *stóg, stóga* ; s. *stôg, stôga* (et *stòga*), pol. *stóg* ; on a rapproché la racine de skr. *sthágati*, lat. *tegō*, et cf. par suite lat. *toga* (cf. aussi Zupitza, *Germ. gutt.*, 168).

r. *stón, stóna* « gémissement », à côté de v. sl. *stenją* ; cf. gr. στόνος.

pro-storŭ « espace large », r. *pro-stór*, tch. *pro-stor*, slov. *pró-stor* ; à côté de *prostrěti* ; cf. skr. *-staraḥ* et lat. *torus* (?).

strojĭ « οἰκονομία », Supr., 7, 24 ; 52, 19 ; r. *strój, strója* ; pol. *strój* ; à côté de *strojiti* (peut-être dénominatif ?) ; *ustrojĭ*, Supr., 148, 13, sous l'influence de *ustrojiti*.

studŭ « αἰσχύνη », L., XIV, 9 ; Ps., XXXIV, 26 ; à côté de *styděti sę*.

sŭsŭ « θηλή, μαζός », Supr., 229, 20 ; 285, 6 ; avec le vocalisme de *sŭsati*.

světŭ « φῶς, φέγγος », Év. ; r. *své't, své'ta* ; s. *svĭjet, svĭjeta* ; tch. *svět* ; à côté de *svitěti* ; cf. l'adjectif skr. *çvetáḥ* « brillant », zd *spaĕtō*.

svrabŭ « démangeaison » (d'où *svrabĭnŭ* « κνησμώδης », Supr., 258, 25) ; r. *svórob, svóroba* ; s. *svrâb, svrâba* ; tch. *svrab* ; à côté de *svrŭběti*.

těskŭ « pressoir », s. *tĭjesak* ; à côté de *tiskati*.

tokŭ « ῥύσις », L., VIII, 44, Mar. (et au sens de « ἅλως », Supr., 97, 1 et 3) ; *vŭs-tokŭ* « ἀνατολή », Év. ; *jis-tokŭ* (d'où *jistočĭnikŭ* « πηγή », J., IV, 14) ; *po-tokŭ* « χείμαρρος », J., XVIII, 1 ; r. *tók, tóka* ; pol. *tok* ; à côté de *teką* ; cf. lit. *tākas*, zd *taka-* « course ».

trąsŭ « σεισμός », Év. ; *po-trąsŭ* (d'où *potrąsinŭ* « σεσαλευμένος », L., VI, 38) ; à côté de *tręsą*.

trudŭ « κόπος », L., XI, 7, etc ; r. *trúd, trudá* ; s. *trûd, trúda* ; pol. *trud* ; tch. *trud* ; cf. got. *us-þriutan*, v. isl. *þraut* (féminin), lat. *trūdere*, etc. Ce substantif est oxyton.

tukŭ « στέαρ, πιότης », Ps., XVI, 10 ; LXIV, 12 ; r. *túk, túka* ; pol. *tuk* ; tch. *tuk* ; cf. lit. *taukaí* « graisse » ; lette *tŭkt* « devenir gras ».

tvorŭ « ποίησις », Ps., XVIII, 2 ; *pri-tvorŭ*, J., V, 2 ; X, 23 ; r. *pritvór*, s. *prítvor* ; *zatvorŭ* « clôture, lieu clos », Supr., 359, 17 ; r. *zatvór*, s. *zátvor*, pol. *zatwor* ; s. *útvor* ; pol. *utwór* ; à côté de *tvoriti* ; cf. lit. *prĕtvaras*, etc. (Leskien, *Bild.*, 173), et gr. σορός (?). — Dans Euch., 41 b, *tvorŭ* désigne une maladie ; c'est sans doute un mot différent du précédent.

r. *vál, vála* (nom. plur. *valý*) « vague » ; s. *vál, vála* (nominatif pluriel *válovi*, de thème en -*ŭ*-), tch. *val* ; en regard de *vlŭna* ; avec un vocalisme i.-e. *$\bar{o}$; peut-être ancien thème en -*ŭ*- ; le lit. *vôlas* est emprunté au russe.

varŭ « καύσων », Mt., XX, 12, et L., XII, 55 ; r. *vár, vára* ; s. *vár, vára* ; tch. *var* ; à côté de *variti*, qui présente aussi le vocalisme i.-e. *$\bar{o}$ et qui peut être un dénominatif, et de *vĭrją* (?) ; cf. lette *wārs* « soupe » (v. Leskien, *Bild.*, 180).

-*vĕtŭ*, dans *obĕtŭ* « εὐχή », Ps., XLIX, 14, etc. ; *otŭvĕtŭ* « ἀπόκρισις », Év. ; *privĕtŭ* « encouragement », Euch., 92 b ; *sŭvĕtŭ* « συμβούλιον, βουλή », Év. ; *zavĕtŭ* « διαθήκη », L., I, 72 ; à côté de *vĕštati* « causer » ; *otŭ-vĕ* « il a répondu », etc., et avec le vocalisme du verbe ; de même, par exemple, r. *otvĕ́t, otvĕ́ta* ; s. *závjet* « vœu » ; pol. *powiat* « district ».

vidŭ « aspect », Supr., 304, 17 ; r. *vid, vída* ; s. *víd, vída* (mais čak. *vid, vida*), tch. *vid* ; à côté de *vidĕti, vĕdĕti* ; cf. lit. *véidas* ; il y a peut-être eu contamination d'un thème en -*o*- : skr. *véda-*, et d'un thème en -*es*- : skr. *védas-*, gr. Ϝεῖδος ; ceci expliquerait le vocalisme radical *e* ; cf. ce qui est dit de *kolo* ci-dessous au chapitre des thèmes en -*s*-. Toutefois, l'essentiel est ici le contraste de sens entre *vĕdĕ* « je sais » et *viždą* « je vois » : le vocalisme *o* aurait rapproché le mot de *vĕdĕ* et en aurait altéré le sens.

-*vlakŭ* (dans *oblakŭ* « νεφέλη », Év. ; Ps., XVII, 12, etc.) ; r. *vólok, vóloka* « bande de terre sur laquelle on tire les bateaux »,

s. *vlâk, vlâka* « filet de pêcheur », pol. *włok* « filet », tch. *vlak*; à côté de *vlĕkǫ*; cf. lit. *āp-valkas,* etc. (v. Leskien, *Bild.,* 173); le gr. ὁλκός et le lat. *sulcus* sont parents, mais de beaucoup plus loin.

-vodŭ (avec divers préverbes *jiz-, po-, pro-, u-*; voir les exemples chez Miklosich, *Lex*; aucun n'est vieux slave); r. *pere-vód, pere-vóda*; s. *pò-vod, pò-voda*; pol. *wy-wód*; à côté de *vedǫ*; cf. lit. *vādas* « guide », lette *nŭ-wads* (v. Leskien, *Bild.,* 173).

po-vojĭ « fascia »; r. *povój, povója*; pol. *powój*; à côté de *viti.*

voji « στρατιά, στρατίωται, στρατόπεδον, στρατεύματα », L., II, 13; VII, 8: XXI, 20; XXIII, 11; cf. lit. *vejù* « je chasse, je poursuis » (?).

do-volŭ « αὐταρκία », Euch., 12 b; Cloz., 655, d'où « somme nécessaire pour faire une dépense, δαπάνη », L., XIV, 28; à côté de *do-vĭlĕti*; cf. skr. *váraḥ* « souhait ».

vozŭ « chariot »; r. *vóz, vóza*; s. *vôz, vȍza*; pol. *wóz*; à côté de *vezǫ*; cf. gr. (F)όχος, lit. *ùž-važas.*

jiz-vragŭ « ἔκτρωμα », I, Cor., XV, 8; v. r. *izvorog*; à côté de *vrèsti.*

vratŭ « cou » (pour le sens, originairement, « ce qui tourne », cf. gr. τράχηλος, lat. *collum,* lit. *kãklas*), Supr., 420, 20 (cf. un autre sens « instrument pour briser les membres [roue?] », Supr., 197, 9, et 198, 9); r. *vórot, vórota*; s. *vrât, vrâta*; pol. *wrot* « action de tourner »; à côté de *vrŭtĕti*; cf. skr. *-varta-,* lit. *iszvartas,* etc. (Leskien, *Bild.,* 173).

po-vrazŭ « λοβός », s. *pȍ-vrāz,* pol. *po-wróz,* et, avec la forme *pa-* des composés nominaux, r. *pá-voroz* « lien »; à côté de *po-vrŭzǫ, po-vrĕsti.*

ząbŭ « ὀδούς », Év.; r. *zúb, zúba*; s. *zûb, zûba*; pol. *ząb*; tch. *zub*; à côté de *zebǫ*; cf. lit. *žambas* (v. Leskien, *Bild.,* 170); skr. *jámbhaḥ,* gr. γόμφος, v. isl. *kambr.*

zĭdŭ « δῶμα », Ps., CI, 8; s. *zâd, zâda* « mur » (en monténégrin); v. r. *zŭdŭ* (v. Sreznevskij, *Materialy,* sous *zĭdŭ*), d'où r. *zódčij*; l'*ŭ* de *zŭ-* en russe est emprunté à *zŭdati,* comme d'ailleurs le vocalisme radical du mot *zĭdŭ* lui-même est celui du thème d'infinitif; avec un autre vocalisme, on a *zidŭ* « mur », non attesté en vieux slave, mais conservé dans s. *zîd, zîda,* slov. *zîd,* et répondant à v. pruss. *seydis* « wand » (Voc.); on

a peut-être affaire ici à un ancien thème en *-es-* (cf. gr.
τεῖχος à côté de τοῖχος) contaminé avec un thème en -*o*- et
influencé par le présent du verbe (v. sl. *žiždą*); le cas serait
exactement comparable à celui de *vidŭ*, étudié ci-dessus,
p. 223. — Enfin le tchèque a un thème en -*ĭ*-, *žed, ždi* « mur ».

žnoji « καύσων », Supr., 261, 1 ; r. *žnój, žnója* ; s. *žnôj, žnòja* ;
pol. *žnój*.

po-zorŭ « θεωρία », L., XXIII, 48 ; r. *pozór, pozóra*, s. *pòzor*,
pol. *pozór* ; *za-zorŭ* « ὑποψία », Supr., 333, 23 ; *prozorŭ* « vue »
(d'où *prozorĭnŭ*, Supr., 219, 6) ; *vŭzorŭ*, Supr., 47, 15 ; à côté
de *zĭrěti* ; cf. lit. *pa-žáras* « apparition de lumière au ciel ».

zrakŭ « εἰδέα, εἶδος », Mt., XXVIII, 3 ; L., III, 22, « vue
(capacité de voir) », Euch., 33 a ; s. *zrâk, zráka* ; tch, *zrak* ;
pol. *w-zrok* ; à côté de *zrŭcalo* « miroir ».

r. *zvúk, zvúka* « son » (*zvukŭ*, Hébr., XII, 19, Christ.) ; tch.
zvuk ; à côté de *zvęknąti*, dont le vocalisme reparaît dans s.
zvêk, zvêka (déjà *zvękŭ* šiš.), pol. *dźwięk*.

zvonŭ « son », Supr., 13, 23 ; r. *zvón, zvóna* ; à côté de
zvĭněti.

u-žasŭ « ἔκστασις, θάμβος », Év. ; r. *úžas* ; à côté de *užasnąti*,
dont ce mot a le vocalisme radical.

Dans les substantifs slaves, le type oxyton de gr. τροχός
« roue », skr. *ghanáḥ* « tueur » est très peu représenté ; on en
a vu ci-dessus quelques cas en partie douteux : r. *trúd*,
trudá et s. *trúd, trúda* ; s. *gròb, gròba* (r. *gróba*) ; r. *kól, kolá* ; s.
ròv, róva (à côté de *ròva*) ; cf. Leskien, *Untersuch. üb. quantität*,
I, B (*Abhand.* de l'Académie des sciences de Saxe, vol. XIII),
p. 534. Sans doute il ne manque pas par ailleurs de thèmes
en -*o*- oxytons, mais ce sont des mots isolés qui ne se rattachent à aucune racine verbale et qui, par suite, ne sauraient
être opposés au principe général ; d'ailleurs, pour la plupart, ils
n'ont pas d'étymologie, ou du moins ne répondent à aucune
forme identique des autres langues. M. Hirt, cherchant des
oxytons anciens de ce genre, n'a trouvé, en dehors des substantifs neutres et des adjectifs, que deux cas à signaler,
tous deux dépourvus de valeur (I. F., X, 47) :

kątŭ « angulus » (r. *kút, kutá* ; s. *kût, kúta* ; pol. *kąt*) est
rapproché de gr. κανθός ; mais, sans parler du sens dont la coïn-

cidence n'a rien de frappant, νθ ne peut représenter i.-e: *ntḥ,*
et ceci suffit à écarter l'étymologie ; au surplus, M. Brugmann,
Grundr., I², 582 et suiv., admet une autre hypothèse très aventurée ; le plus probable est qu'il s'agit d'un emprunt : cf. v. fr.
cant, ital. *canto* « coin », d'où angl. *cant,* all. *kante* (cf. Kluge,
Et. wört., sous *kante*).

r. *drŏẕd, drozdá* ; s. *drŏẕd, drŏẕda* ; pol. tch. *drozd* (et s. *drŏẕak,*
drŏẕga) ; cf. lit. *strãẕdas,* plur. *straẕdaī* et v. isl. *þrọstr,* lat. *tur-*
dus : le gr. στρουθός, qui seul fournirait un correspondant pour
la place du ton, est à séparer à cause de ου, qui ne s'accorde
pas avec le vocalisme des mots baltiques et slaves, et du θ,
inconciliable avec le *t* du germanique et le *d* du latin.

Le slave a, il est vrai, quelques noms d'agents en -*e/o-,* mais
paroxytons et non oxytons :

bogŭ « θεός », Év., etc. ; r. *bóg, bóga* ; s. *bŏg, bŏga* ; pol. *bóg* ;
le ton est à la même place dans le nom du dieu védique
Bhágaḥ.

drugŭ « φίλος, ἑταῖρος », Év., etc. (et *podrugŭ,* Mc, XII, 31,
Zogr.) ; r. *drŭg, drŭga* ; s. *drŭg, drŭga,* tch. *druh* ; cf. lit. *draũgas* ;
got. *driugan* « servir à l'armée ».

posluxŭ « μάρτυς » remplace *sŭvĕdĕteljĭ,* Mt., XVIII, 16, Sav.,
Euch., 48 a, etc. ; le r. *póslux* semble savant ; s. *pŏslŭh* signifie
« audition ».

(sŭ-)pasŭ « σωτήρ », L., I, 47, etc. ; r. *spás, spása* ; s. *spăs,*
spăsa ; cf. *pasti, sŭpasti.* Cf. pol. *s'winopas* « porcher ».

prorokŭ (r. *prorók, proróka*) ; cf. ci-dessous, p. 233.

uxodŭ « transfuge », Supr., 238, 13 (cf. s. *ŭhoda* « espion »).

vragŭ « ἐχθρός », Év. ; pet. r. *vórog, vóroga* ; s. *vrăg, vrăga* ;
pol. *wróg* ; tch. *vrah.* Étymologie incertaine.

sokŭ « accusateur » ; r. *sók, sóka* ; s. *sŏk, sŏka* ; on rapproche
lit. *sakýti* « dire », etc., mais on pourrait songer aussi à lit.
sekŭ « je suis », lat. *sequor,* etc. ; on a aussi supposé une origine germanique (Uhlenbeck, *Archiv,* XV, 491 ; Hirt, P. B.
S. B., XXVI, 338).

Le russe *vór, vóra* « voleur » est aussi paroxyton ; cf. v. r.
verat' (v. Solmsen, *Untersuch. ẕ. griech. laut-u. verslehre,* 296 et
suiv.).

Comme paroxyton on rencontre *rabŭ* « δοῦλος », Év. ;
r. *ráb, rabá* ; s. *rŏb, rŏba* ; mais la forme de ce mot est très

obscure en slave même ; on ne saurait affirmer qu'il n'y ait
pas lieu de distinguer originairement trois groupes, celui de
rabŭ « esclave » (s. *ròb*), celui de *rabota* « travail » (s. *ràbota*),
et celui de r. *rebënok* « enfant » ; le skr. *árbhaḥ* « petit », qui
ne se retrouve dans aucune autre langue, pourrait n'être
parent ni des uns ni des autres. En aucun cas, le mot n'est
apparenté à une forme verbale quelconque (v., en dernier lieu,
Pedersen, K. Z., XXXVIII, 313).

On pourrait citer encore *prągŭ* « ἀκρίς », Mt., III, IV, et
Mc, I, 6, Sav. (remplaçant *akridŭ* du texte original), Ps.,
LXXVII, 46, etc., « κάμπη », Euch., 59 a ; mais ce mot ne
semble pas être représenté dans les dialectes modernes, et le
r. *prug* est très suspect d'être emprunté au vieux slave. Il
faut évidemment rapprocher v. h. a. *springan* « sauter » et
peut-être lit. *sprinkstù, springaũ, spriñkti* « avaler en faisant des
contractions brusques » ; M. Osthoff, *Et. parerga*, I, 353 et
suiv., rapproche r. *prýgnut', prýgat'* et part de **pruñgas* ; mais
le *y* rude de r. *prýgnut'* ne s'accorde pas avec l'intonation *uñ*
supposée ; au surplus, il y a toute une série de mots commençant par **(s)pr-* et signifiant « sauter » dont les formes sont
très divergentes et qui doivent résulter d'élargissements
divers : v. h. a. *springan* et v. isl. *spretta* ; lit. *spragéti, sprókti* ;
v. sl. *prędati*, s. *prȅzati se* « sauter », r. *prýgnut'*, etc. Dans ces
conditions, il est impossible de restituer des formes anciennes.

Parmi les adjectifs, il en est fort peu qui se trouvent en
regard de formes verbales ; les déplacements d'accent qui se
sont produits dans les adjectifs empêchent d'ailleurs de distinguer nettement les anciens oxytons des anciens paroxytons.
Les trois adjectifs suivants, qui désignent des infirmités, forment un groupe naturel ; tous trois ont le vocalisme *o* de la
racine et sont sans doute d'anciens paroxytons :

xromŭ « χωλός », v. ; Ér. *xróm, xromá, xrómo*, dét. *xromój* ;
s. *hrôm, hròma, hròmo* ; pol. *chromy* ; verbe *o-xrŭmnąti* (aor.
oxrŭmą, Ps., XVII, 46). Le rapprochement avec skr. *srāmáḥ*
ne se laisse pas justifier phonétiquement.

gluxŭ « κωφός », Év. ; r. *glúx, gluxá, gluxó*, dét. *gluxój* ; s.
glûh, glûha, glûho, dét. *glûhī* ; pol. *głuchy* ; verbe *o-glŭxnąti*.

slěpŭ « τυφλός », Év. ; r. *slě'p, slěpá, slě'po*, dét. *slěpój* ; s. *slȉjep*, *slijěpa, slijěpo*, dét. *slĭjepĭ*; pol. *slepy*; verbe *o-slĭpnǫti*. Le *ě* de *slěpŭ* représente sans doute un ancien *oi*; on s'explique ainsi l'intonation douce; en partant de *ē*, on attendrait l'intonation rude.

Outre ces trois adjectifs dont aucun n'a d'étymologie, on doit encore citer, avec vocalisme *e* de la racine, l'exemple singulier:

ljubŭ « cher », Euch., 72 b (et Év. sous la forme adverbiale *lubo*, L., XII, 38); r. *ljúb, ljúba* (bien aimée), *ljúbo*, dét. *ljúbyj* « cher » et *ljubój* « le premier venu »; s. *ljúba* « épouse » (voc. *ljúbo*); pol. *luby*; cf. got. *liufs*, aussi avec le remarquable vocalisme i.-e. *e*; skr. *lúbhyati,* lat. *lubet*; et lit. *liáupsinti* « louer », all. *lob* « louange ».

L'étymologie de *ljutŭ* « χαλεπός, πονηρός », Év., r. *ljút, ljutá, ljutó*; *ljútyj*; s. *ljût, ljúta, ljúto*, est trop incertaine pour qu'on ait le droit de décider si le *t* est radical ou suffixal dans cet adjectif.

Avec vocalisme *o* (comme dans les trois premiers adjectifs cités), il y a quelques exemples en partie obscurs:

lěpŭ « convenable », Supr., 293, 14; Euch., 104 a, etc.; s. *lĭjep, lijěpa, lijěpo*; si l'on rapporte *lĭnǫti, lěpiti*, le vocalisme est *o*, mais il s'agit peut-être d'un ancien *ē* (v. Reichelt, K. Z., XXXIX, 12).

skǫdŭ « qui est en quantité insuffisante », Supr., 430, 29, etc.; cf. *stę̆děti.*

slǫkŭ « συγκύπτων », L., XIII, 11, Zogr. Mar. Ass.; slov. *slók*; on rapproche lit. *slenkù, sliñkti.*

blědŭ « χλωρός », Supr., 101, 8; r. *blědój,* s. *blĭjed, blijěda, blijědo*, pol. *blady*; cf. ags. *blát,* v. h. a. *bleiz*; lit. *blaivas* (Leskien, *Bild.,* 345).

suxŭ « ξηρός, ἐξηραμμένος », Év.; r. *súx, suxá, súxo*, dét. *suxój*; s. *súh, súha, súho*, dét. *súhī*; pol. *suchy*; cf. *sŭxnǫti*; lit. *saūsas,* ags. *séar*; et zd *huškō* « sec ».

**rudŭ*, non attesté en vieux slave, mais dont l'existence en slave commun est établie par r. *rudój*; s. *rûd, rúda, rúdo*; tch. *rudý,* répond à lit. *raudas* (Leskien, *Bild.,* 195), got. *rauþs,* gaul. *Roudos* (irl. *rúad*), lat. *rūbus* (et dial. *rūfus, rōbus*), ombr. *rofu*, skr. *lohaḥ*; cf. v. sl. *rĭděti* « rougir » = lit. *ruděti* (prés. *rudù*).

slabŭ « faible », Euch., 64 a ; r. *sláb, slabá, slábo* (et *slabó*), dét. *slábyj* ; s. *släb, släba, släbo* ; pol. *słaby* ; tch. *sláb, slabý* ; cf., avec d'autres vocalismes, néerl. *slap*, v. h. a. *slaf* ; got. *slepan* ; on rapproche aussi lit. *silpti, silpnas* « faible », en admettant une alternance de *b* et *p* à la fin de cette racine.

Avec vocalisme zéro :

drŭzŭ « θρασύς, τολμηρός », Euch., 88 a et b ; Supr., 54, 7 ; 282, 9 et 11, etc. ; slov. *drz*, tch. *drzý* ; cf. *drŭznǫti* ; mais ce *drŭzŭ* peut être la transformation d'un ancien thème en -*ŭ*- ; cf. *drŭzŭkŭ*, r. *dérzkij*, pol. *dziarski* ; pour la forme, cf. gr. θρασύς ; on a de même *krěpŭ* et *krěpŭkŭ* « fort ».

štrŭbŭ « mancus », bulg. *štrŭb* ; cf. pol. *szczerb* « lacune » ; et, avec un autre vocalisme et un sens un peu différent, lette *schkerbs* « âpre », *skarbs* « aigu », v. isl. *skarpr* « scharf ».

zŭlŭ « πονηρός, κακός, φαῦλος, σαπρός, ἄτοπος », Év. ; r. *zól, zlá, zló* ; s. *zão, zlä, zlõ* ; pol. *zły* ; cf. skr. *hvárate*, etc.

L'adjectif *trěbŭ* « nécessaire », que pose Miklosich, *Lexicon*, ne semble pas exister ; on n'a que le comparatif *trěbljǐjǐ* (par exemple Supr., 250, 24), qui est à *trěba, trěbě* ce que gr. κερδίων est à κέρδος, et le composé *netrěbŭ* « inutile ».

En somme, il n'existe aucun type défini d'adjectifs radicaux à caractéristique -*e*/*o*- et l'on ne peut citer que des exemples isolés avec des vocalismes variés et des accentuations plus ou moins divergentes.

Quelques substantifs présentent un redoublement.

Ce redoublement est, dans les cas suivants, un redoublement intensif, c'est-à-dire qu'il renferme, non seulement la consonne initiale de la racine, mais aussi éventuellement la sonante qui suit la voyelle ; le vocalisme est *o* :

glagolŭ « ῥῆμα », Év., Ps., etc. ; cf. *glagolati, glagoljǫ* ; cf. skr. *gargaraḥ* ou *ghargharaḥ*.

klakolŭ « cloche » (dans des textes vieux russes), r. *kólokol*, polabe *klåk'ŭl* ; cf. lit. *kankalas*, skr. *kankaṇī* « ornement avec des clochettes » (de **kankṛṇī*), *kankaṇaḥ*, etc., et aussi skr. *kalakalaḥ* « cri ».

tch. *plápol* « flamme », cf. v. sl. *planǫti, paliti*, etc.

praporŭ, poroporŭ « drapeau » en vieux russe, tch. *prapor*, pol. *proporzec* ; on rapproche *perǫ, pĭrati* « voler » ; cf. aussi v. sl. *praporŭ* « clochette » (et *praporĭcĭ*, s. *präporac*).

praprǫdŭ (et *prĕprǫdŭ*) « πορφύρα », Év., est un mot complètement obscur ; il est impossible de déterminer sur quoi repose le *pra-* (resp. *prĕ-*) initial.

Pour ce type de redoublement, cf. M. S. L., XII, 217.

Avec un autre vocalisme, il existe un mot isolé :

r. *pérepel* « caille », fémin. *perepĕlka, perepelĭca* ; tch. *křepel, křepelka* (avec dissimilation de *p* en *k*, cf. Gebauer, *Hist. mluv.*, I, 419) ; cf. s. *prĕpelica* et pol. *prezepiora, przepiórka*. Le baltique a des formes voisines, mais différentes : v. pruss. *penpalo* (Voc. ; on corrige souvent en *perpalo*), lette *paipala*, lit. *pĕpala* (où il ne faut naturellement pas chercher de suffixe en *l*) et *pùt-pela* (v. Leskien, *Bild.*, 201).

Il y a désaccord des vocalismes du redoublement et de l'élément radical dans *tǫtĭnŭ* « bruit », Supr., 123, 22 ; cf. s. *tútanj* (et *tútnjava*) ; le pol. *tęten* (et *tenten*) suppose *tǫtŭnŭ.

Le redoublement simple n'est représenté que par des exemples rares et peu clairs.

En regard de skr. *babhrúḫ*, lit. *bĕbrus*, lat. *feber* et *fiber*, gaul. *Bibrax* et *Bebronna*, etc., le slave a pour le nom du « castor » deux formes : r. *bóbr, bóbra*, tch. pol. *bobr* d'une part, et s. *dȁbar, dȁbra* (avec la même dissimilation que présente aussi lit. *dĕbras, dȁbras*), bulg. *bŭbŭr* de l'autre, c'est-à-dire un redoublement en *o* et un en *ĭ*.

Le redoublement en *o* se retrouve peut-être dans *popelŭ* « σποδός », Mt., XI, 21, et L., X, 13, Zogr. Mar. (Ass. def.) ; Ps., CI, 10 ; Supr., 369, 12 ; tch. *popel*, pol. *popioł* ; (mais r. *pépel, pépla* et s. *pȅpeo, pȅpela* ont *e*), si l'on rapproche *plamy, polĕti, paliti*, etc. (sur ce mot, v. Solmsen, K. Z., XXXVIII, 444, où est proposée une tout autre étymologie : v. sl. *plĕva*, gr. παπάλη, etc.). Toutefois on pourrait aussi couper *po-pelŭ* et voir dans *po-* le préverbe connu et dans *pepelŭ* le résultat d'une altération secondaire.

En somme, il ne reste des formes à redoublement que quelques traces, d'importance médiocre.

2° Noms dérivés.

L'élément -*a*- issu de i.-e. -*e/o*- servait dans une large mesure

à fournir des dérivés en indo-iranien : type skr. *mānaváḥ*
« humain », de *mánuḥ* « homme » ; pas plus que les autres langues
indo-européennes, le slave ne présente rien de pareil ; il faut
cependant citer les trois adjectifs suivants, dérivés de noms
de nombre (employés au pluriel ou au singulier neutre), qui,
à la vṛddhi près, ont cette même formation ; on notera le vocalisme *o* de la syllabe présuffixale :

četvori « au nombre de quatre », Supr., 274, 4 ; s. *čětvoro*,
pol. *czworo* ; cf. r. *čétvero* ; en regard de *četyre*. Cf. lit. *ketveri*.
Ces mots semblent avoir servi de modèles à une série de noms
de nombre employés d'une manière toute pareille qui en
reproduisent le vocalisme *o* ou *e* ; ainsi, d'après *četyre, četvori,
četvoro*, on a fait : *pętori* « au nombre de cinq », *pętoro*, r. *pjátero*,
s. *pětoro*, pol. *pięcioro*, cf. lit. *penkeri* (v. Leskien, *Bild.*, 445) ;
sedmori « au nombre de sept », *sedmoro*, Supr., 266, 8, r. *sémero*,
s. *sědmoro*, pol. *siedmioro* ; et de même pour les autres noms de
nombre jusqu'à « dix » inclusivement : *desętori, desętoro*, Supr.,
205, 1 ; r. *désjatero*, s. *děsetoro*, pol. *dziesięcioro*. Toutefois il est
aussi possible qu'on ait affaire ici à un suffixe en -*r*- ; car
on trouve lit. orient. *pinkeli, szeszeli*, etc. (v. Leskien, *Bild.*,
482), avec un autre suffixe, et l'on peut penser au suffixe des
ordinaux arméniens comme *erir* « troisième » et de got. *figgrs*
« doigt » (littéralement « cinquième » ?).

troji « au nombre de trois », Supr., 53, 8 ; r. *tróji*, neutre
sing. *tróje* ; s. *trôje* ; pol. *troje* ; en regard de *trije*. Cf. lit. *treji*.

dŭvoji « au nombre de deux », Cloz., 840 = Supr., 339,
17 ; r. *dvóji*, neutre sing. *dvóje* ; s. *dvôji, dvôje* ; pol. *dwoje* ; en
regard de *dŭva*. Cf. lit. *dveji*. — De là, par analogie, *oboji*,
Supr., 196, 18 ; 237, 11, etc., a été fait sur *oba*.

Ces trois adjectifs ont des correspondants en dehors du
baltique et du slave : skr. *catvarám* « place quadrangulaire »
— *trayáḥ* « les trois » — gr. δοιοί, skr. *dvayáḥ*, neutre *dvayám*.
Pour les deux derniers, l'emploi est exactement le même
qu'en baltique et en slave. Le vocalisme *o* du slave se retrouve
en grec pour δοιοί. Le *y* de i.-e. **d(u)woyó-* (le slave accentue
**dŭvóje-*) est sans doute identique à celui du génitif skr.
d(u)váyoḥ, zd *dvayå*, v. sl. *dŭvoju*, lit. *dvějŭ*, got. *twaddje* ; un
-*i*- se retrouve d'ailleurs dans la forme **dwi-* (skr. *dvi-*, gr.
δι-, lat. *bi-*, etc.) des premiers termes de composés. Il s'agit

donc de mots de date indo-européenne et en tout cas antérieure à la période proprement slave.

De même *podŭ* « sol », r. *pód, póda* (mais pet. r. *pid, podá*), s. *pŏd, pŏda* (mais čak. *pŏd, podà*), est un dérivé du thème **ped-* « pied », tout comme lit. *pãdas*, gr. πέδον « sol », skr. *padám*, arm. *het* « trace de pas », etc.; la différence d'accentuation entre le grec et le sanskrit se retrouve à l'intérieur du slave.

En dehors de ces cas particuliers, *-e/o-* ne sert d'élément de dérivation que dans les composés, ce qui semble conforme à l'usage indo-européen.

ạrodŭ « ὑπερήφανος », 'Ps., LXXXVIII, 11; le dérivé *ạrodivŭ* cient la place de *buji*, Supr., 273, 2, etc. (le russe *jŭrod*, etc., est sans doute vieux slave); le premier terme est la négation **ņ-* avec prothèse *a-*, soit **an-* : le second est le mot d'où est dérivé *ne roditi* « ne pas s'occuper de ».

četvrĕnogŭ « τετραπούς », Euch., 104 a, et plusieurs fois dans le Nouveau Testament; de *četvrĕ-* et *noga*; v. russe *četvĭrnŏgŭ* et *četverenogŭ, četveronogŭ*, r. mod. *četveronógij*.

xudoumŭ « sot », Euch., 45 b.

jinočędŭ « μονογενής », Év., et la variante *jedinočędŭ* (Zogr. Ass., etc.), de *jinŭ* (resp. *jedinŭ*) et *čędo*.

licemĕrŭ « ὑποκριτής », Mt., VI, 15 (tandis que Mt., VI, 2 et 16, a la simple transcription *upokritŭ*); de *lice* et *mĕra*; r. *licemĕ´r*; les dialectes occidentaux ont pol. *licemiernik*, tch. *licomèrný* (Gebauer, *Hist. mluv.*, I, 237) et v. pol. *lucemiernik* (Los', *Složnyja slova v pol'skom jazykě*, p. 119); le mot est donc ancien; il paraît reproduire un mot germanique: cf. v. h. a. *līhhazāri* et les verbes *līhhazzan, līhhisōn* (v. *Archiv*, XX, 537), qui traduisent eux-mêmes lat. *simulāre* (de *similis*); en gotique, ὑποκριτής est traduit par *liuta*, et il est permis de se demander si ce dernier mot n'est pas pour quelque chose dans l'*u* inattendu de v. pol. *lucemiernik*.

malovĕrŭ « ὀλιγόπιστος », Mt., VI, 30, etc., de *malŭ* et *vĕra*; *nejęvĕrŭ* « ἀγνώμων » (cf. ci-dessus, p. 168; mais v. maintenant une hypothèse plus satisfaisante sur *-ję-*, rapproché de *jęti* « prendre », chez Pogodin, *Slĕdy kornej-osnov*, p. 130).

męsopustŭ « τεσσαρακοστή », Izborn. 1073; d'où *męsopustĭna,*

Assem., p. 102, éd. Crnčic′ (et *ib.*, p. 86) ; cf. Jagic′, *Archiv*,
XXI, 29.

mislosrŭdŭ « οἰκτίρμων », L., VI, 36, et Mt., XVI, 22 ; de
milŭ et du primitif de *srŭdĭce* ; traduit de got. *armahairts*, v. h.
a. *armherz*, lat. *misericors* ; r. *milosérdyj* ; de même *tęžĭkosrŭdŭ*
« βαρυκάρδιος », Ps., IV, 3.

nebogŭ « δύστηνος », Supr., 111, 26 ; 286, 26 ; tch. *nebohý*, cf.
pol. *nieboga* ; *ubogŭ* « πτωχός, πενιχρός », Év. ; πενής, Ps., IX, 33,
et LXXIII, 19, Supr., 376, 17 ; r. *ubógij*, s. *ùbog*, pol. *ubogi* ;
le second terme est un mot, non attesté en slave, qui
répond à skr. *bhágaḥ* « richesse », zd *baγö*, et dont on a aussi
le dérivé *bogatŭ* « riche ».

plastoglavŭ « ayant un large sommet′» (dans les textes vieux
russes), de *plastŭ* et *glava* ; r. *ploskogolóvyj* ; on lit l'adverbe
strĭmoglavĭ « κατὰ κεφαλῆς », Supr., 104, 18, etc. — Cf. *pĭso-
glavŭ* « à la tête de chien », chez Miklosich, *Lex.*

prostovlasŭ « λυσίκομος », Supr., 295, 24, de *prostŭ* et *vlasŭ* ;
r. *prostovolósyj.*

suxorąkŭ « qui a la main sèche », table des chapitres de
Marc dans Mar. ; Euch., 40 b, 43 b, de *suxŭ* et *rąka* ; r. *suxorúkij.*

vĕglasŭ « ἐπιστήμων », Supr., 312, 1 ; v. tch. *vĕhlas* ; cf. *vĕgo-
dyjĭ* ; v. Jagic′, *Archiv*, XX, 531, et XXI, 37, et Pogodin,
Slĕdy kornej-osnov, p. 129.

zŭlolikŭ, en vieux russe, de *zŭlo* et *lice*.

De même avec des préverbes ou prépositions :

ostrovŭ « νῆσος », Supr., 88, 10 ; 98, 2 ; souvent dans le Nouveau Testament ; r. *óstrov* ; bulg. *ostrov* ; pol. *ostrów* ; pour le
sens, cf. hom. νήσῳ ἐν ἀμφιρύτῃ, α 50. De même *otokŭ* « νῆσος »,
Ps., XCVI, 1, et LXXI, 10 (au pluriel ; écrit *oci*, *otĭci* ; le copiste
n'a pas compris le mot et l'a mal reproduit, sans doute
parce qu'il employait *ostrovŭ*) ; *more otočinoje* « ὠκεανός », Supr.,
392, 15 ; s. *òtok*, slov. *otòk*. Les deux mots ont des formes
exactement parallèles.

otrokŭ « παῖς », Év., etc. ; r. *ótrok* (tch. *otrok*) ; pour le sens,
cf. lat. *infans*. Dans *prorokŭ* « προφήτης », Év. ; r. *prorók, proróka* ;
s. *prórok, próroka* ; pol. *prorok,* le second terme est un nom d'agent
du même type que *bogŭ, sŭpasŭ*, etc. ; la différence d'accentuation avec *otrokŭ* est caractéristique.

Le mot *sąsĕdŭ* « γείτων », fém. *sąsĕdynji*, Év. ; r. *susé'd* et *sosé'd* (plur. *sosĕ'di, sosĕ'dej*) ; s. *sŭsjed* ; pol. *sąsiad*, représente sans doute une ancienne forme athématique, cf. skr. *sam-sát* et lat. *prae-ses, prae-sidis* : lit. *vĕn-sédis* (avec un suffixe secondaire). Quant à *sąlogŭ* qu'on rapproche du gr. ἄλοχος, Miklosich n'en donne pas d'exemple vraiment ancien.

Enfin *sugubŭ* « διττός », Cloz., 876 et 877 = Supr., 340, 13 et 14, en regard de *gŭnąti*, est formé comme gr. ἀ-πλόος, got. *ain-falþs*, skr. *cátur-vayaḥ*, et, avec le vocalisme sans *e*, comme gr. ἀ-πλός, lat. *sim-plus*, lit. *dvi-linkas* ; le sl. *dvo-gubŭ* a été parfois substitué à *su-gubŭ*.

Les mots à thème -*do*- = lit. -*da*- (v. Leskien, *Bild.*, p. 198 et suiv.) de la racine *dĕ*- = gr. θη-, skr. *dhā*- sont probablement sortis d'anciens mots athématiques à suffixe zéro ; les principaux sont *obĭ-do* « θησαυρός », Supr., 241, 2 et 392, 20 ; *są-dŭ* « κρίσις, κρῖμα », Év., etc., r. *súd, sudá* ; s. *sûd, sûda* ; pol. *sąd, sądu* ; tch. *soud*, et sans doute aussi *są-dŭ* « σκεῦος, μέλος », Supr. (v. Miklosich, *Lex.*), r. *súd, súda* ; s. *sûd, sûda* ; pol. *sęd, sędu* ; tch. *sud* (cf. ci-dessus, p. 162) ; cf. skr. *samdhíḥ, pradhíḥ*, etc.

L'adjectif *prostŭ*, Év., etc., se rattache de même à la racine de *stati* ; cf. ci-dessus, p. 161.

3° Mots isolés.

En dehors des types définis qui viennent d'être indiqués, il y a un grand nombre de thèmes en -*o*- dont il suffira de citer ici les plus importants : ceux qui sont attestés en vieux slave proprement dit et ceux dont l'étymologie garantit l'antiquité en slave.

bèsŭ « δαίμων, δαιμόνιον », Év. ; r. *bĕ's, bĕ'sa*, pol. *bies*, tch. *bĕs* ; le s. *bȋjes* signifie « colère », sens qu'on relève aussi en russe ; l'étymologie est obscure (v. Pedersen, I. F., V, 41, et Niedermann, *ib.*, X, 228, n).

blagŭ « ἀγαθός, χρηστός », Év. ; russe dial. *bólogo* ; s. *blâg, blága, blágo* ; pol. *błogi*.

borŭ « pin », r. *bór, bóra* ; s. *bôr, bòra* ; pol. *bór* ; cf. ags. *bearu* ; M. Hirt, P. B. S. B., XXIII, 331, songe à un emprunt du slave au germanique.

bosŭ « nu-pieds », Ps., XXXVI, 25 ; r. *bós, bosá, bosó* ; s. *bôs, bòsa, bòso* ; pol. *bosy* ; cf. lit. *băsas*, v. h. a. *bar*, et arm. *bok* (de *bhoso-go-*).

brakŭ « γάμος », Év. ; r. *brák, bráka* ; mot de forme obscure (v. en dernier lieu Mikkola, *Arkiv f. nord. fil.*, XIX, 331 et suiv.).

čari « charme », Euch., 54 a (deux fois) ; r. *čáry* ; pol. *czary* ; cf. lit. *keréti*, skr. *kṛṇóti* (v., en dernier lieu, Osthoff, *Etym. parerga*, I, 26).

časŭ « ὥρα », L., II, 38, Zogr. Mar. Ass., etc. ; r. *čás, čása* ; s. *čäs, čäsa* ; tch. *čas* ; cf. v. pruss. *kīsman* et alb. *kohɛ* (v. K. Z., XXXVI, 279)?

čelo « front », Supr., 167, 14 (et 70, 3) ; r. *čeló*, s. *čëlo*, pol. *czoło* ; le dérivé *čelesĭnŭ* ne garantit nullement que ce mot soit un ancien thème en -*es*-, car il peut être analogique de *tĕlo, tĕlesĭnŭ*, etc. Le rapprochement qu'on a proposé avec gr. τέλος est peu satisfaisant pour le sens.

črěpŭ « ὄστρακον » ; r. *čérep, čérepa* ; čak. *črép, črépa* ; pol. *trzop* ; on rapproche v. h. a. *scirbi* « scherbe ».

dąbŭ « δένδρον », Supr., 253, 4 ; Euch., 15 b ; r. *dŭb, dúba* ; s. *dŭb, dúba* ; pol. *dęb, dęba* ; tch. *dub*.

dědŭ « grand-père », Supr., 45, 26 ; r. *dě'd, dě'da* ; s. *djěd, djěda* ; pol. *dziad* ; cf. gr. τήθη « grand' mère » ; le lit. *dědas* est un emprunt au slave, à en juger par l'intonation.

dlĭgŭ « long », L., XVIII, 4 ; r. *dólog* (*olo* est ici secondaire, d'où la place de l'accent), *dolgá, dolgó*, dét. *dólgij* ; s. *dŭg, dŭga, dŭgo* ; tch. *dlouhý* ; cf. skr. *dīrgháḥ*, zd *darəγō*.

dragŭ « βαρύτιμος », Mt., XXVI, 7 ; r. *dórog, dorogá, dórogo*, dét. *dorogój* ; s. *drãg, drága, drágo* ; pol. *drogi*.

drągŭ « bâton », Euch., 48 a (au lieu de *drŭkolĭ*) ; pol. *drąg*, tch. *drouh*.

dvorŭ « αὐλή », Év. ; r. *dvór, dvorá* ; s. *dvór, dvóra* ; pol. *dwór* ; cf. lit. *dvãras*, lat. *forum*.

gŏdŭ « ἑρπετόν », Ps., CIII, 25 ; Euch., 20 a ; « animal nuisible », Euch., 59 a ; r. *gád, gáda* ; čak. *gȁd, gáda* « vipère » ; tch. *had* ; cf. *gaditi*, etc. (v. Zubatý, B. B., XVIII, 262, et *Archiv*, XVI, 422).

gnězdo « νοσσία, κατασκήνωσις », Év., etc. ; r. *gnězdó*, s. *gnijězdo* ; tch. *hnízdo* ; déformation du mot indo-européen attesté par lat. *nīdus*, irl. *net*, v. h. a. *nest* (et arm. *nist*, skr. *nīḍáḥ*) : le lit. *lizdas*, lette *ligzds* résulte d'une autre altération ; cf. v. pruss. *lasinna* et v. sl. *ležati*?

golŭ « nu » ; r. *gól, golá, goló*; s. *gồ, gồla, gồlo*; pol. *goły*.

grąbŭ « ἰδιώτης », Supr., 280, 22 ; r. *grŭb, grubá, grŭbo*, dét. *grŭbyj*; s. *grŭb, grŭba, grŭbo*; tch. *hrubý*; v. Osthoff, *Etym. parerga*, I, 353, n. (mais le point de départ phonétique de l'hypothèse de M. Osthoff semble inexact).

gradŭ « χάλαζα », Ps., XVII, 13 ; Euch., 14 a ; r. *grád, gráḍa*; s. *grãd, grãda* ; pol. *grad*; tch. *hrád*.

gradŭ « πόλις », Év., etc. ; r. *górod, góroda*; s. *grãd, grãḍa*; pol. *gród*; tch. *hrad*; cf. lit. *gar̃das*, got. *gards*. On notera aussi *ogradŭ* « κῆπος », L., XIII, 19 Ostr.

groʒdŭ « σταφυλή », L., VI, 44 ; Mt., VII, 16 ; čak. *grồʒd, groʒdà* ; r. *grózd, grozdá* (sans doute ancien thème en -*ŭ*-; v. ci-dessous).

grŭdŭ « ὑπερήφανος », L., I, 51, etc. ; r. *górdyj*; tch. *hrdý,*

jigo « ζυγός », Mt., XI, 29, 30, etc. ; r. *ígọ*; tch. *jho*; cf. skr. *yugám*, gr. ζυγόν, lat. *iugum*, got. *juk*; la place de l'accent en slave est due sans doute à l'influence d'une forme sl. **júgo* répondant à gr. ζεῦγος (cf. lat. *iūgerum*, et, avec le vocalisme de *juk*, got. *jukuʒi* « joug »), influence qu'atteste d'ailleurs l'existence du pluriel *iʒesa* (v. Miklosich, *Lexicon*).

jugŭ « νότος », L., XII, 55, et XIII, 29, etc. ; r. *júg, júga*; s. *jŭg, jŭga* ; tch. *jih*.

krągŭ « κύκλος », Supr., 323, 3 ; Euch., 4 a ; r. *krŭg, krŭga*; s. *krŭg, krŭga*; pol. *krąg, kręgu* ; cf., avec un autre vocalisme, v. h. a. *hring*.

krěpŭ « fort », Supr., 424, 27, etc. ; en regard de la forme, plus ordinaire, *krěpŭkŭ* qui semble supposer un ancien thème en -*ŭ*-.

kupŭ « σωρός », Supr., 97, 1 (et *vŭ kupě* « ὁμοῦ », J., IV, 36, etc.) : s. *kŭp, kŭpa*; bulg. *kŭpŭt*; l'intonation ne s'accorde pas avec celle de lit. *kaūpas* « monceau » ; malgré la difficulté que fait le *k* initial, ceci conduit à ne pas écarter absolument l'hypothèse d'un emprunt au germanique : v. h. a. *houf*, v. sax. *hōp* : on peut rapprocher aussi v. perse *kaufa-*, zd *kaofa-* « montagne ».

lągŭ « δρυμός », Ps., LXXIX, 14 ; r. *lúg, lúga-*; s. *lŭg, lŭga* ; pol. *łąg*.

lěsŭ « forêt », Euch., 54 b ; Supr., 143, 10 ; r. *lě's, lěs'á*; s.

lĭjes, lĭjesa ; pol. *las* ; tch. *les* ; cf. Lidén, *Blandade språkhist. bidrag*, I, 25 et suiv. (dans *Göteborgs högskolas årsskrift*, 1904).

lixŭ « mauvais », Euch., 72 a ; *lixo* « περισσόν », Év., etc. ; r. *lixój*, subst. *líxo* ; s. *lího* ; pol. *licho*.

lisŭ « ἀλώπηξ », Mt., VIII, 20, etc. ; s. *lĭs, lĭsa* ; tch. *lis* (mais r. *lisá*).

ljutŭ « χαλεπός, πονηρός », Év., etc. ; r. *ljút, ljutá, ljutó*, dét. *ljútyj* ; s. *ljût, ljúta, ljúto* ; tch. *lĭtý*, v. Solmsen, K. Z., XXXIV, 447.

lŭbŭ « crâne » (d'où *lŭbĭnŭ*, Euch., 50 a) ; r. *lób, lbá* ; pol. *łeb, łba*.

(vŭz-)lysŭ « chauve » ; r. *lýsyj* ; pol. *łysy*. On ne peut guère séparer gr. λευκός, lit. *laūkas* (cf. Jagic', *Archiv*, XX, 370), mais le *y* issu de *ū* fait difficulté. Cf. ci-dessous le chapitre du vocalisme.

malŭ « μικρός, ὀλίγος », Év. ; r. *mályj* ; adv. *málo* = s. *mǎlo* ; pol. *mały* ; cf. ci-dessus, p. 172 et suiv.

měxŭ « ἀσκός », Év., etc. ; r. *mě́x, mě́xa* ; s. *mǐjeh, mǐjeha* (et *měh, měha*) ; tch. *měch* ; cf. lit. *máiszas*, v. pruss. *moasis*, skr. *meṣáḥ*.

mělŭ « κονία », Supr., 423, 4 (cf. Act.,.XXIII, 3), r. *mě́l, měla* ; cf. lit. *mólis*, skr. *málam*, gr. μέλᾱς, ou lit. *melmū̃* (et *smíltis* ?), got. *malma*.

męso « κρέας, σάρκες », Euch., 22 a ; Supr., 114, 8, etc. ; r. *mjáso*, s. *měso*, tch. *maso* ; cf. got. *mimz*, skr. *māṃsám*, arm. *mis* (génit. *msoy*) ; le sanskrit a un nom à suffixe zéro *mǎḥ* athématique ; sur l'intonation, v. *Sbornik Fortunatov*, p. 199.

mladŭ « ἁπαλός », Mt., XXIV, 32, etc. ; r. *mólod, molodá, mólodo* ; dét. *molodój* ; s. *mlâd, mlâda, mlâdo* ; pol. *młody*.

mozgŭ « μυελός » (Hébr., IV, 12) ; r. *mózg, mózga* ; čak. *mózg, mòzga* ; pol. *mózg* ; cf. zd *mazga-*, v. h. a. *marg*.

v. r. *mŭxŭ* « mousse » ; r. *móx, mxá* (et *móxa*) ; pol. *mech, mchu* ; cf. lit. *musaī*, v. h. a. *mos* (cf. ci-dessus, p. 206).

nagŭ « γυμνός », Év., etc. ; r. *nág, nagá, nágo* ; dét. *nagój* ; s. *nâg, nâga, nâgo* ; tch. *nahý* ; cf. lit. *nůgas* (cf. ci-dessus, p. 206).

nosŭ « nez » (traduit πρώρα dans le Nouveau Testament) ; r. *nós, nósa* ; s. *nôs, nòsa* ; pol. *nos* ; cf. lat. *nāsus* (cf. ci-dessus, p. 206).

novŭ « νέος, καινός », Év., etc. ; r. *nóv, nová, nóvo* ; s. *nôv,*

nŏva, nŏvo : pol. *nowy* ; cf. gr. νέ(F)ος, skr. *năvaḥ*, lat. *nouos*,
v. pruss. *nawans*.

pero « plume », r. *peró*, s. *pèro*, pol. *pióro* ; sans doute apparenté à lit. *sparnas*, skr. *parṇám*, v. h. a. *farn*, ags. *fearn* ; le
rapprochement, qu'on fait aussi, avec gr. πτερόν est très séduisant, mais ne peut se justifier que par des hypothèses com-
pliquées et indémontrables.

pĭsŭ « κύων », Év., r. *pĕs, psá*, s. *păs, psă*, pol. *pies* ; l'étymologie est obscure ; M. Osthoff, *Et. parerga*, I, 265 et suiv.,
y cherche la forme abrégée d'un composé ; on y peut voir,
avec une certaine vraisemblance, un ancien $*p^\circ k_{10}$- « obser-
vateur », à rapprocher de $*spek_1$- (Möller, K. Z., XXIII, 492 ;
le chien est avant tout un gardien ; v. Osthoff, *l. c.*, p. 209 et
suiv.).

praxŭ « κονιορτός, χοῦς », Év.. etc. ; r. *póròx, póroxa* ; s. *práh,
práha* ; tch. *prach* ; pol. *proch*.

radŭ « joyeux, content », L., XXIII, 8 ; etc. ; r. *rád, rắda,
rádo* ; s. *räd, răda, rădo* ; pol. *rad*.

rędŭ « ordre », L., I, 13 ; Euch., 81 b, etc. ; r. *rjád,
rjáda* ; s. *rêd, rêda* ; pol. *rzạd*.

rogŭ « κέρας », L., I, 69, etc ; r. *róg, róga* ; s. *rŏg, rŏga* ; pol.
róg ; cf. lit. *rãgas*, v. pr. *ragis* « corne ».

samŭ « αὐτός », Év., etc. ; r. *sám, samá, samó*, dét. *sámyj* ;
s. *sâm, sáma, sámo* ; tch. *sám, sama, samo* ; cf. zd *hāma-* (et v.
sax. *sŏmi* « convenable ») ; et, avec ŏ, gr. ὁμός, skr. *samáḥ*, zd
hamō, got. *sama* ; famille de skr. *sam-, sa-* ; gr. ἁ-, εἷς, etc.

skąpŭ « avare » (d'où *skąpostĭ*, Euch., 104 a) ; r. *skúp, skupá,
skúpo*, dét. *skupój* ; s. *skúp, skúpa, skúpo* ; pol. *skąpy*, tch. *skoupý* ;
cf. Zupitza, *Germ. gutt.*, 108.

skorŭ « ταχύς », Euch., 78 a (adverbe *skoro*, Év., etc.) ; r.
skóryj, s. *skòro* (adv.), pol. *skory*.

slĕdŭ « trace » (dans *vŭ slĕdŭ* « ὀπίσω », Év.) ; r. *slĕ'd, slĕ'da* ;
s. *slĭjed, sljĭeda* ; pol. *s'lad* ; tch. *sled*.

smrŭdŭ « homme de condition inférieure (οἰκτρᾶς τύχης) »,
Supr., 76, 10 ; v. r. *smerdŭ*.

snopŭ « δεσμή » (gerbe), Mt., XIII, 30 ; r. *snóp, snópa* ; s. *snŏp,
snŏpa* ; pol. *snop*.

sokŭ « suc, sève » ; r. *sók, sóka* ; s. *sŏk, sŏka* ; pol. *sok* ; cf. lit.
sakai, gr. ὀπός (v. Solmsen, *Untersuch.*, 207).

spodŭ « κλισία, συμπόσιον », Mc, VI, 39.

srŭpŭ « δρέπανον », Mc, IV, 29 ; r. *sérp, serpá* ; s. *sȓp, sȓpa* ; pol. *sierp* ; tch. *srp* ; cf. lette *sirpe*, gr. ἅρπη.

svarŭ « πόλεμος, μάχη », Supr., 285, 26 ; 298, 10 ; Euch., 68 a ; pol. *swar* ; tch. *svár*.

štapŭ « bâton », slov. *ščáp* ; cf. lette *schkĕps* (Zubatý, *Archiv*, XVI, 414).

tǫpŭ « émoussé » ; r. *túp, tupá, tupó* ; dét. *tupój* ; s. *tûp, túpa, túpo* ; pol. *tępy* ; cf. v. h. a. *stumpf* (Brugmann, *Grundr.*, I², p. 386).

tixŭ « ἐπιεικής », Supr., 284, 14 ; r. *tíx, tixá, tíxo* ; dét. *tíxij* ; s. *tîh, tĭha, tĭho* ; tch. *tichý*.

tikŭ « ἔσοπτρον », Supr., 234, 2.

tĭlo « sol », Supr., 63, 3 ; r. *tló*, pol. *tło* ; cf. gaul. *(Dubno-) talos*, gall. *tal* « front » (pour le sens, cf. all. *stirn*) ; le skr. *talam* « sol » a un autre vocalisme, le v. pruss. *talus* « sol » un autre suffixe et un autre vocalisme.

trǫtŭ « agmen, κουστωδία », Cloz., 773 = Supr., 337, 24.

trǫdŭ « sorte de maladie », L., XIV, 2 ; Euch., 31 b ; pol. *trąd* « lèpre » ; sans étymologie sûre ; v. Zubatý, *Archiv*, XVI, 415 et suiv. ; Osthoff, *Etym. parerga*, I, 354, n.

trŭgŭ « ἀγορά » (Supr., 424, 1, et Nouveau Testament) ; r. *tórg, tórga* ; s. *tȓg, tȓga* ; tch. *trh* ; cf. lette *tirgus* (et lit. *tuȓgus*, si celui-ci n'est pas emprunté au slave). Ce mot ne figurant qu'au nominatif dans les textes vieux slaves proprement dits, il est malaisé de dire si l'on ne serait pas en présence d'un ancien thème en -*ŭ*-, comme le fait attendre le baltique ; le vieux slave a les dérivés *trŭžĭnikŭ* et *trŭžište*, Év., sans trace de *v*, mais d'autre part on a *trŭgovĭnŭ, trŭgovište*, etc.

udŭ « μέλος », Mt., V, 29, 30, etc. (avec des formes nombreuses de thème en -*ŭ*-, Supr., Euch.).

usta (plur. tantum) « στόμα », Év. ; r. *ustá*, s. *ústa*, pol. *usta* ; cf. v. pruss. *austo* (Voc.), *austin* (Ench.), skr. *óṣṭhaḥ* « lèvre ».

věko « couvercle », et particulièrement « paupière », traduit βλέφαρον, Ps., CXXXI, 4 ; r. *vĕ́ko*, pol. *wieko* ; tch. *víko* ; cf., avec un autre vocalisme, lit. *vókas*.

věkŭ « αἰών », Év., est trop peu clair étymologiquement pour figurer ici ; le *k* a chance d'être suffixal.

vĭsĭ « πᾶς, ὅλος », Év., etc. ; identique à lit. *visas*.

vlasŭ « θρίξ », Év., etc. ; r. *vólos, vólosa* ; s. *vlâs, vlâsa* ; pol. *włos* ; tch. *vlas* ; cf. zd *varəsa-*.

vlĭkŭ « λύκος », Év. ; r. *vólk, vólka* ; s. *vûk, vûka* ; pol. *wilk* ; tch. *vlk* ; cf. lit. *vilkas*, skr. *vŕkaḥ*, zd *vəhrkō*.

vrědŭ « damnum », Euch., 5 a ; r. *véred, véreda* ; pol. *wrzód*.

po-žarŭ « incendie », r. *pôžar*, s. *pôžār* ; avec un vocalisme *ē* curieux, en regard de *gorěti* « brûler ».

žlěbŭ « conduit, rigole », r. *žólob*, s. *žlĭjeb*, pol. *žłób*, tch. *žleb* et *žlab*.

Bien que ces mots ne s'expliquent pas en slave même et qu'en général ils ne se dénoncent pas par leur sens comme ayant des chances d'être des emprunts, ils ne se retrouvent pas, pour la plupart, dans les autres langues indo-européennes, et il est par suite impossible de faire sur leur origine aucune hypothèse.

IV

THÈMES EN -*ŭ*-

Par suite du traitement -*ŭ* de *-*os* et *-*on* d'une part, de
*-*us* et *-*un* de l'autre, les thèmes en -*o*- et les thèmes en -*ŭ*-
ont eu phonétiquement une forme identique de nominatif-
accusatif singulier en slave commun ; à tous les autres cas,
les caractéristiques des deux déclinaisons diffèrent, mais, par
suite de son importance toute particulière, cette forme unique
a déterminé des actions analogiques nombreuses : dès les
premiers textes des divers dialectes, d'anciens thèmes en -*o*-
présentent des formes de thèmes en -*ŭ*- et d'anciens thèmes en
-*ŭ*- des formes de thèmes en -*o*- ; de bonne heure les deux séries
se sont confondues presque partout en une flexion qui comprend des formes de chacun des deux types, et il est devenu
impossible dès lors de discerner dans ces mots tous fléchis de
même les anciens thèmes en -*ŭ*- des anciens thèmes en -*o*-.
Néanmoins malgré les confusions qu'on y rencontre déjà, les
textes vieux slaves et aussi les premiers textes de quelques
autres dialectes, surtout du tchèque, permettent encore une
distinction à certains cas, comme le locatif et le génitif singuliers, où les formes sont restées d'ordinaire distinctes,
Abstraction faite de *synŭ* « fils », *synŭ* « tour », *stanŭ, činŭ,*
qui ont un suffixe *-neu-,* et de quelques exemples trop douteux, on discerne, en tant que restes certains de thèmes indo-
européens en *-eu-* :

domŭ, gén. *domu,* loc. *domu,* etc., Év. ; dérivé *domovĭnŭ,* L.,
XVI, 2 ; adverbe *doma,* J., XI, 20 (représentant un locatif
i.-e. *domō,* alternant avec i.-e. *domōw*) ; cf. lat. *domus,* qui a
une flexion en -*u*-, et skr. *dámūnāḥ* ; le vocalisme *o*, attesté par
le latin et le slave, n'a pas nécessairement appartenu dès

l'origine au thème en *-eu-*, car il peut être dû à l'influence du thème voisin en -o- : skr. *dámaḥ*, gr. δόμος, lat. *domus*. La place de l'accent slave répond à celle du ton grec et sanskrit autant qu'on en puisse juger d'après les formes de la flexion du russe et du serbe : r. *dóm, dóma* ; s. *dȏm, dȍma* (mais nom. plur. *dòmovi*, avec une trace intéressante de l'ancienne mobilité du ton caractéristique de la flexion des thèmes en -*u*- et en -*i*- en baltique, en slave, et sans doute déjà en indo-européen) ; l'adverbe r. *dóma*, s. *dȍma* « à la maison » a aussi l'accent sur l'initiale.

medŭ « μέλι », gén. *medu*, Supr., 213, 17 (en regard de *meda*, Ps. XVIII, 11 ; LXXX, 17 ; CXVIII, 103) ; d'où *medv-ędĭ* « ours » (mangeur de miel) ; *medvĭnŭ* « μέλιτος », répond à un ancien neutre skr. *mádhu*, gr. μέθυ, v. pruss. *meddo* (lit. *medùs*), mais -*u* final se confondant avec *-us* et *-un* en slave, le genre ne pouvait guère subsister ; d'ailleurs, v. h. a. *meto* est masculin. Pour l'accent, noter r. *mëd, mëda* ; s. *mêd, mëda*.

polŭ « moitié », gén. *polu*, loc. *polu*, dat. instr. duel *polŭma*, Év. ; sans correspondant exact en dehors du slave ; cf. *polovina*.

volŭ « βοῦς », gén. sing. *volu*, L., XIII, 15, Zogr. Mar. Ass. ; nom. plur. *volovi*, Ps. XLIX, 10 ; génit. plur. *(vo)lovŭ*, Supr., 14, 6 ; dérivé *volovĭnŭ*, Év. ; avec vocalisme o, comme *domŭ* et *polŭ* (et comme lit. *dangùs*, cf. *dengiù* ; lette *naidus*), mais sans correspondant exact en dehors du slave ; peut-être à rapprocher de *velĭjĭ, velikŭ* « grand » (et lat. *ualēre*? ou gr. Ϝαλίς, v. Solmsen, *Untersuch. z. griech. laut- und verslehre*, 228) ; pour le sens, cf. skr. *mahiṣáḥ* ; cf. skr. *ukṣá* et got. *auhsa* ; v. isl. *boli* « taureau » (si l'on rapproche skr. *bhŭ́ri-*), etc.

vrŭxŭ « sommet », dans des formes adverbiales, *vrŭxu* « ἐπάνω », Mt., XXVII, 37, Zogr. Mar. Ass. ; Ps. CVII, 5 ; Euch., 20 a ; *sŭ vrŭxu* « ἐκ τῶν ἄνωθεν », J., XIX, 23, Zogr. Mar. ; *do vrŭxu gory*, L., IV, 29, Zogr. Mar. (*do vrŭxa*, Ass., et *do vrŭxa* J., II, 7, et L., VIII, 14, Zogr. Mar. Ass.) ; r. s *vérxu* ; *vrŭxovĭnjĭ* « κορυφαῖος », Euch., 20 b, 22 b ; Supr., 332, 26 ; cf. lit. *virszùs*, lat. *uerrūca*.

De *dolŭ* « vallée » (r. *dól, dóla* ; s. *dô, dòla*), on a des formes de thèmes en -*ŭ*- : *dolu* « κάτω », Mt., IV, 6, Zogr. (*nizu*, Ass.), *do dolu*, Supr., 139, 8, etc. ; et de même en vieux tchèque ; mais ce ne sont que des formes adverbiales qui, comme aussi sans doute celles de *niẑu* et de *vŭnu*, sont analogiques de *vrŭxu* ; ailleurs, quand il est opposé à *gorě* « en haut », l'adverbe a la forme *dolě*, Supr., 392, 1 et 2 (d'où aussi isolément, *ib.*, 404, 29) ; l'adjectif dérivé est *dolĭnjĭ*, Supr., 237, 15, sans trace de -*v*-. Il n'y a donc pas lieu de chercher dans *dolŭ* un ancien thème en -*ŭ*- ; le correspondant germanique n'indique d'ailleurs rien de pareil : got. *dal* (*dalaþ* « vers le bas »), v. h. a. *tal* ; on rapproche aussi gr. θόλος.

Le mot *kratŭ*, souvent cité parmi les thèmes en -*ŭ*-, en a été séparé avec raison (v. *Izvěstija* de l'Académie russe, année 1899, p. 1184 et suiv.) ; cf. ci-dessus, p. 206.

Aux cinq exemples sûrs, *domŭ*, *medŭ*, *polŭ*, *volŭ* et *vrŭxŭ*, il faut sans doute ajouter les suivants, qui sont moins nets :

ledŭ « κρύσταλλος », Supr., 57, 18, loc. *ledu*, Supr., 191, 13 ; voir, sur le vieux tchèque, Gebauer, *Hist. mluv.*, III, 1, 329 ; r. *lěd, l'dá* ; s. *lêd, lěda* ; pol. *lód, lodu* ; cf. lette *ledus* (mais lit. *lēdas* ; le v. pruss. *ladis* est peut-être emprunté au slave).

sanŭ « dignité », loc. *sanu*, Supr., 50, 10, gén. plur. *sanovŭ*, Supr., 205, 20 (mais loc. *saně*, ib., 105, 12 ; dat. *sanu*, ib., 75, 9 ; gén. *sana*, Euch., 102 b) ; dérivés : *sanovitŭ, sanovĭnŭ* ; l'origine turque supposée par Miklosich est peu probable, ne fût-ce qu'à cause de la date ancienne à laquelle le mot est attesté ; on est tenté de rapprocher skr. *sắnu* (*snóḥ, snúnā*, etc.) « sommet », aussi thème en -*u*-.

sadŭ « φυτεία », d'après *sadove*, Supr., 221, 10 ; *sadovŭ*, ib., 329, 3 ; dérivés : *sadovĭnŭ, sadovĭje* ; v. tch. gén. *sadu*, loc. *sadu* ; gén. plur. *sadóv* (Gebauer, *Hist. mluv.*, III, 1, 331). Sans correspondant exact hors du slave.

grěxŭ « ἁμαρτία, ἁμάρτημα », Év. (gén. plur. *grěxovŭ*, L., I, 77, Mar. ; L., XXIV, 47, Mar. Ass. ; dérivé *grěxovĭnŭ*, Euch., 25 b) ; r. *grě'x, grěxá* ; s. *grïjeh, grijěha* ; tch. *hřích*.

grozdŭ « σταφυλή », Mt., VII, 16 ; L., VI, 44 (*grozdŭmi*, Euch., 14 a ; *grozdovŭ*, Euch., 59 a) ; s. *grôzd, grózdovi* ; on ne saurait déterminer avec certitude si le *d* est suffixal ou non ; cf. ce qui sera dit de *groznŭ* ci-dessous, au chapitre des thèmes caractérisés par -*n*-.

jadŭ « ἰός », gén. *jadu*, Supr., 314, 25 ; 315, 5 (mais *ěda*, Cloz., 409) ; dérivé *jadovitŭ* ; v. tch. gén. *jedu*, Gebauer, *Hist. mluv.*, III, 1, 328. Sans étymologie sûre.

olŭ « σίκερα » est inconnu au traducteur de l'Évangile ; le dérivé *olovina* indique qu'il s'agit d'un thème en *-ŭ-* ; cf. le neutre v. pruss. *alu* (lit. *alùs*), v. isl. *ǫl*, ags. *ealu, ealođ,* etc. (cf. J. Schmidt, *Pluralbild.*, 180).

sǫkŭ ; v. le dérivé *sǫkovĭje*, chez Miklosich, *Lexicon* ; cf. skr. *çaṅkúḥ*. L'Évangile n'a que le diminutif *sǫčĭcĭ* « κάρφος » qui repose sur **sǫko-*.

Ces exemples et les quelques autres qu'on pourrait être tenté d'y joindre encore (v. Leskien, *Handbuch,* § 56) sont isolés les uns des autres ; le slave n'a aucun type régulier de mots en *-ŭ-*.

Il a hérité d'un assez grand nombre d'adjectifs en *-ŭ-*, mais il les a tous éliminés par addition du suffixe *-ko-*, ainsi *sladŭkŭ* en face de lit. *saldùs*: ils seront étudiés sous le suffixe *-ko-*. D'après les exemples vieux tchèques que cite M. Gebauer (*Hist. mluv.*, III, 1, 329) on pourrait se demander si l'adjectif *mladŭ* n'est pas un ancien thème en *-ŭ-* ; mais ce ne sont que des formes adverbiales, et il n'y a rien à en tirer sur la flexion : en vieux slave *mladŭ* est un thème en *-o-* régulier.

Quelques substantifs thèmes en *-ŭ-* ont aussi été ramenés à la flexion en *-o-* par addition de *-ko-*, ainsi *pěsŭ-kŭ* (v. ci-dessous, au chapitre des suffixes caractérisés par *-k-*).

En lituanien, comme en slave, les substantifs thèmes en *-u-* de ce type sont devenus très rares, et M. Leskien, *Bild.,* 239, n'en trouve à citer d'actuellement employés que cinq exemples : *medùs (midùs), virszùs, alùs, dangùs* et *vidùs,* dont les trois premiers se retrouvent en slave, comme on vient de le voir ; sur *trŭgŭ,* cf. lit. *tur̃gus,* v. ci-dessus, p. 239.

V

THÈMES EN *-ā-

Les thèmes indo-européens en -ā- étaient essentiellement secondaires. Le plus souvent ils apparaissent comme dérivés des thèmes en -e/o- ; ils leur servent régulièrement de féminins dans les adjectifs : skr. *návā, návaḥ* ; gr. νέ(F)ᾱ, νέ(F)ος ; lat. *noua, nouos* : le féminin indo-européen n'a d'ailleurs pas d'autre marque que celle-ci ; un substantif féminin n'est caractérisé par aucune forme propre de la flexion, par aucune désinence, il est seulement défini par le fait que tout adjectif qui s'y rapporte a, s'il est thématique, la forme en -ā-, ou, s'il est athématique, la forme en *-yā- (type gr. φέρουσα, φερούσης) ; le féminin n'est donc pas caractérisé par la flexion, comme le neutre, il est marqué uniquement par une forme de la dérivation, non pas dans le substantif même, au moins en général, mais seulement dans l'adjectif : la distinction du masculin neutre et du féminin n'existait donc pas par elle-même, mais seulement en vertu de l'accord. Le slave a conservé entièrement cette formation du féminin : *novŭ, nova* ; mais elle n'est plus seule à marquer le genre féminin ; dès les plus anciens textes on reconnaît une tendance très nette à avoir des flexions distinctes pour le féminin : tous les thèmes en -n- sont masculins ou neutres, et les seuls thèmes en -r- qui aient subsisté, *mati* et *dŭšti*, sont féminins ; dans les types qui comprennent, par exception, à la fois des masculins et des féminins, des distinctions commencent à s'établir entre les formes des deux genres : pour les thèmes en -ĭ-, les masculins font à l'instrumental singulier -ĭmĭ, au nominatif pluriel -ĭje, tandis que les féminins font -ĭją et -i. La distinction est plus complète encore dans les dialectes modernes. L'opposition du féminin et du masculin-neutre, marquée d'abord par la dérivation seulement, a donc pénétré en slave dans la flexion.

Quant aux substantifs thèmes en *-o-*, il est permis de se demander dans quelle mesure *-ā-* y a servi de marque du féminin : le féminin de skr. *deváḥ*, lit. *dēvas* n'est pas un thème en *-ā-*, c'est skr. *deví*, lit. *deivē* ; le féminin de skr. *vŕkaḥ*, lit. *vilkas*, v. isl. *ulfr* est skr. *vṛkíḥ*, lit. *vilkė*, v. isl. *ylgr*. Toutefois le sanskrit a par exemple *ajắ* « chèvre » comme féminin de *ajáḥ* « bouc » ; de même le latin *dea* et *deus*, *lupa* et *lupus* ; et ainsi dans les autres langues. Le slave a également quelques substantifs ainsi formés, mais en fort petit nombre :

raba « δούλη, παιδίσκη », Év. (r. *rabá*), à côté d'un autre féminin *rabynji* « παιδίσκη », aussi Év. (s. *rȍbinja*) ; masc. *rabŭ*.

koza « chèvre », Supr., 87, 26 ; r. *kozá*, s. *kòza*, pol. *koza* ; cf. lette *kaza* ; mais le masculin correspondant est *kozĭlŭ* « bouc » et non *kozŭ* ; cf., sans le *k* initial, skr. *ajáḥ* et *ajắ*.

Le féminin *sǫsěda* « voisin » est attesté (v. Miklosich, *Lexicon*), mais c'est *sǫsědynji* qui, dans Év., sert de féminin à *sǫsědŭ* « voisin ».

Les autres exemples sont plus ou moins obscurs :

teta « sœur de la mère » n'est sans doute qu'un hypocoristique de *tetŭka* « ἀποτίτθιος », Supr., 101, 11 ; r. *tëtka*, s. *tȅtka*, pol. *ciotka* ; c'est ce qu'indiquent les formes russes à accent sur *e* *tëta*, *tëtja* et l'accentuation serbe *téta*.

žena « γυνή », Év. ; r. *žená*, s. *žéna*, pol. *żona* ; cf. v. pruss. *genna* ; le mot indo-européen, très anomal, a été régularisé par le slave.

snŭxa « bru » (Év. emploie *nevěsta*) ; r. *snoxá*, s. *snȁha* ; en dépit de skr. *snuṣā́* et de v. h. a. *snur*, ags. *snoru*, v. isl. *snor*, ce n'est sans doute pas une forme indo-européenne ; le lat. *nurus* n'est pas plus ancien, car le gr. νυός et l'arm. *nu*, gén. *nuoy*, ont un type en *-o-* très énigmatique, mais qui ne saurait être tenu pour récent ; v., en dernier lieu, A. Meillet, *Esquisse d'une gramm. comp. de l'arm. class.*, 49 et suiv., et M. S. L., XIII, 211, et Pedersen, K. Z., XXXVIII, 228 et suiv. ; les observations contraires de M. Brugmann, *Kurze vergl. gramm.*, p. 356, n. 1, ne sont pas probantes, et l'existence d'un thème féminin i.-e. *snusó-* est incontestable ; il suit de là que l'indo-européen avait des thèmes en *-o-* féminins, qui se

sont conservés en grec et en latin ; certains thèmes slaves en
-a- peuvent donc représenter des transformations d'anciens
thèmes féminins en -o-, comme c'est par exemple le cas en
germanique pour v. h. a. *buohha* en regard de gr. φηγός, lat.
fāgus, tous deux féminins.

podŭpěga « ἀπολελυμένη », Mt., V, 32, Zogr. Mar. (Ass. def.) ;
potĭpěga, Cloz., I, 132 ; *podŭběga*, Mt., XIX, 9, Mar. Ass. (Zogr.
def.) ; v. pol. *poc'biega*, tch. *podběha* (v. Brückner, *Prace fil.*, V,
41) ; la forme du mot est trop incertaine pour qu'on puisse
être fixé d'une manière sûre sur la nature de l'un et l'autre
des deux termes de ce composé.

baba « μάμμη » (II Tim., 1, 5), r. *bába*, s. *bǎba*, tch. *bába*,
baba ; cf. lit. *bóba* ; ce mot du langage enfantin est à gr. ἄπφα,
ἀπφύς ce que skr. *tātá* est à **atta* « papa ». De même, r. *máma*,
s. *máma*, pol. *mama*.

Un certain nombre de noms d'oiseaux, de poissons, de rep-
tiles, d'insectes sont au féminin sans acception de sexe ; on
peut les mentionner ici :

blŭxa « puce », r. *bloxá*, s. *bùha*, v. tch. *blcha*, pol. *pchła*
(de *płcha*) ; cf. lit. *blusà*, et peut-être afghan *vraža* (Hübschmann, *Lit. centralbl.*, 1894, 792) ; pour la forme du mot baltique et slave, cf. sans doute *muxa, mŭxa* ; les noms de la
« puce » dans les diverses langues ont un air de parenté : lat.
pūlex, v. h. a. *flōh*, ont un *p* initial ; on ne saurait dire si c'est
p ou *b* initial qui est tombé dans arm. *lu* ; le gr. ψύλλα est plus
obscur encore.

muxa « mouche », Ps., LXXVII, 45 ; CIV, 31 ; Supr., 11,
5 ; r. *múxa*, s. *mùha* (à Raguse), čak. *mùha*, tch. *moucha* ; cf.
v. pruss. *muso* ; pour la formation, cf. ci-dessus, p. 208.

osa « σφήξ », r. *osá*, s. *òsa*, pol. *osa* ; cf. lit. *vapsà*, v. h. a.
wafsa, lat. *uespa* (sur l'absence de *v-* initial en slave, v. I. F., V,
333) ; le slave a aussi une forme masculine dans s. *ôs*, plur.
ôsovi, et tch. *os* ; on notera de plus bl. r. *osvá*, tch. *osva*.

pŭta « oiseau », remplacé en vieux slave par le dérivé *pŭtica*,
mais attesté dans quelques vieux textes (v. Miklosich, *Lexicon*) ;
le lette *putns* « oiseau » est un autre dérivé du thème **put-* ;
cf. lit. *pùtpela* « caille », *putýtis* (Zärtlichkeitsausdruck, etwa
hähnchen, Kurschat), *putput* (cri pour appeler les poules),
paũtas « œuf ».

ryba « ἰχθύς », Év., r. *rýba*, s. *rîba*, tch. *ryba* ; on rapproche v. h. a. *rūppa*.

sova « γλαῦξ », r. *sová*, s. *sòva*, pol. *sowa* ; d'une racine signifiant « crier », cf. v. h. a. *hūwo, hūwila*, gr. κωκύω, etc. ; l'opposition de skr. *k* dans *kauti*, v. sl. *kukavica*, etc., et de *s* dans v. sl. *sova*, s'explique sans difficulté : *k* devant *u* ou *w* paraît avoir la forme palatale dans les dialectes orientaux (v. M. S. L., VIII, 292) la racine avait donc dans les dialectes orientaux la palatale à la forme à degré zéro *ku-*, d'où des extensions analogiques.

svraka « pie », s. *svräka*, mais r. *soróka*, bulg. *sráka*, pol. *sroka*, tch. *straka* ; cf. lit. *szárka* (cf. Brugmann, *Grundr.*, I², 340 n.).

žaba « βάτραχος », Ps., LXXVII, 45 ; CIV, 30 ; r. *žába*, s. *žăba*, tch. *žába* ; cf. v. pruss. *gabawo* et v. b. all. *quappa*. Le vocalisme *é* de ce mot est remarquable ; comme dans *muxa, pŭta*, et sans doute dans les autres mots précédents, on a affaire ici à un dérivé d'ancien thème à suffixe zéro bien plutôt qu'à des dérivés de thèmes en *-o-* ; cf., à cet égard, lit. *pédà*, etc. (Leskien, *Bild.*, 206 et suiv.).

Le mot *zmiji* « δράκων », Ps., CIII, 26 ; Supr., 56, 25 ; Euch., 4 b, etc., r. *zmêj*, s. *zmáj*, pol. *z'mij*, est accompagné d'un féminin *zmija* « ὄφις ». Mt., VII, 10, et L., X, 19, r. *zmêjá* (avec *é*, ou plutôt *e*, d'après le masculin), s. *zmija*, pol. *z'mija*.

La valeur de féminin n'est pas la seule qu'aient les dérivés en *-ā-* de thèmes en *-o-* ; ils servent aussi de collectifs ; c'est ainsi que Joh. Schmidt a expliqué tous les pluriels neutres tels que *jiga* = skr. *yugā* ; et c'est ce sens qui est au fond des exemples suivants :

mizda « μισθός », dont la graphie ordinaire est *mŭzda*, Év. ; Ps., CXXVI, 3 ; Euch., 83 b ; II Cloz., 122 ; Supr., 327, 3 ; r. *mzdá*, tch. *mzda* ; de même, got. *mizdo* ; mais gr. μισθός et skr. *mīḷhám*, zd *mīždəm*.

vrŭba « saule » (toujours le dérivé *vrŭbĭje* dans les textes vieux slaves) ; r. *vérba*, pet. r. *verbá*, s. *vȑba*, pol. *wierzba* ; cf. lit. *virbas* ; mais, ici au moins, il n'est nullement évident que la forme en *-ā-* soit dérivée de celle en *-o-*, car le latin a *uerbēna, uerberāre* (v. Solmsen, *Journ. of germ. phil.*, I, 386), et l'on doit supposer un ancien *werb-, wṛb-* dont ces formes latines sont des dérivés.

La dérivation par -ā- de mots tirés d'anciens noms athématiques qui vient d'être supposée pour *vrŭba* est certaine pour des mots tels que *vesna* qui seront étudiés chacun sous le suffixe dont ils relèvent ; on a déjà vu plus haut, p. 207 et suiv., les principaux de ceux qui sont tirés de thèmes à suffixe zéro ; il convient de les passer de nouveau en revue ici, en y joignant quelques cas plus douteux. Joh. Schmidt, *Pluralbild.*, 143, explique quelques-uns de ces cas par d'anciens pluriels neutres en *-ōs de thèmes en *-es-, ainsi *slava* et *tŭma* ; mais, ainsi qu'il l'a noté lui-même, le vocalisme fait difficulté ; de plus, cette hypothèse, sans doute incorrecte au point de vue phonétique (car *-ōs aboutirait à sl. -y), est peu vraisemblable en elle-même, arbitraire et superflue.

r. *gnída*, s. *gnjĭda*, tch. *hnida* « lente », cf. lette *gnīda* et lit. *glinda* (v. Lorentz, *Archiv*, XVIII, 87) : les autres langues ont des mots analogues, mais différents, et d'ailleurs également irréductibles les uns aux autres : alb. θ*enī*, ags. *hnitu*, arm. *anic*, lat. *leṇdēs*, v. irl. *sned*, etc.

jama « βόθυνος », Év. ; r. *jáma*, s. *jäma*, tch. *jáma*, peut représenter *āmā ou *ōmā ; M. Osthoff, K. Z., XXIII, 86, a rapproché gr. ἄμη, dont le sens est assez différent.

gora « ὄρος », Év. ; r. *gorá*, s. *gòra*, pol. *góra* ; cf. ci-dessus, p. 208.

juxa ; r. *uxá*, s. occid. *júha*, tch. *jícha* ; cf. ci-dessus, p. 207 ; l'intonation de *u* que fait attendre l'*ū* de lit. *júsẕė*, skr. *yūḥ*, lat. *iūs*, est l'intonation rude ; or *juxa* est oxyton, ce qui est souvent signe d'intonation douce, mais non pas nécessairement dans un mot du type mob. (cf. *Sbornik Fortunatov*, 193 et suiv.), ni sans doute dans un mot essentiellement oxyton (type proprement slave, inconnu au lituanien).

klada « ξύλον », r. *kolóda*, s. *kläda*, tch. *kláda*, pol. *kłoda* ; cf. v. isl. *holt*, v. h. a. *holʒ*, gr. κλάδος, v. irl. *caill*.

kroma « bord », attesté en vieux slave seulement comme adverbe : *kromĕ* « ἔξω », Év. ; mais r. *kromá* ; cf. v. h. a. *(h)rama*.

lĕxa « πρασιά », Mc, VI, 40 ; r. *lexá*, s. *lijĕha*, tch. *licha* ; cf. v. h. a. *(wagan-)leisa* ; le v. pruss. *lyso* et le lat. *līra* diffèrent par le vocalisme ; le lit. *lýsė* a une autre formation et indique sans doute un ancien thème à suffixe zéro ; pour l'accentuation et l'intonation, même observation qu'à propos de *juxa*.

r. *lápa*, pol. *lapa*, slov. *lapa* « patte », cf. got. *lofa* ; avec un autre vocalisme, lette *lĕpa* ; avec un autre vocalisme et un autre suffixe : v. h. a. *laffa* « palmula » ; lit. *lepeta* (Bezzenberger, *Lit. forsch.*) ; en slave même *lopata* « πτύον », qui est sans doute de la même famille de mots, a un vocalisme autre que celui de *lapa*.

noga « πούς », Év. ; r. *nogá*, s. *nòga*, pol. *noga* ; cf. lit. *nagà* ; v. ci-dessus, p. 208.

pazuxa « κόλπος », Supr., 126, 19 ; 241, 5 ; r. *pázuxa*, pol. *pazucha* ; cf. en serbe *pàuza* et le neutre, mieux conservé, *pȁzuho* ; en regard de lette *pa–duse* et de skr. *dóḥ, doṣṇáḥ*, irl. *dóe, dóat* ; zd *daoša–*, pers. *dōš*, on attend *paz-duxa*, que Miklosich signale en slovène (v. en effet Pleteršnik, sous le mot *pȁz-duha*) ; l'altération est inexpliquée, mais il est difficile de mettre en doute le rapprochement (cf. Pedersen, I. F., V, 36 ; Wiedemann, B. B., XXVII, 257).

rosa « δρόσος », Ps., CXXXII, 3, etc. ; « ὄμβρος », Supr., 181, 9 ; r. *rosá*, s. *ròsa*, pol. *rosa* ; cf. lit. *rasà*, skr. *rasǎ* ; dérivé d'un mot à suffixe zéro conservé dans lat. *rōs, rōris*.

slava « δόξα », Év. ; r. *sláva*, s. *slǎva*, tch. *sláva*, pol. *slawa* ; v. ci-dessus, p. 208.

srĕda « μέσον », Év. ; r. *seredá*, s. *srijèda*, pol. *s'rzoda*, tch. *střída* ; cf. ci-dessus, p. 207.

stĭdza « τρίβος », Év. ; r. *stezá*, s. *stàza*, v. tch. *stzĕ* ; sans altération du *g*, r. *stegá* et *zgá* ; cf. ci-dessus, p. 208.

tŭma « σκότος, σκοτία », Év. ; r. *tmá*, s. *táma*, pol. *c'ma* ; dérivé d'un thème à suffixe zéro non attesté, comme lit. *tamsà* l'est du thème en *-*es*- attesté par skr. *támaḥ, támisrā*, lat. *temere*, etc. ; sur skr. *timiraḥ*, r. *temrják*, etc., voir J. Schmidt, *Pluralbild.*, 206.

voda « ὕδωρ », v. ci-dessus, p. 208 ; r. *vodá* (acc. *vódu*), s. *vòda* (acc. *vŏdu*), pol. *woda*.

dzvĕzda « ἀστήρ, ἄστρον », L., XXI, 25 ; Ps., VIII, 4, etc. ; r. *zvêzdá*, s. *zvijèzda*, pol. *gwiazda*, tch. *hvĕzda*, cf., avec d'autres suffixes, lit. *žvaigždē̃*, lette *zwaigzne*, v. pruss. *swāigstan*.

On doit sans doute citer ici encore r. *čára* « verre », cf. skr. *cáruḥ* « écuelle », *kárakaḥ* « cruche », v. isl. *huerr*, v. irl. *coire* « écuelle », etc.

Un exemple tout à fait net est celui de *gospoda* « πανδοχεῖον »,

L., X, 34, Sav. (variante de *gostinica*), dérivé du thème *gos-pod-* ; *gospoda* a d'ordinaire la valeur d'un collectif et signifie « les maîtres », sens qui se retrouve dans slov. *gospóda* ; r. *gospodá*, s. *gospòda* servent de pluriels à r. *gospodín*, s. *gospòdin* ; le sens de « hôtel, demeure » se retrouve d'ailleurs dans v. r. *gospoda*, pol. *gospoda*, v. tch. *hospoda* (v. Gebauer, *Slovník staročeský*).

Le groupe le plus nombreux des thèmes en -*a*- du slave est formé par des noms verbaux ou des noms rattachés anciennement à des racines verbales ; mais ce groupe n'a pas de forme définie et constante ; le vocalisme sans *e* a dû y tenir autrefois une grande place, type skr. *vṛtắ* « mouvement », gr. φυγή, lit. *girà* « boisson », et le slave en a encore quelques exemples comme *tĭma* et *črŭta* ; le vocalisme *o* des abstraits masculins est relativement fréquent (notamment en composition avec un préverbe : *opona*, *patoka*), comme en grec, type δορά en face de δέρω ; le lituanien a aussi très souvent ce vocalisme, type *dangà* en face de *dengiù* (v. Leskien, *Bild.*, 207 et suiv.) ; on le retrouve en latin : *toga* (cf. *tegō*), en gotique : *staiga* (cf. *steiga*), en vieux haut allemand : *chara* (cf. *queran*), en sanskrit *kalắ* « fragment », *jánghā* « jambe » (cf. lit. *pra-žanga*, *žengiù*) ; ni l'un ni l'autre des deux vocalismes n'est sans doute indo-européen ; comme tous les précédents, ces thèmes en -*ă*- sont en principe secondaires ; véd. *nídā* « outrage » est visiblement dérivé de *níd-* (même sens), tout comme *kṣapắ* est dérivé de *kṣáp-*, la grande extension du vocalisme *o* est sûrement due à l'influence des thèmes en -*o*- ; gr. πλοκή d'après πλόκος (cf. V. Henry, *Esquisses morphologiques*, II, extrait du *Museon*). Enfin, les verbes ont exercé sur le développement de ce groupe de thèmes en -*ă*- une assez grande action : got. *giba*, v. h. a. *geba* ont simplement le vocalisme de *giban, geban* ; skr. *nindắ*, d'après *nindati*, tient déjà dans l'Atharva-veda la place de *nídā* du Ṛg-veda ; ainsi s'expliquent en slave *ometa* et surtout *dira*. Parfois on peut hésiter entre plusieurs hypothèses : il est impossible de dire si le vocalisme sans *e* de *črŭta* est ancien ou emprunté à *črŭtą*. Certains noms sont tirés du verbe correspondant, ainsi sans doute *běda*, si, comme il semble, *běditi* est emprunté au germanique ; suivant l'heureuse expression de M. Bréal, ce

sont des post-verbaux. En somme, le type n'a pas d'unité, ét,
dans le détail, on ne saurait expliquer chaque mot.

ąza « δεσμός », L., XIII, 16, etc. ; Ps., II, 3, etc. ; Cloz.,
784, 824 ; *vąza* (même sens), Supr., 333, 2 ; ŕ. *ûzy, náuza* ; s.
vĕza, svĕza (d'après *vęgati*) ; v. ci-dessus, *ązŭ*, p. 215 ; cf. gr.
συν-άγχη.

bèda « ἀνάγκη », L., XXI, 23 ; Ps., CVI, 6 ; r. *bĕdá*, s. *bijĕda*,
tch. *bída* ; *pobĕda* « νῖκος », Mt., XII, 20 ; Supr., 374, 5, 6, 9 ; r.
pobĕ′da, s. *pŏbjeda* ; sans doute post-verbaux de *bĕditi*, emprunté
au germanique (got. *baidjan*, etc.), *pobĕditi*.

črŭta « κεραία », Mt., V, 18 ; r. *čertá* ; cf. *črŭtą, črĕsti* ; le lit.
kartà a une autre forme et aussi un tout autre sens.

po-xoda « promenade », Supr., 111, 19 ; s. *pŏhode* ; post-verbal
de *poxoditi*.

xula « βλασφημία » II, Cloz., 85 (= Éphés., IV, 31 d'après
Christ. Šiš.), etc. ; s. *hŭla*, bulg. *xŭla* ; mais r. *xulá* ; le sens
ancien est « accusation » (encore dans le Nouveau Testament) ; post-verbal de *xuliti*, qui est emprunté au germanique,
v. h. a. *huolian* « frustrari ».

xvala « αἶνος », Év., etc. ; r. *xvalá*, s. *hvála*, tch. *chvála* ;
poxvala « ἔπαινος », Ps., XXI, 26, etc. ; r. *poxvalá*, s. *pŏhvala* ;
sans doute post-verbaux de *xvaliti, poxvaliti*.

dira « σχίσμα », Mt., IX, 16 Mar. (Zogr. Ass. def.) ; Mc, II,
21 Mar. (*dirĕ* Zogr. ; Ass. def.) ; r. *dirá*, s. *dȉra, dȋra, dira*
(Leskien, *Quantität*, I, B, p. 566 ; les variations de l'accentuation suffiraient à elles seules à indiquer combien est trouble
l'histoire de ce mot). Le pol. *dzióra* est contaminé de **dora*, cf.
gr. δορά, et de *drzec′, dzierac′* (Baudouin de Courtenay, I. F.,
X, 150, n.) ; le r. *dyrá* est peut-être contaminé de **dora* et de
dira ; cf. aussi tch. dial. *d'oura* (Gebauer, *Hist. mluv.*, I, 216).
Le vocalisme de *dira*, qui est celui des itératifs : *razdirati*,
est étrange et appellerait une explication particulière qui
reste à trouver ; le r. *pazdira* ne sert à rien éclaircir puisqu'il
n'y a pas et qu'il ne saurait y avoir de verbe correspondant,
ni par conséquent d'itératif. On a aussi *dĕra*, attesté par pet. r.
dirá, v. tch. *diera* (tch. mod. *díra*).

doba « convenance », r *dóba*, s. *dŏba*, pol. *doba* ; *podoba*,
I Cloz., 88 ; Supr., 276,18 ; cf. lit. *daba*, lette *daba*, qui ne sont
sans doute pas empruntés au slave (v. en effet l'emprunt finnois

tapa, Thomsen, *Beröringer,* p. 164) ; le v. sl. *podoba* tient à l'influence du verbe *podobiti.*

draga « vallée », r. *doróga* « voie tracée, chemin », pol. *droga* (même sens), tch. *dráhy* « route », s. *drãga* « vallée », slov. *drága* « conduite d'eau, petite vallée, route » ; l'intonation rude montre que le mot doit être rapproché, non de *drŭžati* « tenir », mais de *sŭdrŭgnọti* « tirer », r. *dërnut',* *dërgat'.* Au sens de « puissance », le tch. *draha* (v. Gebauer, *Slovník staročeský,* I, p. 322) appartient à la famille de *drŭžati.* Au contraire, r. *súdoroga* « crampe » et slov. *sódraga* « gorge (de montagne) » sont à rapprocher de *draga* « vallée ».

groza « peur », II Cloz., 6 ; r. *grozá,* s. *gròza,* pol. *groza* (v. Osthoff, *Etym. parerga,* I, 44 et suiv.).

gruda « gleba », r. *grúda,* s. *grũda,* tch. *hrouda* (et *hruda*), pol. *gruda,* cf. lit. *grúdžiu, grústi.*

(pa-)guba « ἀπώλεια, λοιμός », Mt., VII, 13 et XXIV, 7 ; « διαφθορά », Ps., IX, 16 ; r. *páguba* ; cf. *(po-)gubiti.*

(pro-)kaza « λέπρα », Év. ; r. *prokáza,* s. *prðkaza,* cf. v. sl. *kaziti.*

kora « écorce », Supr. (?) ; r. *korá,* s. *kòra,* bulg. *korá,* pol. *kora* — v. sl. *skora* « peau », r. *skorá,* pol. *skóra* — cf. lit. *skirti* « séparer », v. h. a. *sceran* « séparer, tondre », gr. κείρω ; pour le sens, skr. *cárma* « peau », v. isl. *hǫrunde* « peau », lit. *karnà* « écorce fine de tilleul », lat. *corium* (cf. r. *kor'ë* où l'on a peine à ne pas voir un emprunt très ancien au latin).

kosa « faux », r. *kosá,* s. *kòsa,* pol. *kosa* ; cf. skr. *çásati* « il coupe », gr. κείω, etc. (cf. ci-dessus p. 178).

kosa « chevelure », r. *kosá,* s. *kòsa,* pol. *kosa* ; cf. *česą, česati* (?) ; lit. *kasà* est peut-être emprunté au slave ; cf. v. isl. *hadde* « cheveux », etc.

krada « πῦρ, πυρά », Supr., 105, 13 ; 399, 11 ; slov. *kráda* « bûcher », v. tch. *krada* ; cf. lit. *krósnis* (et pour d'autres rapprochements, v. Matzenauer, *L. fil.,* IX, 2 ; Zupitza, *Germ. gutt.,* 114).

kropa « goutte », Supr., 290, 7 (on ne cite pas d'autre passage) ; cf. *kropiti* ; le russe a *kroplja* dès le XIᵉ siècle et ensuite *kráplja,* qui dénonce l'influence de *káplja,* jointe à celle de l'itératif *krápat'.*

krupa « petit morceau », r. *krupá,* s. *krúpa,* pol. *krupa* (d'où

v. sl. *krupica* « ψιχίον », L., XVI, 21) ; forme à élargissement, de la même racine que le suivant.

krŭxa « miette », r. *kroxá* ; lit. *kruszà,* lette *krusa* « grêle » (v. Leskien, *Bild.,* 225), v. h. a. *rosa* « crusta, glacies » ; cf. lit. *krùszti,* gr. κρούω, etc.

pro-kuda « malice », Supr., 251, 2 ; post-verbal de *pro-kuditi.*

okusa « tentation », Supr., 363, 7 ; post-verbal de *o-kusiti.*

lǫka « δόλος, πανουργία », Euch., 47 b ; Supr., 104, 9, etc. ; « κόλπος », Act., XXVII, 39 ; cf. « vallée, prairie » ; r. *luká,* s. *lúka,* pol. *łąka,* tch. *louka* ; cf. *lękǫ, lęšti* et *lęcati* ; pour la forme, cf. lit. *apýlanka* « pli » (v. Leskien, *Bild.,* 210). Le mot *razlǫka* « séparation, ·Supr., 243, 14 semble un post-verbal de *razlǫčiti.*

lĭdza, dont on a un datif archaïque (conforme à ce qu'on attend phonétiquement en partant de *lĭga,* v. M. S. L., XI, 8 et suiv., et Lorentz, K. Z., XXXVII, 264 et suiv.) dans *ne lĭzě* « οὐκ ἐνόν », Supr., 274, 7 ; *ašte e lĭzě,* Cloz., I, 127 ; pour l'emploi du datif dans des phrases négatives et conditionnelles, cf. *trěbě* dans L., XIV, 35 ; et Cloz., I, 160 ; r. *nel'gá* (dial.), *nel'zjá, nel'zí* (dial.), tch. *lzě* (adverbe) — *polĭdza* « ὠφέλεια », J., XII, 19 ; Ps., XXIX, 10 ; Cloz., I, 220, etc. ; r. *pól'za* et *pól'ga* (dial.). A la même racine appartient sans doute *lĭgŭkŭ* « léger ».

mǫka « βάσανος, κόλασις », L., XVI, 23, etc. ; r. *múka,* s. *múka,* pol. *męka,* tch. *muka* ; et *mǫka* « ἄλευρον », Mt., XIII, 33, et L., XIII, 21 ; r. *muká,* s. *múka,* pol. *mąka,* tch. *mouka.* Au point de vue slave, les deux mots sont absolument distincts et pour la forme et pour le sens ; mais ils sont peut-être d'origines assez voisines ; en effet, l'intonation de *mǫka* « tourment » et de *mǫčiti* « tourmenter » (r. *múčit',* s. *mùčiti*) répond à celle de lit. *minkau* « je mêle, je pétris » et de *minksztas* « mou, tendre », qui est aussi celle du *ę* de *mękŭkŭ* « tendre » (s. *měk, měka, měko*) et de *męknǫti* (r. *mjáknut',* s. *měknuti*) ; d'autre part on a peine à séparer, malgré l'intonation, lit. *minkau* de gr. μάσσω « je pétris » et de skr. *macate* « il moud en petits morceaux », et ces derniers mots s'accordent assez bien à tous égards avec v. sl. *mǫka* « farine » qui a l'intonation douce. D'ailleurs, il n'y a rien ici de parfaitement clair : ni *mǫka*

« tourment », ni *mąka* « farine » n'ont en dehors du slave de correspondants exacts.

(o)-meta « ὥα », Ps., CXXXII, 2 ; cf. r. *omët* ; v. sl. *metą, metati* « jeter » ; pour la forme, cf. lit. *ap-metaĭ* « chaîne » (terme de tissage) et *iszmota*, etc. (Leskien, *Bild.*, 217) ; lette *atmata, krāsmata* (v. Leskien, *Bild.*, 213).

nĕga « plaisir » ; r. *nĕ′ga*, s. *njĕga* ; on rapproche le skr. *snihyati*, qui ne va pas bien pour le sens et n'explique pas l'intonation slave ; le lat. *nūgae* qu'on a aussi rapproché n'est pas plus satisfaisant.

para « ἀτμίς » (Nouveau Testament) ; r. *pára* (et *pară*), s. *păra*, tch. *pára* ; on rapproche r. *prĕ′ju*, etc. (J. Schmidt, *Vocalismus*, II, 271) ; le vocalisme *ō* est le même que celui de *slava* (cf. ci-dessus) et de r. *izgága* en regard de v. sl. *žegą*.

o-pona « καταπέτασμα », Mc, XV, 38 Zogr. Mar. == Euch., 51 a et Supr., 371, 6 ; cf. *pĭną, pęti* ; semble la traduction d'un terme étranger, soit germanique : got. *faurahah* « vorhang », soit grec : καταπέτασμα ; le s. *ŏpona* (et *ŏpna*) signifie « membrane » — *raspona* « croix », Euch., 35 b, cf. *raspęti*.

(otŭ-)rada « ἄφεσις », L., IV, 19 ; Euch., 62 b, etc. ; cf. *otŭ-raditi* ; cf. skr. *răti* « il donne », *rădhaḥ* « faveur » (et sl. *ne roditi*).

rąka « χείρ », Év., etc. ; r. *ruká*, s. *rúka*, pol. *ręka* ; cf. lit. *rankà*, v. pruss. *-ranco*, en regard de lit. *renkù*.

(pri-)sęga « ὅρκος », Euch., 24 a, 68 b ; Cloz., 1, 95 ; r. *prisjága*, tch. *přisaha*, pol. *przysięga* ; cf. *prisęšti, prisędzati* (la racine n'a pas trace d'alternance vocalique en slave).

skoba « fibula », r. *skobá*, s. *skŏba*, tch. *skoba* ; cf. lette *kaba*, lit. *kibti*, etc. (v. Leskien, *Bild.*, 213).

(o-)slaba « ἄνεσις », Euch., 69 b, etc. ; r. *oslába* ; cf. *slabŭ*.

(o-)sŭpy « pustules » Supr. 32, 24 ; r. *óspa*, s. *ospe (ŏspice)*, pol. *ospa* ; cf. *sŭpą, osypati* (d'où tch. *osýpky*, etc.).

tąga « συνοχή », L., XXI, 25 ; Euch., 87 a ; « περίστασις », Sup., 377, 4 ; r. *tugá*, s. *túga*, tch. *touha*, pol. *tęga* ; cf. *tęgnąti* et *tęžĭkŭ*.

(u-)tĕxa « παράκλησις », L., VI, 24, etc. ; r. *utĕ′xa*, s. *ŭtjĕha*, pol. *uciecha* ; cf. *utĕšiti*, dont *utĕxa* est un post-verbal.

v. r. *pa-toka* « chose fluide », s. *pătoka*, slov. *pátoka*, pol. *patoka*, en regard de *teką*.

s. *tláka* « corvée », r. *toloká,* pol. *tłoka* ; en face de lit. *talkà*
« (sorte de) compagnie d'ouvriers » et *telkù.*

tlŭpa « foule », Supr., 362, 27 ; r. *tolpá* ; on rapproche lit.
telpù, tìlpti « avoir place » et *talpá* (?).

trĕba « utilité », L., XIV, 35, Zogr. Mar., etc. ; « sacrifice
(surtout païen) », Euch., 60 a, Supr., 95, 4 (v. aussi Freis.,
II, 20) ; *potrĕba* « χρεία, ἀνάγκη », L., X, 42, etc. ; s. *trijéba,*
pol. *trzeba.*

(sŭ-)vada « accusation, lutte », Euch., 68 a ; r. *sváda,* tch.
sváda, s. *závada* ; cf. *vaditi.*

(prě-)vĕsa « καταπέτασμα », Supr., 328, 18 ; cf. *prĕvĕsiti* ; pour
le sens. v. *opona.*

vĕra « foi » Év., cf. ci-dessus, p. 169.

-vida dans *za-vida* « φθόνος, ζῆλος », Euch., 89 a, etc ; r.
zavída, et *obida* « πονηρία », Mc, VII, 22, etc. ; r. *obída* ; cf.
zavidĕti, obidĕti.

vlaga « ἰκμάς », L., VIII, 6 ; r. *vológa,* s. *vlăga,* tch. *vláha* ;
cf. *vlĭgŭkŭ,* lit. *vìlgyti,* lette *welgt.*

pavlaka « toit », v. r. *pavoloka,* tch. *pavlaka,* s. *păvlaka*
« crème » à côté de *pŏvloka* ; cf. pol. *powłoka,* s. *năvlaka,* r.
návoloka ; en regard de *vlĕką.*

v. r. *pavoroza* « lien », en regard de *vrŭzą.*

Il reste à énumérer un certain nombre de mots isolés, dont
plusieurs, d'origine obscure, rentreraient dans l'une ou l'autre
des catégories précédentes si l'étymologie en était exactement
connue.

brada « πώγων », Ps., CXXXII, 2 ; Euch., 8 b ; Supr., 108,
6 ; r. *borodá,* s. *bráda,* pol. *broda* ; cf. lit. *barzdà,* lette *barda,*
et lat. *barba* ; le v. h. a. *bart,* ags. *beard* et le v. pr. *bordus* ont
une autre forme.

brŭzda « bride » (d'ordinaire au pluriel *brŭzdy,* par ex.
brŭzdami) « ἐν χαλινῷ », Ps., XXXI, 9 ; cf. lès exemples cités
par Miklosich, Daničic' et Sreznevskij) ; r. *brozdá* ; cf. lit.
bruzduklas (Bezzenberger, *Z. gesch. d. lit. spr.,* 277).

četa « troupe » ; r. *četá,* s. *čĕta.*

crĕda « ἐφημερία », L., 1, 8 ; r. *čeredá* « rangée », tch. *třída*
(et *střída*), cf. v. pruss. *kērdan* « temps » (d'où finn. *kerta*
« ordre, fois », v. Thomsen, *Beröringer,* 185 et suiv.) et v. h.

a. *herta* « changement », — v. sl. *crěda* « βουκόλιον », Supr.,
265, 25 ; pol. *trzoda* « troupeau » ; v., en dernier lieu, Osthoff,
Etym. parerga, I, 9.

dina (ou *dŭna*), nom d'une maladie, Euch., 36 b. .

gaba « σπόγγος », J., XIX, 29, etc. ; Euch., 50 b ; pet. r. *hŭba*,
s. *gŭba*, čak. *gŭba*, tch. *houba* ; cf. lette *gumba* ; le r. *gŭba*, pol.
gęba « gueule » est un autre mot.

glada « ξύλον » (pour entraver), Supr., 78, 25.

greda « δοκός », r. *grjáda*, s. *gréda* (acc. *grêdu*) ; pol. *grzęda* ;
cf. lit. *grinda*, lette *grĭda* ? (v. Leskien. *Bild.*, 201).

-jaga « baie » dans *vinjaga* « raisin » (v. Miklosich, *Lexicon*), cf. lit. *ŭga* et sans doute lat. *ūua*.

jędza « μαλακία, νόσος », Év. ; slov. *jéza* « colère » ; pol. *jędza*
« furie, mégère » ; on rapproche lit. *éngiu, ingis* et surtout lette
ĭgt (v. Leskien, *Ablaut*, 329 ; ags. *inca*, v. isl. *ekke* « douleur », etc. Le *dz* est un ancien *g* altéré par la voyelle précédente, d'où la graphie *jęzją*, Euch., 29 b ; le *g* est conservé
dans r. *jagá* « sorcière » si ce mot est de la même famille.

kyka « chevelure, toupet », Euch., 8 b ; r. *kíka*, s. *kĭka*.

lipa « tilleul » ; r. *lípa*, s. *lĭpa*, tch. *lípa* ; cf. lit. *lépa*, l'un
des mots, assez peu nombreux, qui sont exclusivement propres
au baltique et au slave (sauf naturellement le cas des emprunts).

loza « ἄμπελος », J., XV, 1, 4, 5 ; Ps., CXXVII, 3 ; Supr.,
260, 29 et 261, 1 ; r. *lozá*, s. *lôza*, pol. *łoza* « verge » ; cf. lit.
lazdà, lette *lagzda* (avec une difficulté phonétique).

riza « ἱμάτιον », etc. ; Év., etc. ; s. *rĭza*, r. *ríza*.

rota « serment », v. r. *rotá*, tch. pol. *rota* (post-verbal de
rotiti sę « ἀναθεματίζειν », Év. ?).

rozga, J., XV, 2, 4, 6, Zogr. Mar. Ass. Sav. (*razga*, J.,
XV. 2 ; Zogr. Mar. ; *rozga* ensuite) ; Ps., LXXIX, 12 ; d'où le
collectif *rozdĭje*, Ass. Sav., *razdĭje*, Zogr. Mar., J., XV, 5 (l'*a*
de *razga, razdĭje* semble dû à l'influence de *raz-*, c'est-à-dire
à une étymologie populaire) ; r. *rózga*, s. *rŏzga*, pol. *rózga*.

ruda « μέταλλον », Supr., 329, 6, « minerai », Supr., 247,
8 ; r. *rudá*, s. *rŭda*, tch. *ruda*, pol. *ruda* ; on est tenté de rapprocher **rudŭ, rĭdrŭ* « rouge » et r. *rudá* « sang », c'est-à-dire
la famille de gr. ἐρυθρός, lat. *ruber*, etc. ; en effet, skr. *loha-*, puis
rōi (ancien **rauda-*, attesté par l'emprunt arménien *aroyr*), v. isl.

raudi « minerai rouge » admettent cette étymologie ; mais le lat. *raudus* devrait alors être séparé, car ni son *a* ni son *d* ne peuvent s'expliquer en partant de i.-e. **roudh-* ; il faut donc poser un i.-e. **raud-* « minerai, métal brut ».

skvara « κνίσσα », Supr., 121, 1 ; 122, 12 ; r. *skvára*, s. *skvăra*, *ckvăra* ; cf. *raskvrěti* ?

slĭza « δάκρυ », Mc, IX, 24, etc. ; r. *slezá*, s. *sŭza*, tch. *slza*.

soxa « bâton », r. *soxá*, s. *sòha*, pol. *socha* ; cf. lit. *szakà* (Pedersen, V, 49 et suiv.) ; *rasoxa* « fourche » est synonyme de lit. *dviszakas* ; si l'on admet le rapprochement avec lit. *szakà*, on admettra aussi celui avec skr. *çākhā*, pers. *šāx*, arm. *çax*, got. *hoha* (le fascicule I du vol. XVII des *Indogermanische forschungen*, paru durant l'impression du présent ouvrage, présente d'autres hypothèses, p. 99 et 117).

stopa « διάθημα », Ps., XVI, 5 ; XVII, 37 ; Euch., 99 a, etc. ; r. *stopá*, s. *stòpa*, pol. *stopa* ; cf. *stepenĭ* ; *stopa* et *stepenĭ* sont sans doute deux dérivés secondaires d'un ancien thème à suffixe zéro, **stop-*, *step-*.

strěxa « στέγη », Supr., 390, 10 (au lieu de *krovŭ*, L., VII, 6) ; v. r. *strěxá*, s. *strěha*, tch. *střecha*.

troxa « miette », s. *tròha*, pol. *trocha*.

vapa « λίμνη », Supr., 143, 9 ; cf. skr. *vāpí*.

věja « κλάδος », Mt., XXIV, 32 ; slov. *věja* ; sans doute à rapprocher de *viti* ; cf. aussi *větvĭ* ; pour la forme, on peut rapprocher lit. *atvėja* (v. Leskien, *Bild.*, 220 et suiv.) ; le skr. *vayā* « branche » (cf. v. irl. *fé*) a un vocalisme différent.

žlěza « glandula », r. *železá*, tch. *žléza* et *žláza* ; s. *žlijèzda*.

Tous ces mots en –*ā*- sont féminins. Toutefois -*ā*- sert à former quelques noms d'agent masculins (sur ce type et sur ses origines indo-européennes, v. Ul'janov, Χαριστήρια en l'honneur de Korsch, p. 125 et suiv. ; il n'y a pas lieu de rechercher ici s'il s'agit d'abstraits employés avec valeur concrète, comme on l'a supposé ; v. en dernier lieu W. Otto, I. F., XV, 10 et suiv.) :

sluga « ὑπηρέτης, διάκονος », Év., etc. ; r. *slugá*, s. *slúga*, tch. *sluha*, *slouha* ; en l'absence d'un suffixe **-gā-* (Fortunatov, BB., III, 58), il est peut-être convenable de rapprocher v. irl. *sluag* (Zubatý, *Archiv*, XV, 479 ; Fick-[Stokes], *Et. wört.*, II⁴,

320); cf. le type lat. *scriba*; v. toutefois Brugmann, *Grundr.*, II, 261.

vojevoda « ἡγεμών », L., XX, 20, « στρατηγός », L., XXII, 4, etc. ; s. *vȏjvoda* ; cf. *voditi* ; ce -*voda* n'apparaît que dans les composés ; le mot simple est *voždĭ* ; cf. le type latin *agricola, aurīga, incola, lapicīda, parricīda,* etc.

Ces exemples sont isolés en vieux slave.

VI

THÈMES EN -*ĭ*-.

L'histoire des thèmes en -*ĭ*- est complexe et toute pleine d'innovations. D'une part, quelques-uns des plus anciens ont été éliminés par l'addition de suffixes secondaires qui donnaient aux mots plus de corps ; ainsi à skr. *áviḥ*, gr. ὄις (οἶς), lat. *ouis*, v. h. a. *ou*, lit. *avis*, le slave répond par *ovĭ-nŭ* « κρίος », *ovĭ-ca* « πρόβατον » ; à arm. *sirt* (instr. *srtiw*), lit. *szirdis*, par *srŭdĭ-ce*. D'autre part les thèmes en -*ĭ*- se sont grossis de toute une série d'anciens thèmes consonantiques et notamment de thèmes à suffixe zéro ; l'addition de -*i*- à des thèmes consonantiques est assurément un fait très ancien, peut-être indo-européen devant certaines désinences ; par exemple, le védique présente, avec le même sens, les suffixes -*tāt*- (= gr. -τᾱτ-) et -*tāti*- ; le latin fléchit *pēs*, *pedis*, dat. pl. *ped-i-bus*, l'osque a *ligis* « legibus », l'arménien *otkh* « pieds », instr. *otiwkh* ; l'arménien répond à gr. αἴξ, αἰγός par *ayc* « chèvre » (instr. *ayciw*), etc. ; en baltique et en slave, le passage des thèmes consonantiques aux thèmes en -*ĭ*- a été favorisé par une confusion phonétique : lit. -*į* et v. sl. -*ĭ* à l'accusatif singulier peuvent également représenter *-*ṇ* des thèmes consonantiques et -*in* des thèmes en -*ĭ*-.

Dès lors, il est malaisé de dire si un mot comme lit. *pilis* résulte du passage ancien d'un thème à suffixe zéro (cf. véd. *pūḥ*, *puráḥ*) aux thèmes en -*i*-, comme l'est le gr. πόλις, ou s'il provient d'une action analogique dont le point de départ serait l'accusatif ; on ne peut se prononcer avec certitude que dans des cas où, comme pour v. sl. *krŭvĭ* ou pour lit. *dantĭs* et *žąsis*, des formes de thèmes consonantiques étrangères aux thèmes en -*ĭ*- sont encore conservées à date historique ; le v.

sl. *brŭvĭ* doit aussi être rangé dans cette série. Il est en somme impossible de faire un départ exact entre les thèmes en -*ĭ*- des diverses origines ; d'ailleurs, les mots en -*ĭ*- constituent en slave beaucoup moins un type de formation qu'un type de déclinaison, auquel appartiennent aussi les mots en -*tĭ*, -*nĭ*, etc. En revanche, il convient de former deux groupes, l'un des mots isolés, l'autre des mots radicaux de date indo-européenne ou des noms verbaux slaves.

1° Mots isolés :

r. *ǔ̌ž*, *užá* « serpent », masc. ; pol. *wą̇ż* ; le mot, n'étant pas attesté en vieux slave et étant masculin, n'a plus la vieille flexion en -*ĭ*- ; cf. lit. *angis*, lat. *anguis*, irl. *(esc-)ung*, v. h. a. *unc*.

dǔ̌ždĭ « βροχή », Év., etc., masc. ; r. *dóžd'*, *doždjá* ; s. *dâžd*, *dăžda* ; pol. *deszcz*, *dżdżu*.

dvĭri « θύρα », Év. ; pet. r. *dveri*, pol. *drzwi*, v. tch. *dřvi* ; le singulier *dvĭrĭ* se lit déjà, J., X, 7 et 9 Ass. sans doute à cause de la construction de la phrase qui appelait le singulier ; r. *dvér'*, *dvéri* ; dérivé *dvĭrĭ-cę*, Euch., 97 a ; Supr., 411, 4 ; cf. lit. *dùrys*, gén. *durŭ* ; v. h. a. *turi* ; lat. *forēs* ; etc. ; ancien thème consonantique passé secondairement aux thèmes en -*ĭ*- ; v. ci-dessus, p. 207.

gąsĭ « oie », masc. ; r. *gús'*, *gúsja* ; pol. *gęs*, tch. *hus* ; s. *gùska* ; cf. lit. *žąsis* (ancien thème consonantique), v. prus. *sansy*, v. h. a. *gans*, gr. χήν (et m. irl. *géis* « cygne ») ; skr. *haṃsáḥ* ; lat. *anser*. Cf. ci-dessus p. 206.

gnĭsĭ « sordes », Euch., 78 a (écrit *gnesĭ*).

golĭ « rameau », slov. *gol*, tch. *hůl*, *holi* ; r. dial. *gol'já* ; cf. arm. *koł* « rameau » ; le pol. *gałąz'*, tch. *haluz* fournit peut-être une trace de la forme à suffixe -*n*- alternant avec la forme à suffixe -*r*- attestée par arm. *koł* ; v. M. S. L., XI, 185.

gostĭ « hôte », masc., Supr., 195, 25 ; r. *góst'*, *góstja* ; s. *gôst*, *gòsta* ; pol. *gos'c'*, *gos'cia* ; cf. got. *gasts*, lat. *hostis*.

grądĭ « poitrine » ; s. *grûdi*, *grúdī* ; pol. *gredzi* ; r. *grúd'*, *grúdi* ; cf. irl. *bruinne* « poitrine », Fick-Stokes, II⁴, 184 ; il n'apparaît pas que lit. *grandis* « bracelet » (v. Leskien, *Bild.*, 236) puisse avoir rien à faire ici.

gvozdĭ « ἧλος », masc., Cloz., 620, 669 ; r. *gvózd'*, *gvozdjá* ; s. *gvôzd*, *gvòzda* ; pol. *gwoz'dz'* ; cf. got. *gazds*, ombr. *hostatu*

« hastatos », et, avec un autre vocalisme radical, lat. *hasta*.

kapĭ « εἰκών », Supr., 226, 25.

kostĭ « ὀστέον », Év., etc. ; r. *kóst', kósti* ; s. *kôst, kȍsti* ; pol. *kos'c'* ; peut-être ancien neutre, cf. skr. *ásthi*, gr. ὀστέον, etc., et lat. *costa* (v. Meringer, *Beitr. z. idgen declin.*, p. 10 (S. W. A. W. [cxxv]) et J. Schmidt, *Kritik*, 158).

ljudĭje « λαός, ὄχλος », Év., etc. ; r. *ljúdi*, s. *ljûdi*, pol. *ludzie* ; cf. lette *l'audis* (pluriel), v. h. a. *liut*.

mědĭ « χαλκός », Év., etc. ; r. *mě'd', mě'di* ; s. *mjȅd, mjȅdi* ; tch. *měd'*.

myšĭ « souris », Euch., 104 b ; r. *mýš', mýši* ; s. *mȉš, mȉša* ; tch. *myš* ; cf. skr. *mūš-*, gr. μῦς, lat. *mūs*, v. h. a. *mūs* ; ancien thème consonantique.

osĭ « ἄξων » ; r. *ós', ósi* ; pol. *os'* ; le s. *ȍs* est masculin ; cf. lit. *aszis*, v. pr. *assis*, lat. *axis*, irl. *ais*.

pǫtĭ « ὁδός », masc., Év., etc. ; r. *pút', putí* ; s. *pût, púta* ; pol. *pąc', pącia* ; ancien nom à flexion anomale, skr. *pánthāḥ, pathā́ḥ, pathíbhiḥ* ; lat. *pons, pontium*, arm. *hun*, mais v. pr. *pintis*.

plŭtĭ « σάρξ », Év., etc. ; r. *plót', plóti* ; pol. *płec', płci*.

prŭsi « στῆθος », Év., etc. ; r. *pérsi*, s. *pȑsi*, pol. *piers'*, tch. *prs* ; le lit. *pirszis* est fort douteux (v. J. Schmidt, *Vocalismus*, II, 501) ; cf. skr. *párçuḥ*, zd *pərəsu-*.

rŭžĭ « seigle » (féminin) ; r. *róž', rži* ; s. *rȃž, rȃži* ; pol. *rež, rży* ; cf. ags. *ryge*, v. isl. *rugr* (masc.) ; avec d'autres suffixes secondaires, on a, d'une part, lit. *rugỹs*, lette *rudzis*, et, de l'autre, v. sax. *roggo*, v. h. a. *rocko*. Il s'agit donc sans doute d'un ancien thème à suffixe zéro.

rysĭ « πάρδαλις » ; r. *rýs', rýsi* ; s. *rȉs, rȉsa* ; pol. *rys', rysia*.

solĭ « ἅλς », Év., etc. ; r. *sól', sóli* ; s. *sô, sȍli* ; pol. *sól, soli* ; cf. ci-dessus, p. 207.

studĭ « τρόπος » (*studĭja* « φυσικῶς » Iud., 10. Christ. šis.), s. *c'ûd, c'ûdi*, tch. *cud* ; cf. r. *pri-čúda*.

vĭsĭ « κώμη, χωρίον », Év., etc. ; pol. *wies', wsi* ; cf. skr. *víç-*, zd *vīs-*, v. pers. *viθ-*, et lit. *vēsz-pats*, v. pruss. *waispattin*. Ancien thème à suffixe zéro.

vŭšĭ « φθείρ » ; r. *vóš', všĭ* ; s. *vȃš, vȃši* et *ȗš, ȗši* (de *vaš, uši*) ; pol. *wesz, wszy* ; le mot semble renfermer un suffixe, cf. lit. *utė̃*, mais le détail n'est pas clair.

zvěrĭ « θηρίον », Mc, I, 13, masc. ; r. *zvě'r', zvě'rja* ; pol. *zwierz* ;

s. *zvĭjer* est un collectif féminin; cf. lit. *žvéris* (ancien thème du type consonantique), gr. θήρ, éol. φήρ, cf. lat. *ferus*.

žrŭdĭ, variante de *drŭkolĭ*, Mt., XXVI, 47 et 55 Sav.; r. *žérd'*, *žérdi*; pol. *žerdz'*, v. tch. *žŕd*, tch. mod. *žerd'*.

2° Noms radicaux et verbaux.

Le vocalisme n'a pas d'unité; quelques mots présentent *o*, ainsi *konĭ*, d'autres la forme sans *e*, ainsi *lŭžĭ*, la plupart semblent avoir subi l'influence du vocalisme d'un verbe, et par suite leur vocalisme radical est sans intérêt; les plus remarquables sont ceux qui ont une longue radicale non expliquée par une forme verbale correspondante: *rěčĭ*, *žalĭ* (cf. *jadĭ*, *sŭnědĭ* à côté du verbe *jamĭ*), *tvarĭ* (cf. *propadĭ*, à côté du verbe *padą*); cette longue provient sans doute de ce qu'il s'agit ici d'anciens thèmes à suffixe zéro passés aux thèmes en -ĭ-; ce serait la longue du nominatif singulier; d'ailleurs, d'une manière générale, presque tous les mots ci-dessous sont sans doute d'anciens thèmes à suffixe zéro du type skr. *ruc-*, lat. *lūx*, passés à la flexion en -ĭ. — Pour le sens, la plupart sont des noms d'action, comme *lŭžĭ* ou *rěčĭ*; quelques-uns désignent des personnes et ont le caractère d'adjectifs, ainsi *bolĭ* « malade ». — Le nombre de ces mots est assez restreint.

blędĭ « λῆρος », L., XXIV, 11; Euch., 72 a; le r. *bljád'* « courtisane » représente un adjectif *blędĭ*; cf. *blędą*.

bolĭ « malade », Euch., 27 a; Supr., 27, 29; etc.; r. *ból'*, *bóli* signifie au contraire « maladie » (et aussi dialectalement « malade »); de même, s. *bôl*, *bŏli* « douleur »; cf. *bolěti*.

v. r. *borĭ* « lutte »; v. *boriba*.

xotĭ « amant, maîtresse », Supr., 128, 16; tch. *chot*, *choti*, « fiancé, fiancée »; et, avec un autre vocalisme, pol. *chęć* « volonté, désir », tch. *chut*, *chuti*; v. sl. *poxotĭ* « ἐπιθυμία, θέλημα », Év.; Ps. IX, 24; Euch., 38 a, etc.; r. *póxot'*; cf. *xotěti*.

r. *dróž'* « frisson » (féminin); cf. *drŭgati* « trembler »; lit. *drugŷs*, lette *drudzis* sont sans doute des dérivés d'un thème à suffixe zéro avec un autre suffixe secondaire.

jadĭ « τροφή », Mc, 1, 6 Zogr. Mar. Sav.; Mt., III, 4 Ass.; Euch., 68 a; « βρῶμα », Ps. LXVIII, 22; *sŭnědĭ* « βρῶσις », Ps. XLIII, 12; Euch., 12 b; Cloz., 595, etc.; cf. *jamĭ*. Sur *medvědĭ*, cf. ci-dessus, p. 207.

jizgrebĭ « κρόκη, στυππίον », v. Miklosich, *Lexicon* ; Sreznevskij, *Materialy* ; cf. *(jiz)grebǫ.*

kobĭ « τύχη », Supr., 112, 11 ; s. *kôb, kôbi* « rencontre » ; v. Jagic', *Archiv*, II, 397, et Zupitza, *Germ. gutt.*, 22.

konĭ dans *jiskoni* « ἀπ' ἀρχῆς », L., 1, 2, etc. ; *pokonĭ*, Ps. CX, 10 (d'après l'édition de Geitler qui n'indique jamais si le *ĭ* et le *ŭ* sont certains) ; il est malaisé de voir quel est le rapport de ce *konĭ* « commencement » avec le *konĭ* « fin », dont *konĭcĭ* « fin » est dérivé ; dans le monument de Freising, II, 64 et suiv., on lit *izconi doconi* « du commencement à la fin » (le v. tch. *dokoni* que cite M. Vondrák en note à propos de ce passage ne se retrouve pas dans le *Slovník staročeský* de M. Gebauer, où est donné seulement *dokona*). Si l'on admet le rapprochement avec irl. *cenn*, gall. *penn* « tête » (v. Zupitza, *Germ. gutt.*, 116), les deux sens « commencement » et « fin » se concilient ; v. aussi Osthoff, *Et. Parerga*, I, 269 et suiv. ; mais, comme l'a vu M. Wiedemann, BB., XXVII, 196-199, le verbe *-čęti* doit presque nécessairement en être alors séparé et l'on a peine à s'y résoudre.

(o-)kovĭ « entrave », Ps. CIV, 18 ; cf. *kovati.*

lŭžĭ « mensonge » (fémin.), attesté dans Freis., I, 15 ; r. *lož'*, *lži* ; s. *lâž, lâži* ; pol. *łeż, łży* ; tch. *lež, lži* ; à côté de *lŭgati* ; cf. ags. *lyge*, v. h. a. *lug* « mensonge » (masc.). Le mot proprement vieux slave pour « mensonge » est *lŭža.*

v. r. *mazĭ* « ἄλειμμα », r. *máz', mázi*, pol. *maz'*, slov. *mâz, mazi* ; cf. *mazati.*

molĭ « σητόβρωτον », Nouveau Testament ; r. *mól', móli* ; pol. *mól* ; cf. got. *malo* « tinea », skr. *malŭkaḥ* « sorte de ver » (mot de glossaire) ; cf. *meljǫ* (?) et *mrŭmŭrati* « ronger ».

vodonosĭ « vase à porter de l'eau », Supr., 432, 15 et suiv. (féminin) ; cf *nositi* ; différent de *vodonosŭ* (v. ci-dessus, p. 220).

(pro-)padĭ « χάσμα », L., XVI, 26 Mar. (*propastĭ* Zogr. Ass., etc.) ; cf. *padǫ.*

pędĭ « mesure », Ps., XXXVIII, 6 ; Euch., 55 b ; r. *pjád', pjádi* ; s. *pêd, pêdi* ; pol. *piądz', piędzi* ; cf. *pęditi*, lit. *spéndžiu* (et surtout, pour le sens, lit. *spréndžiu, sprindis*, avec *spr-* en regard de *sp-*) : le changement d'intonation n'est pas surprenant dans un thème en *-ĭ-* ; cf. s. *mâst*, etc.

jis-pytĭ « recherche », Supr. 387, 1, fait sur *jis-pytati.*

rĕči « κατηγορία », J., XVIII, 29 ; *si rĕči* « τοῦτ᾽ ἔστιν », Mc, VII, 2 ; r. *rê̆č, rê̆či* : s. *rĭječ, rĭječi* ; pol. *rzecz* ; cf. *reką*.

skrŭbĭ « θλίψις, λύπη », Év., etc. ; r. *skórb', skórbi* ; s. *skr̃b, skr̃bi* ; cf. *skrŭbĕti*.

sluzĭ « χύμος », Supr., 315, 7 ; peut-être simple faute, au lieu de *sluzŭ* (cf. lat. *cluō*, gr. κλύζω ; avec un élargissement).

(u-)šidĭ « φυγάς », Supr., 69, 19 ; cf. *šĭdŭ, xodŭ, xoditi* ; la difficulté est la même que dans *dira*.

tvarĭ « κτίσις, ποίημα, φύσις », Év., etc. ; r. *tvár', tvári* ; s. *tvâr, tvâri*, tch. *tvář* ; *utvarĭ* « κόσμος », Supr., 325, 7 ; cf. *tvoriti* ; le vocalisme *ō* se retrouve dans lit. *tvorà* « clôture » qui, pour la forme, est à v. sl. *tvarĭ* ce que lit. *gèlà* est à v. sl. *žalĭ*.

vĕdĭ « science », Supr., 220, 28 ; 393, 25, etc. ; *po-vĕdĭ* « doctrine », Supr., 392, 24, etc. ; *propo-vĕdĭ* « κήρυγμα », L., XI, 32 ; Cloz., 813 = Supr., 338, 27 ; r. *própovêd'* ; *zapo-vĕdĭ* « ἐντόλη », Év., etc. ; r. *zápovêd'*, s. *zăpovijed*, pol. *zapowiedz'* ; cf. *vĕdĕti*.

vrŭvĭ « σχοινίον », J., II, 15 ; tch. *vrv* ; r. *vervá*, s. *vr̃vca* ; cf. lit. *virvē̃* (accus. *vir̃vę*) ; le *v* n'est pas suffixal ici, mais radical, à en juger par gr. *(F)ερύω* « je tire », *(F)ρῡτήρ*, *(F)ρύτωρ*, etc.

zlĭčĭ « χολή », Mt., XXVII, 34 Zogr. Mar. Ass. ; Ps. LXVIII, 22 ; Supr., 259, 3 ; Euch., 50 a ; etc. ; et *žlĭčĭ*, r. *žólč, žólči* ; s. *žũč, žũči* ; pol. *żółć* ; de la racine i.-e. *$g_1$hel-* (pour la forme du vieux slave, *zlĭčĭ*), **ghel-* (pour *žlĭčĭ* et les formes des divers dialectes) élargie par *k*, cf. r. *žëlknut'*, pol. *żołknąc'*.

žalĭ « μνημεῖον », Mt., VIII, 28, Mar. ; r. *žál'*, s. *žăo*, pol. *žal* ; cf. lit. *gélti* et *gèlà*, v. h. a. *quāla*.

Outre les deux grandes catégories précédentes, le slave a quelques thèmes en -*ĭ*- d'origine assez différente. Un abstrait tel que *zŭlĭ* « κακία », Supr., 324, 23 et 27, est secondaire ; de même *tvrŭdĭ* « στερέωμα, ὀχύρωμα », Ps. XVIII, 2 ; LXXXVIII, 41, etc. ; *lĕnĭ* « τὸ ὀκνηρόν » ; *ljutĭ* « τὸ κακόν » ; ce sont peut-être d'anciens dérivés en -*yo*- ou -*iyo*-, dont le suffixe avait au nominatif la forme **-in* (car ils devaient être neutres), et par suite sl. -*ĭ* ; cf. lit. *báltas* « blanc » ; *baĩtis* « blancheur », etc. ; le passage au féminin s'explique aisément par l'influence des abstraits en -*tĭ* et de la majorité des noms en -*ĭ* de sens ana-

logue, comme *zapovědĭ*, etc. Le même suffixe secondaire *-yo-*,
employé avec valeur de collectif, a passé de la même manière
à *-ĭ* dans *ǫdolĭ* « κοιλάς », Ps. LXXXIII, 7 ; CVII, 8, de *ǫ-*
et *dolŭ*, à côté de *ǫdolŭ*, pol. *wądoł*, tch. *údol* et de *ǫdolĭje*,
Ps. LXIV, 14 ; pour la forme, cf. got. *ib-dalja* ; *čędĭ* « les
gens », Supr., 101, 26, évidemment dérivé du mot emprunté
čędo ; le mot *drŭkolĭ* « ξύλον », Év., etc., n'est pas clair au point
de vue étymologique ; il rentre peut-être dans cette série, et
peut-être aussi v. r. *pyrĭ* « cendres », tch. *pýř*, pol. *perz*, dérivé
du mot attesté par gr. πῦρ, arm. *hur*, irl. *úr* « feu », lequel
comprend d'ailleurs un élément suffixal *r* alternant avec *n*,
cf. génit. got. *funins* « du feu », arm. *hnoç* « poêle ». Enfin,
le même nominatif-accusatif neutre **-in* de thème en **-yo-*
paraît subsister, conjointement avec le nominatif masculin en
**-is* et l'accusatif masculin en **-in* des mêmes thèmes, dans
des adjectifs invariables et adverbes en *-ĭ*, composés pour la
plupart, comme *svobodĭ* « ἐλεύθερος », J., VIII, 33 et 36 ; Ps.
LXXXVII, 6 ; Supr., 76, 12, etc. ; *jinostanĭ* « statim », Supr.,
423, 2, etc. ; *jisplŭnĭ* « plein », L., V, 12 ; Supr., 187, 2, etc. ;
različĭ « διάφορος », Supr., 222, 11 ; 318, 23 ; *prěprostĭ* « simple »,
Supr., 199, 13 ; *ne udobĭ* « δυσκόλος, δυσκόλον », Év. ; *pravĭ*
« εὐθύς », L., VII, 43, Zogr. Ass. ; XX, 21, Zogr. ; on se rapproche ainsi du type d'adverbes en *-ĭ* comme *dalečĭ* « loin »,
dont l'origine n'est pas claire de tous points (v. Osthoff, *I. F.*,
VIII, 49 et suiv.) ; il n'y a pas ici, à proprement parler, passage aux thèmes en *-ĭ-*, puisque seule la forme de nominatif-
accusatif masculin et neutre est représentée : le passage à la
flexion en *-ĭ-* a été rendu impossible par le fait que le slave
n'avait plus d'adjectifs thèmes en *-ĭ-* (**tęžĭ* ayant été remplacé
par *tęžĭkŭ*, etc.) ; le cas est comparable à celui de zd *āhūiriš*
« d'Ahura », à ceci près que, pour cet adjectif zend, les formes
en *-ya-* sont conservées : instr. *āhūiryā*, gén. sing. *āhūiryehe*,
gén. plur. *āhūiryanąm* ; la perte de toute trace des cas autres
que ceux qui ont abouti à *-ĭ* en slave et l'emploi de cette forme
sans acception de cas, de genre et de nombre sont choses
très surprenantes. Dans le type de substantifs *žŭlĭ* et dans le
type *ǫdolĭ*, il s'est en revanche créé une flexion en *-ĭ* ; le fait
doit être assez naturel, car le latin et l'arménien présentent
des faits exactement pareils, v. M. S. L., XI, 390 et suiv.

VII

THÈMES SLAVES EN -*y*.

Un *ū* indo-européen résulte en principe de la contraction
de *u* et de *ə*, comme l'a montré M. F. de Saussure ; une
finale de thème -*ū*- est donc la forme au degré zéro d'une finale
-*wā*- ; et en effet le *y* slave issu de *ū* du thème *języ*-, élargi au
moyen du suffixe -*ko*- dans v. sl. *językŭ*, se trouve en regard
de -*wā*- de certaines autres langues : skr. *jihvā́*, zd *hizvā*-, lat.
lingua, tandis que v. pr. *insuwis*, lit. *lēžùvis* (masc.), représentent comme le slave un ancien thème en -*ū*-, cf. zd *hizū*-
(masc.) ; l'addition du suffixe -*ko*- tient à ce que le thème en
-*ū*- était masculin. De même, le lette a le nominatif pluriel
pelus « balle (de blé) » en regard de v. pr. *pelwo* et de v. sl.
plěva (v. Leskien, *Bild.*, 241 et suiv.) ; cf. aussi le skr. *palā́vaḥ*
« balle » qui semble dérivé de **pelū*-.

Les thèmes slaves en -*y*, tous féminins, sont peu nombreux,
et ils n'ont qu'une seule flexion ; on peut donc négliger ici la
distinction posée par J. Schmidt, *Pluralbild.*, 54 et suiv., de
deux types de thèmes en -*ū*-, les uns où -*ū*- serait le thème
unique de tous les cas et les autres où -*ū*- alternerait encore
avec -*wā*- ; aussi bien les deux types, à supposer qu'ils aient
jamais été nettement distincts, ce qui est fort douteux, n'ont-
ils qu'une même origine -*u* + *ə*-. Sur ces thèmes, v. Zubatý,
Archiv, XXV, 356 et suiv.

Les mots suivants semblent anciens :

žrŭny « μύλος », Év. ; r. *žërnov* (masc.), s. *žȓvanj* (masc., de
**žĭrŭvĭnjĭ*, altération de **žĭrnŭvĭ*), v. tch. *žžrnow*, tch. mod.
žernov ; cf. lette *dzirnus*, v. pruss. *girnoywis* « quirl » (Voc.),
got. -*qairnus* (auquel est emprunté **črěnŭ*, d'où *črěnovĭnaja* « la
molaire » Ps. LVII, 7) ; c'est un élargissement par *ā* : *ə*, avec

renversement de *wn* en *nu,* du thème attesté par skr. *grăvă* (thème *grăvan-*), gall. *breuan* ; le degré *ā* du suffixe est conservé, avec perte de *w,* dans lit. *gírnos* (**g^wŗnā-*), v. isl. *kuern* (**g^werǝnā-*) et sans doute dans arm. *erkan* « meule », instr. *erkanaw* (**g^wrānā-*).

svekry « πενθερά (mère du mari) », L., XII, 53 ; Mt., X, 35 ; r. *svekróv',* v. pol. *swyecri* (en 1437) ; cf. skr. *çvaçrū́ḥ,* lat. *socrus,* v. h. a. *swigar* ; **swekrū-* représente **swekruǝ-,* par suite d'un renversement de *wr* en *ru* (v. Brugmann, *Grundr.,* I², p. 260) ; cf. le masc. skr. *çváçuraḥ,* gr. ἑχυρός ; la forme avec *ā* se rencontre dans gr. ἑχυρά et dans arm. *skesur* « mère du mari ». — C'est à l'influence de *svekry* qu'est due la forme de *jętry* « femme du frère du mari », v. r. *játrov',* s. *jêtrva,* v. pol. *jątry* (en 1437), cf. le thème en -*r*- de l'indo-européen : gr. ἐνάτηρ, skr. *yātar-,* lit. *jéntė* et *intė* ; de *pastorŭky* (à côté de *pastorŭka*) « priuigna » ; et de **zŭly* « sœur du mari » qui semble supposé par v. r. *zólva,* r. *zolóvka,* s. *zāova,* pol. *zełw,* cf. gr. γάλως, lat. *glōs,* arm. *tal.* La formation très isolée du composé *neplody* « στεῖρα », L., I, 7 et 36 ; XXIII, 29 ; Ps. CXII, 9, s'explique mal par l'influence de *svekry, jętry* et **zŭly* ; on est tenté de partir d'un ancien **-plodu-ǝ,* cf. *plodov-ije* « les fruits » et *plodov-itŭ* « qui porte des fruits » ; mais *plodŭ* est nettement thème en -*o*- et non en -*ŭ*-. — Les dérivés de mots en -*akŭ* tels que *mązaky, tretĭjaky,* etc. ne sont pas attestés en vieux slave proprement dit.

zely « tortue » supposé par *zelŭvi* de divers vieux textes (v. les dictionnaires de Miklosich et de Sreznevskij), pol. *zołw',* etc. ; cf. gr. χέλῡς (et aussi dans les glossaires latins un mot *golaia,* qui appartient, si on le rapporte ici, à une langue, celtique ou autre, différente de l'osco-ombrien et du latin) ; si l'on songe à la couleur de la carapace de la tortue, on jugera convenable de rapprocher le grand groupe de mots qui signifient « jaune, fauve, vert, etc. » ; et en particulier ceux dont le suffixe est **-wo-* : lit. *gelsvas, zelvas* (Leskien, *Bild.,* 345), v. h. a. *gelo,* lat. *fuluos, flāuos, heluos, geluos,* etc. ; comme cette famille est très complexe, il est possible que sl. **zely* et gr. χέλῡς soient deux mots de formation parallèle, mais indépendants ; dans tous les deux, -*ū*- représente -*uǝ-,* c'est-à-dire la forme au degré zéro de **-wā-,* féminin du suffixe **-wo-.*

loky « λάκκος », Euch., 54 b; s. *lŏkva*, cf. lat. *lacus*, v. sax. *lagu*, v. isl. *lǫgr*, v. irl. *loch*, gr. λάκκος; mais il n'est pas exclu que le mot slave soit un emprunt au germanique: v. h. a. *lahha*, lui-même d'origine latine, cf. ital. *lacca*.

Les deux abstraits *ljuby* « ἀγάπη », Év., r. *ljubóv'*, s. *ljúbav*, de *ljubŭ*, et *cěly* « guérison », Euch., 33 a, b; 36 a, etc., ne peuvent guère être tenus pour empruntés à des abstraits germaniques en *-ō; car on ne rencontre pas d'abstraits correspondants à ces deux mots; de plus, le *c* de *cělŭ* ne saurait que difficilement passer pour emprunté au *h* de got. *hails*, etc.; ces deux abstraits sont donc slaves; ils n'ont pas par ailleurs de correspondants exacts; toutefois, on notera que, en regard de v. sl. *-tva*, got. *-þwa* (cf. skr. *-tva-*), les langues occidentales ont divers élargissements d'un suffixe *-tū-*, dans les mots tels que lat. *iuuentūs*, *altitūdō*, v. irl. *óithiu*, got. *mikildups*, etc.; dans lat. *salū-s*, dérivé de *saluos*, l'élément *salū-* représente *sᵒluə-*; le synonyme slave *cěly* résulte peut-être de l'influence d'un mot *sᵒlū-*, dérivé de *solwo* (skr. *sárvah*, gr. ὅλ(F)ος), qui n'est plus conservé en slave; le vocalisme du lat. *saluos* est emprunté à *salūs*.

M. Zubatý, *Archiv*, XXV, 357, a signalé *pĭstry* « truite » (slov. *postr̂v*), dérivé de *pĭstrŭ*, et *ostry* (slov. *ostr̂v*), formations semblables à *ljuby* et à *cěly*.

Les dialectes baltiques ont trace de pareils abstraits, élargis à l'aide du suffixe secondaire balt. *-(j)ē-*, ainsi lit. *smár(d)vė* « mauvaise odeur », lette *dželwe* « profondeur »; v. Leskien, *Bild.*, 348 et suiv.

M. Il'inskij (*O někotoryx arxaizmax*, p. 1 et suiv.) cherche dans les expressions du type *ljuby dějati* des accusatifs pluriels d'un thème *ljubo-* « amour » qu'il retrouve dans les dialectes modernes; mais un mot *ljub* « amour » a pu se développer après coup, et il est peu probable que *ljuby-* et *ljubo-* aient coexisté en slave commun; le plus simple est sans doute de voir dans *ljuby* un premier terme de composé, comme on l'a fait (*Recherches sur le génitif-accusatif*, p. 197 et suiv.); le *ne prěljubŭ sŭtvoriti* qu'on lit dans divers textes (Il'inskij, *l. c.*, p. 4) provient sans doute d'une répugnance des copistes ou des correcteurs à employer dans une phrase négative *prěljuby* qui ne pouvait plus leur apparaître que comme un nominatif-accusatif comparable à *kamy* ou comme un accusatif pluriel en *-o-*, si le mot *ljubo-* « amour » était déjà formé.

Le mot occidental pol. *matèw'* « moussoir », tch. *mútev* ne peut être séparé de lit. *mentù-rė* ; cf. peut-être aussi v. pruss. *mandiwelis* (Voc.) ; v. Leskien, *Bild.*, 487.

Pour la forme, *žely, žĭly* « blessure » est isolé ; l'arm. *keł* « plaie » est un thème en *-o-*, peut-être issu d'un ancien thème en *-es-*, cf. gr. βέλος (avec un autre sens ; Aristarque comprenait βέλος « blessure » dans quelques passages).

Le rapprochement de *tyky* « κολοκύνθη » et de gr. σίκυς est trop difficile à justifier dans le détail pour qu'on fasse plus que de le signaler.

On sait enfin que la plupart des mots slaves en *-y* sont empruntés au germanique.

Le suffixe *-ynja-*, dont il sera question ci-dessous au chapitre des suffixes caractérisés par *n*, est sans doute l'élargissement d'un suffixe *-y-*.

VIII

SUFFIXES EN -*b*-.

Les occlusives labiales sont, de tous les phonèmes indo-
européens, ceux qui jouent en morphologie le plus petit rôle ;
p et *b* ne figurent pas dans les désinences, ni sans doute dans
les suffixes ; *bh* n'y figure que dans une petite mesure. Le
vieux slave, en particulier, n'a aucun suffixe en -*p*-, mais il a
des formations en -*b*- issu de i.-e. -*bh*-.

Le v. sl. *golǫbĭ* « περιστερά », Év., s. *gȍlūb*, r. *gólub'*, pol. *gołąb'*,
est en slave une formation isolée ; c'est un nom d'animal, et
l'on sait que le suffixe i.-e. *-bh-, *-bho-* figure en particulier
dans les noms d'animaux (voir en dernier lieu Osthoff, *Et.
parerga*, I, 307) ; d'autre part, on ne saurait en séparer l'adjectif r. *golubój* « bleu ciel », v. pruss. *golimban* « blow » (bleu)
[Voc.] ; l'élément radical se retrouve dans un autre nom d'oiseau : lit. *gulbis, gulbė*, lette *gulbis* « cygne » ; le rapprochement
ags. *culfra, culufra* « pigeon » est douteux (v. Holthausen, I.
F., X, 112, et Lidén, *Studien*, p. 95). Le « pigeon » est nommé
de même d'après sa couleur dans beaucoup d'autres langues
(cf. Schrader, *Reallexicon*, 853). Un correspondant exact de la
finale -*ǫbĭ* se retrouve dans lat. *palumbēs* (cf. *palumbus*) en
regard de gr. πέλεια, v. pruss. *poalis*, et une finale fort analogue dans lat. *columbus, columba* (cf. κελαινός, d'après
M. Prellwitz ; ou skr. *çárvaraḥ*, russe *solovój*? [ces deux derniers mots ont été rapprochés entre eux par M. T. Tor-
biörnsson]). Par sa forme, *golǫbĭ* est d'ailleurs fort isolé, non
seulement en slave où l'on peut seulement rapprocher *jastrębŭ*
« accipiter » (cf. M. S. L., XI, 185), mais même en indo-
européen. De v. sl. *gol-ǫ-bĭ* : lit. *gul-bė*, on rapproche naturellement le rapport pareil pol. *łab-ę-dz'* : v. sl. *leb-edĭ*.

Dans deux mots, un suffixe *-ba* (alternant en partie avec *-bĭ*) est ajouté à un thème en *-o-* : *zŭloba* « κακία, πονηρία », Év., Cloz., r. *zlóba*, s. *zlòba*, pol. *zgłoba*, et *zŭlobĭ* « πονηρία », Supr., 309, 8 et 9 ; de là sont tirés des dérivés : *zŭlobivŭ* « πονηρευό-μενος », Ps. XXI, 17, etc.. et *zŭlobovati* « κακοῦν », Ps. XXVI, 2.

ątroba « κοιλία », Év. (toujours avec la variante *črěvo* mieux attestée ; *ątroba*, L., 1, 41 Ass. ; 1, 42 et 44 Mar. ; J., III, 4 Zogr. ; L., XI, 27 Sav., mais *črěvo*, L., I, 41 Zogr. Mar. ; I, 42 et 44 Zogr. Ass. ; J., III, 4 Mar. Ass. ; L.. XI, 27 Zogr. Mar. Ass.), Euch., 83 a ; νεφροί, Ps. VII, 10 ; XV, 7 ; r. *utróba*, s. *ûtroba*, čak. *utròba*, pol. *wątroba*.

Ces deux mots représentent une formation ancienne de noms en *-ba* tirés d'adjectifs qui a tout à fait cessé d'être productive en vieux slave ; le thème en *-o-* **ątro-* (cf. skr. *antrám̐*, *āntrám*) n'est même plus attesté en slave en dehors de *ątroba*. Mais la formation est représentée par d'autres exemples dans divers dialectes : r. *xudobá*, s. *hudòba*, pol. *chudoba*, tch. *chudoba* de *xudŭ* ; tch. *choroba*, cf. *chorý* ; s. *grdòba*, cf. v. sl. *grŭdŭ*, etc. ; et on est arrivé ainsi à former des noms en *-oba*, comme r. *žáloba*, pol. *żałoba*, de *žalĭ*. Il convient peut-être de rappeler ici *globa* « mulcta », s. *glòba* (cf. Fick, *Et. wört.*, I⁴, 416).

L'élément *-ba* n'est resté productif en vieux slave que sous la forme plus complexe *-ĭ-ba* qui sert à former quelques abstraits tirés de noms, à ce qu'il semble ; mais, pour le sens, ces abstraits s'associent aux verbes qui se rencontrent à côté des noms, si bien qu'on en est venu à tirer de verbes des noms de ce genre.

L'Évangile n'a que deux mots en *-ĭba*, tous deux tirés de noms :

služĭba « λατρεία, διακονία, λειτουργία », r. *slŭžba* (adj. *služébnyj*), s. *slùžba*, pol. *służba*, de *sluga*, cf. *služiti*.

tatĭba « κλοπή », r. *tat'bá*, de *tatĭ* ; de là le dérivé *tatĭbina*, Supr., 30, 27, s. *tâdbina*.

Les autres textes vieux slaves présentent de plus :

alčĭba « νηστεία », Supr., 430, 18, etc. (v. Miklosich, *Lex.*), de *alčĭ* ; cf. *alkati*.

cělĭba, Euch., 30 b (et 28 a) ; Supr., 413, 22 ; r. *cěl'bá*, de *cělŭ*, *cěly*, cf. *cěliti*.

družiba, II Cloz., 132, r. *drúžba*, s. *drùžba*, pol. *družba* (devenu masculin et signifiant « conducteur de la fiancée »), de *drugŭ*.

lěčiba « ἴασις », Supr., 397, 16 ; 404, 3 ; r. *lečbá*, de *lěkŭ*, cf. *lěčiti*.

moliba « προσευχή », Nouveau Testament, Euch., 62 a, Supr., 107, 20 ; 411, 28 ; r. *mol'bá*, s. *móba* ; cf. *moliti*.

sądiba « κρῖμα », Ps. LXXXVIII, 31 ; XCVI, 8 ; CXVIII, 20, 30, 102 ; r. *sud'bá* (et s. *sudbina*), de *sądŭ*, cf. *sąditi*.

stradiba « souffrance », Supr., 213, 10, cf. *stradati*.

stražiba « φυλακή », Ps. LXXVI, 5, r. *storožbá*, de *straži*.

tajiba « mystère », dans *tajibino*, Supr., 48, 2 ; 383, 8, et *tajibinikŭ* « initié », Supr., 147, 15 ; slov. *tájba*, bl. r. *tajbá*, de *taji*.

vračiba « guérison », Supr., 399, 19 (cf. 231, 11), de *vrači*.

vlišiba « γοητεία, μαγεία », Supr., 84, 11 ; de *vlĭxvŭ* ; le *v* manque comme dans *vlišistvo*, ib., 54, 14 ; 115, 27.

žlědiba « ζημία », écrit *žladiba*, Supr., 316, 1, de **žlědi*, cf. *žlěsti* ; cf. v. r. *želědi* (resp. *žadlĭ*), *želědiba* dans les *Materialy* de Sreznevskij.

Il faut encore citer, pour leur antiquité ou pour leur extension dialectale :

boriba, r. *bor'bá*, s. *bòrba*, de *bori*, cf. *brati*.

dvoriba, s. *dvòrba*, de *dvorŭ*.

gądiba, r. *gud'bá*, pol. *gędžba*, tch. *hudba*, cf. *gąsti*.

gostiba, r. *gost'bá*, de *gosti*, cf. *gostiti*.

listiba, de *listi*, cf. *listiti*.

svatiba, r. *svád'ba*, s. *svädba*, pol. *swadba*, de *svatŭ*.

tęžiba « μάχη » (d'où *tęžibinikŭ* « μάχιμος », I Tim., III, 3) ; r. *tjážba*.

etc. (v. Miklosich, *Verg. gr.*, II, 213 et suiv.).

Les types slaves de *žŭlobą* (*žŭlobi*) et de *slūžiba* n'ont pas de correspondants exacts dans les autres langues indo-européennes.

Un suffixe secondaire d'adjectifs **-bho-*, très rare, est attesté par véd. *sthūla-bhá-ḥ*, gr. ἀργυ-φο-ς, lit. *anksztý-ba-s*, peut-être par lat. *acer-bu-s* (qui est ambigu, cf. Brugmann, *Grundr.*, I², p. 218) ; on n'en peut séparer les adverbes gotiques tels que *baitraba*, *agluba*, etc., et les noms d'animaux : skr. *vṛṣabháḥ*,

gr. ἔλαφος, ἔριφος, etc.; cf. aussi v. pruss. *glumbe* « hinde »
(Voc.), eu regard de lit. *glùmas* « sans cornes » (par opposition au cerf « cornu » : v. pruss. *ragingis*, lat. *ceruos*, etc.), et
lit. *gulbis, gulbē*, lette *gulbe* « cygne » ; à cette série se rattachent donc au fond v. sl. *golǫbĭ* et *jastrębŭ*.

Un substantif comparable à ceux du slave est attesté par
gr. κορυ-φή ; quelques autres sont d'aspect primaire : gr.
κόλα-φος (cf. lit. *kálti*, etc.), lat. *mor-bus*, lit. *pa-liau-bà*, lette
wimbas, mais sont sans doute en réalité des dérivés d'anciens
thèmes à suffixe zéro. Ce qui rappelle les formes slaves de
plus près, ce sont les dérivés letto-lituaniens en *-ībā-* : lit.
pirszlýba (de *pirszlỹs*), *dalýbos* (de *dalýti*), etc., lette *aukstība*, etc.,
et lituaniens en *-ỹbė* : *auksztỹbė*, etc. (v. Leskien, *Bild.*, p. 591
et suiv.). Il y a donc bien un suffixe i.-e. *-bho-, -bhā-* servant à
former des dérivés nominaux secondaires, et ce suffixe s'est
développé d'une manière particulière en baltique et en slave.

Pour trouver un correspondant exact à sl. *-ĭba,* il suffit de
noter que *-bho-* alterne avec *-mo-* dans certains cas : le lit.
szlùbas « boiteux » répond à lette *slums*, et lit. *raĩbas* « bigarré »
est synonyme de *raimas* ; *-mo-, *-mā-* jouent dans skr. *dyumáḥ*
« clair », *drumaḥ* « arbre », gr. δρυμός, lat. *lacruma*, le même
rôle que *-bho-, *-bhā-* dans les exemples cités ci-dessus. On
comparera donc sl. *-ĭba* au suffixe lituanien bien connu *-ima*-
de *jaunimas, sukimas,* etc. Rien ne s'oppose à ce que l'on
tienne ce *-i-* pour emprunté aux cas où le nom dont était
tiré le dérivé était un thème en *-i-* ; mais on ne saurait rien
établir à cet égard.

L'alternance et l'équivalence de *-bho-* et de *-mo-* ôtent
beaucoup de vraisemblance à l'hypothèse, en tout cas indémontrable et arbitraire, de M. Prellwitz qui voit dans les mots
en *-bh-* des composés dont le second terme serait un nom
racine de *bhā-* « briller » (B. B., XXII, 89 et suiv. dans l'article, d'ailleurs très utile à consulter, où il fournit une étude
complète du sujet). Cette alternance rappelle en effet celle de
-bh- et de *-m-* dans les désinences nominales et doit par suite
être ancienne. — Quant à l'hypothèse de M. Il'jinskij, *Archiv,*
XXIV, 224 et suiv., qui cherche ici la racine *bhū-*, elle échappe
à toute vérification et paraît d'ailleurs superflue (cf. la critique
de M. Jagic', *l. c.*, p. 228).

Les mots comme *gostitĭba, ženitĭba,* etc., ne sont pas attestés
en vieux slave proprement dit, et Miklosich a eu sans doute
raison d'y voir des contaminations de -*tva* et de -*ĭba* : *ženitĭba*
n'est qu'une déformation de *ženitva* d'après *svatĭba* et les
autres mots en -*ĭba*. En fait, *svętĭba* « ἁγιασμός », I Cor., I, 30
et Thess., IV, 7, attesté notamment dans Christ., est remplacé par *svętitĭba* dans Šiš. M. Gebauer, *Hist. mluv.*, I, 430,
interprète de même la formation tchèque *kletba, modlitba,* etc.
L'hésitation des monuments de Freising entre *tatba* (Freis.,
I, 15) et *tatva* (Freis., II, 22) ne provient donc pas nécessairement d'une simple faute. L'hypothèse proposée par M. Brugmann, *Grundr.*, II, 205, est très hasardée ; elle ne s'accorde
du reste qu'assez mal avec la date fort basse de ces formations.

IX

SUFFIXE -tĭ.

Les emplois de *-tĭ* forment deux grands groupes assez distincts qui appellent chacun une étude séparée : d'une part les noms radicaux ou ayant l'aspect de mots radicaux, d'autre part des noms abstraits dérivés ; de plus il y a beaucoup de mots isolés et quelques masculins.

1° Noms rattachés à des racines ou à des thèmes verbaux.

Le suffixe i.-e. **-tei-* s'ajoutait directement aux racines indo-européennes pour former des abstraits féminins, à prédésinentielle sans *e*, du type : skr. *mŗ-ti-ḥ*, v. pr. *mir-ti-s*, lat. *niors* (de **mor-ti-s*) ; le slave a conservé ce type dans quelques exemples, et notamment dans le correspondant *(sŭ-)mrŭtĭ*. Ce même vocalisme sans *e* est encore bien reconnaissable dans *čĭstĭ* « honneur », skr. *cíttiḥ* « pensée », zd *čistiš* ; *mĭstĭ* « vengeance » ; cf. skr. *méthati* « il querelle », et *mitháḥ* « alternativement », lette *mētŭt* « échanger », gr. μοῖτος, lat. *mūtare*, got. *maidjan* (le mot en **-tei-* correspondant au slave n'est attesté nulle part ailleurs) ; *vrŭstĭ* (?) « âge, espèce » = skr. *vŗttiḥ* ; on peut aussi admettre le même vocalisme dans quelques autres cas, comme *(pa-)mętĭ* « souvenir » = skr. *matíḥ (mátiḥ)*, lit. *(at-)mintis*, got. *(ga-)munds*, lat. *mens*, ou *vitĭ* (dans *vŭz-vitĭ* « profit ») = skr. *vītíḥ* « jouissance ».

A ce type, qui se compose de formes anciennes conservées, en a succédé un autre : celui des mots rattachés à des thèmes verbaux ; le grec présente exactement la même tendance et l'on y trouve, par exemple, γεῦσις fait sur γεύω, en regard de skr. *jūṣṭiḥ*, got. *(ga-)kusts*, qui conservent le type indo-européen ; mais en slave, l'influence du verbe a été bien moindre

qu'en grec ; elle ne se marque que dans le vocalisme de mots
tels que *moštĭ*, de *mogǫ, mošti* ; *(na-)pastĭ*, de *padǫ, pasti* ; *vĕstĭ*,
de *vĕmĭ* (resp. *vĕdĕ*) ; aucun abstrait en -*tĭ* n'est tiré d'un thème
verbal qui ne soit pas purement radical, et il ne se rencontre
rien de pareil à gr. φρόνησις, μόνωσις, etc. ; si l'on a *vĕstĭ* à côté
de *vĕdĕtĭ*, c'est que le présent *vĕmĭ, vĕdĕ* est une forme radicale,
et si *(za-)vistĭ* est possible, c'est que *viždǫ* est une forme sub-
stituée à date relativement récente à un présent athématique
(v. M. S. L., XI, 323). Cette seconde formation n'est donc
pas plus productive que la précédente à l'époque historique,
et en fait les mots slaves de ce type forment un groupe assez
considérable, largement représenté dans les vieux textes et
fort bien conservé jusqu'aujourd'hui, mais qui, dès le début
de la tradition, a cessé de s'accroître.

Il n'y a pas de ligne de démarcation précise et constante
entre les deux formations successives qu'on reconnaît en principe, et les mots appartenant aux deux séries ne peuvent sans
arbitraire être énumérés en deux listes distinctes. On a :

-*bytĭ*, dans *zabytĭ* « λήθη », Supr., 307, 25, *pobytĭ* « victoire »
(« τὰ τρόπαια », Supr., 392, 9), *prĕbytĭ* « μονή » ; r. *zábyt'* « oubli », s. *döbīt* « profit », tch. *byt'*, cf. *byti* ; en dehors du
slave : skr. *bhútiḥ, bhūtíḥ*, cf. gr. φύσις, irl. *buith*.

čęstĭ « μέρος, μερίς », Év. ; Ps. X, 6, etc. ; r. *část', části* ; s.
čêst, čêsti ; pol. *częs'c'*. L'élément radical n'est pas déterminé
d'une manière sûre.

čĭstĭ « τιμή », J., IV, 44 Mar. (au génitif *čĭsti* ; *čĭsti*, Zogr. ;
Ass. Sav. def.) ; Ps., XLIV, 10, et dans des dérivés comme
čĭstĭnŭ « « ἔντιμος ». L., VII, 2 Zogr. Mar. Ass. Sav. ; *nečĭstĭ*
« ἀσέβεια, ἀδοξία », Cloz. 577, 658 ; *počĭstĭ* ; *učĭstĭ* ; r. *čést', čésti* ;
s. *část, části* ; pol. *częs'c'* ; cf. *čĭtǫ, čisti* et skr. *cíttiḥ*.

datĭ « δόσις », attesté en vieux slave dans le composé *blago-
datĭ* « χάρις », variante de *blagodĕtĭ*, L., I, 30 Mar., etc. ; r.
pódat' ; s. *blagòdat* ; de *damĭ, dati*. La forme indo-européenne
ancienne est attestée par véd. *ditiḥ* (?), gr. δόσις ; mais la forme
dō- de la racine apparaît déjà dans véd. *dắti(-vāraḥ)*, lit. *dūtis* (? ;
v. Leskien, *Bild.*, 554), gr. δῶτις, lat. *dōs*.

dĕtĭ, attesté en vieux slave dans le composé *blagodĕtĭ*, L.,
I, 30 Zogr. Ass., etc. ; de *deždǫ, dĕti*. La forme ancienne est
conservée dans skr. -*hitiḥ*, gr. θέσις ; l'*ē* de **dhē*- a été introduit

dans zd *-dāitiš,* v. h. a. *tāt.* — Le sl. *blagodělĭ* a l'air d'une traduction du germanique (et du latin), v. h. a. *wolatāt* « benefactum ».

(rǫkov-)ętĭ « δράγμα », Ps. CXXV, 6, et CXXVIII, 7; s. *rŭkovēt,* tch. *rukovět'; (rǫko-)jętĭ* « δράγμα », Supr., 272, 8; r. *rukoját',* pol. *rękojes'c',* de *jimǫ, jęti.*

mastĭ « πιότης », Ps. LXII, 6; « χρίσμα », Supr., 290, 24; r. *mást', másti;* s. *mâst, mâsti;* tch. *mast';* cf. *maẓǫ, maẓati.* Comme *maslo, mastĭ* est indépendant du thème d'infinitif *maẓati.*

(pa-)mętĭ « μνημόσυνον », Ps. IX, 8; CX, 4, etc.; r. *pámjat',* s. *pămēt;* pol. *pamięc';* cf. *mĭnjǫ, mĭněti;* v. ci-dessus, p. 276.

mĭstĭ « ἐκδίκησις », L., XVIII, 7 et 8; Ps. XVII, 48, etc.; r. *mĕst', mésti;* v. ci-dessus, p. 276.

moštĭ « pouvoir » (et *nemoštĭ*), Euch., 25 a; *mošti* « reliques », Supr., 86, 16; *pomoštĭ* « secours »; r. *móč', móči;* s. *mŏc', mŏc'i;* pol. *moc;* de *mogǫ, mošti;* cf. got. *mahts,* v. h. a. *maht.*

(sŭ-)mrŭtĭ « θάνατος », Év., etc.; r. *smért', smérti;* s. *smr̆t, smr̆ti;* pol. *s'mierc';* cf. *mĭrǫ, mrěti;* v. ci-dessus, p. 276.

nitĭ « funiculus », attesté dès le vieux russe; r. *nít', nĭti;* s. *nĭt, nĭti;* pol. *nic';* cf. lit. *nýtis;* M. Brugmann, *Grundr.,* II, 287, rapproche skr. *nītíḥ* « action de conduire » (mais M. Hirt, *Ablaut,* § 80, veut voir ici un mot apparenté à v. h. a. *nāǰan,* got. *neþla*).

(na-)pastĭ « πειρασμός », Mt., VI, 13, etc.; « πειρατήριον », Ps. XVII, 29; « πτῶμα, συμφορά », Supr., 267, 4 et 23; r. *napást',* s. *nápast,* pol. *napas'c'; propastĭ* « χάσμα », L., XVI, 26, Zogr. Ass. (*propaǐĭ,* Mar.), r. *própast',* s. *prŏpāst* « gouffre », pol. *przepas'c';* v. r. *dopastĭ* « περιφορά »; d'après *padǫ, pasti.*

peštĭ « κλίβανος, κάμινος », Mt., XIII, 42, 50; L., XII, 28; Ps. XX, 10, etc.; r. *péč, péč'i;* s. *pĕc', pĕc'i;* pol. *piec* (masculin); à côté de *pekǫ, pešti;* cf. skr. *paktíḥ,* gr. πέψις. A distinguer de *peštĭ* « caverne ».

ritĭ « podex », slov. *rit,* pol. *rzyc',* tch. *řit;* cf. iran. *rĭ-* « cacare » (Vd, V, 1 zd *-irita,* pehlv. *rīt*) et lit. *rétas* « haut de la cuisse », dont l'intonation rude s'accorde bien avec cette étymologie (v. Leskien, *Bild.,* 185, où est citée une étymologie impossible à tous égards).

(po-)statĭ « μέρος, τρόπος », Rom., III, 2 Šiš. (v. le *Lexicon*

de Miklosich et les *Materialy* de Sreznevskij); s. *pòstāt,*
pol. *postac',* de *stati*; la forme ancienne est skr. *sthĭtih,* gr.
στάσις; cf. got. *staþs*; le vocalisme *ā* de **sthā-* a été étendu
au mot en **-ti-* dans zd *-stāitiš.*

strastĭ « βάσανος », Mt., IV, 24; « ταλαιπωρία », Ps., XI,
6, etc.; r. *strást', strásti*; de *straždą, stradati.*

věstĭ « φήμη », L., IV, 14, etc.; r. *vě'st', věsti*; pol. *wies'c'*;
nevěstĭ « ἄγνοια », Supr., 223, 23, etc.; *pověstĭ* « διήγησις », L.,
I, 1; r. *póvěst',* s. *ĭspovijest, prĭpovijest*; pol. *powies'c'*; *sŭvěstĭ*
« συνείδησις », Euch., 22 b, 52 b, et très souvent dans le Nouveau
Testament; r. *sóvěst',* s. *svĭjest*; d'après *věmĭ, věděti.*

(za-)vistĭ « φθόνος », Év., etc.; r. *závist',* s. *závist,* pol. *zawis'c'*;
(nena-)vistĭ « haine » (d'où *nenavistĭnŭ,* Supr.), *nenauuizt* Freis.,
II, 25; r. *nénavist',* pol. *nienawis'c'*; d'après *viždą, viděti.*

vitĭ « res torta » ne se trouve guère dans les vieux textes
(v. les dictionnaires de Miklosich et de Sreznevskij); *povitĭ*
« vigne » (?) est plus obscur encore; mais on a pol. *wic',* s.
păvīt « clematis uitalba »; cf. *vĭją, viti* et lit. *výtis* « baguette
d'osier », lat. *uītis.*

(vŭz-)vitĭ « τόκος », Supr., 273, 26 (= Mt., XXV, 27, où
Év. a *lixva*); 279, 19; pour des exemples vieux russes, v.
Sreznevskij, *Materialy*; à côté de *vinąti*; cf. skr. *vītih* « jouis-
sance ».

vlastĭ « ἐξουσία », Mt., VII, 29, etc.; r. *vólost', vólosti*; s.
vlâst, vlâsti; pol. *włos'c'*; *oblastĭ* « ἐξουσία, περίχωρος », Év.;
Ps. CXIII, 2, etc.; d'après *vladą, vlasti.*

vrŭstĭ « âge, espèce » est médiocrement attesté; slov. *vȓst*
« rangée, espèce, âge »; le mot ordinaire est *vrŭsta* dont on
retrouve les équivalents dans les divers dialectes; Miklosich,
Lexicon, cite deux exemples de *sŭvrŭstĭ* « ἡλικία » en vieux russe;
cf. *vrŭčą, vrŭtěti* et skr. *vṛttih.*

(u-)žastĭ « θάμβος, δειλία »; v. tch. *úžěst, přěžěst* (v. Gebauer,
Hist. mluv., III, I, 393); cf. *užasnąti, užasiti.*

žitĭ « vie », Supr., 87, 13; *(pa-)žitĭ* « νομή », J., X, 9;
« χόρτος », Ps. CIII, 14; « λειμών », Supr., 379, 29; r. dial.
pážit'; à côté de *živą, žiti*; cf. zd *jītiš.*

D'autres mots, formés de la même manière, ne sont pas
attestés en vieux slave et sont limités à un dialecte ou à
une partie des dialectes, mais n'en sont pas moins anciens

pour cela ; car toute la formation est préhistorique en slave, et le type n'est plus productif à l'époque historique : r. *bŏrt'*, *bŏrti*, pol. *barc'* « ruche creusée dans un arbre, ruche d'abeilles sauvages », cf. *borją, brati* (?) et gr. φάρω, lat. *forāre*, v. h. a. *borōn* — s. *pr̂t, pr̂ti* « voie dans la neige », à côté de *perą, pĭrati* « πατεῖν » — r. *rózdert'* « pays défriché », à côté de *derą, dirati*, cf. skr. *dŕtiḥ* — r. *ská-tert'*, r. dial. *rúkotert'* « nappe », v. tch. *trt* « discussion » (Gebauer, *Hist. mluv.*, III, I, 392) ; cf. *tĭrą, trŭti* — r. *násést'* « perchoir », cf. *sěsti* et *sěděti* — etc. Le caractère d'antiquité de la plupart de ces mots ressort immédiatement de leur forme même.

2° Formations secondaires :

En tant que suffixe secondaire, i.-e. *-*tei*- paraît n'être autre chose qu'un substitut de *-*et*- ; par exemple, comme on l'a vu plus haut, skr. -*tă-t*- alterne avec -*tă-ti*- : *devá-tă-t*- et *devá-tă-ti* ; le slave présente encore une trace remarquable de cette particularité. Les noms de nombre de cinq à neuf ont disparu et ont été remplacés en slave commun par les abstraits *pętĭ, šestĭ (sedmĭ, osmĭ), devętĭ*, qui répondent à skr. *pańktíḥ, șașțíḥ* (60), *navatíḥ* (90) ; mais le nom de nombre « dix » lui-même, qui a la forme d'abstrait à la fois en baltique et en slave, est originairement un thème en -*t*- et est encore attesté en vieux slave comme thème en -*t*- : *desęt*-, cf. lit. *dēszimt*, skr. *daçát*- et aussi gr. δεκάδ- (avec alternance *t*/*d*).

De même, *noštĭ* « νύξ », Év., r. *nŏč, nŏči*, s. *nŏc', nŏc'i*, pol. *noc* répond à lit. *naktis*, skr. *náktiḥ*, lat. *nox* (gén. plur. *noctium*), mais cf. aussi gr. νύξ, νυκτός et got. *nahts*, gén. *nahts*.

Les quelques mots en -*otĭ*, comme *golotĭ* « κρύσταλλος », Ps. CXLVIII, 8 (qui n'est pas dans Ps. sin. ; v. *Archiv*, XV, 343), *ąkotĭ, ląkotĭ, lixotĭ*, sont des dérivés de thèmes en -*o*-, attestés, comme dans *ląkotĭ* « ἀγκύλη, ἄγκιστρον » (v. Sreznevskij, *Materialy*, sous *lukotĭ*), de *ląkŭ* « courbe », ou non attestés, comme dans *golotĭ*. A côté de *ląkotĭ, lixotĭ*, on trouve d'ailleurs *ląkotĭ, lixota*, comme *jigrĭ* à côté de *jigra* et *žŭlobĭ* à côté de *žŭloba*. Cf. les mots lituaniens en -*atis*, Leskien, *Bild.*, 569 et suiv.

En face des adjectifs, le slave possède toute une série d'abstraits en -*ostĭ*. On reconnaît immédiatement ici un élar-

gissement par -*tĭ* des thèmes en -*es*- qu'on rencontre en sanskrit et en grec en regard des adjectifs : sl. *ǫzos-tĭ* est fort exactement à *ǫzŭ-kŭ* ce que skr. *áṁhaḥ* est à *aṁhú-* ; *drŭzos-tĭ* est
à *drŭzŭ* ce que θράσος (pour *θέρσος) est à θρασύς, etc. Mais le
slave, une fois en possession de -*ostĭ*, s'en est servi pour tirer des
abstraits de tout adjectif, et, dès le début de la tradition, le
suffixe propre de l'adjectif se rencontre conservé dans certains
dérivés en -*ostĭ*, ainsi *bujestĭ, čistostĭ, junostĭ, mǫdrostĭ*, etc. L'abstrait neutre en -*os*-, -*es*- a d'ailleurs dû exister parfois dans
ce dernier cas : **junos* « jeunesse » semble supposé par le
dérivé *junoša* « jeune homme ». Le seul suffixe qui ne se
trouve jamais en vieux slave devant -*ostĭ* est -*ŭ-kŭ* ; le *ĭ* de
gorĭ-kŭ apparaît en revanche dans *gorj-estĭ*. Il n'y a nulle part
trace de l'ancienne différence de vocalisme radical dont le grec
conserve le souvenir dans θρασύς : -θερσεσ-, etc.

Le vocalisme *o* du suffixe **-es*- dans -*ostĭ* montre que -*ostĭ* n'est
pas une formation de date indo-européenne, mais une combinaison relativement récente ; autrement on aurait sans doute
simplement -*s*- ou peut-être -*es*-. Le lituanien a des formes en
-*estis*, comme *keìkestis* de *keìkti* « maudire » ou *gaìlestis* de *gailùs* ;
le vocalisme du suffixe est différent ; il y a parallélisme et non
formation commune ; d'ailleurs, il s'agit en grande partie de
noms tirés de verbes. De même, l'arménien a quelques thèmes
en -*sti*- : *aruest* « art », instr. *aruestiw* ; *aṙagast* « rideau », instr.
aṙagastiw, de *aganim* ; cf. aussi *phaxust* « fuite », de *phaxčim* ;
hangist « repos », de *hangčim*, etc. Nulle part, il n'y a rien
d'exactement pareil au type slave d'abstraits en -*ostĭ* tirés
d'adjectifs ; le lat. *angustiae* diffère et par l'*u* et par le suffixe ;
le v. h. a. *angust* a aussi *u* et est d'ailleurs suspect d'être emprunté au latin, car les dialectes germaniques autres que
l'allemand ignorent le mot. Quant aux mots lituaniens en
-*astis*, cette formation est très suspecte d'avoir été emprun-
tée au slave (v. Leskien, *Bild.*, 580) ; non seulement un mot
comme *kytrastis* est emprunté à r. *xítrost'*, mais *pilnastis* même
peut être imité de *pólnost'*, et des mots proprement lituaniens ont été faits sur ce modèle (v. Leskien, *Bild.* 579 et
suiv.).

Dès lors, l'histoire du développement du suffixe sl. -*ostĭ*
peut être résumée ainsi : l'indo-européen pouvait ajouter **-tei-

(substitut de *-et-*) à des noms abstraits pour en mieux marquer la valeur abstraite : skr. *-tā-ti-*, got. *-dū-þi-*, etc. ; des nominatifs-accusatifs de thèmes en *-es-* tels que *áng̮hos*, en regard d'adjectifs comme *anghús*, le slave a tiré par ce procédé des formes attestées historiquement comme *ązostĭ*, etc. ; puis il a utilisé le suffixe complexe ainsi obtenu pour donner des abstraits à des adjectifs quelconques : *junostĭ*, de *junŭ*, etc., et le russe a même formé *úzkost'*, de *úzkij*, au lieu du représentant de l'ancien *ązostĭ*. On lit dans les vieux textes beaucoup d'exemples, dont au reste une notable partie a sans doute été forgée par les traducteurs en vue de rendre des mots grecs :

bělostĭ « blancheur », Supr., 391, 5, de *bělŭ* ;

blagostĭ « ἀγαθότης », Supr., 240, 22, de *blagŭ* ;

bujestĭ « μωρία », Supr., 106, 12 ; Euch., 45 b, de *bujĭ* ;

cělomądrostĭ « σωφροσύνη », Euch., 9 b, de *cělomądrŭ* ;

čistostĭ « pureté », Supr., 21, 17, de *čistŭ* (la forme ordinaire est *čistota*) ;

xudostĭ, Supr., 150, 6, de *xudŭ*.

xytrostĭ « τέχνη », Supr., 105, 6 ; 328, 8 (à corriger ainsi), de *xytrŭ* ;

dobljestĭ, Supr., 200, 29 (écrit *dobĭjestĭ*), de *dobljĭ* (d'où *dobĭjestĭnŭ*, Supr., 122, 27) ;

dobrostĭ « bonté », de *dobrŭ*, Supr. (v. Miklosich, *Lexicon*) ;

drŭzostĭ « τόλμη », II Cloz., 96 ; « προπέτεια » Euch., 24 a, de *drŭzŭ* ;

gorjestĭ « πικρία, τὸ πικρόν », Ps. IX, 28 ; Supr., 259, 6 (écrit *gorestĭ*), etc. ; cf. *gorĭkŭ* ;

grŭdostĭ « ὑπερηφανία », Ps. IX, 23 ; Euch., 91 b, de *grŭdŭ* (Év. emploie *grŭdynji*, Mc, VII, 22 ; cf. Euch., 89 a, et Cloz., 612) ;

jarostĭ « θυμός », L., IV, 28 ; Ps. II, 5 ; Euch., 91 b ; II Cloz., 85 = Éphés., IV, 31, Christ. (autrement dans *Šiš.*), de *jarŭ* ;

junostĭ « νεότης », L., XVIII, 21 ; Ps. XXIV, 7, etc., de *junŭ* ;

krěpostĭ « ἰσχύς », Mc, XII, 30 ; Ps. XVII, 2, etc., de *krěpŭ* (et *krěpŭkŭ*) ;

krotostĭ « πραότης », Ps. XLIV, 5 ; II Cloz., 88 ; Euch., 81 b, etc., cf. *krotŭkŭ* ;

lěnostĭ « paresse », Euch., 104 b ; Supr., 202, 1 ; de *lěnŭ* ;

ljutostĭ « difficulté, caractère pénible de » ; Supr., 58, 2, de *ljutŭ* (on notera qu'il existe un mot *ljuto, ljutese* « peine », dont la valeur est un peu différente) ;

mądrostĭ « φρόνησις », L., I, 17 ; Euch., 45 a ; « φιλοσοφία », Supr., 309, 20, de *mądrŭ* : *prěmądrostĭ* « σοφία », L., XXI, 15 ; de *prěmądrŭ* ;

milostĭ « ἔλεος », L., I, 50, etc., de *milŭ* ; de là *milostivŭ* et *milostynji*, Év. ;

mrŭtvostĭ « mortalité », Supr., 388, 22, de *mrŭtvŭ* ;

mŭdĭlostĭ « ῥαθυμία », Cloz., 209 (et 150), de *mŭdĭlŭ* ;

mrŭzostĭ « βδέλυγμα », L., XVI, 15 ; Ps. LXXXVII, 9, etc. ; cf. *mrŭzŭkŭ* ;

nagostĭ « nudité », Supr., 205, 26, de *nagŭ* ;

němostĭ « mutité », Euch., 28 a, de *němŭ* ;

ostrostĭ « pointe », Supr., 383, 29, de *ostrŭ* ;

pakostĭ « mauvais traitement », Mt., XXVI, 67 ; Euch., 14 b ; Cloz., 489 ; Supr., 315, 28, etc. ; r. *pákost'*, s. *păkōst*, tch. *pakost'* ; cf. *paky, opako.* ; cet abstrait slave commun est donc tiré d'un adverbe signifiant « en sens contraire » ;

prisnostĭ « constance, perpétuité », Supr., 241, 22, de *prisno* ;

prostostĭ « ἁπλότης », Supr., 399, 19 ; de *prostŭ* ;

radostĭ « χαρά », Év. ; « ἀγαλλίασις ». Ps. XXIX, 6, de *radŭ* ; ἐν ἀγαλλιάσει est traduit *rădostami*, L., I, 44 Zogr. Mar. Ass. Sav., ce qui indique une forme à suffixe secondaire sl. -*ja*- (cf. Pokrovskij, K. Z., XXXV, 243) ;

rĭvĭnostĭ « jalousie », Supr., 297, 10, etc., de *rĭvĭnŭ* (par ailleurs on lit d'ordinaire *rĭvĭnĭje*, Ps. LXXVIII, 5 ; Euch., 89 a ; Supr., 366, 29, etc.) ;

skądostĭ « manque, pauvreté », de *skądŭ*, Supr., 292, 28 ; r. *skŭdost'* ;

skąpostĭ « avarice », Euch., 104 a, de *skąpŭ* ;

skorostĭ « rapidité », Supr., 425, 7, de *skorŭ* ;

starostĭ « γῆρας », L., I, 36 ; Ps. LXX, 9, de *starŭ* ;

stydostĭ « ἀναισχυντία », Supr., 309, 5, cf. *stydŭkŭ* ;

světĭlostĭ « φωτοφορία », Euch., 52 a, de *světĭlŭ* ; r. *svě̂tlost'*, s. *svjětlōst*, pol. *s'wiatlos'c'* (à côté de v. sl. *světĭlota*) ;

sytostĭ « πλησμονή », Ps. CV, 15 ; « κόρος », Supr., 296, 24 ; 205, 4 ; de *sytŭ* ;

svętostĭ « chose sainte », Supr., 181, 10 ; 249, 21 ; de *svętŭ* ;

teplostĭ « θερμότης », Supr., 399, 13, de *teplŭ* ;

tęgostĭ « βάρος », Supr., 30, 9, en regard de *tęžĭkŭ* ; cf. *tęgota* ; il y a aussi un abstrait *tęžestĭ*, formé comme *gorjestĭ* ; r. *tjážest'* ;

tvrŭdostĭ « ἀσφάλεια », Supr., 132, 24, de *tvrŭdŭ* ; r. *tvĕrdost'* ;

tixostĭ « ἐπιείκεια », Supr., 281, 20, de *tixŭ* (à côté de *tixota*) ; r. *tíxost'*, pol. *cichoš'c'* ;

žestostĭ « τὸ ἀπηνές », Supr., 232, 25, cf. *žestokŭ*.

Les mots de ce genre sont nombreux par ailleurs, ainsi *bridostĭ*, cf. *bridŭkŭ* ; *širostĭ*, cf. *širokŭ*, etc., mais les exemples cités ci-dessus des textes vieux slaves suffisent amplement à caractériser le type à tous égards.

Les textes proprement vieux slaves n'ont pas d'abstraits en *-ostĭ* tirés de substantifs, comme on en trouve quelques-uns par la suite, ainsi de *bolĭ*, r. *bólest'*, s. *bȏlĕst'*, pol. *boleš'c'*. Le mot *žalostĭ* « ζῆλος », qu'on lit J., II, 17 = Ps. LXVIII, 10, et Ps. CXVIII, 139, et qui est slave commun (r. *žálost'*, s. *žȁlȏst*, pol. *žałoš'c'*), n'est pas un simple dérivé de *žalĭ* ; il s'agit probablement d'un emprunt à la langue ecclésiastique occidentale : un mot tiré du gr. ζῆλος sous l'influence du texte de l'Évangile et du Psautier, a subsisté en effet dans les langues romanes et y a pris une valeur populaire : ital. *geloso*, fr. *jaloux*, etc. ; il y a eu en slave contamination avec le mot indigène *žalĭ* et addition d'un suffixe d'abstrait ; le cas est donc tout à fait à part.

Pour la formation des abstraits tirés d'adjectifs, *-ostĭ* est en concurrence avec *-ota, -ynji, -ĭje, -ĭ; -ba* (resp. *-bĭ*), et l'on a parfois des doublets : *grŭdynji* dans certains textes et *grŭdostĭ* dans d'autres ; *cĕlomądrĭje* et *cĕlomądrostĭ*, tous deux dans Euch. ; *tixostĭ* « ἐπιείκεια », Supr., 281, 20, et *tixota* (même sens), *id.*, 317, 13 ; *tęgostĭ* et *tęgota* : *tęgostĭ* indique la « fatigue », Supr., 30, 9, et 58, 2, *tęgota* indique plutôt le fait de peser matériellement ; *svĕtĭlostĭ*, Euch., 52 a, indique le caractère lumineux d'un ange, *svĕtĭlota* n'est que la « λαμπρότης », la qualité de ce qui brille ; on notera en effet que les mots en *-ostĭ* indiquent à peu près exclusivement des qualités de personnes, mais cet emploi, qui est le seul où se trouve *-ostĭ*, n'est étranger à aucun des autres suffixes ; on ne dit pas *χŭlostĭ*, mais *χŭloba* (*χŭlobĭ*) ou *χŭlĭ*. Cette variété de formation des abstraits n'est pas propre au slave; le latin présente des faits tout à fait analogues (v. Stolz, dans *Hist. gramm. d. lat. spr.,* I, 448 et suiv.).

Le mot *slastĭ* « ἡδονή », L., VIII, 14; Mc, XII, 37; Euch., 44 b, etc., s. *slâst,* est fort embarrassant; il a le vocalisme de *sladŭkŭ,* mais non la forme attendue *sladostĭ* qu'on rencontre d'ailleurs. Il est, ce semble, le seul représentant d'un type de dérivés plus archaïques que ceux en *-ostĭ.*

3° Varia.

En dehors des deux types de noms verbaux tels que *čĭstĭ* et d'abstraits secondaires tels que *ǫzostĭ,* il y a un grand nombre de mots en *-tĭ* qui ne se ramènent à aucun type général et qui sont les uns des survivances de formes anciennes, les autres l'aboutissement de transformations complexes, et qu'il reste à énumérer.

Il faut tout d'abord citer quelques substantifs où *-tĭ* semble s'ajouter directement à l'élément radical, mais dont l'étymologie n'est pas claire ou dont la forme ne se retrouve pas ailleurs en indo-européen:

peštĭ « σπήλαιον », J., XI, 38 Zogr. Mar. Ass.; Supr., 354, 9); cf. *peštera,* J., XI, 38 Sav. Ostr.; Supr., 393, 8; r. *pečóry* « grottes, cavernes », et s. *pềc'ina* « caverne ». Le sens s'accorde mal avec celui de *peštĭ* « poêle » et il est difficile de ne pas songer à lat. *specu, specus* (v. ci-dessus, p. 66); le rapport de **(s)peku-* et de **(s)pekti-* serait identique à celui de skr. *párçuḥ* « côte », zd *pərəsuš* avec skr. *pṛṣṭíḥ* « côte », (et zd *parštiš* « dos » [?]).

prŭstĭ « χοῦς », Ps., VII, 6; XXI, 16; Supr., 81, 27; slov. *prst*; v. pol. *pirs'c'* (v. *Archiv,* VII, 542); tch. *prst'*; cf. *praxŭ* « poussière », Év., etc. Le rapprochement avec skr. *pŭrĭṣam* « terre, boue » n'est pas appuyé par l'intonation: r. *pórox, póroxa,* s. *prâh, prâha,* bulg. *praxŭ't,* tch. *prach.*

srŭstĭ « poil », slov. *srst,* tch. *srst',* pol. *siers'c'*; r. *šērst'* (v. Pedersen, I. F., V, 76); cf. *srŭxŭkŭ.*

grŭstĭ « poing, poignée », Euch., 35 b; r. *górst', górsti,* s. *gr̂st, gr̂sti,* pol. *gars'c',* tch. *hrst*; cf. *prĕgrŭšta* et lette *gurste* (?).

trĭstĭ (et *trŭstĭ*) « κάλαμος », Mc, XV, 36; Mt., XXVII, 29, 30, 48; Ps., XLIV, 2; Euch., 50 a (instr. *trestią,* avec *e*); r.

trost' ; tch. *trest, trsti* ; pol. *treszcz* ; Joh. Schmidt, *Vocalismus,*
II, 37, a rapproché lit. *strustis* (? ; cf. Leskien, *Bild.,* 547).

sytĭ dans *do syti* « εἰς κόρον », Supr., 254, 8 ; pol. *dosyc'* (et
dos'c') ; cf. *nejęsytĭ* « πελεκᾶν », Ps., CI, 7, r. *nejásyt'* (l'explication de ce mot proposée ci-dessus p. 168 et suiv. est inexacte,
v. Pogodin, *Slědy kornej-osnov,* p. 130).

klětĭ « ταμεῖον », Mt., VI, 6 ; « οἴκημα », Supr., 111, 14 ; r.
klě't', klě'ti, s. *klĭjet, klĭjeti,* pol. *klec'*.

lětĭ « permission », Mt., XX. 15 ; Supr., 331, 27 ; 381, 7 ;
cf. lit. *lëta* « chose », lette *lëta* (v. Geitler, *Lit. stud.,* 67 et
94 ; Leskien, *Bild.,* 221) ; il n'est pas certain que le *t* n'appartienne pas à la racine.

sělĭ « παγίς », L., XXI, 35 ; Ps., IX, 16, etc. ; r. *sě't', sě'ti* ;
tch. *sil'* (v. tch. *siet'*) ; cf. la même racine au même degré *o*
dans lit. *sětas, pāsaitis,* v. h. a. *seito,* skr. *sétuḥ* ; mais *soiti- ne
se retrouve pas en dehors du slave. Pour le vocalisme, cf. r.
vŏlot', pol. *włoc'* et lit. *váltis.*

Le mot *pęstĭ* « poing » (r. *pjást', pjásti* ; s. *pěst, pěsti* ; čak.
pést, pésti ; pol. *pięs'c'*) a été rapproché de lit. *kŭmstě* et de v.
h. a. *fūst* et complètement expliqué par M. F. de Saussure,
M. S. L., VII, 93.

Le mot **ostĭ* « pointe », attesté par r. *óst',* s. *ŏsti,* pol. *os'c',* se
retrouve dans lit. *akstis* ; on en a un dérivé dans *ostĭnŭ* « ζαβήνη »
(σιγύνη), Supr., 300, 9, « κέντρον », Act., XXVI, 14, Christ., s.
ŏstan, pol. *os'cien* ; cf. ci-dessus, p. 209.

On ne sait rien de la formation de *koristĭ* « τὰ σκῦλα », L.,
XI, 22 ; Ps., LXVII, 13, etc., tch. *kořist,* pol. *korzys'c',* r. *korýst',*
et de *čeljustĭ* « σιαγόνες », Ps., XXXI, 9, r. *čeljust',* s. *čělŭst,*
pol. *czelus'c'.* — Et il faut en dire autant de *trĭxŭtĭ* « λεπτόν »,
L., XII, 59 Zogr. Mar. (ailleurs *lepta,* simple transcription),
aussi bien que de *ratĭ* « πόλεμος », Supr., 239, 9 (cf. lette *rãte,*
dans le dictionnaire d'Ulmann) et *retĭ* « ἅμιλλα », ib., 236,
15 ; le rapprochement de skr. *ṛtíḥ, ŕ̥tiḥ* « lutte, attaque », zd
paiti-ərətiš, gr. ἔρις, skr. *samáraṇam,* v. pers. *hamaranam,* etc.,
fournit la racine, mais n'explique pas le détail de la formation. — Enfin, **svĭstĭ* « sœur de la femme », attesté par v. r.
svést', svésti, s. *svást, svăsti,* pol. *s'wies'c',* n'est pas plus clair
(v. maintenant Schrader, I. F., XVII, 22).

Le suffixe *-tĭ* se trouve aussi dans des mots à redouble

ment: s. *păprāt*, pol. *paproc'* « fougère », en regard du masculin r. *páporot*, lit. *papárcziai*, skr. *parpaṭaḥ* (de *parpr̥ta-*) ; cf.,
sans redoublement, irl. *raith* ; — et r. *pápert'* en regard de v.
sl. *paprŭtĭ* « πρόθυρα », Euch., 96 b.

4° Masculins.

Il n'y a pas de type productif de masculins en -*tĭ* ; il n'existe
que quelques mots isolés d'origines diverses :

tatĭ « κλέπτης », J., X, 8, etc., r. *tat'* ; cf. v. irl. *tāid* ; la
forme **tāt-* est supposée par le **τᾱτ-* de dor. τᾱτάομαι, att.
τητῶμαι qui est à **tāt-* ce que κλέπτης est à *klept-*, supposé par
got. *hliftus*, comme l'a vu M. Solmsen. Le suffixe **-tei-* de
nom d'agent peut d'ailleurs être ancien, à en juger par skr.
dhūtiḥ « qui secoue », *rātíḥ* « donateur » = zd *rāitiš* (Yt., X,
45), gr. μάρπτις, etc. En indo-iranien le « voleur (par ruse) »
se dit skr. *tāyúḥ*, zd *tāyuš*, cf. gr. τηύσιος.

ʒetĭ « gendre, fiancé », Supr., 173, 1 ; r. *zját'*, *zjátja* ; s. *ʒet*,
ʒéta ; pol. *ʒięc'*, *ʒięcia* ; sans doute ancien thème en -*t-* ; cf. le
mot du glossaire lat. *genta* « gendre » (Niedermann, dans
Mélanges linguistiques A. Meillet, p. 109 ; M. Schrader, I. F.,
XVII, 12, conteste sans raisons décisives l'authenticité du
mot), lit. *ʒéntas* (peut-être emprunté au polonais), lat. *gener*,
skr. *jāmātar-*, zd *ʒāmātar-* (cf. Schrader, I. F., XVII, 19).

tĭstĭ « πενθερός », J., XVIII, 13 ; r. *tést'*, *téstja*, s. čak. *tàst*,
tásta, pol. *cieś'c'* (et *teś'c'*), *tś'cia*, v. tch. *test*, *tsti* ; sans étymologie.

Les deux mots suivants dont la forme est rigoureusement
parallèle représentent d'anciens thèmes en -*t-* :

lakŭtĭ « πῆχυς », Mt., VI, 27, et L., XII, 25 ; le génitif pluriel consonantique *lakŭtŭ* est encore conservé, J., XXI, 8, Zogr.
Sav. (et *laktŭ*, Mar. ; *lakotĭ*, Ass.) ; r. *lókot'*, *lóktja* ; s. *lákat*, *lákta* ;
pol. *lokiec'*, *lokcia*. — Il y a ici toute une accumulation de suffixes ; l'élément radical est **ŏl-* auquel s'ajoutent divers suffixes secondaires : gr. ὠλ-ένη, lat. *ulna* (de **ol(e)nā*), v. irl.
uilen, v. h. a. *elina* (got. *aleina*), v. pruss. *woaltis*, *woltis*, skr.
aratníḥ, zd *arəθna-*, etc. ; un suffixe -*k-* suivi d'éléments secondaires apparaît dans λέκρανα· τοὺς ἀγκῶνας Hes., lat. *lacertus*, lit.
alkúnė, *úlektis* ; le sl. **ol-k-ŭ-tĭ* prend place dans cet ensemble ;
le *ŭ* peut être *u* ou à la rigueur *n̥* et, dans ce dernier cas, lat.

lacer-tus et sl. **olkŭ-tĭ* indiqueraient l'existence d'un thème en
ᵣ/ₙ du type skr. *yákṛt, yaknáḥ,* gr. ἧπαρ, ἥπατος.

    nogŭtĭ « ὄνυξ », Supr., 106, 24 ; ancien thème en *-t-* : gén.
plur. *nogotŭ,* Euch., 36 b ; instr. plur. *nogŭty,* Supr., 86, 2 ;
296, 5 ; r. *nógot', nógtja* ; s. *nŏkat, nŏkta — paznogŭtĭ, paznegŭtĭ*
« ὁπλή », Ps., LXVIII, 32, pol. *paznogiec', paznogcia —* r. *kógot',*
kógtja. Dans la plupart des autres langues, le mot n'a pas de
suffixe : lit. *nãgas,* gr. ὄνυξ, lat. *unguis,* skr. *nakháḥ,* ou il en a
un autre : v. irl. *ingen,* v. h. a. *nagal,* v. isl. *nagl.* Le gall. *eguin*
montre que l'*ŭ* de *nogŭti* et, par suite, celui de *lakŭtĭ* sont
d'anciens *u* ; et en effet on a *u* dans le vieux prussien *nagutis*
et le lituanien *nagùtis,* mots que rien n'oblige à tenir pour
empruntés au slave.

    La même finale se retrouve dans **degŭlĭ,* attesté par r.
dëgot', dëgtja, pol. *dzegiec',* tch. *dehet* « goudron » ; il semble
difficile de tenir ce mot pour un emprunt au baltique (lit.
degùtas), comme le fait M. Mikkola, *Berührungen,* 111.

    On est donc conduit à poser une ancienne finale *-ut-* com-
posée d'un *-eu-* élargi par *-t-,* type très isolé et qui ne semble
se retrouver que dans fort peu de mots, ayant d'ailleurs de
tout autres sens (v. Johansson, *Beitr. z. griech. sprachkunde,* 134
et suiv. ; I. F., III, 236).

    Enfin il faut citer un mot d'origine obscure, aussi ancien
thème en *-t-* : *pečatĭ* « σφραγίς », Euch., 23 b, etc. ; Supr., 334,
10 ; nom. plur. *pečate,* Supr., 341, 14, avec un doublet fléchi
en *-o-,* au pluriel : nom. *pečati,* Cloz., 913, dat. *pečatomŭ,* ib.,
915 et 918 ; r. *pečát',* s. *pèčat,* tch. *pečet'.*

X

THÈMES EN -to- ET -ta-.

Le suffixe indo-européen *-et- était secondaire (v. F. de Saussure, M. S. L., III, 197 et suiv. ; Johansson, *Beitr. z. griech. sprachkunde*, 100 et suiv.) ; en sanskrit, il sert essentiellement à élargir les thèmes racines ; type *deva-stŭ-t* « qui loue les dieux » ; en grec, il joue le même rôle, mais seulement après voyelle longue : θής, θητός ; ὠμοϐρώς, ὠμοϐρῶτος, etc. ; le latin a aussi des mots comme *antistes, antistitis*. Le slave n'a plus à proprement parler de suffixe *-et-, *-t-, mais il en conserve des restes isolés, d'une part *deset-* (loc. sing. *desęte*, nom. plur. *desęte*, gén. plur. *desętŭ*) = skr. *daçát-*, de l'autre tous les mots du type *telę*, gén. *telęte*, dont le suffixe doit être coupé -ę-t- et en regard desquels le russe a en effet le singulier *telёnok*, etc. D'autres mots slaves, qui renferment peut-être ce même suffixe, *lakŭtĭ, nogŭtĭ, pečalĭ*, sont étudiés sous le suffixe *-tĭ- (v. ci-dessus, p. 288).

La forme thématique *-to- du suffixe *-et- et le féminin *-tā- sont en revanche largement représentés en slave. Il n'est pas douteux que *-to- ne fût, dans une très large mesure, un suffixe secondaire en indo-européen (sur un emploi de ce genre, v. Osthoff, *Et. parerga*, I, 241 et suiv.), et cet emploi s'est maintenu en slave.

Les noms de nombre ordinaux : *četvrŭtŭ, pętŭ, šestŭ, devętŭ, desętŭ*, tous attestés dans les textes vieux slaves, et d'ailleurs représentant des formes slaves communes, fournissent le meilleur exemple de l'emploi secondaire du suffixe *-to- ; par exemple *pętŭ* répond exactement à lit. *peñktas*, gr. πέμπτος, etc. La seule difficulté provient de la forme *-tha- du suffixe dans quelques-uns de ces ordinaux en indo-iranien, ainsi skr. *sap-*

táthaḥ (dans le Ṛgveda), zd *haptaθō*; mais le *-th-,* ici comme dans skr. *katitháḥ,* doit être analogique des superlatifs en *-*iṣtha-* (skr. *-iṣṭha-,* zd *-išta-*); le sanskrit même a *-ta-* dans *ṣaṣṭáḥ* « soixantième », *saptatáḥ* « soixante-dixième », et surtout le *-t-* est conservé en indo-iranien dans un cas où la présence d'un suffixe secondaire empêchait l'action analogique du superlatif: skr. *tṛ-t-íyaḥ* « troisième », zd θ*rityō* (c'est-à-dire θ*ritiyŏ*), v. pers. θ*ritīyam.*

Le nom de nombre « cent » (skr. *çátam,* lat. *centum,* lit. *szìmtas,* etc.) était aussi un dérivé secondaire en *-*to-* et, par suite, c'est ici que doit être mentionné *sŭto.*

a. Adjectifs dérivés en *-atŭ* et *-itŭ.*

Avec *-to-* on forme des adjectifs dérivés de substantifs (v. Prellwitz, l'ἔρχς, p. 68, n.) qui se présentent sous deux aspects : *-atŭ* et *-itŭ.*

Le sl. *-atŭ* répond phonétiquement à lit. *-o-tas,* lat. *-ā-tus,* et à lit. *-û-tas,* lat. *-ō-tus* (?) et a en fait les deux emplois ; *bradạtŭ* « barbu » (r. *borodátyj,* s. *bràdat,* pol. *brodaty*), de *bradạ,* répond à lit. *barzdótas,* lat. *barbātus*; *krilatŭ* « ailé » (r. *krylátyj,* s. *krĭlat,* pol. *skrzydłaty*) est au contraire tiré du thème en *-o- krĭlo,* et *-atŭ* y répond par suite à lit. *-ŭtas* (Leskien, *Bild.,* 560 et suiv.); sur gr. *-ᾱτος,* *-ητος,* *-ωτος,* cf. Brugmann, *Kurze vergl. gr.,* p. 532. Le suffixe *-atŭ* est largement représenté en slave (v. Miklosich, *Vergl. gr.,* II, 182 et suiv.), mais, par hasard, les vieux textes en ont peu d'exemples :

bogatŭ « πλούσιος », Év. ; r. *bogátyj,* s. *bògat,* pol. *bogaty* ; d'un thème en *-*o-* non conservé en slave, cf. skr. *bhágaḥ* « richesse », et, en slave, *ubogŭ, nebogŭ* (cf. ci-dessus, p. 233).

krilatŭ « ailé », Supr., 5, 29, de *krilo*; aussi dans *šestokrilạtŭ,* Euch., 4 a (cf. Supr., 350, 25).

ʼ *mạžata* « ὕπανδρος » (dans le Nouveau Testament et ailleurs), de *mạži*; pol. *mężata* ; r. *mužátaja,* v. r. *mužática* ; s. *mùžatica.*

perĭnatŭ « πτερωτός », Ps., LXXVII, 27, semble une combinaison de *-*perĭnŭ* et de *-*peratŭ*; Miklosich cite deux exemples analogues, de sens voisin: *krilĭnatŭ* et *listvĭnatŭ* (*Vergl. gr.,* II, 182) ; un quatrième exemple qu'il mentionne aussi et dont le sens est plus éloigné, *ustĭnatŭ,* rentre en réalité dans le type général; c'est un dérivé de *ustĭna.*

sąkatŭ « épineux », Supr., 133, 10, et *osąkatŭ* (même sens), Supr., 190, 20, de *sąkŭ*.

Le mot *lopata* « πτύον », L., III, 17 ; Supr., 287, 26, etc., r. *lopáta*, s. *lòpata*, pol. *łopata*, a la même forme que les précédents, mais est un substantif ; les synonymes du baltique, lit. *lópeta*, lette *lāpsta*, v. pruss. *lopto*, ne peuvent guère être tenus pour empruntés au slave, cf. Leskien, *Bild.*, 555 ; ils ont, sous d'autres formes, un suffixe *-et-* avec -*ā*- ; cf. en effet irl. *lue* « rame de gouvernail » (W. Stokes, K. Z., XXXVI, 275, et chez Fick, *Wört.*, II⁴, 253) ; le mot est évidemment apparenté à r. *lápa*, pol. *łapa*, slov. *lapa* « patte » ; lette *lēpa*, lit. *lepeta* (Leskien, *Bild.*, 571) ; got. *lofa*.

Le sl. -*itŭ* répond à lit. -*ytas*, lat. -*ītus* ; en principe, les adjectifs en -*itŭ* sont dérivés de thèmes en -*i*-, ainsi de *čęstĭ*, *čęstitŭ* « heureux », s. *čèstit*, ou, du primitif *sĭrdĭ* de *srŭdĭce*, *srŭditŭ* « irrité », r. *serdítyj*, s. *sŕdit* ; cf. lit. *grindytas* de *grindis*, lat. *aurītus* de *aurēs*. Les anciens textes ont au moins un mot de ce genre :

mastitŭ « πίων ». Ps., XCI., 11 et 15, de *mastĭ* ; on ne saurait tenir *mastitŭ* pour un participe de *mastiti* « oindre », d'abord à cause du sens et en second lieu parce que **umastitŭ* serait plus correct que *mastitŭ* (v. Ps., XXII, 5 ; CIII, 15), à supposer qu'un participe en -*tŭ* ait pu être attribué à un verbe de ce type.

De *oči*, Supr., 346, 15, a *mnogoočitŭ* « qui a beaucoup d'yeux ».

Créé dans les mots de cette forme, le suffixe -*itŭ* a été employé aussi à la suite de thèmes différents, notamment des thèmes en -*n*-, à peu près comme lat. -*ātus* a été étendu à *dentātus*, *cordātus*, *eburātus*, etc. ; ainsi :

jimenitŭ « ὀνομαστός », Supr., 63, 18 ; 149, 7, de *jimę* ; r. *imenítyj*.

vrěmenitŭ « πρόσκαιρος », Hébr., XI, 15, Christinop. (*vrěmenĭnŭ Šiš.*), de *vrěmę* ; s. *vrěmenit* signifie « âgé ».

On signale aussi *znamenitŭ* « remarquable » (r. *znamenítyj'*, s. *znàmenit*), de **znamen-* (que supposent *znamenǐje* et r. *známja*) ; *plemenitŭ* « noble » (s. *plěmenit*), de *plemę*.

Le mot *naročitŭ* « ἐπίσημος », Mt., XXVII, 16 « εὔσημος », Ps., LXXX, 4, etc. ; r. *naročítyj*, s. *nàročito* ; de *narokŭ*, atteste une extension plus large encore de *-itŭ*, où l'action particulière de *jimenitŭ, znamenitŭ* a sans doute été pour beaucoup.

L'adjectif *dŭvopomostitŭ*, Supr., 150, 17, a sûrement subi l'influence du verbe *pomostiti*.

C'est peut-être ici qu'il convient de citer le petit groupe des mots en *-ovitŭ*, car une partie au moins de ces mots sont des dérivés de thèmes en *-u-* que l'on doit couper *-ov-itŭ* :

domovitŭ « οἰκοδεσπότης », Mt., XIII, 52, etc., de *domŭ* (thème en *-u-*), r. *domovítyj* ; mot composé, d'après M. Rozwadowski, *Quaest. gramm.*, I (*Rozprawy* de l'Académie de Cracovie, XXV), 424.

jadovitŭ « empoisonné », Cloz., 67, 68 ; de *jadŭ* « poison » (gén. *jadu*, Supr., 314, 25) ; r. *jadovítyj*, s. *jedòvit*.

plodovitŭ « κχτάκαρπος, καρποφόρος, εὐθηνῶν », Ps., LI, 10 ; CVI, 34 ; CXXVII, 3 ; *neplodovitŭ* « ἄγονος », Supr., 182, 18 ; non pas sans doute de *plodŭ* (thème en *-o-*), mais du thème en *-ŭ-* supposé par *neplody* « στεῖρα » ; r. *plodovítyj* (cf. ci-dessus, p. 268).

česnovitŭ « ail » (littéralement « fendu », cf. ags. *clufe*, v. h. a. *klobolouh*), de *česnŭ* (d'où *česnŭ-kŭ* : r. *česnók*, gén. *česnoká*, pol. *czosnek*, slov. *česnek* ; cf. r. *česnóvica* ; tout indique que *česnŭ* est un thème en **-neu-*).

črěnovitĭcĭ « molaire », cf. *črěnovĭnaě* « ἡ μύλη », Ps., LVII, 7 ; d'un mot *černŭ*, sans doute emprunté au germanique, cf. got. *-qairnus*, etc.

trądovitŭ, Euch., 31 a, de *trądŭ* « maladie du ventre » (Év., Euch.).

sanovitŭ « ἀξιωματικός », Supr., 76, 9 ; 444, 5 ; de *sanŭ* (loc. *sanu*, Supr., 50, 10 ; cf. *sanov-ĭnŭ*) ; on a de même *stanovitŭ*, de *stanŭ* (ancien thème en **-neu-*).

Le suffixe secondaire **-to-* ne s'ajoute plus en slave à un thème quelconque pour former un adjectif suivant le procédé attesté par lat. *sceles-tus*, etc. (v. Brugmann, *Grundr.*, II, 211 et suiv.).

b. Substantifs abstraits dérivés.

Le même suffixe *-to-* peut aussi donner des noms abstraits, et c'est ainsi que le slave a :

žĭvotŭ « ζωή », Év. ; Euch., 81 b ; Cloz., 862 ; Supr., 340,

4, 5, etc. ; r. *živót, životá* et *živóta* ; s. *žívot, živóta* ; pol. *żywot,*
de *žĭvŭ* ; cf. gr. βίοτος, irl. *biad*. Mais ailleurs l'abstrait correspondant est féminin : lit. *gyvatà*, lat. *uīta,* et aussi gr. βιοτή.

Or, en effet, c'est sous forme du féminin *-*tā*- de *-*to*- (ou
de *-*et*-, *-*t*-) qu'apparaissent la plupart des abstraits (dont
plusicurs doivent avoir été créés par les traducteurs sur des
modèles grecs) : type skr. *dīrghatā* « longueur » = v. sl.
dlĭgota ; cf. lit. *sveikatà* « santé », de *sveikas* (v. Leskien, *Bild.*,
569). Ces abstraits pouvaient être tirés d'adjectifs quëlcon-
ques, ainsi qu'en témoigne lat. *iuuenta* = got. *junda*. Mais le
slave n'ayant plus que des thèmes en *-*o*- pour adjectifs n'a
plus aussi que des abstraits en -*ota* ; les anciens thèmes en
*-*u*-, qui ont passé aux thèmes en -*o*- par addition de -*ko*-,
comme *lĭgŭkŭ,* ont par analogie des précédents un abstrait en
-*ota,* de la forme *lĭg-ota* « ἐλαφρία », II Cor., I, 17 ; r. *l'gota,*
tch. *lhota,* et de même *tęgota* « βάρος », Mt., XX, 12, de *tęžĭkŭ* ;
s. *tegòta*. D'ailleurs, d'une manière générale, les suffixes
secondaires -*ko*- et -*ino*- ne figurent pas dans ces abstraits,
ainsi que le montrent les exemples suivants :

širota « πλατυσμός », Ps., XVII, 20 ; CXVIII, 45 ; de
širokŭ ; r. *širotá* ;

vysota « ὕψος, μετεωρισμός », Ps., VII, 8 ; XLI, 8 ; de *vysokŭ* ;
r. *vysotá* ;

krasota « τερπνότης, εὐπρέπεια, ὡραιότης », Ps., XV, 11 ; XXV,
8 ; XLIV, 4 ; Euch., 88 a ; de *krasĭnŭ* ; r. *krasotá*, s. *krasòta* ;

sramota « ἐντροπή », Ps., LXVIII, 8, de *sramĭnŭ,* cf. *sramŭ.*

Les abstraits en -*ota,* tirés de thèmes en -*o*-, sont assez
nombreux :

čistota « καθαριότης », Ps., XVII, 21 ; Euch., 52 b ; Supr.,
205, 7, etc. (v. Miklosich, *Lexicon*), de *čistŭ* ; *nečistota* « ἀκαθαρ-
σία, ἀκρασία », Év. ; r. *čistotá*, s. *čistòta,* pol. *czystota* ; cf. *čistostĭ,*
Supr., 21, 17.

dlĭgota « μακρότης », Ps., XX, 5, etc. ; de *dlĭgŭ* ; r. *dolgotá.*

dobrota « κάλλος », Ps., XXIX, 8 = Supr., 297, 14, de
dobrŭ ; r. *dobrotá* et *dobróta*, s. *dobròta* ; le pol. *dobrota* est masculin ; cf. *dobrostĭ,* Supr.

jistota « εἰλικρίνεια », II Cor., II, 17, de *jistŭ* ; r. *istóta,* pol.
istota.

lěpota « ὡραιότης, εὐπρέπεια », Ps., XLIX, 2 ; XCII, 1 ; Euch.,

95 b, de *lěpŭ* ; r. *lěpotá,* s. *ljepòta* ; *velìlěpota* « μεγαλοπρέπεια »,
Ps., LXX, 8, etc.

mokrota « humidité » (*mokrotĭnŭ* « ὑγρός », Supr., 97, 21), de
mokrŭ ; r. *mokrotá.*

nagota « nudité » (v. Miklosich, *Lexicon*), r. *nagotá,* pol.
nagota, slov. *nagóta,* de *nagŭ* ; le lituanien a un mot exactement
correspondant *nŭgata* (v. Leskien, *Bild.*, 569).

ništeta « πτωχεία », Ps., XXX, 11, etc. ; Euch., 90 a ; de
ništĭ ; r. *niščetá.*

pěgota « χαλάζωμα », Supr., 287, 25, de *pěgŭ* ; r. *pěgotá.*

plŭnota « plénitude » n'est pas attesté en vieux slave proprement dit, et Miklosich, *Lexicon,* n'en cite qu'un seul exemple ; on a r. *polnotá,* slov. *polnóta* (à côté de r. *pólnost',* slov.
pólnost, pol. *pełnos'c'*); le sanskrit et le germanique ont des
formations parallèles : skr. *pūrṇatā,* v. h. a. *fullida,* et le lituanien a *pilnatis* (v. Leskien, *Bild.*, 570).

pustota « ἐρήμωσις », Supr., 371, 6 ; de *pustŭ.*

rěsnota « ἀλήθεια », Ps., XXX, 6 (Év. a toujours *jistina* ; cf.
rěsnotojǫ, Ps., LIII, 7, mais *istinojǫ,* Euch., 77 b) de *rěsnŭ.*

skorota « rapidité », Supr., 351, 4, de *skoro* ; à côté de *skorostĭ.*

slěpota « τυφλότης », Euch., 33 a ; r. *slěpotá,* de *slěpŭ.*

suxota « sécheresse », Supr., 221, 3 (et *χuxota,* Supr., 221,
11) ; r. *suxotá* ; de *suxŭ.*

sujeta « ματαιότης », Ps., XXXVIII, 6, etc., de *sujĭ* ; r. *sujetá.*

světĭlota « λαμπρότης Ps., CIX, 3, de *světĭlŭ* (en regard de
světĭlostĭ, Euch., 51 b, etc.).

štedrota « οἰκτιρμός », Ps., XXIV, 6 ; Euch., 21 a, etc., de
štedrŭ ; r. *ščedróta.*

tixota « ἐπιείκεια », Supr., 317, 13, de *tixŭ* (à côté de *tixostĭ,*
Supr., 281, 20).

toplota « θέρμη », Ps., XVIII, 7 ; Supr., 257, 12, de *toplŭ* ;
r. *teplotá.*

tŭšteta « ζημία », Cloz., 479, de *tŭštĭ* ; r. *tščetá,* s. *šc'ěta,* *štęta.*

Le germanique (got. *hauhiþa,* v. h. a. *hôhida* « hauteur »)
et le védique (*abrahmátā* « absence de prières », de *ábrahmā*)
s'accordent à prouver que le ton était sur l'élément présuffixal ; le gr. βιοτή a pu subir l'influence du type βροντή, γενετή,
etc. ; en slave, l'accent a dû être originairement à la même

place qu'en germanique et en védique ; mais, en vertu de la loi de déplacement de l'accent d'une tranche douce sur une tranche rude suivante, un ancien *lĕpóta* devait devenir r. *lĕpotá*, s. *ljepòta,* qu'on a en effet ; à l'accusatif, au génitif, au datif singulier, etc., l'accent conservait sa place ancienne phonétiquement, de là r. *ščedrótu,* etc., et, par analogie, *ščedróta.*

Au point de vue du vieux slave, tout se passe comme si *rabota* « δουλεία », Supr., 336, 27 (d'où *rabotati,* Év.) était un dérivé de *rabŭ* (cf. lat. *seruitium,* en face de *seruos*), mais le contraste de s. *rȍb,* bulg. *rob* et de s. *ràbota,* bulg. *ràbota* et de pet. r. *rab* et *robóta* est singulier. L'étymologie n'est pas complètement éclaircie (v., en dernier lieu, Meringer, I. F., XVII, 128), et l'on pourrait être ici en présence de la contamination de deux groupes de mots, l'un signifiant « enfant, esclave » (cf. r. *rebĕnok*), l'autre « travail » (cf. got. *arbaiþs*); cf. ci-dessus, p. 226 et suiv. — En tout cas, *svobota,* Supr., 356, 29, n'est qu'une formation occasionnelle amenée par *rabota : otŭ raboty vŭ svobotǫ,* car, dans cette même page de texte, Supr., 356, 10, on a *svoboda.*

La valeur de -*ta* est toute différente dans :

junota « jeune homme », Euch., 88 a ; Supr., 22, 18.

sirota « ὀρφανός », Iac., I, 27 ; r. *sirotá,* s. *siròta,* tch. *sirota* ; le mot a eu anciennement une valeur collective et traduit « οἱ ὀρφανοί », Ps., CVIII, 12.

starosta « ancien », r. *stárosta,* est formé aussi avec -*ta,* mais sous l'influence de *starostĭ.*

Pour l'emploi de -*a*-, cf. *starĕjišina, sluga,* etc., et tout le type grec ἀγρότης, ναύτης, etc. La comparaison de gr. ἱππότα et de lat. *eques* montre que les thèmes grecs en -τᾱ- et les thèmes slaves correspondants en -*ta*- sont des élargissements de thèmes en *-t*- par le suffixe *-ā*-.

Dans les cas où le suffixe *-tā*- désignait nettement des hommes, des agents, il a reçu le suffixe secondaire *-je*- (i.-e. *-yo*-) et l'on trouve ainsi le type v. sl. *rata-jĭ,* lit. *artó-jis* en regard de gr. ἀρότης ; ces mots seront étudiés à propos du suffixe *-je*-.

Si s. *ràkita,* r. *rakíta,* pet. r. *rokýta,* pol. *rokita* « osier » sont à rapprocher de lat. *arcus* comme on l'a supposé (v. en der-

nier lieu T. Torbiörnsson, *Gemeinslav. liquidametathese*, I, 8),
-*tā*- est ici aussi un suffixe secondaire ajouté à un thème **arkŭ*-.

Les autres formations en -*ta*- et -*to*- ont en slave un aspect
primaire et ce n'est pas ici le lieu d'examiner si, en indo-
européen, elles n'étaient pas originairement secondaires.

1° Substantifs :

a. Substantifs abstraits en -*to*-.

Ces substantifs forment une catégorie bien définie de noms,
qui remonte à l'indo-européen ; le vocalisme-normal de la
racine est *o* ; les mots grecs correspondants ont le ton sur la
racine : gr. φόρτος, οἶτος, κοῖτος, νόστος, etc. ; le même type se
retrouve dans lit. *tvártas*, etc. (Leskien, *Bild.*, 531 et suiv.),
v. pruss. *anctan*, etc. (ib. 554 et suiv.), irl. *foss* « fait de demeu-
rer, repos ». Le vocalisme -*o*- de la racine est celui que présente aussi le type v. sl. *cĕna*, zd *kaēnā*-, gr. ποινή, parallèle à
tous égards au type en *-*to*-, *-*tā*- : gr. ποινή et βροντή sont des
formations exactement pareilles l'une à l'autre, tout comme
lit. *tvártas* et *naz̧stà*, par exemple. En latin, le type féminin a
été rapproché des participes (*offensa, dēprensa*, etc.), ce qui est
conforme aux tendances de cette langue.

On notera que ni le letto-slave ni le grec ne permettent de
distinguer si le -*t*- de ces substantifs est i.-e. *t* ou *th* (cf.
M. S. L., X, 276), et par suite si l'on doit rapprocher le type
skr. *ástam* « demeure », *pūrtám* « salaire » ou le type skr.
ukthám « parole » = zd *uxδəm, háthaḫ* « coup » ; dans les
deux cas, la racine a en indo-iranien le vocalisme zéro ; toutefois le zend présente *gaēθā*- « monde » (avec vocalisme *o*),
z̧aθa- « naissance », *hvarəθa*- « nourriture », etc. (avec vocalisme *e* ou *o* de la racine).

On peut citer en vieux slave :

blăto « λίμνη », Euch., 18 b, 54 b ; r. *bolóto*, s. *blăto*, pol.
bloto, tch. *bláto*; on rapproche lit. *balà* « endroit boueux », skr.
bílam « trou », v. h. a. *pfuol* « mare » (cf. K. Z., XXXVI,
384 et suiv.).

cĕsta « πλατεῖα » (v. Zubatý, *Archiv*, XVI, 385, et Brandt,
Dopoln. z̧am.).

dlato « γλυφεῖον », pol. *dloto*, tch. *dláto* ; cf. v. pruss. *dalptan* ;

le r. *doloto (dolóta)* peut représenter *delto* ou **dolto* et n'enseigne
rien ; s. *dlijěto,* slov. *dlěto* ont subi l'influence d'un infinitif
**dlěti* ; on signale en effet l'infinitif *dlisti* en regard du présent
delbem dans l'île de Krk (voir le grand dictionnaire d'Agram,
sous *dúpsti*). Il n'y a pas lieu de chercher dans *dlato* le suffixe
*-*tlo*-, en admettant une dissimilation, comme le fait M. Niedermann, I. F., XV, 107, car ce suffixe n'est pas représenté
en slave à proprement parler.

jato « σῖτος », Supr., 402, 22, a l'air d'une faute pour *jasto,*
cf. *jastľje.*

krasta « στίγμα », Euch., 53 b, r. *korósta,* s. *krästa,* pol. *krosta,*
tch. *krásta* ; cf. lit. *kařszti.*

r. *lět* « vol », pol. *lot,* c'est-à-dire sl. commun **letŭ,* supposent
**lek-tŭ,* si l'on rapproche lit. *lekiù* ; toutefois le vocalisme
radical *e,* différent de celui de lit. *laktà* et *laktas* « perchoir
à poules » (v. Leskien, *Bild.,* 542) et de celui que présentent
les autres exemples, rend suspect ce rapprochement qui
séduit au premier abord ; d'autre part, *letěti* « πέτεσθαι », Ps.,
XC, 5, est un verbe de forme primaire (présent *letitŭ* « il
vole »), alors que, dans cette hypothèse, il serait un dénominatif.

pǫto « πέδη », Mc, V, 4 ; L., VIII, 29 ; pet. r. *púto,* s. *pŭto,*
pol. *pęto* ; cf. le v. pruss. *panto* (féminin), le lit. *pántis* et le
verbe v. sl. *pĭnǫ, pęti.*

potŭ « ἱδρώς », L., XXII, 44 ; Euch., 47 a, etc. ; r. *pót, póta* ;
s. *pôt, pŏta* ; pol. *pot,* de **pok-to*- (Zupitza, K. Z., XXXV, 266),
cf. *pekǫ* ; les observations de M. Wiedemann, BB., XXVII,
256, ne sont pas propres à ébranler cet excellent rapprochement. — Ce mot aurait dû être mentionné ci-dessus, p. 180.

prustŭ « νάρθηξ », sans étymologie.

těsto « φύραμα », r. *tě'sto,* s. *tĳesto,* pol. *ciasto* ; il semble qu'il
s'agit ici d'une diphtongue i.-e. **ai* et non **oi* ; cf. v. irl. *táis,*
ion. dor. σταῖς ; peut-être est-ce un mot à suffixe secondaire *-*to*-.

vrata (plur. tantum) « πύλη », Mt., VII, 13, 14, etc. ; r.
vorotá et *voróta,* s. *vráta,* bulg. *vrata,* pol. *wrota* ; v. pr. *warto,*
lit. *vařtai* ; cf. osq. v e r u, etc.

vratŭ « olla », que Miklosich donne dans son *Lexicon* comme
étant dans le *Suprasliensis* mais sans renvoi à aucun passage,

est rapproché, aussi par Miklosich, de *vĭrěti, variti*, etc., et
serait par suite **vor-tŭ* ; s'agit-il d'un autre mot que celui cité
ci-dessus, p. 224?

zlato « χρυσός », Év. ; r. *zóloto*, s. *zlâto*, pol. *zloto*, tch. *zlato* ;
cf., avec un autre vocalisme, got. *gulþ*, etc. ; *zlatŭ* sert d'adjectif et signifie « d'or », ainsi Ps., CXXXIV, 15 ; Supr., 253,
24 ; de même, r. *zolotój*, pol. *zloty* : les adjectifs indiquant la
matière ont des formations tout à fait particulières, ainsi
zelĕznŭ, kamĕnŭ (voir ci-dessous les suffixes en -*n*-).

Le pol. *mlost* « pot à lait » est à mentionner si l'on admet
l'interprétation de M. T. Torbiörnssen, *Gemeinslav. liquidametathese*, I, 88.

Il n'y a pas lieu de citer ici *mlatŭ* « marteau », Supr., 20,
16 ; r. *mólot, mólota*, pol. *mlot*, tch. *mlat* ; car le rapprochement
avec *melją* « je mouds » est exclu et par le sens et par l'intonation (r. *mólot*, s. *mlátiti, mlátĭm*) ; v. sur ce mot Niedermann,
I. F., XV, 109 et suiv.

D'autres mots ont la même formation, mais avec vocalisme
e à en juger par les correspondants baltiques :

zito, au pluriel dans *zita* « γεννήματα », L., XII, 18, Mar.
(var. de *zitĭnica*), Ps., LXIV, 11 ; r. *zíto*, s. *zĭto*, tch. *zíto* ; cf. v.
pruss. *geits* « pain » (masculin) et ags. *cĭđ* « rejeton ».

sito « crible », r. *síto*, s. *sĭto*, tch. *síto* ; cf. lit. *sětas*, lette *sĕts*,
qu'on a toutes raisons de tenir pour originaux en baltique (cf.
Leskien, *Bild.*, 536).

Enfin on trouve sùrement le vocalisme radical zéro dans :

vrŭsta « ἡλικία », Supr., 73, 17 ; 211, 26 ; 238, 23 ; Euch.,
90 a ; r. *verstá*, s. *vŕsta*, pol. *warsta* ; cf. skr. *vŗttám* « situa-
tion ». — Le lituanien a au contraire le vocalisme *o* dans
vařstas « longueur d'un sillon de charrue dans le champ ».

b. Substantifs indiquant des bruits, et formations analogues :

Ces substantifs qui, pour le sens, rappellent le type gr. ὀρυμαγδός ont en général un élément vocalique *o, ĭ, ŭ* avant le *t*.
Sont attestés dans les vieux textes :

klĭčitŭ « claquement (des dents) », Euch., 45 a ; d'où *klĭčĭštą*
« je claque (des dents) », *ib.*, 44 a.

klopotŭ « bruit », Euch., 44 b ; pol. *klopot*, s. *klòpotati*.

kokotŭ, nom du « coq » dans le Marianus, au lieu de l'ancien

kurŭ, s. *kököt* « coq » et « caquetage (de la poule) » ; r. *kókot*
« caquetage », *kóček* « coq ».

**lopotŭ*, supposé par *lopotivŭ*, Euch., 43 a ; r. *lópot* « bruit
inarticulé ».

rŭpŭtŭ « γογγυσμός », J., VII, 12, écrit *rŭpŭtŭ*, Zogr. ; *.rŭpŭtŭ*,
Ass. ; *rŭptŭ*, Mar. ; cf. *roptaaxą*, L., XV, 2, Mar. ; mais *repŭ-
tanie*, Euch., 91 b ; pol. *reptac'* et *rzeptac'* ; r. *rópot* ; tch. *reptati*.

skrĭžĭtŭ « βρυγμός », Év. ; r. *skrěžet* ; un **skrĭgŭtŭ* est supposé
par r. dial. *skregotát*, tch. *skřehtati*.

šĭpŭtŭ « ψιθυρισμός », dans le dérivé *šĭpŭtati* « ψιθυρίζειν »,
Ps., XL, 8 (cf. *šepŭtanie*, Euch., 91 b) ; r. *šépot (šópot)*, s. *šăpăt*.

Plusieurs autres mots analogues ne sont pas attestés en
vieux slave proprement dit, sans doute par hasard : *xlopotŭ,
groxotŭ, loskotŭ, skrobotŭ, tŭpŭtŭ*. La plupart ont le vocalisme
radical *o*, comme *klopotŭ* cité ci-dessus.

Quelques autres mots de forme identique ou analogue aux
précédents ont des sens plus ou moins différents :

trepetŭ « τρόμος », Mc, XVI, 8 ; Ps., II, 11, etc. ; r. *trépet* ;
assez voisin des précédents par le sens.

strŭpŭtŭ, d'où *strŭpŭtĭnŭ* « τραχύς », L., III, 5 ; *strŭpŭtivŭ*
« στρεβλός, σκολιός », Ps., XVII, 27 ; LXXVII, 8.

mĭčĭtŭ « φαντασία », Supr., 233, 4 ; cf. r. *mečtá*.

osŭtŭ « τρίβολος », r. *osót*, pol. *oset* ; sans doute car à part, car
ŭ peut y représenter *ǫ* ; cf. gr. ἄκανος, ἄκαινα, ἄκανθος, lette *asnis*
(cf. K. Z., XXIV, 449) ; il s'agirait d'un thème à alternance
r/n, du type ἧπαρ, ἥπατος, car un gr. ἄκορνα est attesté chez Théo-
phraste.

teneto « rêts, filet de chanvre », r. *tenetó*, (plur. *tenéta*), tch.
teneto et *tonoto* doivent être coupés *ten-eto*, *ton-oto* ; cf. en effet
lit. *tiñklas*, v. pruss. *tinclo* et lat. *tenus* « corde à prendre les
oiseaux » ; c'est un mot signifiant originairement « fil, corde »
comme on le voit par r. dial. *tenetá* « fil », et skr. *tántuḥ, tán-
tram*, irl. *tét*, etc. — Pour la forme, cf. *rešeto* « crible », r. *rešetó*,
pet. r. *rešeto*, s. *rešěto*, pol. *rzeszoto* dont l'étymologie n'est pas
connue ; r. *neretó* « nasse » ; tch. *klepeto* « pince ». — Le suffixe,
peu répandu, de noms d'instruments qu'on a ici se retrouve
en lituanien : *-etas* (v. Leskien, *Bild.*, p. 570), en germanique :
v. h. a. *hulid* « uelamentum », *ferid* « nauigium », etc., en
grec : ἑρπετόν, δακετόν, κρησφύγετον ; le même suffixe apparaît

plus ordinairement sans *e*, comme on l'a vu ci-dessus, dans le type skr. *pūrtám* « salaire », lat. *tĕctum*, v. sl. *pato*, etc.

2. Adjectifs.

Le suffixe *-to- du type d'adjectifs skr. *tatáḥ*, gr. τατός, lat. *tentus* fournit au slave le participe passé passif de quelques verbes, ceux dont les thèmes radicaux sont terminés par -*n*- : *klętŭ, (ras)pętŭ, (za)čętŭ*, et de là, par analogie, *jętŭ* (Év.), en regard de *jima*; le thème *dŭm-* terminé par *m*, mais de forme différente, a au contraire *(na)dŭmenŭ*; la constance dans l'emploi de -*tŭ* pour les thèmes verbaux terminés par -*n*- tient à ce qu'on évitait ainsi la répétition de -*n*-, soit *-*en-enŭ*; or on sait que, dans nombre de langues, il y a dissimilation dans les cas de ce genre (v. Grammont, *Dissimil. consonantique*, p. 79 et suiv.), comme par ex. ital. *veleno* de lat. *uenĕnum*. Tous les autres participes en -*tŭ* sont des anomalies isolées; on cite le participe de quelques thèmes terminés par -*r*-, ainsi *prostrŭtŭ* (Cloz., 566); d'un thème en *i* : *po-vitŭ, sŭ-vitŭ* (Év.), cf. lit. *výtas*; de *poja* : *pětŭ* (Ps., CXVIII, 54); dans les thèmes terminés par consonne, *ot-vrŭstŭ* (Év.) et *jizvěstŭ* (Supr., 193, 17; d'où *jizvěstĭnŭ*, Év.) sont de véritables adjectifs; *uvęstŭ* « couronné ». Supr., 247, 11, ne fait pas partie de la conjugaison de *uvęzati*; voir les exemples dans Wiedemann, *Beiträge zur altbulg. conjugation*, p. 140 et suiv. Toutes ces formes relèvent de la conjugaison comme le participe normal en -*enŭ*.

Le slave a de plus quelques adjectifs ainsi formés, mais qui ne sont pas rattachés à des thèmes verbaux existant dans la langue, au moins à date historique :

čęstŭ « πυκνός », L., V, 33; Supr., 277, 24 (*čęsto* « συνεχῶς »); r. *část, častá, částo*; s. *čèst, čèsta, čésto* (adverbe *čěsto*); pol. *częsty*; cf. le participe lit. *kiñsztas*, de *kemszŭ*.

čistŭ « καθαρός », Év.; r. *číst, čistá, čísto*; s. *čĭst, čĭsta, čĭsto*; on rapproche lit. *skýstas*, lette *schk'ĭsts*, v. prûss. *skysian* et lit. *skáistas* (v. Leskien, *Bild.*, 557 et suiv.); on notera l'accord des intonations lituanienne et serbe.

gąstŭ « serré » (non attesté en vieux slave); r. *gúst, gustá, gústo*; s. *gúst, gústa, gústo*; pol. *gęsty*.

jistŭ « réel », Supr., 353, 24, 25, etc.; 347, 25; r. *ístyj*, s. *ĭstĭ*, pol. *isty*; suivant Miklosich, suivi par Mohl, M. S. L.,

VII, 355 et suiv., *jistŭ* ne saurait être séparé de *jesmi* « je suis » ; donc le *i* initial, qui est bref en serbe, répondrait à celui de gr. ἴσθι « sois » et de arm. *isk* « en réalité » (de **is-two-*?), cf. aussi tch. *jsem*, s. *sam* (de **jĭsĭmĭ*), etc. ; au point de vue slave, la parenté n'est plus sensible.

svętŭ « ἅγιος », Év. ; r. *svját, svjatá, svjáto* ; s. *svêt, svéta, svéto* ; pol. *s'więty* ; cf. lit. *szveñtas*, v. pruss. *swints* (emprunté au slave d'après Mikkola, *Baltisches und Slavisches*, p. 12), zd *spəntō* (superlatif *spəništō*).

sytŭ « κεκορεσμένος », I Cor., IV, 8 ; *nesytŭ* « ἄπληστος », Supr., 224, 23 (= Ps., C, 5, où Ps. sin. a *nesytĭnŭ*) ; r. *sýt, sytá, sýto* ; s. *sĭt, sĭta, sĭto* ; pol. *syty*.

tlŭstŭ « παχύς » (*o-tlŭstĕ*, Mt., XIII, 15, « ἐπαχύνθη », Mar. ; *u-tlĭstĕ*, ib., Zogr.) ; r. *tólst, tolstá, tólsto (tolstó)* ; čak. *tȗst, tūstȁ, tūstȍ* ; mais s. *tȗst, tȗsta, tȗsto*, pol. *tłusty*.

žlŭtŭ « jaune » ; r. *žёlt, želtá, žёlto* ; s. *žȗt, žȗta, žȗto* ; pol. *żółty* ; tch. *žlutý* ; cf. lit. *geltas* ; le suffixe **-to-* n'est pas rare dans les adjectifs désignant des couleurs, lit. *báltas*, skr. *háritaḥ* (zd *zairitō*), *ásitaḥ, róhitaḥ, palitáḥ* (le suffixe est visiblement secondaire dans les exemples sanskrits).

Enfin nombre de mots renfermant un suffixe -*to*- ou sa forme féminine -*tā*- restent à citer qui ne rentrent pas nettement dans les catégories précédentes ; ainsi :

kljeveta « συκοφαντία », Ps., CXVIII, 134 ; Euch., 91 b ; « λοιδορία », Supr., 367, 22 ; r. *klevetá*, tch. *kleveta*.

kopyto « sabot (de cheval, etc.) » ; r. *kopýto*, s. *kȍpito*, pol. *kopyto*.

koryto « auge », r. *korýto*, s. *kȍrito*, pol. *koryto* ; cf. *korĭcĭ* et v. pruss. *pracartis* « trog » (Voc.). — Ce mot est, avec le précédent, le seul où apparaît une finale -*yto*.

lanita « σιαγών », Év.

lěto « θέρος » Ps., LXXIII, 17, et « ἔτος », Év. ; Ps., XXX, 11 ; r. *lĕ'to*, s. *léjĕto*, tch. *léto* (dans ce mot le *t* peut fort bien être radical ; l'étymologie n'est pas connue avec certitude).

listŭ « feuille » (d'où *listvĭje* « φύλλα », Év.) ; r. *list, listá* ; s. *lȋst, lȋsta* ; tch. *list* ; cf. lit. *laĩszkas*, v. pruss. *lāiskas*.

mĕsto « τόπος », Év. ; r. *mĕ'sto*, s. *mjĕsto*, tch. *místo*. Sans étymologie sûre.

monisto « collier », Euch., 98 a ; r. *monisto* ; on rapproche lat. *monīle*, irl. *muince*, v. h. a. *menni,* etc. ; mais la finale *-isto,* unique en son genre, reste inexpliquée.

pęta « πτέρνα », J., XIII, 18 Zogr. ; Ps., XLVIII, 6 ; r. *pjatá,* s. *péta* (nom. plur. *péte*), pol. *pjęta* ; cf. v. pr. *pentis* « fersę » (Voc.). Le suffixe est *-tā-,* si l'on rattache le mot à *pęti,* avec M. Fortunatov (cf. Leskien. *Bild.,* p. 234).

paprūtŭ « péristyle », Euch., 96 b ; Supr., 217, 1 ; r. *pápert'* ; mot à redoublement assez peu clair ; le serbe a *pȁpratnja.*

prŭstŭ « δάκτυλος », Ėv. ; r. *pérst, perstá* ; s. *pȑst, pȑsta* ; tch. *prst* ; cf. lit. *pirsztas,* v. pruss. *(prĕi-)pirstans* ; le rapprochement avec skr. *sparç-* « toucher » est évidemment très douteux et à cause du sens et à cause de l'intonation du mot slave (F. de Saussure, M. S. L., VIII, 439 et 443 ; Brugmann, *Grundr.,* II, 224 ; sur une tout autre explication, aussi incertaine, v. Brugmann, I. F., XI, 285). Le nom du « doigt » diffère d'une langue indo-européennę à l'autre.

prŭtŭ « λίνον », Mt., XII, 20 Zogr. Mar. Sav. (*plata,* Ass.) ; r. dial. *pórt, pórta* ; pol. *part.* Le *t* pourrait appartenir à la racine.

sąpostatŭ « ἀντίπαλος », Supr., 288, 23 ; Euch., 5 b, 99 a ; « σύμμαχος », Supr., 395, 19 ; r. *supostát* ; **po-statŭ* et **sta-tŭ* ne sont pas attestés ; ce *-statŭ* n'a sans doute rien de commun avec le thème en *-ŭ-, statŭ-* de *o-statŭ-kŭ,* r. *ostátok,* etc. ; c'est la forme thématique qui répond à la forme thématique de lat. *antistes, antistitis* et du dérivé en **-ā-,* gr. ἀντιστάτης.

svatŭ « parent », r. *svát, sváta* ; s. *svȁt, svȁta* : pol. *swat* ; dérivé du thème du réfléchi **sew-* ; cf. Ϝέτης (v. Solmsen, *Untersuchungen,* 203 et suiv., et maintenant Schrader, I. F., XVII, 23).

sŭtŭ « κηρίον », L., XXIV, 42 ; Ps., XVIII, 11 ; CXVII, 12 ; r. *sót, sóta* ; s. *sȁt, sȁta* ; le rapprochement avec lit. *siúti* « coudre », peu satisfaisant pour le sens, n'explique pas le *ŭ* radical (v. Osthoff, *Etym. parerga,* I, 23) ; le rapprochement avec lit. *sémti* « puiser » (Lidén, *Studien,* 37 et suiv.) n'est pas non plus satisfaisant ; on est tenté de penser à skr. *sátaḥ* « vase », en prenant sl. *ŭ* et skr. *a* pour les représentants d'une nasale voyelle.

štitŭ « ὅπλον, θυρεός », Ps., V, 13 ; XLV, 10 ; Euch., 94 a ; r. *ščit, ščitá* ; s. *štȉt, štȉta* ; pol. *szczyt* ; cf. lit. *skýdas,* gr. ἀσπίς,

ἀσπίδος, v. irl. *sciath* (Fick-Stokes, *Et. wört.*, II⁴, 309 ; cf.
Schrader, *Reallexikon,* sous le mot *Schild*) ; il y a peut-être ici
alternance de **t* et **d* à la fin d'un thème.

Noms en *-išťĭ.*

Il convient aussi de signaler ici les noms d'êtres jeunes ou
petits en *-išťĭ*, s. *-ic'*, r. *-ič*, pol. *-ic*, comme par exemple : s.
kràljic', pol. *królewic*, r. *korolévič* ; il s'agit de **-itjĭ*, c'est-à-dire
de **-it(o)-* avec le suffixe secondaire i.-e. **-yo-*. Les exemples
anciens sont peu nombreux :

dětišťĭ « παιδίον », Mt., XI, 16, cf. *dětę,* etc.

grŭličišťĭ « τρυγών », L., II, 24 Sav. Ostr., *kagrŭličišťĭ*, ib.,
Zogr. Mar. Ass., de *grŭlica* ; s. *gȑličic'*.

kozĭlišťĭ « ἔριφος, ἐρίφιον », Mt., XXV, 32 et 33, de *kozĭlŭ,*
cf. *kozĭlę,* L., XV, 29 (même sens).

mladěnišťĭ « βρέφος », L., I, 44, Zogr. (il s'agit d'un enfant
dans le sein de sa mère), cf. *mladěnĭcĭ,* le tout de *mladŭ.*

otročišťĭ « παιδίον, παιδάριον », L., VII, 32 ; J., VI, 9 ; de *otrokŭ,*
cf. *otročę.*

pŭtišťĭ « petit oiseau », Supr., 396, 3, de *pŭta* ; cf. *pŭtica* ;
s. *tĭc'*.

robišťĭ « petit serviteur », Supr. (Miklosich, *Lexicon,* sans
aucun renvoi), de *robŭ,* et *robičišťĭ,* Supr., 171, 18.

Ce suffixe, dont l'origine n'est pas claire et dont l'emploi
en vieux slave est très restreint, a eu par la suite une très
grande fortune et fournit notamment une partie des patronymiques russes (v. Miklosich, *Vergl. gramm.,* II, 197 et suiv.).
On en rapprochera naturellement les diminutifs lituaniens tels
que *vilkýtis* (v. Leskien, *Bild.,* 572), servant aussi de patronymiques, et sans doute les diminutifs vieux prussiens tels que
wosistian « chevreau » (cf. toutefois, sur ces derniers, Mikkola,
Baltisches und slavisches, p. 9, dans les *Finsk. Vetensk. Soc. förhandl.,* XLV).

XI

FORMATIONS EN *-teu-.

Le slave ne présente plus à découvert aucun thème en *-tŭ-;
le suffixe *-ko- a été ajouté à tous les exemples, d'ailleurs peu
nombreux, et l'on ne trouve plus que des mots comme
(*jĭ-, pri-)bytŭkŭ, (na-)čętŭkŭ, (nedo-, o-)statŭkŭ, (sŭ-)vitŭkŭ, etc.,
et aussi četvrŭtŭkŭ, qui seront étudiés au chapitre du suffixe
*-ko-. — Les supins en -tŭ sont issus d'anciens accusatifs de
thèmes en *-teu-, mais sont entièrement entrés dans la conjugaison.

Le suffixe secondaire -ā- du féminin peut s'ajouter à *-tu-,
et alors on a *-twā-, représenté par got. -þwa (frijaþwa et fijaþwa),
v. sl. -tva, lit. -tva (v. Leskien, *Bild.*, p. 564 et suiv., cf. aussi
-tuvė (p. 565 et suiv.), ou, avec la forme à vocalisme zéro du
suffixe secondaire, *-tū- (de *-twə-); c'est le cas du gr. -τό-, dans
le type βρω-τό-ς, etc.; ce sont des mots de cette forme que le
latin a élargis à l'aide du suffixe secondaire *-t-, dans le type
de dérivés de noms iuuen-tū-t-, nomin. iuuentūs et à l'aide de
-den- dans le type magni-tūdō; cf. got. -du-þ-s (sans doute -dū-þ-s)
de mikilduþs, v. irl. oitiu « jeunesse », etc. (v. Kretschmer, K.
Z., XXXI, 332 et suiv.).

Le suffixe -tva- du slave commun a servi à former des
substantifs tirés de thèmes verbaux, ce qui répond bien en
effet à l'usage connu du suffixe indo-européen *-teu̯- dont il
est dérivé; on sait que ce suffixe indique proprement l'acte
et qu'il fournissait des noms rattachés immédiatement à la
racine, et c'est ce qui fait qu'il a fourni les supins de l'italique,
du baltique et du slave; quelques-uns des exemples les plus
nets du slave se rencontrent à côté de verbes radicaux et
reproduisent ainsi d'une manière exacte le type indo-euro-

péen ; le dérivé ainsi obtenu a à peu près la même valeur que les noms grecs en -τός. Le suffixe a cessé d'être productif en slave dès avant l'époque historique, et le nombre des exemples est limité. On trouve dans les vieux textes :

britva « ξυρόν », Ps., LI, 4 = Supr., 319, 6 ; r. *britva*, s. *brĭtva*, pol. *brzytwa* ; de *briti*.

klętva « ὅρκος », Év. ; « ἀρά », Ps., IX, 28 ; r. *kljátva*, s. *klêtva*, pol. *klątwa* ; de *klęti*.

lovitva « ἄγρα », L., V, 4 et 9 ; « θήρα », Ps., CXXIII, 6 ; r. *lovítva* ; de *loviti*.

molitva « δέησις, προσευχή », Év. ; r. *molítva*, s. *mòlitva*, pol. *modlitwa* ; de *moliti*.

pastva « ποίμνη », Supr., 286, 4 (= Mt., XXVI, 31, où le texte a *stado*) ; 262, 26 ; d'où le dérivé *pastvina* « νομή », Ps., XCIV, 7 ; XCIX, 3 ; r. *pástva*, pol. *pastwa* ; de *pasti*.

rŭvatva « déchirure », Euch., 30 b, de *rŭvati*.

želětva « πένθος », Supr., 283, 24 ; de *želěti*.

žętva « θέρος, θερισμός », Év. ; r. *žátva* ; s. *žĕtva* ; de *žęti*.

žrŭtva « θυσία », L., XIII, 1 ; Ps., IV, 6, etc. ; r. *žértva* ; de *žrŭti* ; cf. gr. βρωτός ?

Un mot *lěstva*, de *lěsti*, directement attesté par s. *ljěstve* « échelle », est supposé par *lěstvica* « κλίμαξ », Supr., 260, 25.

On notera que, dans tous ces mots, l'accent frappe l'élément présuffixal, comme le ton dans got. *frijaþwa, fijaþwa*, et à la différence du type gr. βρωτός.

A côté de cette formation, il faut citer le collectif *listv-ije* « τὰ φύλλα », Mc, XI, 13, cf. r. *listvá*, à côté de *listŭ* ; et *větvĭ* « κλάδος », L., XIII, 19 ; Euch., 16 a, etc. ; r. *vě'tv', vě'tvi*, collectif *větvĭje*, Mc, XIII, 28 Mar. ; Cloz., 36 ; à côté de *věja* « κλάδος », Mt., XXIV, 32, et de *vějĭje* « τὰ κλάδη », Mc, XI, 8 ; Supr., 240, 16 ; cf. v. pruss. *witwan* « weide » et gr. οἰσύα, Ϝἰτέα (γιτέα Hesych.) ; à rapprocher sans doute du verbe *viti* : cf. skr. *vayá*, irl. *fé*, got. *(baurgs-)waddjus*.

La forme thématique *-two- ne se rencontre guère en slave dans les mêmes conditions, mais le lituanien a un type primaire de noms d'instruments en *-tuvas* (Leskien, *Bild.*, p. 565), et le vieux prussien a *witwan* « weide » et *schutuan* « zwirn », dans le Vocabulaire d'Elbing.

Le mot v. sl. *mrŭtvŭ* « νεχρός », Év. (r. *mērtvyj*, s. *mŕtav*, tch. *mrtvý*) n'est sans doute comme lat. *mortuos* qu'une altération d'un ancien thème **mr̥to-* sous l'influence du mot signifiant « vivant », v. sl. *živŭ*; cf. irl. *marb* (v. Bréal, M. S. L., VI, 127; Brugmann, *Grundr.*, II, 129). L'adjectif *črŭstvŭ* « ferme, entier » n'a pas d'étymologie sûre et ne saurait non plus passer pour un correspondant certain du type d'adjectifs primaires sanskrits en *-tva-*. Le substantif de forme unique *rybitvŭ* « ἁλιεύς », L., V, 2. Mar. Ass., rappelle ceux des noms lituaniens en *-tuvas* qui désignent des personnes (v. Leskien, *Bild.*, p. 567).

En revanche, le slave a un suffixe *-ĭstvo* qui sert à former des abstraits, dérivés de substantifs ou d'adjectifs, indiquant une qualité; pour le sens, et pour la seconde partie du suffixe, il faut évidemment rapprocher les abstraits sanskrits, de tout point pareils, en *-tvá-m*: *božĭstvo* « θεότης » est synonyme du skr. *devatvám* « qualité d'être dieu »; *veličĭstvo* « grandeur » du skr. *mahitvám* « grandeur »; la place même de l'accent slave coïncide en partie avec la place du ton indiquée par skr. *-tvám* et par got. *þiwa-dw* (neutre) « δουλεία », de *þius*: r. *božestvó*, s. *božánstvo*; au contraire, le suffixe de gr. δίχτυον « filet » (cf. διχεῖν « jeter »; de même lat. *iaculum*) diffère et pour le sens et pour l'emploi et même pour la place du ton. Le suffixe sanskrit *-tvá-* est souvent élargi en *-tvaná-*; ainsi de *kavíḥ* « sage » le dérivé est *kavitvám*, mais aussi *kavitvanám*; de *-tvanám* on a depuis longtemps rapproché le type grec de δουλο-σύνη. Il est malaisé de voir comment M. Iljinskij, *Archiv*, XXIV, 226 et suiv., a pu en venir à chercher dans *-stvo-* un second terme de composé. — Il reste à expliquer la première partie *-ĭs-* de sl. *-ĭstvo*; un suffixe *-stvo-* n'aurait rien de surprenant, car le gotique a *waurstw* « ἔργον » avec le suffixe **-stwo-*, et, comme le remarque M. Brugmann, *Grundr.*, II, 111, *-s-* apparaît ainsi devant nombre de suffixes indo-européens.

Le mot *běstvo* « φυγή », Mt., XXIV, 20, et Mc, XIII, 18 Zogr. Mar., écrit *běsstvo*, Mt., XXIV, 20 Ass., fournit un exemple probable du suffixe relativement simple *-stvo-*; il est malaisé d'y voir une altération de *běžĭstvo*, et M. Ščepkin, *Razsuždenije o jaz. Savvinoj knigi*, 137 et suiv., n'y réussit qu'à l'aide d'hypothèses arbitraires ; on est donc amené à y chercher un mot *bĕg-stvo formé avec le thème bĕg-, qui apparaît au présent de bĕžati, et le même suffixe que dans got. waurstw ; sans doute la formation serait isolée en slave ; toutefois on trouve aussi šĭstvĭje « πορεία », L., XIII, 22 Zogr. Ass. (šĭstĭe, Mar.), na-šĭstvĭje « καταδρομή », Euch., 25 b ; Supr., 70, 19 ; 440, 3 ; vŭšĭstvĭje, Supr., 125, 2 ; sŭšĭstvĭje, Euch., 60 b ; jišĭstvĭje, Supr., 443, 17 ; du thème šĭd-, de šĭdŭ, etc.

Sauf ces cas particuliers, le type en -ĭstvo est régulier ; il est éminemment productif et représenté par un nombre d'exemples illimité : c'est un de ceux qui pouvaient être employés à volonté en vieux slave pour la formation de mots nouveaux, comme par exemple ritorĭstvo, de ritorŭ « ῥήτωρ », ou sąštĭstvo, mot théologique traduisant οὐσία. Il est souvent élargi par le suffixe secondaire -ĭje, si bien que -tvo et -tvĭje se rencontrent concurremment sans différence de sens.

Les exemples suivants, tous proprement vieux slaves, illustreront la formation qui fournit à la fois des dérivés de substantifs, des dérivés d'adjectifs et des dérivés de composés virtuels ; on notera que -ĭstvo et -ĭje sont synonymes et qu'il existe des variantes, comme veličĭstvo : veličĭje (v. Jagic', édition du Marianus. p. 468).

bezočĭstvo « ἀναίδεια », L., XI, 8 ; de bez- et oko.

bogatĭstvo « πλοῦτος, χρήματα », L., XVIII, 24 Zogr. Mar.. Ass. Sav. ; Ps., LXXV, 6 ; bogatĭstvĭje, Mc, IV, 19 Zogr. Mar. (Ass. def.) : de bogatŭ ; r. bogátstvo, s. bògastvo, pol. bogactwo.

božĭstvo « θεότης », Euch., 67 a, de bogŭ ; r. božestvó, pol. bóstwo.

cĕlomądrĭstvĭje, Cloz., 406 ; cĕlomądrĭstvovati, Supr., 88, 29, de cĕlomądrŭ.

cĕsarjĭstvo, cĕsarjĭstvĭje « βασιλεία », Év., de cĕsarjĭ.

čistiteljĭstvo, Supr., 210, 21 ; 216, 4, de čistiteljĭ.

človĕčĭstvo « humanité », Euch., 25 b, de človĕkŭ.

čuvĭstvĭje « αἴσθησις », Euch., 7 b ; nečuvĭstvĭje, Cloz., II, 113 ; Supr., 417, 17 ; cf. čuti, mais la formation n'est pas claire ; r. čúvstvo.

xądožĭstvo, Euch., 63 b, 95 a ; xądožĭstvĭje « τέχνασμα », Cloz., 568 ; de xądogŭ.

xodatajĭstvo, Euch., 87 b, 95 a ; de xodatajĭ.

dějĭstvo, Supr., 206, 19 ; de *-dějĭ* (*dobro-dějĭ*, etc.).

děvĭstvo « παρθενία », L., II, 36 ; Euch., 80 b ; de *děva* ; r. *dě'vstvo*.

dijakonĭstvo « diaconat », Euch., 9 a, de *dijakonŭ*.

dobrorodĭstvo « εὐγένεια », Supr,, 74, 12, de *dobro-* et *rodŭ*.

dręxlĭstvo « κατήφεια », Supr., 376, 12, de *dręxlŭ*.

govějinĭstvo « εὐλάβεια », Supr., 435, 12, de *govějinŭ*.

gubiteljĭstvo, Euch., 5 a, de *gubiteljĭ*.

jedinĭstvo « unité », Euch., 86 a, de *jedinŭ* ; s. *jedinstvo*.

jepiskopĭstvo « ἐπισκοπή », Ps., CVIII, 8, de *jepiskopŭ*.

jestĭstvo « φύσις », Supr., 308, 1 ; Euch., 2 a, 78 b ; aussi écrit *estĭstvo*, par exemple Supr., 360 ; mot sans doute forgé par des théologiens : *ravĭnojestĭstvĭnŭ*, Supr., 366, 14, traduit ὁμοούσιος.

jinočĭstvo « état de solitaire, de moine », Supr., 429, 9, de *jinokŭ*.

ląkavĭstvo « πονηρία », Mt., XXII, 18, de *ląkavŭ*.

lixojimĭstvĭje « πλεονεξία », L., XII, 15 Mar., variante de *lixojimĭje*, Zogr. ; *lixojemĭstvo* (même sens), Ps., CXVIII, 36 ; calque slave d'un composé grec.

materĭstvo « πρεσβεῖον », Ps., LXX, 18, de *matorŭ*.

mądrĭstvo, Supr. (Cf. Euch., 11 a), de *mądrŭ*.

mąžĭstvo « ἀνδρεία », Ps., LXVII, 7 ; Euch., 19 a ; de *mąžĭ* ; pol. *męstwo*.

mladĭnĭstvo, Euch., 23 a, de *mladĭnŭ*.

mŭnožĭstvo « πλῆθος », Év., de *mŭnogŭ* ; s. *mnóštvo*, pol. *mnóstwo*.

nejistovĭstvo « μανία », Supr., 368, 5, de *nejistovŭ*.

neplodĭstvo « στείρωσις », Supr., 182, 15, de *neplody*.

nesytĭstvo, Supr., 30, 19, de *nesytŭ*.

nevěrĭstvo, -tvĭje « ἀπιστία », Mt., XIII, 587, etc., de *ne-* et *věra* (var. *nevěrĭje*, par ex. Mc, IX, 24 Zogr. An. en regard de *nevěrĭstvĭje*, Mar. Sav.).

nevěždĭstvo « ἄγνοια », Ps., XXIV, 7 ; *nevěždĭstvĭje*, II Cloz., 112, de *věždĭ*.

obidĭlivĭstvo, Euch., 70 b, de *obidĭlivŭ*.

otĭčĭstvo « πατρίς, πατρία », Mc, VI, 1 Zogr. ; Ps., XXI, 28, etc. ; *otĭčĭstvĭje*, L., II, 4 Zogr. Mar. Ass. Sav., de *'otĭčĭ*.

patriaršĭstvo, Supr., 90, 11, de *patriarxŭ*.

pĭjanĭstvo « μέθη », L., XXI, 34 Zogr. Mar. Sav.; pĭjanĭstvĭje, ib. Ass., de pijanŭ; r. p'jánstvo, s. pjánstvo, pol. pijan'stwo.

podobĭstvĭje « ὁμοίωσις », Euch., 10 b, cf. podoba, podobĭnŭ, etc.

prazdĭnĭstvo, Euch., 2 a, de prazdĭnŭ.

prezvʋterĭstvo « prêtrise », Supr., 166, 12, de prezvʋterŭ.

prĕzorĭstvo « orgueil », Euch., 91 b; Supr., 1, 7; de prĕzorŭ.

prišĭlĭstvo « παροικία », Ps., CXVIII, 54; CXIX, 5; du participe prišĭlŭ, cf. prišĭlĭcĭ.

prokazĭstvo « κακουργία », Supr., 330, 25, de prokaza (au sens général de « destruction, perte », cf. prokazivŭ, prokaziti).

proročĭstvo « προφητεία », Mt., XIII, 14, de prorokŭ.

proskupĭstvo, Supr., 249, 7, de proskupŭ.

prostranĭstvo « πλατυσμός », Ps., CXVII, 5, de prostranŭ.

razĭnĭstvo « διαφορά », Supr., 376, 22, de razĭnŭ.

remĭstvo « métier », Supr., 249, 4; primitif inconnu, cf. r. remesló, pol. rzemiosło.

ritorĭstvo « ῥητορική », Supr., 105, 8, de ritorŭ.

rożdĭstvo « γένεσις, τὰ γενεσία », Év. ; rodĭstvo, Euch., 10 b, de rodŭ ; la formation de rożdĭstvo n'est pas claire ; il y a peut-être eu influence de rożdenĭje, rożdenica ; r. rodstvó.

sąštĭstvo « οὐσία », Euch., 56 b, du participe sy, sąšta ; mot calqué sur le grec ; cf. jestĭstvo, cité ci-dessus, p. 308.

sĭrebroljubĭstvo « φιλαργυρία », Supr., 307, 17 ; sĭrebroljubĭstvĭje, II Cloz., 125, 140; Supr., 307, 25 ; de sĭrebro- et ljuby.

slavoslovĭstvĭje « δοξολογία », Euch., 38 a, de slava et slovo.

sŭvĕdĕteljĭstvo « μαρτύριον, μαρτυρία », Év., de sŭvĕdĕteljĭ ; r. svidé'tel'stvo.

sverĕpĭstvo « dureté, cruauté », Supr., 358, 10 ; de sverĕpŭ.

svĕtĭlĭstvo, Supr., 144, 4, de svĕtĭlŭ.

synovĭstvo, Euch,, 66 b, de synŭ « fils ».

trŭpĕlĭstvo, Cloz., 77, cf. trŭpĕlivŭ et trŭpĕlĭnŭ, de *trŭpĕlĭ non attesté.

trŭžĭstvo « πανήγυρις », Supr., 366, 1, de trŭgŭ.

ubĭjistvo « φόνος », Év. ; d'un mot dont ubĭjica « φονεύς » est aussi dérivé.

ubožĭstvo, Supr., 240, 21 ; L., XXI, 4 Sav. ; de ubogŭ ; r. ubóžestvo, s. ubošstvo, pol. ubóstwo.

veličĭstvo « μεγαλεῖον », Ps., LXX, 21 ; veličĭstvĭje, Ps., LXX, 19, de velikŭ ; velĭjĭstvo, Supr., 381, 2, de velĭjĭ.

vladyčĭstvo, vladyčĭstvĭje « ἡγεμονία, ἀρχή », Év., de *vladyka.*
vojĭnĭstvo, Euch., 52 a, 90 b, de *vojinŭ.*
ženĭstvo, Euch., 45 b, de *žena,* r. *žénstvo,* s. *žènstvo.*

Des verbes en *-ovati* sont souvent tirés des abstraits en *-ĭstvo,* et il s'est ainsi formé un type de dérivés verbaux en *-ĭstvovati,* qui est employé à l'occasion même en l'absence d'un mot en *-ĭstvo*; ainsi *desętĭstvovati* « δεκατοῦν », Héb., VII, 6, et *otŭdesętĭstvovati* (même sens), Mt., XXIII, 23, ou *pospěšĭstvovati* « συνεργεῖν », Mc, XVI, 20, d'un mot *pospěšĭstvo* non attesté dans Év. De même, bien qu'un mot **darĭstvo* ne soit pas attesté, on lit *darĭstvovati* « χαρίζεσθαι », Cloz., 826 (variante de *darovati,* Supr., 339, 8); il est vrai que *darĭstvo* existe en composition : *bezdarĭstvĭnŭ* « ἀχάριστος », Supr., 77, 11 ; *dobro-darĭstvĭnŭ* « εὐχαριστίας », Supr., 158, 8.

XII

SUFFIXE *-tel-

L'indo-iranien a un suffixe *-tar-* de noms d'agent, auquel répondent d'une part en latin *-tŏr-*, en grec -τορ- et -τηρ-, et d'autre part en slave *-tel-*. L'existence de la forme *-tel-* en indo-européen semble certaine ; en effet, le suffixe des noms d'instrument qui n'est visiblement autre chose que la forme thématique du suffixe des noms d'agent, est tantôt *-tro-* et tantôt *-tlo-*, ainsi *-tro-* dans gr. ἄροτρον, lat. *arātrum*, v. isl. *arþr*, arm. *arawr* ; v. irl. *tarathar*, gr. τέρετρον ; v. sl. *větrŭ*, et *-tlo-* dans lit. *árklas*, lat. *piāculum*, gall. *cenetl* ; en slave même on rencontre quelques exemples d'un suffixe *-tĭlo-* : *vi-tĭlŭ* « μηχανή », s. *vĭtao, vĭtla*, de *viti* ; *pětĭlŭ* « coq », de *pěti*, s. *pijětao, pijětla* ; *dętĭlŭ* « picus », r. *djátel, djátla*, s. *dětao, dětla* et *djětao, djětla*, pol. *dzięcioł*. — D'ailleurs il y a trace de *-tel-* en dehors du slave ; M. Brugmann, *Grundr.*, II, p. 364, rapproche de v. sl. *prijateljĭ* le v. h. a. *friudil* et v. isl. *friðill* ; et surtout l'arménien a des mots comme *cnawt-kh* « parentes », *sermanawt* « semeur », *šinawt* « constructeur », dont le *-wt-* s'explique bien par un ancien *-tl-* et qui ne sauraient être identiques aux participes en *-oł*, car, en ancien arménien la diphtongue *aw* est rigoureusement distincte de la voyelle *o* (v. *Journal Asiatique*, 1903, II, p. 502 et suiv. ; l'affirmation contraire de M. Pedersen, K. Z., XXXIX, 403, ne repose sur aucun fait).

Le suffixe *-tel-* du slave n'a conservé son caractère athématique qu'au pluriel ; au singulier, il a été élargi au moyen du suffixe secondaire *-je-* (ancien *-yo-*) et le nominatif singulier est par suite *-teljĭ* ; cette particularité n'est pas isolée : cf. le type *graždan-inŭ*, nom. plur. *graždan-e*, et le type *židov-inŭ*, nom.

plur. *židov-e*. L'addition d'un suffixe secondaire dans les cas de
ce genre tient sans doute à ce que le nominatif singulier des
noms athématiques a une forme d'aspect très anomal, dont
mati, dŭšti, d'une part, et *kamy, plamy*, de l'autre, conservent
encore la trace. — Un élargissement pareil de thèmes en **-tā-*,
analogues au type grec de ἀρότης, apparaît dans v. sl. *rata-jĭ*,
lit. *artó-jis*. — Originairement le suffixe **-yo- (*-iyo-)* servait
à former des adjectifs dérivés ou des abstraits, ainsi de gr.
θελκτήρ, l'adjectif θελκτήριος, l'abstrait θελκτήριον. De même le
suffixe **-īno-*, qui fournissait des adjectifs dérivés, a pu servir
à former des mots comme lat. *uīcīnus*, lit. *kaimýnas* « voisin »,
et dès lors on n'a pas de peine à s'expliquer la formation de
mots tels que *gospodinŭ, graždaninŭ, židovinŭ*, etc.

Le suffixe indo-européen **-ter-, *-tel-* des noms d'agents s'a-
joutait directement à la racine. Conformément au principe
général, le suffixe qui le représente en slave s'ajoute au thème
verbal de l'infinitif. L'emploi en est fréquent ; les vieux textes
ont les exemples suivants :

dateljĭ « donateur », Euch., 16 b, Supr., 449, 27 ; *prĕ-dateljĭ*
« προδότης », L., VI, 16 ; *po-dateljĭ*, Supr., 54, 19 ; *blago-dateljĭ*
« εὐεργέτης », L., XXII, 25, Mar. (Zogr. a. *blago-dĕteljĭ*) ; *vŭzda-
teljĭ*, Supr., 320, 3 ; tch. *udatel* ; de *dati* ; cf. ci-dessous la
formation tirée du thème du présent : *podaditeljĭ, prĕdaditeljĭ*,
Supr., Cloz. D'autre part, on a aussi une autre formation :
prĕdavinikŭ « traître », Supr. 306, 22 et 24.

-dĕteljĭ, dans *blago-dĕteljĭ* « εὐεργέτης », Zogr., *sŭdĕteljĭ*
« δημιουργός », Supr., 369, 5 ; Cloz., 310 ; Euch., 64 a, etc.

dĕlateljĭ « ἐργάτης, γεωργός, θεριστής », Év., de *dĕlati* ; r. *dě'la-
tel'*.

-jęteljĭ, de *jęti*, dans *podŭ-jęteljĭ* « ἀντιστήρισμα », Ps., XVII,
39 ; le r. *ptice-játel'* est un emprunt à la langue savante.

obrĕtateljĭ, Euch., 54 a, de l'itératif *obrĕtati*.

slovo-pisateljĭ et *šaro-pisateljĭ*, Supr., 62, 10, de *pisati* ; r.
pisátel'.

po-dražateljĭ « imitateur », Supr., 49, 4 ; de *podražati* ; on a
podražinikŭ, Supr., 70, 7.

prijateljĭ « ami », Euch., 65 a, 80 b, de *prijati* ; r. *prijátel'*,
s. *prijatelj*, pol. *przyjaciel*, etc. ; le seul mot en *-teljĭ* qui soit
panslave (v. Miklosich, *Vergl. gramm.*, II, 176), et, par une

remarquable coïncidence, le seul qui ait hors du slave un correspondant presque exact : v. h. a. *friudil,* v. isl. *friðill* ; il est
donc permis de se demander si le *r* de l'élément radical de
ce mot n'a pas été pour beaucoup dans la préférence accordée
à *-tel-* sur *-ter-* en slave.

sŭ-vědětelji « μάρτυρ », Év., Ps., etc., de *sŭ-věděti* ; r. *svidě'tel'.*

tęžatelji « γεωργός », Év., de *tęžati.*

vlastelji, L., VII, 8 ; de *vlasti* ; v. r. *vólostel',* s. *vlästelj.*

žetelji « θεριστής », Mt., XIII, 39 Zogr. Mar. (nom. pl. *žetel'e* ;
var. *žjetelěne* Ass.) ; cf. aussi Mt., XIII, 30 Ostr. ; de *žeti.*

žitelji « πολίτης », L., XV, 15, de *žiti* ; r. *žítel'.*

lajatelije « ἐνέδρα », Ps. IX, 29, a l'air d'un dérivé d'un mot
lajatelji « insidiator », de *lajati.*

Le suffixe *-tel-* s'ajoute très souvent au thème d'infinitif
des verbes, pour la plupart causatifs et factitifs, en *-iti-* ; ainsi :
cělitelji, Euch., 28 a, de *cěliti* (et *jicělitelji,* Euch., 26 a) ; *čisti-
telji,* Supr., 161, 5 et 10, de *čistiti* ; *xranitelji* « φύλαξ », Cloz.,
893, de *xraniti* ; *dělitelji* « μεριστής », L., XII, 14, de *děliti* ; *do-
voditelji,* Euch., 27 b, de *dovoditi* ; *dosaditelji,* Supr., 9, 25, de
dosaditi ; *gonitelji,* Supr., 70, 8 (et Nouveau Testament), de
goniti ; *grabitelji,* L., XVIII, 11 Ostr., de *grabiti* ; *gubitelji,*
Cloz., 315, 824, de *gubiti* ; *jiskusitelji* « πειράζων », Mt., IV, 3
Ass. Sav. (Zogr. Mar. def.) de *jiskusiti* ; *jizbavitelji* « ῥύστης »,
Euch., 2 b ; Ps. XVII, 3, de *jizbaviti* ; *jispravitelji* « directeur », Supr., 414, 22, de *jispraviti* ; *mǫčitelji* « βασανιστής »,
Év., de *mǫčiti* ; *obličitelji,* Cloz., 691, de *obličiti* ; *obaditelji*
« accusateur », Supr., 175, 16, de *obaditi* ; *poběditelji,* Euch.,
48 b, de *poběditi* ; *pravitelji,* Supr., 230, 15, de *praviti* ; *prosi-
telji* « προσαιτής », J., IX, 8 (Zogr. Ass. ; def. Mar., par suite
d'une correction), de *prositi* ; *roditelji* « γονεύς », Év., de *roditi*
(r. *rodítel',* s. *rôditelj,* pol. *rodziciel*) ; *sǫditelji* « κριτής », Ps. VII,
12, de *sǫditi* ; *služitelji,* Euch., 58 a, de *služiti* ; *strojitelji* « or-
ganisateur », Supr., 207, 27, de *strojiti* ; *světitelji* « illumi-
nateur », Supr., 171, 24, de *světiti* ; *svętitelji* « ἱερεύς », Supr.,
179, 29 (s. *svétitelj*) ; *svoboditelji* « ἐλευθερωτής », Cloz., 806 =
Supr., 338, 22, de *svoboditi* ; *tŭlitelji,* Euch., 91 b, de *tŭliti* ;
tomitelji, Supr., I, 19 et 138, 2, de *tomiti* ; *učitelji* « διδάσκα-
λος », Év., de *učiti* (r. *učítel',* s. *ùčitelj*). Ces exemples sont ceux
que par hasard les textes proprement vieux slaves ont con-

servés ; il suffirait d'ouvrir d'autres documents pour allonger cette liste qui, du reste, ne prétend pas être complète,
même à l'égard de ces textes.

Il y avait ainsi un nombre illimité de noms d'agent en
-iteljĭ. Et, par suite, les sujets parlants ont eu le sentiment
d'un suffixe *-itel-* ; de *drŭžati,* la forme attendue est *drŭžateljĭ*
que présente en effet le Nouveau Testament dans *vŭzdrŭžateljĭ*
« ἐγκρατής », mais, peut-être en partie sous l'influence de
formes du présent comme *drŭžitŭ,* il s'est créé un mot *drŭžiteljĭ,* qu'on lit par exemple dans *vĭsedrŭžiteljĭ* « παντοκράτωρ »,
Euch., 9 a, Supr., 420, 25 (cf. II Cor., VI, 18). De même,
poveliteljĭ « ἐπίτροπος », Gal., IV, 2, a été fait sur *po-velěti, po-ve-
litŭ.* En dehors de ce cas particulier, qui a peut-être servi de
modèle, on a : *pogrebiteljĭ* « ἐνταφιαστής », Supr., 344, 6, de
pogrebą, pogreti ; *pokrŭv.teljĭ* « σκεπαστής », Ps. LXX, 6, et
pokroviteljĭ, Supr., 2, 24, de *pokryti* ; *sŭpasiteljĭ,* supposé par
sŭpasiteljevŭ des titres de l'Évangile de Luc, Zogr. (et Mar.),
alors que σωτήρ est traduit dans l'Évangile même par *sŭpasŭ.*
Deux de ces mots présentent une particularité étrange ; ils
sont tirés de thèmes du présent : *zižditeljĭ* « κτίστης, πλασ-
τουργός », Euch., 3 b, Cloz., 926 = Supr., 341, 24 (en regard
de *zĭdateljĭ* attesté en vieux russe), Pierre, IV, 19, de *ziždą,
ziždeši* ; et *po-daditeljĭ* « χορηγός », Supr., 366, 17, *prě-daditeljĭ*
« προδότης », I Cloz., 238, et II Cloz., 30, de *damĭ,* 3ᵉ p. plur.
dadętŭ ; et ceci s'accorde bien avec la forme de *-drŭžiteljĭ* en
regard de *drŭžitŭ.* Il est à noter que cette formation, dont le
caractère récent est évident, est inconnue au traducteur de
l'Évangile qui emploie *prědateljĭ* et non *prědaditeljĭ* et qui
ignore *drŭžiteljĭ.*

XIII

NOMS D'INSTRUMENT EN *-dlo-

Quatre suffixes de noms d'instrument, évidemment apparentés les uns aux autres, mais distincts, se rencontrent dans les diverses langues indo-européennes : *-tro- (gr. ἄροτρον, lat. arātrum, arm. arawr « charrue » ; cf. v. sl. větrŭ « vent », masculin, étudié ci-dessous à propos des suffixes en -r-), *-tlo- (lat. pōculum, lit. ženklas « signe », cf. v. pruss. -sentlīuns « indiqué »), *-dhro- (gr. βάραθρον, lat. crībrum et sans doute arm. žolovurd « réunion »), *-dhlo- (gr. γένεθλον, lat. stabulum, pol. radło « charrue »). C'est *-dhlo- qui a fourni le suffixe ordinaire du slave : v. sl. -lo-, s. -lo-, r. -lo-, pol. -dło-, tch. -dlo-, slovène occidental -dwo- (v. Archiv, XIX, 321).

Les noms étaient primaires en indo-européen, et ce type est encore représenté par grŭlo, ralo ; ceux qui sont de formation slave sont tirés de thèmes verbaux, en principe du thème de l'infinitif imperfectif. Le suffixe ne porte pas l'accent, ce qui concorde avec la place du ton en védique pour les noms d'instrument en -tra- (au contraire le suffixe a le ton dans les noms védiques en -tra- désignant l'action, cf. ci-dessous l'observation présentée à propos de krilo). Quant au vocalisme radical, il était originairement e (lit. ženklas ; pameñklas, cf. F. de Saussure, M. S. L., VIII, 444 ; des formes sans e ont subi l'influence de verbes : lit. irklas d'après irti, etc.) ; mais le slave n'a conservé aucune forme intéressante à cet égard.

·Exemples (tous neutres, sauf osilŭ, cité sous silo) :

brysalo « penicillus », Supr., 293, 23, de brysati, itératif de brŭsnǫti.

tch. bydlo « demeure », pol. bydło « bétail », cf. gr. φύτλη, de *φυθλᾱ, et, avec un autre suffixe, lit. *būklà* « patrie » (et *būklas*, v. Leskien, *Bild.*, 496, *būklē*, ib., 497), skr. *bhavítram* « monde », ags. *bóld* « construction » (de *bođl-,* v. Bülbring, *Altengl. elementarbuch*, I, § 522). — Le vocalisme *y* est celui de l'infinitif *byti*.

po-črŭpalo « ἄντλημα », J., IV, 11 Mar. (le texte original portait le dérivé *počrŭpaliniků* Zogr. Ass.), de *počrŭpati*; r. *čerpálo*, pol. *czerpadło*.

črŭnilo « μέλαν », Supr., 325, 4; r. *černíla*, s. *crnilo*, pol. *czernidło*; de *črŭniti*; traduction évidente de lat. *atrāmentum*.

grŭlo « gosier » (d'où *grŭlica*, Ps., *kagrŭličišti*, Év.); r. *górlo*, s. *grlo*, tch. *hrdlo*, pol. *gardło*; cf. lit. *gurklỹs* (accus. *gùrklį*), v. pruss. *gurcle* « gurgel » (Voc.), et, avec un autre suffixe, gr. βάραθρον, arc. ζέρεθρον. — Le vocalisme zéro est ancien ici par exception. Le vocalisme *e* de s. *ždrijèlo*, r. *žereló* « gosier » (et *žerelo*) est visiblement emprunté à l'infinitif *žrěti*.

kadilo « θυμίαμα », L., I, 11 ; Ps., LXV, 15; r. *kadílo*, pol. *kadzidło*, de *kaditi*. tch. *kadidlo* (et aussi *kadilo*, avec chute du *d* par dissimilation combinée avec l'action de *l*, v. Gebauer, *Hist. mluv.*, I, 410).

krilo « πτέρυξ, πτέρυγιον », Év., r. *kryló* (avec un *y* inattendu), s. *krilo*, tch. *křídlo*, slov. occid. *krídwo*, pol. *skrzydło*; d'un verbe attesté par lit. *skrěti* « voler en cercle », lette. *skrēt* « courir, voler ». Dans le datif *crilatcem* « aux anges (ailés) », Freis., I, 4, le *d* manque, sans doute par suite de l'influence dissimilatrice du *t* suivant (cf. tch. *kadilo*) ou par suite d'une différence de traitement entre *-dl-* et *-dĺ-*; car on lit par ailleurs dans ce même texte slovène ancien: *modli-,* *vzedli (vŭ-sedli)*. — Par exception, ce mot est accentué sur le suffixe; on en peut être surpris au premier abord, surtout si l'on tient compte de skr. *páttram* « aile »; mais, en sanskrit, les noms en *-tra-* qui désignent une action ont le ton sur *-tra-,* ainsi *deṣṭrám* « indication », et de même aussi ceux qui indiquent, non pas l'instrument avec lequel on fait une action, mais la chose même, ainsi *stotrám* « louange », *hotrám* « sacrifice », *rāṣṭrám* « souveraineté »; or, le grec a la même place du ton dans λοετρόν, λουτρόν « ce qui baigne », et le germanique dans got. *fodr* « fourreau », v. h. a. *fuotar*, c'est-à-dire « ce qui garde »; v. sl. *krilo* est donc « ce qui vole ».

krŭmilo « πηδάλιον », Act., XXVII, 40, de *krŭmiti* « κυ-
βερνᾶν », Supr., 298, 1 ; r. *kormílo*.

mĕrilo « ζυγός », Ps., LXI, 10 ; r. *mě′rilo*, s. *mjĕrila* (pluriel),
de *mĕriti*.

mylo « savon », r. *mýlo*, s. *mĭlo*, tch. *mýdlo*, pol. *mydło*, de
myti ; cf., pour le sens, v. isl. *lauþr*, ags. *léađor* « savon », en
face de gr. λαετρόν, gaul. *lautro* (gl. *balneo*, v. Stokes, dans
Fick, *Et. wört.*, II⁴, 250).

načęlo « ἀρχή », Év. ; r. *načálo*, de *načęti* ; de même *začęlo*
(même sens), Mc, I, 1, de *začęti* ; le suffixe est peut-être simplement -*lo*-.

nakovalo « ἄκμων », Cloz., 780 ; de *nakovati* ; pol. *kowadło* ;
de là le dérivé *nakovalĭno* « ἄκμων », Supr., 338, 5 (d'où r.
nákoval'nja).

nosila (pluriel) « litière », Euch., 39 a et b ; r. *nosíla*, s.
nòsila, pol. *nosidła* ; de *nositi*.

odĕalo « περιβόλαιον », Ps., CI, 27 ; r. *odějálo*, de *odějati* ; s.
odijĕlo (pour la place de l'accent, cf. *krílo*).

pravilo « κανών », II Cor., X, 13 ; r. *právilo*, s. *prăvilo*, pol.
prawidło ; de *praviti*.

ralo « ἄροτρον », L., IX, 62 Zogr. Mar. Sav. ; r. *rálo*, s. *rălo*,
slov. *rálo*, bulg. *ràlo*, tch. *rádlo*, pol. *radło* ; cf., avec d'autres
suffixes, lit. *árklas*, v. isl. *arđr*, gr. ἄροτρον, crét. ἄρατρον, v. irl.
arathar ; c'est la forme tirée de la racine ; elle a été parfois rem-
placée par *oralo*, dérivé de *orati*, L., IX, 62 Ass. ; s. *òralo*,
slov. *orálo*, bulg. *oralo*.

rylo « ὀρυκτήριον, δίκελλα », Supr., 160, 19 ; 322, 7, de *ryti* ;
r. *rýlo*, čak. *rĭlo* « bec », s. *rĭlo* « bouche ».

sĕdalo « καθέδρα », Mc, XI, 15, Zogr. (d'où le dérivé *sĕda-
lište*, Mar.) ; les dialectes qui conservent -*dlo*- n'ont pas le
mot, ce qui fait qu'on n'est pas sûr qu'il s'agisse du suffixe
-*dlo*-, et non de -*lo*-.

silo « ἀγχόνη », Supr., 268, 8 ; pol. *sidło* ; cf. *sěti*, et l'infinitif lette *sēt* « attacher » ; on trouve aussi *osilŭ* « ἀγχόνη »,
Cloz., 716 ; Supr., 230, 21 (où l'on a la preuve du genre masculin du mot) ; r. *osil*, tch. *osidlo* ; ce mot n'a que la racine
en commun avec v. h. a. *seil*.

stavilo « σταθμός », Euch., 55 b, de *staviti*.

strĕkalo « κέντρον », Supr., 322, 25 ; r. *strekálo* ; de *strĕkati*.

sušilo « φρύγιον », Ps., CI, 4 ; de *sušiti* ; r. *sušilo*, s. *sùšilo*.

světilo « φανός », J., XVIII, 3 Zogr. Mar. (*světilĭnikŭ* Ass.), r. *sěvtĭlo*, pol. *swiecidło*, de *světiti* ; d'après *svěšta*, on a *svěštilo* « λύχνος », Supr., 299, 24.

svętilo « ἁγιαστήριον, θυσιαστήριον », Ps., LXXII, 17 ; LXXXII, 13 ; de *svętiti*.

šilo « aiguille », r. *šilo*, s. *šĭlo*, pol. *szydło*, tch. *šidlo*, slov. occid. *šĭdwo* (*Archiv*, XIX, 321), à côté de *šiti* ; cf. lat. *insūbulum, sũbula*, et, avec un autre suffixe et un autre sens, skr. *sũtram* « fil » ; la forme des dialectes occidentaux montre que *šilo* n'est pas identique à lit. *siũlas* « fil », ni même à v. h. a. *siula* « aiguille ».

točilo « ληνός, ὑπολήνιον », Mc, XII, 1, etc., de *točiti* ; r. *točilo* « pressoir, pierre à aiguiser », s. *tòčilo* « lieu où l'on fait glisser le bois de la montagne », pol. *toczydło*.

vilicę « sorte de fourche », dérivé du mot attesté par r. *vĭly*, s. *vĭle*, pol. *widły* ; à rapprocher peut-être de *viti* « plier », cf. skr. *vetráḥ* « sorte de grand roseau ».

zabralo « tour, rempart », p. r. *zaborólo*, pol. *brodło*, tch. *bradlo, brádlo, zábradli* ; de *brati*.

zrŭcalo « ἔνοπτρον », Supr., 201, 22, de *zrŭcati* ; tch. *zrcadlo*, pol. *zwierciadło* ; cf. r. *zérkalo*.

žęlo « κέντρον », Supr., 365, 24 ; r. *žálo*, pol. *żądło*, slov. occid. *žedwo* (*Archiv*, XIX, 321) ; à rapprocher de *ženǫ, gŭnati*. Le vocalisme radical est sans doute le vocalisme *e*, comme l'indique le traitement du degré zéro dans *gŭnati*.

XIV

FORMATIONS CARACTÉRISÉES PAR -*d*-

Il ne semble pas qu'il y eût en indo-européen de suffixe
autonome caractérisé par *d*. Les formations en -*d*- alternent
en principe avec des formations en -*t*-, ainsi gr. δεκάδ-, en
regard de lit. *deszimt*-, v. sl. *desęt*- ; gr. νέποδ-, en regard de
skr. *nápāt*- (cf. aussi celt. *ab*- « eau », en regard de skr. *ap*-,
v. Johansson, I. F., IV, 141), et *-*ed*- (v. ci-dessous *leb-ed-ĭ*),
-*d*- peut passer pour une forme du suffixe secondaire *-*et*-,
-*t*-. L'alternance de *t* avec *d* s'explique assez bien dans les
mots athématiques, et c'est sans doute de là qu'elle s'est
étendue : le v. sl. *tvrŭdŭ* est à lit. *tvirtas* ce que lat. *nūdus*
est à got. *naqaþs* ; le gr. λύγδος « marbre blanc » est sans
doute un dérivé du thème racine **leuk*- (skr. *ruc*-, lat. *lūx*),
tout comme got. *liuhaþ* ; le grec a toute une série de mots en
-δος désignant des bruits : κέλαδος, ὅμαδος, χρόμαδος, ὀρυμαγδός,
ῥοῖδδος (cf. ῥοῖζος : donc racine **sroig*ʷ- ou **wroig*ʷ-), et le
sanskrit a un mot ainsi formé : *çábdaḥ* « son, bruit », en
regard de *çápati* « il maudit », v. sl. *sopǫ* « je joue de la
flûte » ; ces mots rappellent avant tout les mots slaves *klopotŭ, trepetŭ*, etc., v. ci-dessus p. 298 et suiv.

Les mots qui ont un élément suffixal -*d*- sont le plus souvent limités à une seule langue, et c'est ainsi que le paragraphe consacré à l'élément -*d*- dans le *Grundriss* de M. Brugmann (II, 382 et suiv., § 128) est assez bref et qu'on n'y lit
pas une seule forme indo-européenne restituée ; les formations qui renferment -*d*- ne se prêtent par suite qu'à des
explications hypothétiques ; c'est le cas notamment du gérondif
latin en -*ndus* (v. Lebreton, M. S. L., XI, 145 sqq. ; Niedermann, I. F., X, 221 et suiv. ; P. Persson, *De origine ac vi*

primitiva gerundii et gerundivi latini, où l'on trouvera rassemblés à peu près tous les faits intéressant les suffixes en *-d-,* et l'article de M. Cuny, dans les *Mélanges Brunot*). L'arménien présente plusieurs types de formations dont *-t-,* nécessairement issu d'i.-e. *-d-,* est l'élément caractéristique ; v. Pedersen, K. Z., XXXIX, 474 et suiv.

L'ambiguïté du *d* slave, qui représente à la fois *d* et *dh* de l'indo-européen, complique encore la question ; on ne saurait dire par exemple si l'on a affaire à *d* ou à *dh* dans *stado* « ἀγέλη, ποίμνη », Év., r. *stádo*, s. *stădo*, tch. *stádo* ; le latin présente une difficulté analogue (v. Niedermann, I. F., X, 221 et suiv., et Stolz, *ib.*, XIII, 104 et suiv.) ; le suffixe qui apparaît dans *stado* se retrouve peut-être dans lit. *staldas* « écurie », où M. Niedermann cherche à tort le suffixe *-dhlo-,* inconnu au lituanien (I. F., XV, 107).

Le slave n'a aucun élément suffixal proprement dit qui comprenne un *d* ; on ne rencontre *d* que dans des formations plus ou moins complètement isolées.

La plus remarquable est celle des mots dérivés en *-ĭda,* qui sont essentiellement au nombre de deux :

pravĭda (ancien *pravĭda*) « δικαιοσύνη, τὸ δίκαιον », Év., etc. ; r. *právda,* s. *právda,* pol. *prawda,* de *pravŭ* ; *krivĭda,* qui n'est pas, à ce qu'il semble, dans les plus vieux textes slaves, a été tiré de *krivŭ,* sur le modèle du mot de sens contraire *pravĭda* ; il s'étend aussi sur tout le domaine slave : r. *krĭvda,* s. *krĭvda,* pol. *krzywda,* etc.

vražĭda « ἔχθρα », Év., etc. ; de *vragŭ* ; le r. *vraždá* est savant ; s. *vrážda,* tch. *vražda.*

Pour la forme, *-ĭda* rappelle le suffixe *-ĭba* (voir ci-dessus, p. 274) ; quant à la forme simple *-da,* elle n'est très claire nulle part :

agoda, Mt., XII, 33 Sav. (var. de *plodŭ*) ; r. *jăgoda,* s. *jăgoda,* pol. *jagoda* ; cf. sl. *(vin-)jaga* et lit. *úga* ; v. ci-dessus p. 257.

ǫda (d'où *ǫdica* « ἄγκιστρον », Mt., XVII, 27), r. *udá,* pol. *węda, wąda* ; de **onk-dā* ? cf. skr. *aṅkáḥ* « crochet », gr. ὄγκος, lat. *uncus.*

besěda « λαλία », Év. ; r. *besé'da,* s. *bȇsjeda,* pol. *biesiada* ne se laisse pas analyser et n'a pas d'étymologie sûre.

brazda « κϑλαξ », Ps., LXIV, 11 ; r. *borozdá,* s. *brázda,* tch. *brázda.*

gramada « ὕλη », Iac., III, 5, Šiš., et « amas » ; les formes russe et occidentale sont : r. *gromáda,* pol. *gromada,* tch. *hromada,* etc., avec *o.*

stǐgda « πλατεῖα »,'Supr., 295, 23, est très énigmatique de toutes manières ; la forme ordinaire est *stǐgna, stǔgna*; il y a sans doute ici une simple faute, et le copiste, qui avait sous les yeux *stǐgnaxǔ i meždaxǔ,* aura écrit *stǐgdaxǔ* sous l'influence du mot suivant; inversement Sav. a une fois *agonǫ,* Mt, XII, 33, au lieu de *agodǫ* (qui figure du reste dans le même verset).

uzda « χαλινός », Supr., 143, 7, etc. ; r. *uzdá,* s. *ùzda,* pol. *uzda*; le mot ne peut être séparé de *usta,* lat. *ōs,* etc. ; cf. K. Z., XXXI, 452, n. ; XXXIV, 508 ; I. F., V, 72 ; il n'est pas impossible que -*da* soit un deuxième terme de composé ; cf. *obǐ-ǎo,* etc.

Une finale -*do*-, qui rappelle lat. *nūdus, forda* et tout le type *ualidus* et aussi lit. *vĕnódas* « de même sorte », lette *wĕnāds* (v. Leskien, *Bild.,* 588), se trouve dans quelques adjectifs slaves (cf. P. Persson, *l. c.,* 83, n.) :

tvrǔdǔ « ὀχυρός, ἀσφαλής », etc., Ps., LXX, 3 ; Euch., 69 b, etc. ; r. *tvérd, tverdá, tverdó*; s. *tvȓd, tvȓda, tvȓdo*; pol. *twardy*; cf. pol. *tvǐrtas* « ferme », lette *twirts.*

xudǔ « petit », Euch., 45 b ; Supr., 294, 12 et 19 ; r. *xúd, xudá, xúdo*; s. *hȗd, hùda, hȗdo*; pol. *chudy*; arm. *xun* a été rapproché (v. ci-dessus, p. 174) ; pour l'alternance du suffixe en -*d*- et en -*n*-, cf. lit. *zvaigzdě* et lette *zwaigzne* « étoile » ; mais M. Pedersen a vivement contesté ce rapprochement, K. Z, XXXIX, 382.

radǔ (*radǔ bystǔ* « ἐχάρη », L., XXIII, 8), r. *rád, ráda, rádo,* s. *räd, räda, rädo,* renferme un suffixe -*do*- si l'on admet le rapprochement avec gr. ἔραμαι, etc., proposé par M. Hirt, *Ablaut,* § 191, p. 77.

sĕdǔ « πολιός », Supr., 92, 10, r. *sěd,* s. *sijed,* tch. *šedý,* ne saurait être séparé de *sěrǔ* (même sens), pol. *szary,* tch. *šerý,* car, dans ces deux mots, mérid. et r. *s* = occid. *s* atteste qu'il s'agit d'un ancien *x* palatalisé devant *ĕ* (Lorentz, K. Z., XXXVII, 265 n.) ; or, *sěrǔ* pourrait être emprunté au germanique : v. isl. *hárr*, ags. *hár* « gris » ; l'existence de *sĕdŭ* conduit à faire supposer plutôt une parenté originelle ; l'initiale serait i.-e. *kh* (v. Pedersen, K. Z., XXXVIII, 392) ; pour la finale, cf. *smĕdŭ* « pallidus », et *blĕdŭ* « χλωρός », Supr., 101, 8.

brĕžda « forda », r. *berëžaja*, s. *brĕđa*, tch. *březí* ; élargi de **bherədo-* au moyen du suffixe **-yo-*, fém. **-yā-*, cf. lat. *forda* ; le lit. *beržđžià* a un autre sens ; c'est lit. *nėsžczià* qui a le sens de *brĕžda* ; ici encore se reproduit l'alternance de *t* et *d* attestée par v. sl. *tvrŭdŭ* : lit. *tvirtas*.

Enfin, dans une série de formations isolées, *-d-* apparaît précédé d'autres éléments :

svobodi « ἐλεύθερος », J., VIII, 33 et 36 ; Ps., LXXXVII, 6 ; Supr., 76, 12 ; *svoboda* « ἐλεύθερος », Supr., 376, 18, et « ἐλευθερία », Cloz., 826 = Supr., 339, 7 ; r. *svobóda* « liberté », pol. *swoboda* « liberté » (à côté de r. *slobóda*, s. *slobóda*) ; sur l'étymologie, v. Solmsen, *Untersuch. z. gr. laut. u. verslehre*, 200 sqq. ; *svoboda* est au type *vražida* ce que *ǫtroba* est à *služiba*.

v. r. *lebedi* « κύκνος », r. *lébed'*, bulg. *lébed* ; il y a une finale *-ǫdi* dans s. *lābūd*, pol. *łabędz'*, v. tch. *labud* (à côté de pol. *łabęc'*, tch. *labut'*) ; le *d* suffixal se retrouve, par une coïncidence presque unique, dans v. h. a. *elbiz*, ags. *ielfetu*, v. isl. *elptr, ǫlptr* ; sur l'étymologie, v. Osthoff, I. F., VIII, 64 et suiv., et T. Torbiörnsson, *Die gemeinsl. liquidametathese*, 68 et suiv. ; le suffixe de pol. *łabędz'*, etc., est peut-être le même que celui de lit. *bal-ándis* « pigeon », lette *balůds*, en regard de lit. *báltas* ; l'intonation du *ǫ* slave est malheureusement inconnue ; pour la forme, cf. aussi *gol-ǫ-bi* en face de lit. *gul-bē* : *-ed-* s'ajoute ici soit à **lebh-* (ou **elbh-?*), soit au même mot, avec un autre vocalisme radical et un suffixe nasal. Le suffixe *-d-* n'est pas rare dans les noms d'animaux (v. Brugmann, *Kurze vergl. gramm.*, p. 331, § 407, 3).

želǫdi « gland », r. *žėlud'*, s. *žėlūd*, pol. *žołądz'*, a aussi *d* après un suffixe en *-n-* ; *-n-* et *-d-* se retrouvent dans lat. *glans, glandis* ; *-n-* seulement, dans gr. βάλανος et arm. *katin* ; enfin le thème à suffixe zéro **gʷel-*, **gʷol-* dont sont dérivés tous ces mots est indiqué par le dérivé lit. *gilė*.

želǫdŭkŭ « estomac », r. *žėlúdok*, pol. *žołądek*, s. *žėludac* ; M. Leskien, *Bild.*, 389, rapproche le suffixe de lit. *skilándis* ;

l'élément radical est inexpliqué (v. Bezzenberger, BB., II, 154; Fick, *Et. wört.*, I⁴, 419; Zupitza, *Germ. gutt.*, 174; Zubatý, *Archiv*, XVI, 423 et suiv.); le rapprochement avec *źelǫdĭ*, repoussé déjà par M. Mikkola, BB., XI, 224, est rendu tout à fait inadmissible par la différence d'intonation: le *ǫ* de *źelǫdĭ* est doux, comme le prouve le maintien de l'accent sur *e* dans r. *źëlud'*, s. *źëlūd*; au contraire le *ǫ* de *źelǫdükü* est rude, à en juger par s. *źëludac*, et l'accent est par suite passé sur l'*u* représentant *ǫ* dans r. *źelúdok*; l'intonation est donc la même que dans lit. *balándis, skilándis* (avec déplacement d'accent suivant la loi de M. F. de Saussure, cf. lit. *jóstandis* avec l'ancienne place de l'accent, dans Leskien, *Bild.*, p. 589).

govędo « bœuf » (d'où *govęźdĭ*, Supr., 85, 14), r. *govjádo*, s. *gòvedo*, tch. *hovado*; l'élément *gov-* est identique à skr. *gav-*, gr. βͻ(ϝ)-, lat. *bou-*, etc.; le suffixe est tout à fait isolé; néanmoins l'hypothèse proposée M. S. L., VIII, 298 est fort aventurée, et le plus simple est de rapprocher le type de *agnę, prasę*, etc.; on retrouve ici le même suffixe nasal, avec addition d'un suffixe -*do*-, au lieu de -*t*-.

skarędü « répugnant » n'est pas clair; les formes des divers dialectes slaves sont malaisées à accorder entre elles; l'étymologie n'est pas connue avec certitude (v. P. Persson, *De origine...*, 34 et 130).

vĭsǫdü « communis », dans les feuilles de Kiev; de *vĭsĭ*.

agnędü « populus nigra »; collectif *jagnędĭje*; s. *jàgnjēd*, tch. *jehněd*.

čeljadĭ « θεραπεία », L., XII, 42 Mar. (*domü* Zogr.); r. *čeljad'*, s. *čëljād*, pol. *czeladź'*; cf. v. sl. *kolěno*, skr. *kúlam*, gr. τέλος, et v. irl. *cland*, gall. *plant* « enfants (de la famille) », etc. L'intonation douce de *ja* en slave est à noter, comme aussi dans le mot suivant.

ploštadĭ « plan », r. *plóščad'*, de *ploskü*. — Le suffixe -*jadĭ* de ce mot et du précédent est assez largement représenté dans les dialectes slaves, v. Miklosich, *Vergl. gramm.*, II, 209 et suiv.

XV

SUFFIXE -ko- (ET FÉMININS CORRESPONDANTS)

Comme ses correspondants des autres langues, le suffixe slave *-ko-* est essentiellement secondaire. Pour les quelques mots où le suffixe en question semble directement joint à des racines, rien n'empêche de supposer qu'on est en présence de dérivés de thèmes à suffixe zéro : skr. *çúṣ-ka-ḥ, çuṣká-ḥ*, zd *huš-kō*, v. pers. *uš-ka* peuvent fort bien être tirés d'un thème racine *sus-*, dont on a la forme thématique dans v. sl. *suxŭ*, lit. *saũsas*, ags. *séar* ; ags. *hasu* « gris », qui a le suffixe secondaire *-wo-*, et lat. *cānus*, pél. osq. *casnar*, qui ont le suffixe secondaire *-no-*, montrent pareillement que lat. *cascus* est un dérivé d'un thème représenté en latin par *cas-*. Comme en indo-iranien, *-ko-* ne modifie pas en slave le sens des mots auxquels il s'ajoute, et dans *gladŭ-kŭ* « poli », le suffixe *-ko-* n'ajoute rien à ce que signifie lit. *glodùs*. Dans les adjectifs, *-ko-* ne sert même guère en slave (à la différence du germanique, du grec, etc.) qu'à élargir des thèmes déjà existants.

1° Le suffixe *-ko-* dans les adjectifs.

La seule flexion que connaisse le slave pour les adjectifs est celle des thèmes en *-o-* ; les participes et les comparatifs, qui appartenaient originairement à de tout autres types, ont conservé quelques traces de la flexion athématique, mais sont dans l'ensemble passés au type en *-o-*, et les adjectifs thèmes en *-u-* et en *-i-* ont été ramenés à ce même type par addition du suffixe *-ko-*, tandis que, au contraire, le lituanien a largement développé le type des adjectifs en *-us* (v. Leskien, *Bild.*, 244 et suiv.) ; le caractère secondaire du suffixe *-ko-* était resté si net que *-ko-* ne se retrouve pas dans les dérivés

un peu anciens : de *ązükü* l'abstrait est *ązostĭ*, etc. ; le comparatif ne présente pas non plus *-ko-* dans la forme ancienne,
mais seulement dans la forme dérivée en *-ějĭš-* ; enfin *-ko-*
manque aussi en composition, ainsi *kroto-ljubecĭ*, Euch., 70 b,
à côté de *krotükü* (mais ibid. *mękükolěganie, žestokolěganĭnikü* sous
l'influence de *męküku, žestokü*).

Les exemples sont nombreux :

ązükü « στενός », Mt., VII, 13 et 14, r. *úzkij*, s. *ûzak, ûska,
ûsko,* pol. *wąski*, tch. *úzký* ; comparat. r. *úže*, s. *ûžĭ*, tch. *úže* ;
cf. skr. *aṃhú-*, got. *aggwus*, arm. *anju-k* (dont le *k* ne représente pas un *k* indo-européen, mais un *g*, et qui a par suite un
autre suffixe secondaire), lat. *angustus*.

bridükü « δριμύς », Supr., 57, 2 ; 275, 7 ; r. dial. *britkój*,
s. *brîtka(säblja)*, tch. *břitký* ; sans correspondant exact hors du
slave ; s'oppose à *sladükü* « doux ».

dręsĭkü ou *dręsükü*, voir les *Materialy* de Sreznevskij ; les mots
vieux slaves sont *dręselü* et *dręxlü*.

r. *dérzok, dérzkij* « hardi », pol. *dziarski* et *darski* ; cf. gr.
θρασύς, lit. *drąsùs*, skr. *dhṛṣṇúḥ*, avec un *z* slave provenant
d'étymologie populaire ; la forme du vieux slave est celle d'un
thème en *-o-* : *drüzü* « θρασύς, τολμηρός », Euch., 88 a et b ;
Supr., 54, 7 ; 282, 9 et 11, etc. ; tch. *drzý* ; cf. *krěpü*, à côté de
krěpükü ; il est possible que *drüzü* et *krěpü* soient d'anciens
thèmes en *-o-*, mais on ne voit pas pourquoi ils auraient, par
exception, passé aux thèmes en *-ü-*.

gladükü « λεῖος », L., III, 5 ; r. *gládkij*, s. *glädak*, pol.
gladki ; cf. lit. *glodùs* ; et, avec d'autres formations et un autre
vocalisme radical, lat. *glaber*, v. h. a. *glat*.

gorĭkü « πικρός », L., XXII, 62 ; Supr., 78, 21 ; etc. ;
r. *gór'kij*, s. *gòrak, górka, górko* (déterminé *gôrkī*) et *gr̂k, gr̂ka,
gr̂ko*, pol. *gorzki*, tch. *hořký* ; le dérivé *gorjestĭ* « πικρία » conserve
le *-ĭ-* de *gorĭ-kü* ; cet adjectif, évidemment apparenté à v. sl.
gorěti « brûler », n'a pas de correspondant exact hors du
slave.

kratükü « βραχύς », Act. XXIV, 4 ; r. *korótkij*, s. *krátak*, pol.
krótki ; cf. *črütą* ; les correspondants des autres langues ont
subi des changements de sens : lit. *kartùs* « amer », got. *hardus*
« dur » ; le skr. *kaṭúḥ* (forme prākrite sanskritisée de **kṛtu-*)
a de plus un autre vocalisme ; pour le sens, cf. lat. *curtus*.

krěpŭkŭ « ἰσχυρός », L., XI, 21 ; Ps., VII, 12, etc. ; r. *krě'pkij,*
s. *krěpak,* pol. *krzepki* ; sans étymologie certaine ; on a aussi,
sans *-ko-,* la forme *krěpŭ,* Supr., cf. ci-dessus, p. 325.

krotŭkŭ « πραΰς », Mt., XXI. 5 ; Ps., XXIV, 9, etc. ; r. *krót-
kij,* s. *krŏtak,* tch. *krotký* ; sans étymologie sûre ; le simple *krotŭ-*
est attesté indirectement par *krotoljubecĭ,* Euch., 70 b ; le
lituanien a un adjectif *kratùs* dont le sens est tout différent
(v. Leskien, *Bild.,* 250).

lĭgŭkŭ « ἐλαφρός », Mt., XI, 30 ; Euch., 38 a, 78 b, etc. ;
r. *lěgok, lěgkij,* s. *lák,* pol. *lekki,* tch. *lehký* ; cf. gr. ἐλαχύς, λάχεια,
lat. *leuis,* v. irl. *laigiu* « minor », skr. *laghúḥ* (compar. *laghīyān,*
superlat. *laghiṣṭhaḥ*), d'un thème **legheu-* (lat. *leuis*) « léger,
menu », **lⁿgheu-* (sl. *lĭgŭ-,* gr. λαχυ-, v. irl. *lag-*), qui s'est
mélangé dans plusieurs langues avec l'adjectif appartenant à
la racine **lengʷh-* « être rapide, courir » : skr. *raghúḥ, laghúḥ*
« rapide », zd *rənjyō* « plus rapidement », *rənjištō* « le plus
rapide », v. h. a. *lungar,* gr. ἐλαφρός (v. ci-dessus, p. 164
et suiv.).

malĭčĭko « un peu », Euch., 44 a ; de *malŭ,* avec un suffixe
-ĭ-ko- ajouté à un suffixe *-ĭ-k-,* au moins en apparence.

mękŭkŭ « μαλακός, ἀπαλός », Mt., XI, 8 ; Supr., 229, 15 ;
Euch., 70 b, etc. ; r. *mjágkij,* s. *měk,* pol. *miękki,* tch. *měkak,
měkký* ; cf. lit. *minksztas* « tendre » ; le rapprochement avec
skr. *maṅkúḥ* « faible », médiocre pour le sens, est exclu par
l'intonation rude radicale ; cf. cependant, ci-dessus p. 254, ce
qui est dit de *mąka.*

mrŭzŭkŭ « βδελυκτός », Euch., 78 b (et Tit., I, 16) ; *bogo-
mrŭzŭkŭ* « θεοστυγής », Supr., 368, 4, et 370, 23 ; r. *mérzkij,*
s. *mřzak,* tch. *mrzký* ; cf. *mrŭzěti.*

nizŭkŭ « bas » (v. les dictionnaires de Miklosich et de
Sreznevskij), r. *nízkij,* s. *nízak,* tch. *nízký* ; peut-être fait sûr le
comparatif *niže* « plus bas » ; cf. *poslědŭkŭ.*

plŭzŭkŭ « εὐόλισθος », Supr., 306, 9 (cf. Ps., XXXIV, 6) ;
r. *pólzkij,* tch. *plzký* ; cf. *plŭza* et *plěža.*

poslědŭkŭ (na poslědokŭ « ἐπ᾽ ἐσχάτων », Euch., 52 b) ; r. *poslědki,*
s. *posljedak,* pol. *pos'ladek* ; ces mots, dont la formation, en
regard de *poslěžde* « ὕστερον », rappellent celle de *nizŭkŭ,* sont
plutôt substantifs qu'adjectifs ; l'adjectif est *poslědinjĭ.*

**prędŭkŭ,* dans slov. *pródek* « vif, courageux », r. dial.

prŭdkij, pol. *prędki*, tch. *prudký*; avec un vocalisme *o* remarquable en face de *prędati*, etc.

rědŭkŭ « rare », Supr., 401, 28; r. *rě′dkij*, s. *rijèdak*, pol. *rzadki*.

sladŭkŭ « γλυκύς », Ps., CXVIII, 103; Euch., 2 b; r. *solódkij*, s. *slädak*, pol. *słodki*; cf. lit. *saldùs*.

slizŭkŭ traduit « εἰς ὄλισθον », Supr., 258, 27; Miklosich ne cite aucun autre exemple; le russe a *slízkij* « glissant », le polonais *s′liski*, le serbe *sklizak*.

srŭxŭkŭ « τραχύς » (v. le *Lexicon* de Miklosich).

stydŭkŭ « ἀναιδής », Supr., 256, 25; 313, 25; r. dial. *stýdkij*, *stydkój*; tch. *stydký*; cf. *styděti*.

tężĭkŭ « βαρύς », Mt., XXIII, 4; Ps., XXXIV, 18; etc.; r. *tjázkij*, s. *težak*, déterm. *těškī*, pol. *ciężki*; cet adjectif repose sur un ancien **tęžĭ*-, mais les verbes dérivés *otęgŭčiti*, L., IX, 32 Zogr. Mar. et *otęgŭčati*, L., XXI, 34 Zogr. Ass. Sav. reposent sur **tęgŭkŭ*, de **tęgŭ*, cf. lit. *tingùs* « paresseux »; v. isl. *þungr*; le comparatif est v. sl. *tęžĭjĭ*, Év., etc.

tĭnŭkŭ « mince », Supr., 427, 24; r. *tónkij* (d'après *tĭnŭkŭ* devenu *tŭnŭkŭ*, dans les conditions indiquées ci-dessus, p. 112 et suiv.), s. *tänak*, pol. *cienki*; le dénominatif *jis-tĭniti* « λεπτῦναι » (Ps., XVII, 43; XXVIII, 6) est tiré de sa forme non élargie **tĭnŭ*-; cf. gr. ταναός, ταν𝜈-, v. isl. *þunnr*, irl. *tana*.

vligŭkŭ « humide » (v. Miklosich et Sreznevskij); bl. russe *vólki*, tch. *vlhký*; cf. r. *vólgnut′*, pol. *wilgnąc′*, etc.

vratŭkŭ « εὐπερίτρεπτος », Supr., 306, 9; cf. skr. *vartu-la-ḥ*; tch. *vrtký*, pol. *wartki* ont un autre vocalisme (peut-être dû à l'influence du verbe *vrŭtěti*?).

židŭkŭ « succosus » (v. Miklosich); r. *žídkij*, s. *žídak*, tch. *židký*.

Si l'on met à part ceux des adjectifs précités qui peuvent avoir emprunté le vocalisme d'autres mots de même famille, comme *mrŭzŭkŭ*, cf. *mrŭzěti*, etc., et en se servant seulement d'exemples non suspects, on constate que, dans les anciens adjectifs en -*u*-(sl. -*ŭ-ko*-), il y a deux vocalismes radicaux, l'un le vocalisme *o* de *kratŭkŭ*, *krotŭkŭ*, *sladŭkŭ*, l'autre le vocalisme zéro de *ligŭkŭ*, *tĭnŭkŭ*; tous deux sont de date indo-européenne, et une opposition exactement comparable à celle de v. sl. *vratŭ-kŭ* et de tch. *wrt-ký* se trouve par exemple entre lit. *platùs* et skr. *prthúḫ*, entre gr. πολύς et skr. *purúḫ*; toutefois le vocalisme zéro est le plus ordinaire: skr. *gurúḫ*, gr. βαρύς, got. *kaurus*. — Qaant aux adjectifs en *-i-*, ils sont en si petit nombre qu'on ne peut rien affirmer: *gorĭkŭ* a le même vocalisme que *gorěti*, et *težĭkŭ* a un ę qui peut représenter **en* ou **n̥*.

Le dérivé *besramĭkŭ* « sans honte », Supr., 238, 21, de *sramŭ*, est tout à fait isolé.

Le suffixe secondaire *-ko-* ne manque jamais après les adjectifs thèmes en *-ŭ-* et en *-i-*; il se rencontre de plus dans un assez grand nombre d'adjectifs thèmes en *-o-*, sans qu'on puisse déterminer la raison pour laquelle le suffixe secondaire a été ajouté ou ne l'a pas été; les trois principaux de ces adjectifs: *glǫbokŭ* « profond », *širokŭ* « large » et *vysokŭ* « haut » forment, pour le sens, un groupe naturel qu'il est impossible de ne pas rapprocher des adverbes *vysoče* (Supr., 374, 27), *daleče* (Év.); on est par suite tenté de se demander si *vysokŭ* ne serait pas le modèle sur lequel ont été faits ces quelques adjectifs:

v. russe *blizokŭ* « proche » (Év. Ostromir).

glǫbokŭ « βαθύς », J., IV, 11; Ps., LXIII, 7, etc.; r. *glubókij*, pol. *glęboki*, tch. *hluboký*; on cite aussi *glŭbokŭ*, slovaque *hlboký*; et, dans les dialectes du Sud, *dlŭbokŭ*, s. *dŭbok*.

grǫstokŭ « χαλεπός », Supr., 182, 21.

jinokŭ « μοναχός », Euch., 57 b; μονίος, Ps., LXXIX, 14 (substantif plutôt qu'adjectif), de *jinŭ* « seul »; r. *ínok*; cf. lat. *ūnicus*, v. h. a. *einag* (got. *ainaha*).

širokŭ « εὐρύχωρος », Mt., VII, 13, « πλατύς »; Ps., CXVIII, 96, etc.; r. *širókij*, s. *širok*, pol. *szeroki*; sans étymologie.

vysokŭ « ὑψηλός », Év., etc.; r. *vysókij*, s. *vĭsok*, pol. *wysoki*; cf. *vŭs-*, *vŭz-* et v. h. a. *ūf*.

žęstokŭ « σκληρός », J., VI, 60, etc.; r. *žestókij* et *žëstkij*, celui-ci avec l'ancienne place de l'accent attestée par s. *žěstok* et avec altération du suffixe (**žestŭkŭ* au lieu de *žestokŭ*); l'accent n'est donc pas ici à la même place que dans le petit groupe de *glǫbokŭ*, *širokŭ*, *vysokŭ*, ce qui indique sans doute une différence d'origine. Le primitif *žesto-* est attesté dans des composés comme *žestosrŭdĭje* « σκληροκαρδία », Év.

Il y a de plus des cas isolés:

velikŭ « μεγάς », par exemple dans Mc, X, 42, *velici jixŭ* « οἱ μεγάλοι αὐτῶν » Zogr. Mar. Ass. et J., VII, 37, *dĭnĭ veliky* Zogr. Mar. Ass., la forme ordinaire étant *velĭjĭ* en vieux slave ; r. *velíkij*, s. *vȅlīkī* (mais pol. *welki*, tch. *velký*), cf. gr. Fάλις, etc. Solmsen, *Untersuchungen*, 228.

prokŭ « λοιπός », Supr., 86, 21, etc. ; d'où *pročĭjĭ*, Év. ; sans doute dérivé de *pro* ; cf., pour la forme, v. lat. *procum* « procerum » (gén. plur.), lat. *reci-procus*, et gr. πρόκα (v. Solmsen, K. Z., XXXV, 472, et Osthoff, I. F., VIII, 45). La forme invariable v. r. *pročĭ* ne suppose pas nécessairement un thème consonantique *prok-* dont elle serait le locatif (Zubatý, *List. filolog.*, XXX, 87) ; cf. en effet *pravĭ, pramĭ*, etc.

prěkŭ « contraire », Supr., 255, 24 et 29, de *prě*.

Les quatre adjectifs de quantité *kolikŭ* (r. *kolíkij*, s. *kȍliko*), *jelikŭ, tolikŭ, selikŭ*, tous quatre dans Év., sont dérivés de *kolĭ, jelĭ, tolĭ, selĭ* ; le suffixe -*ko*- est employé, comme dans gr. ἡλίκος, πηλίκος, etc., après un suffixe *-lei- qu'on retrouve dans lat. *quālis, tālis*. — Leur *i* (ancien *ī*) n'est pas clair.

Les adjectifs *kakŭ* (s. *kȁkī, kȁko*), *takŭ* (s. *tȁko*), *jakŭ, vĭsjakŭ* (s. *svȁkī*), Év., ont avant -*ko*- un *ă*, cf. lit. *kõks* (avec intonation douce secondaire : génit. *tókio*) ; *sicĭ*, Év., de *sĭ*, a un *ī* correspondant à l'*ā*, et *k* altéré en *c* sous l'influence de la voyelle palatale précédente ; *sicĭ* est à *takŭ* ce que *nicĭ* est à *opako* (cf. ci-dessous, p. 330). Tout se passe comme si ces adjectifs étaient dérivés de formes du nominatif-accusatif pluriel neutre : *ta, ja, vĭsja*, mais *si*, à moins qu'on ne voie ici d'anciens composés tels que gr. οἶνοψ, lat. *ferōx*, avec M. Niedermann, I. F., X, 224, ce qui est peut-être le plus vraisemblable. — A ces exemples il faut joindre :

jinakŭ « autre », *inako* « ἄλλως, τοὐνάντιον », Supr., 278, 12.

jedinakŭ « seul et même », attesté par l'adverbe *ed'nako* (Supr., 44, 13), cf. *jedĭnače, jedĭnače* « ἀκμήν », Év. ; un autre mot *jedinakŭ* « moine » est attesté par le dérivé *jedinačĭnŭ*, Euch., 80 b ; 93 b ; pour la forme, cf. lit. *vēnókas*.

Par ailleurs, le vieux slave proprement dit ne connaît pas de mots en -*akŭ*, et des substantifs comme *novakŭ* (qu'on a rapproché de gr. νέ(F)ϊκ-), *junakŭ, svojakŭ* (v. I. F., XVII, 24) ne s'y rencontrent pas. Néanmoins, cette forme du suffixe paraît ancienne et son absence en vieux slave est sans doute fortuite, car le baltique a un type correspondant : lit. *silpnókas,* etc., v. Leskien, *Bild.,* p. 513 et suiv., et, s'il est vrai que nombre de mots lituaniens sont imités de mots slaves, et même que l'origine en partie slave de *-oka-* en lituanien est garantie par l'intonation dans des cas tels que *treczõkas, jaunõkas,* etc., le type *silpnókas* semble proprement baltique ; la formation est du reste largement représentée dans les divers dialectes slaves, v. Miklosich, *Vergl. gramm.,* II, p. 240 et suiv. Le *o* lituanien = *ä* lette indique un ancien **ă* plutôt qu'un **õ,* qui serait sans doute représenté par *ŭ* dans ces deux dialectes ; il n'y a donc pas lieu de rapprocher gr. -ωπος (v. Prellwitz, B. B., XXII, 97). Le type lat. *mināx,* etc., auquel on pourrait songer semble résulter, pour la plus grande partie, d'un développement proprement latin (v. W. Otto, I. F., XV, 46 et suiv.).

En revanche, il faut mettre bien à part *vŭznakŭ* « ὕπτιος » (v. le *Lexicon* de Miklosich), s. *nak-,* dans *năk-jučě,* etc ; et *nicĭ* (dans *pade nicĭ* « ἔπεσεν ἐπὶ πρόσωπον », L., XVII, 16, etc.), où l'on reconnaît le type de skr. *ápāṅ, prāṅ, nyāṅ,* avec des adverbes comme *nīcăt, nīcáiḥ* ; comme l'a montré J. Schmidt, *Pluralbildungen,* 392 et suiv., il s'agit bien ici d'anciens composés. Les adverbes *opako, paky, pače,* etc. appartiennent au même groupe de mots. Sur les dérivés *takŭ, sicĭ,* etc., v. ci-dessus, p. 329.

Adjectifs en *-ĭskŭ*.

Dans tous les cas précédents, sauf en une certaine mesure celui des adjectifs en *-akŭ,* le suffixe *-ko-* a été très employé à date ancienne, mais ne sert plus à des formations nouvelles à date historique. Au contraire, *-ĭsko-* fournit des adjectifs dérivés en nombre illimité ; c'est l'un des suffixes qui servent à former des adjectifs dérivés d'appartenance. Son emploi propre est de fournir les dérivés de noms de lieu, ainsi, dans Év., *nazaretĭskŭ* « de Nazaret », L., II, 4 (cf. v. h. a. *nazarēnisc*) ; *galilejiskŭ* « τῆς Γαλιλαίας », L., I, 26 ; *pontĭskŭ* (*pantĭskŭ,* Zogr.), L., III, 1 « Πόντιος » ; et de même dans tous les cas analogues, notamment dans Év., *južĭskŭ* « νότου », *morjĭskŭ* « τῆς θαλάσσης », *gričĭskŭ, jevrejĭskŭ, latinĭsky, rimĭskŭ,* ou

encore *γeonĭskŭ, jeleonĭskŭ*. En dehors de ce type important, le
nombre des exemples n'est pas très grand, et il ne manque pas
de cas où un autre suffixe de même valeur fait concurrence à
-*ĭsko*- ; on a dans Èv. : *člověčĭskŭ* « τοῦ ἀνθρώπου », Zogr. Mar. Sav.
(mais *člověčĭ* Ass.) ; *dětĭskŭ* « τῶν παιδίων », Mc, VII, 28 Zogr.
Mar. (Ass. def.) ; *jierejĭskŭ* « τῆς ἱερατείας », L., I, 9 Zogr. Mar.
Ass. ; *ljudĭskŭ* « τοῦ λαοῦ » ; *mǫžĭskŭ* « ἀνδρός, ἄρσν » ; *nebesĭskŭ*
« οὐρανίος » Zogr. Mar. Sav. (mais *nebesĭnŭ* Ass.), par exemple
Mt., VI, 14 et 32, et *podŭnebesĭskŭ* « ὑπ' οὐρανόν », L., XVII, 24
Zogr. Mar. (Ass. def.) ; *osĭlĭskŭ* « ὄνου », Mt., XVIII, 6 Mar. (Zogr.
Ass. def.), mais *osĭlji*, J., XII, 15 Zogr. Mar. Ass. Sav. ; *plŭtĭskŭ*
« σαρκός », J., I, 13 Zogr. Mar. Ass. ; *proročĭskŭ* « τῶν προφητῶν »,
Mt., XXVI, 56 Zogr. Mar. Ass. Sav. et Mt., XXIII, 29 Mar.
(Zogr. Ass. Sav. def.), mais *proročĭ* « προφήτου », Mt., X, 41 Zogr.
Mar. Ass. Sav. ; *psalŭmĭskŭ* « ψαλμῶν », L., XX, 42 (*psalomŭskyxŭ*
Mar., *s'palŭmĭskyxŭ* Zogr.), cf. Ps., LXX, 22 ; *zeml(j)ĭskŭ* « τῆς
γῆς », Mt., XVII, 25, Mar. Sav., et XXIV, 30 Mar. (*zemĭnŭ*
Ass. Sav. ; Zogr. def.), mais *zemĭnŭ*, Mc, IV, 5 et 31 Zogr.
Mar. (Ass. Sav. def.), de même *zemĭskŭ*, Ps., LXXI, 17, mais
zemĭnŭ, ib., 16 ; *ženĭskŭ* « θῆλυς » ; *žitĭjĭskŭ* « τοῦ βίου, βιωτικός »,
L., VIII, 14 et XXI, 34 Zogr. Mar. Ass. Sav.

Le contraste de *proročĭskŭ* « προφητῶν » et de *proročĭ* « προφήτου »
est instructif : il en ressort que -*ĭsko*- s'emploie là où il s'agit
de collectivités, et c'est ainsi que s'explique l'usage fait de ce
suffixe pour les dérivés de noms de lieu ; cette valeur du
suffixe se vérifie en effet pour tous les autres mots cités :
dětĭskŭ, ljudĭskŭ sont particulièrement nets à cet égard ; le
dérivé de *rabŭ* est *rabĭjĭ*, tandis que le collectif *rabĭje, rabĭja*
« l'ensemble des serviteurs » fournit *rabĭjĭskŭ*, Supr., 443, 21
(sous la forme *robiiskǫ*, accus. féminin). Par là s'explique aussi
l'emploi fait de ce suffixe pour former des adverbes, ainsi
xrabŭrĭsky « bravement », c'est-à-dire « à la manière des bra-
ves », Supr., 350, 19 ; *cěsarĭsky* « à la manière des rois », Supr.,
351, 25 ; *pĭsĭsky* « à la manière des chiens », Supr., 441, 19.
Ce même sens général ressort de la phrase suivante de Supr.,
351, 15 : *glagolŭ eterŭ krěpokŭ i arxang'elĭskŭ i vojevodĭskŭ světĭlŭ i
livĭskŭ... glagol'etŭ* « il dit une parole ferme et d'archange et de
chef, lumineuse et léonine » ; il ne s'agit pas ici d'un archange,
d'un chef, d'un lion particuliers. L'adjectif *běsovĭskŭ*, Supr.,

130, 6 ; 161, 13 ; 424, 27, signifie « de démons », tandis que
bĕsĭnŭ traduit δαιμονιζόμενος, Év. ; le suffixe *-ĭskŭ* n'y est pas
ajouté directement à *bĕsŭ*. De même encore, *adovŭskoe žilište*
Cloz., 821 = Supr., 339, 5 est « la demeure infernale », tandis
que *vrata adova* Cloz., 799 = Supr., 338, 17, est « la porte
de l'enfer » (*adŭ* étant considéré ici comme un nom propre,
gr. Ἅδης), et *vratĭnici adovĭnii*, Cloz., 828 = Supr., 339, 9
« les portiers de l'enfer ».

Comme le type d'adjectifs correspondant du baltique (v.
Leskien, *Bild.*, p. 522), les adjectifs slaves en *-ĭsko-* signifient
donc « qui est de l'espèce de... ». L'emploi de ces formations est de tout point pareil à celui des adjectifs germaniques en *-iska-* tels que got. *mannisks*, etc. ; on sait que l'un
des emplois principaux du suffixe germanique est de fournir
des noms du type v. h. a. *frenkisc* « franc » ; *spānisc* « espa-
gnol » ; v. sl. *rimĭskŭ* (var. *rumĭskŭ*) Év. reproduit v. h. a.
rŏmisc « romain » ; un adverbe *poganĭsky* « à la manière des
païens » (de *poganĭskŭ* « païen », Euch., 19 a) est exactement
comparable à got. *þiudisko* qui a le même sens. Or, comme il
n'existe dans aucune autre langue indo-européenne de pareils
adjectifs en **-isko-*, — car les diminutifs grecs en -ισκο- ont
une tout autre valeur et le type baltique de lit. *-iszka-*,
v. pruss. *-iska-* semble emprunté à l'allemand, — comme
d'ailleurs le suffixe germanique a été emprunté par les langues
romanes (v. W. Meyer-Lübke, *Gramm. des langues romanes*, II,
§ 520), le plus probable est que le suffixe slave considéré ici
a été aussi emprunté au germanique : on a vu ci-dessus que le
suffixe des mots slaves en *-arjĭ* venait également du germanique (cf. Brugmann, *Grundriss*, II, p. 260) ; et même, dans
ce dernier cas, le lituanien a emprunté à son tour le suffixe
au slave.

D'une manière générale, il est du reste permis de douter
qu'il y ait jamais eu un suffixe indo-européen **-sko-* ; le suffixe
**-ko-* a été parfois ajouté à des thèmes en *-s-* ; par exemple,
ploskŭ « πλατύς », Supr., 258, 24 (r. *plóskij*, tch. *ploský* ; cf. s.
plŏska « surface plane ») ne suppose pas **ploth-sko-*, mais peut-
être **pleth-s-ko-*, cf. skr. *práthaḥ*, zd *fraϑō*, avec passage au
vocalisme de lit. *platùs*, par suite de quelque contamination ;
cf. lette *plaskains*? (v. Leskien, *Bild.*, 508) ; c'est ainsi que

lit. *tamsà* « obscurité », *tamsùs* « obscur » doivent être des contaminations des thèmes **temes-* (cf. lat. *temere*) et **tomā-* « obscurité », **tomeu-* « obscur ».

L'arménien a, il est vrai, un suffixe *-açi* reposant sans doute sur **-ā-sk-iyo-* dont le sens est à peu près identique à celui de germ. *-iska-*, etc. ; ainsi dans *giwłaçi* «·villageois » de *gewł* « village » et dans les dérivés de noms de lieux comme *kornthaçi* « corinthien », etc. ; mais précisément le suffixe n'est pas en **-isko-* ; c'est une formation parallèle, mais indépendante. On doit donc tenir pour probable que *-ĭsko-* du slave est emprunté et non pas original.

L'emprunt est d'autant plus remarquable que, dans la traduction gotique des textes sacrés, les dérivés de noms propres de lieu sont simplement transcrits et non germanisés, ainsi *Nazoraius* « Ναζωραῖος », *Galeilaius* « Γαλιλαῖος », etc. C'est cependant par des noms propres, comme *rimĭskŭ,* cf. v. h. a. *rōmisk,* que l'emprunt a dû se faire.

2° Le suffixe *-ko-* dans les substantifs.

Le suffixe a le même caractère secondaire dans les substantifs que dans les adjectifs ; il sert également à élargir divers thèmes sans changer d'une manière appréciable la signification.

Comme pour les adjectifs, les thèmes en *-u-* sont particulièrement sujets à être élargis ; le lituanien s'est créé ainsi un type de mots en *-ukas* (v. Leskien, *Bild.,* 516 et suiv.). Il y a en slave tout un petit groupe de mots en *-tŭkŭ* qui reposent sur des mots à suffixe **-teu-,* comparables aux mots latins tels que *ad-uentus* ou sanskrits tels que *gántuḥ* « marche » ; en indo-européen ce type renfermait des noms indiquant l'action, formés par addition de **-teu-* à la racine au degré *e* ; en slave ce sont des noms tirés du thème verbal de l'infinitif, comme les mots latins en *-tus,* mais toujours avec un préverbe, et indiquant le résultat de l'action :

-bytŭkŭ, dans *jizbytŭkŭ* « τὸ περισσεῦον, περίσσευμα », Év., Ps., Euch., de *jizbyti* ; r. *izbýtok,* pol. *zbytek* ; *pribytŭkŭ* « κέρδος », II Cloz., 51, de *pribyti* ; r. *pribýtok,* pol. *przybytek* ; *dobytŭkŭ,* de *dobyti* ; r. *dobýtok,* s. *dobítak,* etc.

-čętŭkŭ, dans *načętŭkŭ* « ἀρχή », J., II, 11, et VIII, 25 ; Ps.,

XVIII. 7 ; Cloz., 224, etc. ; de *načęti* ; r. *načátok*, pol. *naczątek*, cf. s. *počétak*.

-statŭkŭ, dans *nedostatŭkŭ* « manque », Supr., 321, 20, de *nedostati* ; r. *nedostátok*, s. *nedostátak* ; *ostatŭkŭ* « reste », Supr., 59, 3 ; 321, 16, de *ostati* ; r. *ostátok*, s. *ostátak* ; le simple dans v. r. *státok*, pol. *statek* ; cf. lat. *stătus* (avec un vocalisme différent).

-vitŭkŭ, dans *sŭvitŭkŭ* « κεφαλίς, titre », Ps., XXXIX, 8, de *sŭviti* ; r. *svítok*, pol. *zwitek* ; cf. s. *povítak*.

D'autres mots analogues, comme *prijętŭkŭ, ušitŭkŭ*, ne sont pas attestés dans les textes proprement vieux slaves ; le type est peu productif dans les dialectes slaves, et les exemples qu'on en rencontre semblent pour la plupart slaves communs ; ils se retrouvent d'ailleurs en partie dans plusieurs dialectes ; ainsi r. *napítok* « boisson (chose à boire) », s. *napítak*, pol. *napitek* ; r. *dodátok* « addition, supplément », s. *dodátak*, pol. *dodatek* ; r. *výporotok* « animal né avant terme », pol. *wzprótek*.

Forment un groupe à part :

četvrŭtŭkŭ « πεντάς », II Cloz., 25, « jeudi » Ass., r. *četvertók*, s. *četvŕtak* « jeudi », pol. *czwartek*.

pętŭkŭ « παρασκευή », non employé par le traducteur de l'Évangile (v. Mt., XXVII, 62), mais Ass. (dans les titres), Ostr., Supr., 330, 3 ; 320, 14 ; s. *pétak*, pol. *piątek*, tch. *pátek*. Ces mots rappellent gr. τριττύς, πεντηκοστύς, χιλιαστύς.

Enfin *slanutŭkŭ* « ἐρέβινθος », Supr., 29, 22 et 30, 14 (et aussi 30, 10) est d'origine obscure.

Le suffixe **-neu-*, qui apparaît conservé sans élargissement dans *činŭ* et dans *stanŭ* « παρεμβολή », Ps., CV, 16 (loc. *stanu*), est élargi en *-ko-* dans :

stanŭkŭ « ἐγκατάλειμμα », Ps., XXXVI, 37 ; r. *stánok* (gén. *stánka*), s. *stának* (gén. *stánka*), dérivé du *stanŭ* précité ; *ostanŭkŭ* « ἐγκατάλειμμα », Ps., XXXVI, 38, r. *ostánok*, s. *òstanak*.

oprěsnŭkŭ « ἄζυμος », Mc, XIV, 1 et 12, etc. Cloz., 338 ; de *prěsnŭ*.

On cite aussi : *člěnŭkŭ* (v. Miklosich, *Lexicon*, sous *članŭkŭ*), tch. *článek*, à côté de *člěnov-inŭ* ; *česnŭkŭ* « ail », slov. *césnek*, r. *česnók*, pol. *czosnek*, à côté de *česnov-itŭ* ; *synŭkŭ* « filiolus », r. *synók*, s. *sînak*, pol. *synek*, de *synŭ*.

Le suffixe élargi semble être simplement **-eu-* dans :

pěsŭkŭ « ἄμμος, ψάμμος », Mt., VII, 26 ; Ps., LXXVII, 27 ;
Cloz., 566, etc. ; r. *pesók*, s. *pijěsak*, pol. *piasek*, tch. *písek* ; cf.
skr. *pāṃsúḥ, pāṃsukaḥ,* zd *pąsnuš* (le thème en **-u-* est ici un
dérivé de thème racine, car il ne semble pas que la réduction
de *-ēns* à *ēs* attestée par v. sl. *pěsŭkŭ* se rencontre en dehors
de la fin de mot ; donc l'état ancien est **pĕns-u- : *pēs* ; on
notera que le mot zend a en effet un suffixe différent, **-neu-*) ;

sŭpletŭkŭ « connexio », Supr., 34, 8, de *pletŭ,* sans doute
thème en *-ŭ-* en regard du thème en *-o- plotŭ* ; cf. s. *splĕt,* loc.
splĕtu ;

šipŭkŭ « ῥόδον », Supr., 379, 28, s. *šīpak,* de **šipŭ,* r. *šīp* ;
et l'on cite encore *podolŭkŭ* « ὦz », de *dolŭ* ; *parodŭkŭ* « raisin
vert » ; *pabirŭkŭ* « raisin laissé après la vendange », s. *păbirak* ;
opĭnŭkŭ « calceus », s. *òpanak,* etc. ; aussi sans doute *ablŭko*
« pomme », r. *jábloko,* pol. *jabłko,* s. *jābuka,* et *kotŭka* « chat »
et « ἄγκυρα » (Supr., 298, 16), à côté de tch. *kotva, kotev.*

C'est un *-ī-,* représenté par sl. *-y-,* qui est élargi dans :

językŭ « γλῶσσα », Év., etc. ; r. *jazýk, jazýka* et *jazyká,* s. *jĕzik,*
jĕzika (altéré, au lieu de **jezika*) ; pol. *język* ; cf. v. pruss. *insuwis,*
et lit. *lëžùvis* (masculin), zd *hizū-* ; **-ī-* est ici la forme sans *e*
de **-wā-,* cf. skr. *jihvá,* lat. *lingua* ; v. ci-dessus, p. 266.

L'addition de *-ko-* est, dans une partie au moins des mots.
très récente ; en effet le *-y* auquel *-ko-* est ajouté dans les cas
suivants n'appartient pas uniquement au thème : c'est la finale
du nominatif :

kamykŭ « πέτρα », Supr., 371, 3, de *kamy (kameni)* ; r. *kamýk,*
pol. *kamyk* ; cf. s. *kamíčak* ;

plamykŭ « flamme », de *plamy* ; pol. *płomyk* ; s. *plomíčak* ;

remykŭ « ἱμάς », de **remy* non attesté (cf. *remeni*) ; s. *rĕmik,*
pol. *rzemyk* ;

kremykŭ « pierre à feu » (v. Sreznevskij, *Materialy*), de *kremy*
(kremeni) ; pol. *krzemyk* ; s. *kremíčak* ;

jęčĭmykŭ « orge », de *jęčĭmy (jęčĭmeni)* ; pol. *jeczmyk.*

On ne connaît pas le thème sur lequel repose : *vladyka*
« δεσπότης, ἡγεμών », L., II, 29 ; XXI, 12, etc. ; s. *vlàdika,* v.
pol. *włodyka* ; le mot pourrait être formé comme gr. *κῆρυξ,*
κήρυκος, avec addition du suffixe *-ā-,* comme dans *vojevoda*
(v. ci-dessus, p. 259) ou tiré d'un nominatif **voldy* ; la formation semble unique en son genre. Peut-être pourtant faut-il

rapprocher les deux mots suivants dont le *i* après *ž* peut reposer aussi bien et mieux sur un *y* ancien que sur un *i* :

ažika « συγγενής, συγγενίς », J., XVIII, 26 ; L., I, 36 ; Ps., LXXIII, 8, etc.

bližika « ὁ πλησίον », Ps., XXXVII, 12 = Euch., 76 b, etc.

Est féminin : *motyka* « houe », Supr., 160, 19 ; r. *motýka*, s. *mòtika*, pol. *motyka* ; la formation n'est pas claire.

Le suffixe *-ko-*, ou au féminin *-ka-*, s'ajoute ainsi le plus souvent à des thèmes en *-ŭ-* ou en *-ū-* ; par ailleurs il est assez rare quand il s'agit de substantifs ; il y en a cependant quelques exemples.

Tout d'abord on en observe deux très remarquables après des thèmes en *-n-* ; le *k* est devenu *c* après le *ę* qui précède :

mèsęci « σελήνη, μήν », Év., Ps., etc. ; r. *mě'sjac*, s. *mjèsec*, pol. *miesiąc*, tch. *měsíc* ; cf. skr. *mās-*, lat. *mensis*, etc. ; pour le suffixe nasal, cf. le type skr. *çirah*, *çirṣṇáh*, hom. κράτος (gén.) ; ainsi *mèsęci* représente **mès-ṇ-ko-* ; cf. *slŭnĭ-ce*, *srŭdĭ-ce*, etc.

žajęci « lièvre », Ps., CIII, 18 ; r. *žájac*, s. *žêc*, pol. *zajǫc* ; un suffixe **-en-* apparaît aussi dans le synonyme, v. pruss. *sasnis*, v. h. a. *haso*, gall. *ceinach*.

D'un thème en *-ĭ-* on a par exemple :

klètĭka « ταμεῖον », Supr. (d'après Miklosich), de *klětĭ* ; r. *klě'tka*.

ovĭca « πρόβατον », Év., etc. ; r. *ovcá*, s. *óvca*, pol. *owca* ; cf. skr. *avi-kấ* (et lit. *avi-k-ynė* « étable à brebis ») ; dérivé des mots attestés par skr. *áviḥ*, lit. *avis*, lat. *ouis*, etc.

Parfois le mot d'où est tiré le dérivé en *-ĭ-ca* n'est passé aux thèmes en *-ĭ-* qu'au cours du développement propre du slave :

dvĭricę « porte », Euch., 97 a ; Supr., 411, 4 ; de *dvĭri* ; r. *dvércy*.

myšĭca « βραχίων », Ps., IX, 36 ; XVII, 36 ; de *myšĭ* ; r. *mýšca* et *mýška* ; le mot *myšĭ* est un ancien thème consonantique et n'a passé que secondairement aux thèmes en *-ĭ-* ; toutefois le sanskrit a aussi *mūṣikā*, qui coïncide avec *myšĭca*, même au point de vue de la place du ton.

C'est sans doute d'un féminin en *-ĭ-* qu'est tiré : *jasĭka* « tremble », s. *jàsika* ; les dialectes occidentaux ont un mot un peu différent, pol. *osika*, etc. ; r. *osína* à un autre suffixe.

Sont fort obscurs les deux mots suivants où il n'est pas impossible qu'on ait affaire à un suffixe *-āko-.

znakŭ « signe », s. znák, znáka (avec intonation douce qui exclut l'idée que *zna- serait ici un ancien thème racine *$g_1 n\bar{o}$- élargi par -ko-), r. znák, znáka.

zlakŭ « χλόη », Ps., XXXVI, 2 ; r. zlak, zláka, cf. zelije et la famille de lit. zélti, lat. (h)olus, etc.

Quant à rĕka « ποταμός », Év., r. rêká, s. rijèka (nom. plur. rijeke), tch. řeka, le rapprochement avec rinąti, rojĭ et lit. rėvė, raivė (v. Leskien, Bild., 349) ne saurait passer pour certain ; il suppose un thème à suffixe zéro avec suffixe secondaire *-kā- et il faut admettre d'autre part que l'intonation douce du ĕ slave est due à ce que le mot appartient au type à accentuation mobile ; ces deux points ne font pas difficulté ; mais l'étymologie est loin d'être évidente pour le sens.

3° Suffixes complexes :

Sous sa forme simple, -ko- ne fournit plus au slave de mots nouveaux, et tous les exemples qui viennent d'être cités semblent avoir été formés à une époque antérieure — souvent de très peu — à l'époque historique ; mais en revanche -ko- est l'élément final de plusieurs suffixes complexes très productifs.

a. — -iko-.

Un suffixe sl. -iko- se rencontre dans le mot vieux slave zlatikŭ « νόμισμα », Supr., 111, 9, et dans zlatica (même sens), Supr., 91, 1, de zlatŭ « d'or », et dans un certain nombre de mots de divers dialectes comme s. mrtvík, mrtvíka « homme mou, lâche » (de mrŭtvŭ), r. novik, noviká « commençant, recrue », etc. L'i a l'intonation douce et ne porte pas l'accent ; cf. v. pruss. malnyks « petit enfant », qui a une fois le signe de longue sur ī, au datif malnīku, Ench., 95 ; cette intonation rend malaisé de rapprocher le skr. -īká-, lat. -īco-, etc., avec M. Brugmann, Grundriss, II, § 89, p. 255 et suiv. D'autre part, le maintien de k après un i non accentué semble indiquer une formation assez récente et des influences analogiques, car, en ces conditions, k devait s'altérer en c. Enfin le baltique a à la fois lit. -iniñkas, et -inykas (v. Leskien, Bild., p. 520 et suiv.) ; mais -*inykas* est peut-être dû à l'influence du slave ; et il semble naturel d'identifier sl. -*iniko-* à lit. -*ininka-* ; M. Pedersen, *Materialy i prace*, I, 167, admet que c'est *i* (et non *ę*) qui répond en slave à lit. *iñ*, et, en effet, il n'existe pas d'exemple sûr de *ę* issu de *in* ; mais la persistance en slave de *k* après *i* reste obscure ; car l'affirmation de M. Pedersen que *k* subsiste après **in* ne repose précisément que sur le fait à expliquer et reste par suite entièrement en l'air (K. Z., XXXVIII, 384).

Quoi qu'il en soit de toutes ces difficultés, l'élément -*iko-* apparaît en vieux slave ordinairement après des adjectifs en -*inŭ*, dont il permet de tirer des substantifs désignant des personnes, ainsi *bezakoninikŭ* « homme sans loi », de *bezakoninŭ*. Le suffixe -*iniko-* fournit un nombre illimité de mots nouveaux, pour la plupart dérivés, en dernière analyse, de substantifs et désignant des personnes ; on rencontre aussi -*iko-* avec des participes en -*no-*, ainsi *ljubljenikŭ, mąčenikŭ, učenikŭ*. Quelques mots, comme *sŭrebrinikŭ, jistočinikŭ*, désignent des objets.

Les exemples de l'Évangile sont :

bezakoninikŭ « ἄνομος », L., XXII, 37, de *bezakoninŭ*, Cloz., 243 ; r. *bezzakónnik*, s. *bezákonīk* ; le simple *zakoninikŭ* « νομικός » est d'ailleurs aussi attesté, par exemple L., X, 25.

četvrŭtovlastinikŭ « τετράρχης », L., III, 19 ; mot fabriqué par le traducteur qui, dans l'autre passage où se trouve τετράρχης, traduit par *četvrŭtovlastĭcĭ*.

xyštinikŭ « ἅρπαξ », Mt., VII, 15 ; L., XVIII, 11 ; évidemment apparenté à *xytiti* ; mais le détail de la formation n'est pas clair ; on songe à une influence possible de *xyštenije* « ἁρπαγή », abstrait régulier de *xytiti*.

dlŭžinikŭ « ὀφειλέτης, ὀφείλων » Év., de *dlŭžinŭ*, aussi dans Év. ; r. *dolžnik*, s. *dŭžnīk* (génit. *dužnīka*), pol. *dłużnik*.

dvĭrinikŭ « θυρωρός », J., X, 3, de *dvĭrinŭ, dvĭri* ; r. *dvérnik* ; pour le sens, cf. skr. *dauvārikaḥ* « portier ».

gostininikŭ « πανδοχεύς », L., X, 35, suppose un mot **gostinŭ* (r. *gostinyj*, pol. *gos'cina, gos'cinnyj*, etc.), qui se retrouve dans *gostinĭcĭ* « πλατεῖα », pol. *gos'ciniec*.

grěšinikŭ « ἁμαρτωλός », J., IX, 25, etc., de *grěšinŭ* ; r. *grě'šnik*, s. *grjěšnīk*, pol. *grzesznik*.

języčinikŭ « ἐθνικός », Mt., VI, 7, de *języčinŭ*.

jinoplemenĭnikŭ « ἀλλογενής », L., XVII, 18 ; « ἀλλόφυλος », Ps., LV, 1 ; de *jinoplemenĭnŭ*.

jistočĭnikŭ « πηγή », J., IV, 14, etc., de *jistočĭnŭ, jistokŭ* ; r. *istóčnik* ; le s. *istočnĭk* signifie « vent d'est ».

kaženikŭ « εὐνοῦχος », Mt., XIX, 12, du participe *kaženŭ* ; r. *káženik*.

kovĭnikŭ « στασιαστής », Mc, XV, 7, dérivé de *kovŭ*.

kŭnjižĭnikŭ « γραμματεύς », Mc, XII, 32 Zogr. Mar. Ass. (en regard de *kŭnjigŭčiji*, Mt., XXIII, 13 et 23 Mar.), de *kŭnjižĭnŭ* ; r. *knížnik* ; cf. s. *knjĭževnĭk*.

najĭmĭnikŭ « μισθωτός, μίσθιος », J., X, 12 et 13 ; L., XV, 19 ; dérivé du groupe *na jĭmŭ* ; r. *najĕmnik*, s. *nàjamnĭk*, pol. *najemnik*.

naslĕdĭnikŭ.« κληρονόμος, κοινωνός », Év. ; dérivé du groupe *na slĕdŭ* ; r. *naslé'dnik*, s. *nàsljednĭk*, pol. *nas'lednik*.

nastavĭnikŭ « καθηγητής, ἐπιστάτης », Év. ; calque évident de gr. ἐπιστάτης ; r. *nastávnik* ; on trouve aussi dans Év. *pristavĭnikŭ* « οἰκόνομος, ἐπίτροπος ».

nąždĭnikŭ « βιαστής », Mt., XI, 12, de *nąždĭnŭ*.

nedążĭnikŭ « ἄῤῥωστος », Mc, VI, 5, de *nedążĭnŭ*.

obĭštĭnikŭ « κοινωνός », L., V, 10, Zogr. Ass., de *obĭštĭnŭ* ; r. *óbščnik*.

pĕnęžĭnikŭ « κερματιστής », J., II, 14, de *pĕnędžĭ*.

plĕnĭnikŭ « αἰχμάλωτος », L., IV, 19, de *plĕnĭnŭ* ; r. *plĕ'nnik*.

počrŭpalĭnikŭ « ἄντλημα », J., IV, 11 Zogr. Ass. (mais *počrŭpalo* Mar., qui est le mot d'où *počrŭpalĭnikŭ* est dérivé).

pravĭdĭnikŭ « δίκαιος », Év., de *pravĭdĭnŭ* ; r. *právednik*.

prazdĭnikŭ « ἑορτή », Év., de *prazdĭnŭ* ; r. *prázdnik*, s. *pràznĭk*.

pričęstĭnikŭ « μέτοχος », L., V, 7, de *pričęstĭnŭ* ; r. *pričástnik*, s. *pričàsnĭk*.

razbojĭnikŭ « λῃστής », Év., de *razbojĭnŭ* ; r. *razbójnik*, pol. *rozbójnik*.

sĭrebrĭnikŭ « ἀργύριον », Mt., XXVII, 3, 9, de *sĭrebrĭnŭ* ; pol. *s'rebrnik* ; cf. r. *serébrjanik*.

skądĭlĭnikŭ, skądolĭnikŭ « κεράμιον », Mc, XIV, 13 ; L., XXII, 10 ; « κεραμεύς », Mt., XXVII, 7 et 10 ; Ps., II, 9 ; r. *skudĕl'nik*.

sŭtĭnikŭ « ἑκατόνταρχος, κεντουρίων », Év., de *sŭtĭnŭ* ; r. *sótnik*, pol. *setnik*.

süvělĭnikŭ « βουλευτής », Év., de *süvětĭnŭ* ; r. *sově'tnik*.

svěštĭnikŭ « λυχνία », Mt., V, 15, de *svěštĭnŭ* ; r. *svě'čnik*, pol. *s'wiecznik*.

světilĭnikŭ « λύχνος, λαμπάς », Év., de *světilo* ; r. *světil'nik*.

trŭžĭnikŭ « τραπεζίτης, κολλυβιστής », de *trŭžĭnŭ*.

tysąštĭnikŭ « χιλίαρχος », J., XVIII, 12.

učenikŭ « μαθητής », Év., de *učenŭ* ; r. *učenīk*, s. *ŭčenīk*.

věstĭnikŭ « ἄγγελος », Év., de *věstĭnŭ* ; r. *vě'stnik*.

vratĭnikŭ « θυρωρός », Mc, XIII, 34, de *vratĭnŭ* ; r. *vorótnik*.

Ces exemples du texte de l'Évangile donnent une idée suffisante de la liberté avec laquelle des mots sont formés à l'aide de *-ĭnikŭ*. La plupart de ces mots désignent des personnes ayant un rapport quelconque avec la chose indiquée par le nom dont le mot en *-ĭnikŭ* est dérivé ; le sens est beaucoup plus vague que celui de *-arjĭ*, qui indique l'homme exerçant une profession déterminée. Quelques-uns des mots en *-ĭnikŭ* désignent des objets qui sont en quelque sorte des agents ; par exemple *svěštĭnikŭ* « lampe » est « ce qui éclaire », etc..

On notera *prědanĭnikŭ* « traître », Supr., 305, 28, et *prědavĭnikŭ* (même sens), Supr., 306, 22 et 24 ; ce dernier est peut-être une altération du premier sous l'influence de *davĭcĭ* ; *prědanĭnikŭ* serait un dérivé de *prědanŭ*, *prědanĭje*.

Le suffixe est ajouté à un mot en *-teljĭ* (non attesté par hasard) dans *obrěteljĭnikŭ* « inventeur », Supr., 138, 23 ; *priobrěteljĭnikŭ*, Supr., 122, 14. Le simple est le groupe formé par une préposition suivie d'un nom dans *porąčĭnikŭ* « ἐγγυητής », Euch., 83 b ; Supr., 127, 6 ; de *po rącě*, d'où sort aussi *porąčiti*.

On notera particulièrement *vŭtorĭnikŭ* « mardi » (attesté dans l'Assemanianus), de *vŭtorŭ* ; r. *vtórnik*, s. *ŭtórnīk*.

b. — *-ĭce-.*

Le suffixe *-ĭce-* répond, pour la forme, à lit. *-ika-* (Leskien, *Bild.*, 509), skr. *-ika-*, gr. *-ικο-*, etc., et, de même que ce suffixe, il se présente en slave à l'état d'élément de formation indépendant ; il est probable que *-ĭ-* terminait originairement un thème et que *-ko-* est le suffixe secondaire signalé ci-dessus ; mais, au point de vue slave, *-ĭce-* est un, alors que l'unité de *-iko-* était sans doute acquise déjà en indo-européen.

Tout d'abord, le suffixe *-ĭce-* fournit les formes substantives correspondant à des adjectifs autres que les participes en *-enŭ* et les adjectifs en *-ĭno-*, dont, comme on vient de le voir, les substantifs dérivés sont en *-ĭko-*; la valeur est exactement la même que dans ce dernier cas; ce sont des noms de personnes, et par exception, des noms d'objets. On peut rapprocher lit. *-ika-* dans lit. *naujikas*, etc. (v. Leskien, *Bild.*, p. 510 et suiv.). Exemples :

bliznĭcĭ « δίδυμος », J., XI, 16, cf. l'adverbe *blizno* « près » attesté en vieux russe, et aussi le pluriel s. *bliznovi* « jumeaux »; r. *bliznéc*; s. *blizànac*, gén. *blizànca*; tch. *blíznec* a subi l'influence de *bližĭnjĭ*. Un autre dérivé ayant le même sens que *bliznĭcĭ* est *blizne̜*.

črŭnĭcĭ « moine », Euch., 38 b, etc., de *črŭnŭ*.

xromĭcĭ « boiteux », Supr., 367, 19, de *xromŭ*.

xytrĭcĭ « τεχνίτης, ῥήτωρ », Supr., 434, 25; 297, 24, de *xytrŭ*; r. *xitréc*.

junĭcĭ « ταῦρος », Mt., XXII, 4; Ps., XXI, 13, de *junŭ*; s. *júnac*, gén. *júnca*; pol. *juniec*; cf. lit. *jaunikis* (v. la discussion de M. Pedersen, K. Z., XXXVIII, 384, sur la forme de ce mot); le r. dial. *junéc* signifie « jeune marié ». Le suffixe *-ĭce-* est employé ici d'une manière parallèle à **-ko-* en latin dans *iuuencus*.

mrŭtvĭcĭ « νεκρός », Mt., VIII, 22 (où l'on peut observer la nuance entre un adjectif substantivé et un substantif dérivé d'adjectif), de *mrŭtvŭ*; r. *mertvéc*, s. *mȑtvac*.

slĕpĭcĭ « τυφλός », Év., de *slĕpŭ*; r. *slĕpéc*, s. *slijĕpac*.

starĭcĭ « πρεσβύτερος », Év., de *starŭ*; r. *stárec*, s. *stärac*, pol. *starzec*.

studenĭcĭ « φρέαρ, πηγή », Év., de *studenŭ*; v. r. *studenéc*, s. *studénac*.

Il y a aussi des dérivés de composés tels que *bĕlorizĭcĭ* « λευκοχίτων », Euch., 38 b, ou *črŭnorizĭcĭ* « μοναχός », Supr., 90, 12; *bestudĭcĭ* « homme sans honte », Supr., 310, 17 (cf. *bestudĭnŭ*, ibid.).

Il convient de citer à part :

mladĕnĭcĭ « νήπιος, βρέφος », I Cloz., 6; *mladĭnĭcĭ*, L., XVIII, 15 Zogr.; *mladenĭcĭ*, L., XVIII, 15 Mar. (et Ps., CXIV, 6); dans les deux passages, *e* pourrait représenter un *ĭ*; de *mladŭ*.

Cf. v. pruss. *maldenikis* « Kind » (Voc.), peut-être imité du slave : r. *mladénec* (mot savant), pol. *młodzieniec*. On a aussi v. pruss. *malnykiks*.

prŭvĕnǐcǐ « πρωτότοκος », L., II, 7 Zogr. Mar. Ass. Sav. ; Ps., LXXVII, 51 ; Cloz., 902 = Supr., 341, 5, etc. ; de *prŭvǔ*.

pŭtenǐcǐ « νοσσός, νοσσίον », Mt., XXIII, 37 Mar. Ass., et L., II, 24 Mar. Ass. Sav. ; *pǔtĕnǐcǐ*, L., II, 24 Zogr. ; de *pŭta*.

Dans ces trois mots, *-ice-* est précédé d'un élément *-ĕn-, -en-, -ĭn-*, comme *-ica-* dans *stǐklĕnica, stǐklǐnica,* dérivés de *stǐklo* ; de ce suffixe à nasale il est impossible de ne pas rapprocher le *-ĕn-* du type v. sl. *telę-t-*, en regard du *-en-* de r. *telĕn-ok*, et le type baltique en *-ēna-* de lette *wersĕns* « jeune bœuf » (sur lequel v. Leskien, *Bild.*, 388 et suiv.).

Le suffixe *-ice-* figure d'ailleurs aussi sans l'élément *-ĕn-*, etc. dans des noms indiquant des êtres jeunes :

agnǐcǐ « ἀμνός », J., I, 29, etc. ; cf. *agnę* ; la forme sans suffixe secondaire n'existe pas en slave ;

čędǐce « τεκνίον », J., XIII, 33, de *čędo* ;

štenǐcǐ « petit chien », s. *štĕnac* (v. Osthoff, *Etym. parerga*, I, 268) ;

telǐcǐ « μόσχος », L., XV, 23, etc. ; cf. *telę* ;

žrĕbǐcǐ « πῶλος », Mc, XI, 2, etc. ; cf. *žrĕbę.*

Ces exemples sont à rapprocher de *junǐcǐ,* cité ci-dessus ; le suffixe n'y a pas la valeur diminutive, puisque les mots indiquent par eux-mêmes des êtres jeunes.

Et en effet, dans nombre d'exemples, *-ice-* sert simplement à élargir un nom sans que, la plupart du temps, une valeur de diminutif soit sensible :

ajǐce « ᾠόν », L., XI, 12, de *aje* ; r. *jajcó,* s. *jájce.*

brašǐnǐce, Euch., 103 a, dérivé de *brašǐno* « nourriture ».

cvĕtǐcǐ « ἄνθος », Supr., 260, 10, de *cvĕtǔ.*

čepǐcǐ « mitra », r. *čepéc,* s. *čĕpac,* pol. *czepiec.*

gradǐcǐ « κώμη », J., XI, 1 Zogr. Mar. Ass., de *gradǔ* ; le sens est diminutif, mais cette valeur est peu nette et les manuscrits hésitent entre *gradǔ* et *gradǐcǐ,* ainsi Mt., XIV, 15, *gradǐcę* Zogr. Mar., *grady* Ass., tandis que Sav. qui ignore *gradǐcǐ* et a *gradǔ* dans J. XI, 1, a *vsi* ; le mot semble panslave, avec valeur diminutive ; r. *gorodéc, gorodcá* ; s. *grádac, grácа* ; pol. *grodziec* ;

etc. Dans Supr., 401, 27, *gradĭcĭ* traduit κηπάριον, et ce sens se retrouve dans pet. r. *horódec'*.

konĭcĭ « τέλος, πλήρωμα, ἄκρον », Év. ; r. *konéc*, s. *kònac*, pol. *koniec* ; si l'on tient compte de *do coni* « ad finem », Freis., II, 65 (v. ci-dessus, p. 264), on est conduit à couper *konĭ-cĭ* et à voir ici l'un des mots où la forme -*ĭ-ce*- a pu se fixer (cf. ci-dessus, p. 336).

korabĭcĭ « πλοῖον », L., V, 2 et 3 Zogr. Mor. Ass. (Sav. def.) et J., XXI, 8 Mor. Ass. Sav. (*korablĭcĭ* Zogr.), de *korabljĭ*, présente le cas particulier de -*ĭce*- ajouté à un thème en -*je*- ; le traitement -*ice*- qui résulte de là est à noter.

korĭcĭ « κόρος », L., XVI, 7 Mar. (*korŭ* Zogr.).

kovĭčežĭcĭ « γλωσσόκομον », J., XII, 6 Zogr. Ass., etc. ; de *kovĭčegŭ* ; on remarquera la valeur diminutive.

mladętĭce « νήπιον », Euch., 8 a, de *mladę*.

oblačĭcĭ « petit nuage » (avec l'épithète *malŭ*), Supr., 449, 23, de *oblakŭ*.

odrĭcĭ « lit », Supr., 169, 2, de *odrŭ*.

otĭcĭ « πατήρ », Év. ; r. *otéc*, s. *òtac*, tch. *otec* ; élargissement du mot enfantin attesté par got. *atta*, etc. ; l'adjectif *otĭnjĭ* « du père » atteste que le primitif sans suffixe -*ĭcĭ* a existé en slave même.

palĭcĭ « pouce » ; r. *pálec*, s. *pălac*, pol. *palec*.

plesnĭce « σανδάλιον », Euch., 97 a, de *plesna* ; ici le dérivé a un sens nettement distinct du primitif, et en effet le genre diffère, ce qui n'arrive pas dans les autres exemples ; le russe a un mot voisin, mais différent : *plesnica* « sandale ».

rožĭcĭ « κεράτιον », L., XV, 16, de *rogŭ*.

sąčĭcĭ « κάρφος », Mt., VII, 3, etc., de *sąkŭ*.

slŭnĭce « ἥλιος », Év. ; r. *sólnce*, s. *sûnce*, tch. *slunce* ; dérivé d'un thème **sŭln*, que suppose en slave l'adjectif *beslŭnĭnŭ* « ἄνηλιος », Supr., 351, 11 ; ce thème sl. **sŭln* ne recouvre aucune forme d'une autre langue indo-européenne ; l'indo-européen avait, dans ce mot, un suffixe **-el*- alternant avec **-en*- (gâth. *hvarə, xvəng*) ; le slave a accumulé les deux, comme le latin l'a fait dans le génitif *iecinoris*.

srŭdĭce « καρδία », Év. ; r. *sérdce*, s. *srce*, tch. *srdce* ; il y a eu peut-être ici un primitif en -*i*-, à en juger par lit. *szirdis*, arm. *sirt* (instr. *srtiw*), skr. *hărdi*.

süsĭcĭ « μαστός », L., XI, 27, de *süsŭ*.

synovĭcĭ « ἀνεψιός », Col. IV, 10. Christinop.; r. *synovéc*, s. *sinòvac* « fils du frère », pol. *synowiec*; dérivé de *synŭ*, ou plutôt de *synovĭ* « ἀνεψιός » Col., IV, 10 Šiš; pour la formation, cf. lit. *brolikas* « fils du frère ».

vĕnĭcĭ « στέφανος », Év.; r. *vénéc*, s. *vijènac*, pol. *wieniec*; cf. lit. *vainikas* (Leskien, *Bild.*, 511); du même primitif on a un autre dérivé: r. *vénók*, pol. *wianek*; le lette a *wainaks* « couronne ».

vŭdovĭcĭ « veuf »; r. *vdovéc*, s. *udòvac*, pol. *wdowiec*; masculin fait sur *vŭdova, vŭdovica*.

Souvent, *-ĭce-* sert à former des noms de personne, les uns simples, les autres composés, rattachés à des thèmes verbaux, comme les thèmes en *-ika-* du lituanien (v. Leskien, *Bild.*, p. 509 et suiv.); ces thèmes, à la différence de ceux en *-teljĭ*. n'indiquent pas proprement l'agent, mais celui qui exerce une action de manière ordinaire, et souvent de manière professionnelle. Ce sont sans doute de simples élargissements par *-ko- de thèmes en *-i-* comparables à skr. *babhríḥ* « portant », *sahobhárïḥ* « portant la force », etc. Plusieurs sont, à leur tour, élargis par le suffixe secondaire masculin *-a-* (cf. ci-dessus, p. 335, *vladyka* et le type *voje-voda*, etc.). Exemples :

bogočĭtĭcĭ « θεοσεβής », J., IX, 31, de *čĭtą*.

borĭcĭ « ἀγωνιστής », Supr., 70, 1, de *borją*.

davĭcĭ « donneur », Euch., 8 b, de *dati, davati*; *blagodavĭcĭ*, Euch., 10 a; *zakonodavĭcĭ* « νομοθέτης », Ps., IX, 21; *zajĭmodavĭcĭ* « δανειστής », L., VII, 41; Ps., CVIII, 11; *mŭzdodavĭcĭ*, Supr., 100, 22; *mŭzdootŭdavĭcĭ*, Supr., 124, 8.

samodrŭžĭcĭ « monarque », Supr., 119, 24, de *drŭžati*.

jadĭca « φάγος », Mt., XI, 19, et L., VII, 34; ce mot est groupé avec *vinopijĭca* Mar. et *vinopivĭca* Zogr. « οἰνοπότης », dans les deux mêmes passages; dans Euch., 70 a, on lit le composé *suxoèdĭcĭ*.

jędropišĭcĭ « ὀξυγράφος », Ps., XLIV, 2, de *pišą* (on notera que le mot est rattaché à la forme du présent du verbe).

kaznĭcĭ « chef », Supr., 443, 5, de *kaznĭ, kazniti*.

kupĭcĭ « ἔμπορος », Mt., XIII, 45; Cloz., 692; de *kuplją, kupiti*; r. *kupéc*, s. *kŭpac*, pol. *kupiec*.

lĭstĭcĭ « πλάνος », Mt., XXVII, 63 ; « κολακευτής », Supr., 52, 7 ; de *lĭstiti*.

ljubĭcĭ, de *ljubiti* ; *člověkoljubĭcĭ* « φιλάνθρωπος », Euch., 26 a ; *krotoljubĭcĭ*, Euch., 70 b ; *sĭrebroljubĭcĭ* « φιλάργυρος », L., XVI, 14.

lovĭcĭ « θηρευτής, ἁλιεύς », Ps., XC, 3 ; Mt., IV, 19 ; Mc, I, 17 ; de *loviti*.

mĭzdojimĭcĭ « τελώνης », variante de *mytàrjĭ*, Ostr. ; de *jimǫ*.

pěvĭcĭ « chanteur », Euch., 101 a ; de *pěti*, avec le *v* qui apparait dans les itératifs (cf. *davĭcĭ*) ; r. *pěvéc*, s. *pijévac*.

plęsĭcĭ « ὀρχηστής », Supr., 300, 20, de *plęsati, plęšǫ*.

prišĭlĭcĭ « προσήλυτος », Mt., XXIII, 15 ; L., XXIV, 18 ; « παρεπίδημος », Ps., XXXVIII, 13 ; « πάροικος », Ps., CXVIII, 19 ; ce dérivé a ceci de remarquable qu'il est tiré du participe *prišĭlŭ* ; d'une manière générale, les noms verbaux du verbe *jiti* « aller » sont tirés du thème qui fournit les participes en -*ŭš*- et en -*lo*-, cf. *šĭstvĭje* (v. ci-dessus, p. 307) ; mais ici le suffixe même de participe figure, tandis que, dans d'autres verbes, même les caractéristiques propres du thème de l'infinitif et des participes sont éliminées ; ainsi dans *vidĭcĭ, samovidĭcĭ* (cités ci-dessous), de *viděti, viždǫ*.

sěčĭca « δήμιος » (exécuteur public), Supr., 86, 12, etc., de *sěkǫ, sěšti*.

skopĭcĭ « εὐνοῦχος », Supr., 274, 18, de *skopiti*.

sopĭcĭ « αὐλητής », Mt., IX, 23 Mar. Ass., de *sopǫ* ; Zogr. a la variante *svirĭcĭ*, cf. *svirati*.

šivĭcĭ « cordonnier », de *šiti* (cf. lit. *siúti*), r. *švéc*, s. *šávac*, tch. *švec* (génit. *ševce*).

tvorĭcĭ « πλάστης, ποιητής », Cloz., 599, 930 ; de *tvoriti* ; *čudotvorĭcĭ* « θαυματουργός » Ass.

ubijĭca « φονεύς », Mt., XXII, 7 ; Cloz., 637 ; *člověkoubijĭca* « ἀνθρωποκτόνος », J., VIII, 44 ; de *ubiti* ; Supr., 296, 8 et 13, a *ubojĭcĭ* d'après *uboji*.

vidĭcĭ « spectateur, examinateur », Supr., 450, 10, de *viděti* ; et *samovidĭcĭ* « αὐτόπτης », L., I, 2.

zvězdozĭrĭcĭ « ἀστρολόγος », Euch., 54 a, de *zĭrěti, zĭrjǫ*.

žĭrĭcĭ « prêtre », Supr., 348, 9, de *žĭrǫ, žrŭti* ; pol. *żerzec*.

c. — -*ica*-.

Les mots en -*ica*- servent de féminins à des masculins de

types divers ; ainsi *ljubodějica* à *ljubodějǐ* ; *proročica* à *prorokǔ* ; *cěsarica* à *cěsarjǐ* ; *telica* à *telǐcǐ* (cf. un autre type de féminin sans doute plus ancien : r. masc. *saméc*, fémin. *sámka* ; v. à ce sujet, Pedersen, K. Z., XXXVIII, 383) ; *blądǐnica* à *blądǐnikǔ* ; *vladyčica* à *vladyka*.

M. Rozwadowski y a reconnu l'élargissement par sl. *-ca-* (ancien *-kā-*) de féminins en *-ǐ-*, ainsi *vlǐčica*, de **vlǐčǐ-* = skr. *vṛkī-* (*Quaestiones grammaticae*, I, 27 et suiv., dans les *Rozprawy* de l'Académie de Cracovie, vol. XXV ; cf. Pedersen, K. Z., XXXVIII, 383).

Les exemples suivants permettront aisément de se rendre compte de l'étendue et de la variété du rôle de ce suffixe qui embrasse exactement tous les emplois du féminin. Souvent le suffixe semble être utilisé pour allonger des mots courts ; ainsi dans *košǐnica* (de *košǐ*), où d'ailleurs il a la forme complexe *-ǐn-ica*. L'origine de la forme complexe *-ǐnica* est claire : il s'agit de dérivés d'adjectifs en *-ǐnǔ*, comme pour *-ǐnikǔ* (v. ci-dessus, p. 338) ; mais comme *-ǐnikǔ*, le suffixe *-ǐnica* est devenu indépendant de *-ǐnǔ*, et se rencontre là même où un adjectif en *-ǐnǔ* n'est pas attesté.

On peut citer :

ądica « ἄγκιστρον », Mt., XVII, 27 ; s. *ŭdica*, tch. *udice*; de *ąda*, r. *udá*, pol. *węda*.

ąsobica « στάσις », Supr., 325, 17 ; c'est la « lutte intestine », entre soi, de **ą-* et **sobě*, avec l'*o* du locatif slave commun (cf. *Recherches sur l'emploi du génitif-accusatif*, p. 86 et suiv.).

bagrěnica « πορφυρά », Mc, XV, 17, 20 Ostr. ; Supr., 272, 11, etc., de *bagrěnǔ* « πορφυροῦς ».

blądǐnica « πόρνη », Euch., 70 a, féminin de *blądǐnikǔ*, Supr., 5, 23.

beščinica « ἄτακτος » (au féminin), Cloz., I, 104 ; paraît servir de féminin à *beščinajǐ*, Supr., 237, 26 ; dérivé d'un composé de *činǔ*.

bogorodica « θεοτόκος », Euch., 14 a ; féminin correspondant à un masculin qui serait **bogorodǐcǐ*.

cěsarica « βασιλίσσα », Év., féminin de *cěsarjǐ*.

crŭkŭvica « chapelle », Supr., 435, 18, de *crŭky*.

četvoriceją « τετραπλοῦν », L., XIX, 8 ; adverbe d'un type représenté aussi par *sedmoriceją*, *sŭtoriceją*.

črŭnica « religieuse », Euch., 103 a, féminin de *črŭnïcï* ; le
même mot *črŭnica* traduit συκάμινος, Ps., LXXVII, 47 ; r. *čer-
nica* (dans les deux sens) ; polon. *czernica* « myrtille » ; s.
cr nica* « terre noire » et *crnica* « sorte de cerise noire ».

desnica « δεξιά », Mt., XXVII, 29 ; Ps., XV, 11 ; dérivé de
desna ; s'oppose à *šujica* « ἀριστερά », Mt., VI, 3, dérivé de *šuja*.

děvica « κοράσιον », Év., dérivé de *děva* ; r. *děvíca* et *dě* vica,*
s. *djěvica*, pol. *dziewica*.

dïnïnica « ἑωσφόρος », Ps., CIX, 3, féminin d'un masculin
non attesté *dïnïnikŭ.

dojilica « τροφός », Ps., LXXVII, 71, de *dojiti* ; avec un suffixe intercalaire *-l-* qui rappellerait gr. θῆλυς, etc. s'il ne
s'agissait bien plutôt d'un élément ajouté par analogie,
comme dans *xranilište*, etc., pour isoler le suffixe *-ica* d'un
thème terminé par une voyelle.

dŭštica « πινακίδιον », L., I, 63, dérivé de *dŭska*, avec valeur
diminutive.

dvïrïnica « θυρωρός (ἡ) », J., XVIII, 16, 17, féminin de *dvï-
rïnikŭ.*

gorïnica « ἀνώγαιον », L., XXII, 12, dérivé de *gorïnjï*.

gostinica Zogr. Mar., *gostinïnica* Ass. « πανδοχεῖον », L., X,
34 ; cf. *gostinïnikŭ* et *gostinïcï*.

grěšinica « ἁμαρτωλός (ἡ) », L., VII, 37 et 39, féminin de
grěšinikŭ.

grŭlica « τρυγών », Ps., LXXXIII, 4, dérivé de *grŭlo* ; r.
górlica, s. *grlica*, pol. *gardlica*.

kapištinica « ναός », Supr., 320, 19, dérivé de *kapištinŭ*,
kapište.

kašica (sorte de bouillie), Euch., 44 a, dérivé de **kaša* (r.
káša, s. *kăša*, pol. *kasza*).

kolesïnica « ἅρμα », Ps., LXVII, 18 ; Supr., 272, 12 ; dérivé
du thème *koles-* « roue » ; r. *kolesníca*.

košïnica « σπυρίς », Mt., XV, 37, dérivé de *koši* ; r. *košníca*,
s. *kŏšnica*.

krupica « ψίχιον », L., XVI, 21, dérivé de *krupa* ; r. *krupíca*,
s. *krŭpica*, pol. *krupica*.

kŭnjižĭnicę « lettre », Supr., 440, 13, de *kŭnjigy* « écrit ».

ladijica « πλοιάριον, πλοῖον », Mc, III, 9 ; V, 18 ; dérivé de
ladiji.

lěstvica « κλίμαξ », Supr., 260, 25, dérivé d'un mot **lěstva* supposé par s. *ljěstve* « échelle ».

ljubodějica « πόρνη », L., XV, 30, féminin de *ljubodějï*.

manïtijica « πάλλιον », Euch., 97 a, dérivé de *manïtija*, emprunté lui-même au gr. μαντίον.

matica « source », Supr., 408, 9, de *mati* ; r. *mática*, s. *má'tica*, pol. *macica*.

mïzdïnica « τελώνιον », Mt., IX, 9, et L., V, 27 Zogr., dérivé de *mïzda*.

mŭšica « κώνωψ », Mt., XXIII, 24 ; « σκνίψ », Ps., CIV, 31 ; dérivé de *mŭxa*, avec valeur diminutive ; r. *mšíca*, pol. *mszyca* ; on cite aussi *myšïca* ; cf. r. *móška*.

mytïnica « τελώνιον », Mc, II, 14, dérivé de *myto*.

nožïnica « θήκη (fourreau) », J., XVIII, 11, dérivé de *nožï*.

obnoštïnica « veille », Supr., 153, 6, de *noštï*.

otrokovica « παῖς (ἡ), παιδίον », Év., dérivé de *otrokŭ*, avec un suffixe intercalaire *-ov-*.

palica « ῥάβδος, βακτηρία », Ps., II, 9 ; XXII, 4 ; r. *pálica*, s. *pälica*, pol. *palica* ; du même primitif, non attesté, on a un autre dérivé, r. *pálka*, pol. *pałka*.

panica « citerne », Supr., 431, 2, dérivé d'un mot, emprunté au germanique, **pana*, qui a dû exister à côté de *pany* ; s. *pànica* ; le suffixe se trouve deux fois dans *paničica* (même sens), Supr., 431, 12 et suiv.

pïjanica « μεθύων (ὁ) », Mt., XXIV, 49, dérivé de *pïjanŭ* (même sens), est un masculin ; cf. le type de *vladyka* et celui de *vojevoda*, et surtout *jadica*, *vinopijica*, ci-dessus, p. 344.

pïšenica « σῖτος », Év. ; r. *pšeníca*, s. *(p)šenica*, pol. *pszenica*.

plaštanica « σινδών », Mc, XV, 46, etc. Mar. Ass., en regard du mot différent, mais de formation semblable, *ponjavica* Zogr.

plěvïnica « ἀχυρών », Supr., 145, 33 et 15 ; r. dial. *pelěvnica*, slov. *plę̑vnica* ; de *plěvïnŭ*, *plěva*.

postïnica « jeûneuse », Euch., 93 a, féminin de *postïnikŭ* (ib., 92 b).

prěgądïnica (sorte d'instrument de musique), Euch., 94 a.

proročica « προφῆτις », Év., féminin de *prorokŭ* ; r. *prorčica*, s. *próročica* (mais pol. *prorokini*).

pïtica (ancien *pŭtica*) « στρουθίον, πετεινόν », Év., dérivé de *pŭta* ; r. *ptíca*, s. *(p)tica* ; autre dérivé; v. r. *pótka*, s. *pätka*.

rizinica « βεστιάριον (lat. *uestiārium*) », Supr., 91, 15, dérivé de *rizino*.

rybica « ἰχθύδιον », Mc, VIII, 7, dérivé de *ryba* avec valeur diminutive ; r. *rýbica*, s. *rȋbica*.

sěninica « fenil », Supr., 141, 19 ; de *sěno*.

skrinjica « γλωσσόκομον », J., XII, 6 ; XIII, 29 Mar. Sav. (*kovičežici* Zogr. Ass.), dérivé diminutif de *skrinja* ; s. *skrȋnjica*. Un autre type de dérivé est attesté par tch. *skřinka*. pol. *skrzynka*,

smokovinica « συκῇ », Év., dérivé de *smoky*.

sračica « ἱμάτιον, χιτών », Mt., V, 40 ; L., VI, 29, dérivé de *sraka* (et non de *sraky*).

stiklinica « ποτήριον », Mc, VII, 4 et 8 ; L., XI, 39 Mar. ; *stiklěnica* Zogr. (Ass. Sav. def.) ; dérivé de *stiklo* ; sur la forme, cf. ci-dessus, p. 342.

starica « πρεσβυτέρα », Supr., 26, 21 ; féminin de *starici*.

telica, féminin de *telici*, semble traduire ἀμνάς, Supr., 265, 26, ce qui est inattendu.

timinica « φυλακή », Év., de *timinŭ*, *tŭma* ; r. *temníca*, s. *támnica*, pol. *ciemnica*.

tręsavica « fièvre », Euch., 44 a, b ; 45 b ; s. *trěsavica* ; la forme n'est pas claire ; Miklosich, *Vergl. gr.*, II, 294, a rapproché *žegavica* « fièvre » (qui peut avoir été fait précisément sur *tręsavica*) et *plęsavica* « danseuse » ; en polonais, *trzęsawica* signifie « terre croulière, » et un mot *trzęsawa* (même sens) est attesté ; ce primitif manque en vieux slave.

trojica « τριάς », Euch., 6 b, dérivé de *troji*.

umyvalinica « νιπτήρ », J., XIII, 5, dérivé de *umyvalo* ; r. *umyvál'nica*, s. *umivaonica* ; cf. pol. *umywadlnik* en regard de r. *umyvál'nik*.

vijalica « tempête », Euch., 44 b ; cf. pol. *wijadł*.

vladyčica « maîtresse », Euch., 61 a ; féminin de *vladyka*.

vŭdovica « χήρα », L., XVIII, 5, dérivé de *vŭdova* ; r. *vdovíca*, s. *udòvica*.

vratarjica « θυρωρός (ἡ) », Supr., 332, 26 ; féminin de *vratarji*.

vrŭbinica « βαιοφόρος », Euch., 15 b, dérivé de *vrŭbinŭ*, *vrŭba*.

vŭzglavinica « προσκεφάλαιον », Mc, IV, 38 Mar. (calque de l'original grec).

zěnica « κορή (ὀφθαλμοῦ) », Ps., XVI, 8 ; Euch., 53 a ; r. *zěníca* et *zě'nica*, s. *zjěnica*, pol. *z'rzenica* (avec étymologie populaire).

zlatica « νόμισμα », Supr., 91, 1, de *zlato*, à côté de *zlạtikŭ* (même sens), Supr., 111, 9.

žitĭnica « ἀποθήκη », L., III, 17, dérivé de *žitĭnŭ, žito* ; r. *žĭtnica*, s. *žĭtnica*, pol. *žytnica*.

d. — -ište-.

Le suffixe *-ište-* (russe *-išče-*) fournit des noms neutres indiquant le lieu, l'emplacement, ou aussi l'instrument ; le polonais ignore ce suffixe et recourt à *-isko-*, qu'on retrouve aussi en tchèque et en sorabe ; ainsi, en regard de *ognište*, il a *ognisko*, en regard de *gnojište, gnojowisko*, en regard de *toporište* « manche de hache » (r. *toporišče*), pol. *toporzysko* ; *syrište* « présure, estomac » (s. *sĭrĭšte*), pol. *serzysko*, tch. *syrisko* ; des deux formes qui permettent d'expliquer v. sl. *-šte-*, r. *-šče-*, à savoir *-sk-yo-* et *-st-yo-*, c'est donc la première qui est à reconnaître comme étant le point de départ. Il n'est sans doute pas fortuit que l'arménien présente *-ç-* (issu de *-sk-*) dans des noms comme *hecanoç* « πτύον », *žołovrdanoç* « συναγωγή », etc. L'élément *-sk-* est ajouté dans le slave *-isko-* à *-i-* (ancien *-ei-*), en arménien à *-ano-*, et apparaît par suite dans les deux langues comme secondaire. Le suffixe *-yo-* joue dans *-ište-* son rôle ordinaire de suffixe secondaire, ainsi que le constate M. Brugmann (*Grundr.*, II, p. 122). Il y a ainsi accumulation de quatre suffixes ; et, de plus, dans tous les cas où le thème auquel devrait s'attacher le suffixe *-ište-* se termine par une voyelle, *-ište-* est précédé d'un autre suffixe *-l(o)-*, ainsi dans *xranilište* ; on a de même *dojilica* (v. ci-dessus, p. 347), et le type *trŭpĕlivŭ*, etc. ; cf. aussi le mot *pristanište*, avec *n* intercalaire.

Exemples du type neutre dans les textes anciens :

ǫzilište « δεσμωτήριον », Mt., XI, 2, de *ǫza* « δεσμός », *ǫziti*.

blạdilište « lupanar », Supr., 2, 10, de *blạditi, blạdŭ*.

crŭkŭvište « temple (païen) », Supr., 161, 21, est un dérivé, sans doute savant, de *crŭky* ; il n'y avait probablement pas de mot slave pour l'idée de « temple ».

xranilište « φυλακτήριον, ἀποθήκη », L., XII, 23, peut-être de *xranilo*, cf. *xraniti* ; c'est sur le modèle de mots de ce genre qu'a été inséré *l* devant *-ište-*.

gnojište « κοπρία », Ps., CXII, 7, de *gnojĭ*.

grebište « μνημεῖον », Mt., VIII, 28 Zogr., de *grebą*; s. *grěbīšte*; et, avec *o* sous l'influence de *grobŭ* que Sav. présente dans ce même passage, *grobište*, Mt., VIII, 28 Ass., et Supr., 411, 4, etc.; v. r. *gróbišče*.

jisxodište « διέξοδος », Mt., XXII, 9; Ps., CVI, 33 et 35, de *jisxodŭ*.

kapište « εἰκών, εἴδωλον », Supr., 98, 9; 320, 18; de *kapĭ*.

nyrište « οἰκόπεδον », Ps., CI, 7, « φρούριον », Supr., 354, 9; de *nyrĭ*.

popĭrište « μίλιον », Mt., V, 41; *prŭpĭrište*, ib., Zogr. (cf. Miklosich, *Vergl. gramm.*, II, 274).

pozorište « θέατρον », Supr., 99, 15, de *pozorŭ*.

pribězište « καταφυγή », Ps., IX, 10, cf. *pribězati*, *pribēgnąti*.

pristanište « λιμήν », Ps., CVI, 30; Euch., 18 b, etc.; cf. *stanŭ* et *pristati*; r. *pristánišče*, s. *pristanīšte*; d'ailleurs *stanište* et *stanovište* sont attestés (v. le *Lexicon* de Miklosich).

prŭtište « vêtement », Supr., 142, 12; r. *portišče*, s. *pr̃tīšte*; cf. slov. *prtič*; de *prŭtŭ*.

sądište « βῆμα, πραιτώριον », Év., de *sądŭ*; — *sądiište*, Supr., 1, 11, de *sądiji*; — *sądilište* « στάδιον, βῆμα », Supr., 107, 5; 112, 7, de *sąditi*.

sědalište « καθέδρα », Mt., XXI, 12, peut-être de *sědalo* (qui est dans Zogr. une variante de *sědalište*, Mc, XI, 15).

sŭkrovište « θησαυρός, ταμεῖον », Év., « ἀπόκρυφον », Ps., XVI, 12, de *sŭkrovŭ*.

sŭnĭmište « συναγωγή », Év., de *sŭnĭmŭ*; les manuscrits cyrilliques ont la variante *sŭborište*, de *sŭborŭ*.

tajilište « ταμεῖον », L., XII, 3, de *tajiti*.

trěbište « θυσιαστήριον, σέβασμα », Supr., 316, 12; 264, 4; de *trěba*.

trŭžište « ἀγορά », Év., de *trŭgŭ*.

vrětište « σάκκος, πήρα », L., X, 13; X, 4; cf. gr. κορτή (v. Solmsen, *Untersuch. z. gr. laut. und verslehre*, 296 et suiv.).

vŭlagalište « βαλλάντιον », L., XXII, 35, etc., de *vŭlagati*.

žilište « κατοίκησις, σκήνωμα, οἰκητήριον », Mc, V, 3; Ps., XIV, 1; Cloz., 822 = Supr., 339, 5; de *žiti*.

župište « σπήλαιον, τάφος », Supr., 232, 28; 228, 5; de *župa* (?; v. Brugmann, I. F., XI, 112).

e. — -če-.

Le suffixe *-k-* élargi par *-je-* fournit des noms masculins d'agent et aussi parfois d'instrument, tels que *orači* « laboureur », de *orati*, v. r. *oráč*, s. *òrāč* (génit. *oráča*), pol. *oracz*, ou *kotoričĭ* « homme batailleur », ou encore *bričĭ* « rasoir » ; il est tentant de le rapprocher des noms d'agent arméniens en *-ič* (instr. *-čaw*), comme *gorcič* « agent » (instr. *gorcčaw*) de *gorcel* « agir », lesquels peuvent reposer sur *-ĭ-k-ya-*. On peut citer, des textes vieux slaves, les exemples suivants :

bičĭ « φραγέλλιον », J., II, 15, de *biti* ; r. *bíč* (génit. *bičá*), s. *bìč, biča,* čak. *bìč, biča,* pol. *bicz*.

kovačĭ « χαλκεύς », Nouveau Testament, de *kovati* ; r. *kováč*, s. *kòvāč* (génit. *kováča*).

kotoričĭ « homme batailleur », Supr., 33, 26, de *kotora* ; on notera que l'*i* qui précède *-čĭ* ne s'explique pas dans ce mot même ; cf. le suffixe arm. *-ič*.

Ce suffixe a été productif dans les dialectes slaves ; mais la plupart des mots qui le renferment, même lorsqu'ils se rencontrent dans des dialectes très divers, sont suspects de n'être pas slaves communs ; ainsi on a r. *tkáč* « tisserand », slov. *tkáč*, pol. *tkacz* en face de *tŭkati*, mais s. *tkāč*.

Il convient de mettre à part les noms d'agents en *-čija-* qui sont, ou d'anciens composés (d'après M. Jagić, *Archiv*, XX, 522), ou des dérivés en *-ija-* de mots en *-ĭcĭ*, ainsi *lovĭčiji* « pêcheur », de *lovĭcĭ* (?). Les textes vieux slaves n'en présentent d'ailleurs qu'un nombre restreint d'exemples, comme : *krŭmĭčiji* « κυβερνήτης », Supr., 360, 27, de *krŭma* « poupe » ; *kŭnjigŭčiji* « γραμματεύς », Mt., XXIII, 13-23, en regard de *kŭnjižĭnikŭ* des autres passages (v. Jagić, *Marianus*, p. 467) ; *sokačiji* « μάγειρος », Supr., 87, 18 ; 327, 28 (de *sokŭ*) ; *šarĭčiji* « ζωγράφος », Supr., 312, 15, de *šarŭ*.

XVI

SUFFIXES RENFERMANT -*g*-.

La consonne -*g*- ne figure dans l'élément suffixal que d'un très petit nombre de mots slaves ; et ces mots sont d'autant plus obscurs qu'ils diffèrent beaucoup d'aspect entre eux, sans pourtant qu'on puisse les considérer comme très anciens ; car aucun ne se retrouve exactement par ailleurs, et l'étymologie en est, pour la plupart, ou mal connue ou tout à fait ignorée. — Cet état n'est d'ailleurs qu'une conséquence de l'état indo-européen. Les suffixes — nettement secondaires — en -*g*- ne sont peut-être, au moins en partie, que les formes sonores des suffixes en -*k*-, comme les suffixes en -*d*- sont les formes sonores des suffixes en -*t*- (voir ci-dessus, p. 319) ; ils sont en tout cas extrèmement rares, et surtout on ne trouve à peu près pas de mots pourvus de pareils suffixes qui soient identiques dans deux langues. Le sanskrit a *çŕṅ-ga-m* « corne » ; *árbha-ga-ḥ* de *árbhaḥ,* à côté de *arbhakáḥ* ; l'iranien zd *asənga-,* v. pers. *apangaina-* « de pierre » (v. Bartholomae, *Altiran. wörterbuch,* sous *asənga-*), etc. ; v. Brugmann, *Grundriss,* II, § 91 et 130 ; sur le lituanien, v. Leskien, *Bild.,* p. 523 et suiv. L'arménien présente fréquemment une forme élargie par -*n*- : *manuk* « enfant », génit. *mankan* (v. Hübschmann, *Armenische gramm.,* I, p. 472) ; *phokhrik* « petit », génit. *phokhrkan* (dérivé de *phokhr* « petit »), etc. ; on notera particulièrement arm. *kŕunk* « gru », en regard de ags. *cornuc,* v. h. a. *chranuh,* exemple où le *k* arménien répond à un *k* germanique, tous deux reposant sur un i.-e. *g* ; cf. les mots latins en -*gō, -ginis,* dont l'emploi est tout différent (v. Stolz, *Histor. gramm.,* I, 527 et suiv.). — Les exemples slaves sont à examiner un à un ; car il n'y a aucune catégorie définie.

ostrogŭ « χάραξ », L., XIX, 43 ; Euch., 14 a ; de *ostrŭ* ; formation exactement comparable à celle de skr. *árbhagaḥ* ; r. *ostróg*, gén. *ostróga* « pieu » ; *ostrogá* « harpon » ; s. *Ostrog* (nom propre de montagne), *óstroga* « éperon » ; pol. *ostróg, ostroga*. Cet exemple semble indiscutable, et c'est sûrement à tort que Miklosich, *Et. wört.*, suivi par M. Mikkola, I. F., VI, 350, cite le mot, p. 293, sous **serg-* ; le sens de « lieu fortifié » est secondaire. — Le vieux slave n'a pas d'autre exemple comparable à celui-ci ; *jinogŭ* « γρύψ, μονιός », de *jinŭ*, manque dans les vieux textes ; et l'étymologie de *črŭtogŭ* « θάλαμος, νυμφών », Ps., XVIII, 6 ; Euch., 85 a ; Supr., 178, 14 ; 235, 12, n'est rien moins que claire.

struga « flot », Ps., XCII, 3 ; pol. *struga,* tch. *struha, strouha*. Il est malaisé de déterminer s'il s'agit d'un dérivé du thème à suffixe zéro i.-e. **sreu-* « action de couler », d'où sort aussi *struja* « rivière », cf. lit. *srovė*, ou d'un mot à élargissement (cf. skr. *vi-srŭh-*?). On est tenté de rapprocher le type de lit. *eigà* et de gr. βλαδή. Le mot *sluga* « serviteur », Év., est plus ambigu encore (cf. ci-dessus, p. 258).

verigy (au pluriel) « chaîne », Supr., 111, 16 ; 135, 20 (κλοία) ; 234, 13 ; r. *verígi*, s. *vêrige* ; cf. *-virą, -vrěti* ; lette *veŕu, vert* ; lit. *vorà* ; skr. *āvalī* « lien » ; gr. ἀείρω (v. Zubatý, *Arch.*, XVI, 248 ; Solmsen, *Untersuchungen,* 290 et suiv.). Le mot slave *verěja* est sans doute de la même famille. — A côté de *veríga*, le slovène a aussi *veruga* ; comme dans les autres exemples, *-gā-* de *veri-ga, veru-ga* est donc un suffixe secondaire.

mąžĭ « ἀνήρ », Év., cf. got. *manna,* skr. *mánuḥ* ; le suffixe est visiblement apparenté à celui de lit. *žmogùs* dont le pluriel est *žmónes* ; cf. aussi gr. πρεσδύς, en regard du suffixe **-ku-* de arm. *erēc*, génit. *eriçu*, « ancien, prêtre » ; cet exemple est celui sans doute où le caractère secondaire de *-g-* apparaît le mieux ; dans tous ces mots de diverses langues, *-g-* est suivi d'un second suffixe secondaire : **-yo-* en slave, **-eu-* en lituanien et en grec.

Le r. *četvérg*, gén. *četvergá* « jeudi », inconnu à tous les autres dialectes slaves, a été rapproché du type lit. *treigýs* « de trois ans », *ketvérgis* « de quatre ans », etc. (sur lequel v. Leskien, *Bild.*, 524).

Le seul type ayant pris une certaine extension est celui
de : *mętežĭ* « ταραχή », Mc, XIII, 8; Ps., XXX, 21, etc.;
Euch., 54 a; r. *mjatéž*, s. *métež*; cf. *mętą*. On a de même:
lupežĭ « vol », r. dial. *lupëž*, s. *lúpež*, pol. *łupież*; et *grabežĭ*
(même sens), r. *grabëž*, s. *grábež*, pol. *grabież*; ces deux derniers
mots forment un groupe naturel, d'où tch. *krádež*, pol. *krad-
zież* et pol. *drapież*, avec le même sens.

Le mot *kovĭčegŭ* « κιβωτός », Mt., XXIV, 38, et L., XVII,
27, r. *kovčég*, s. *kòvčég*, est obscur. Quant à *krŭčagŭ* « ξεστός »,
Mc, VII, 8 Zogr., on en a rapproché *krŭčĭma*, mais le détail
des deux formations échappe.

Les mots en -*ędze*- sont èn principe empruntés au germanique, bien qu'on n'ait pas toujours en germanique l'original
en -*ing* correspondant; *kladędžĭ* « φρέαρ », L., XIV, 5; J., IV,
6 Zogr., et Euch., 21 a, est un mot emprunté, et la finale en
est si peu slave qu'elle a été en général altérée; le petit russe
a *kolódiaz*, mais les dialectes du Sud ont pris le suffixe du
mot slave (traduit du germanique) *studenĭcĭ* (qui est le terme
du traducteur original de l'Évangile, encore conservé dans
Ass. Mar. Sav.), d'où: s. *klädenac*, bulg. *kládenec*, etc., et le
russe a *kolódec* ou, avec contamination, *kolódez'*.

XVII

THÈMES EN –s–.

Les thèmes en *-es-*, qui jouaient un très grand rôle en indo-européen, tendent à disparaître au cours du développement des diverses langues ; le sanskrit, le zend, le grec, le latin en ont encore de nombreux représentants ; le slave, connu à date beaucoup plus basse, n'en a plus que quelques spécimens isolés (à part le type très productif en *-os-tĭ*, étudié ci-dessus, p. 282). Les mots en question ont d'ailleurs conservé en slave leur flexion ancienne (dont on trouvera les exemples en grande partie dans le travail de M. Scholvin sur la déclinaison, *Archiv*, II, p. 521 et suiv.), et jusqu'à la place du ton ; et le pluriel en *-esa* s'est maintenu dans les dialectes slaves modernes, sans toutefois y fournir rien de pareil aux pluriels allemands en *er*. Le slave n'a que quelques neutres du type skr. *çrávaḥ*, gr. κλέϝος ; les masculins du type skr. *suçrávāḥ*, gr. εὐκλε(ϝ)ής n'y sont plus représentés, sans doute parce que le slave a à peu près complètement éliminé la composition, qui n'existe plus guère que dans des calques savants de mots étrangers. Les deux seuls mots qui puissent passer pour sûrement indo-européens et qui n'aient subi aucune altération sont :

nebo, génit. *nebese*, « οὐρανός », Év., avec flexion en *-s-* constante (et génit. *nebeze* Freis.) ; r. *nébo*, plur. *nebesá* ; s. *nĕbo*, plur. *nebĕsa* ; pol. *niebo* ; nom. plur. v. tch. *nebesa* ; cf. skr. *nábhaḥ*, gr. νέφος ; cf. lit. *debesis*.

slovo, génit. *slovese*, « λόγος », Év., avec flexion en *-s-* constante (nom. plur. *zloueza* Freis.), sauf à l'instrumental (et même J., VII, 40 Zogr.) ; l'instrumental *slovomĭ* « en parole » est dû à l'influence du mot de sens opposé *dělomĭ* « en œuvre » ; ainsi L., XXIV, 19, *dělomĭ ji slovomĭ* Zogr. Mar. Ass. « ἐν ἔργῳ καὶ λόγῳ » ; en dehors de l'influence immédiate de *dělomĭ*, l'As-

semanianus et le Sava ont encore gardé *slovesemŭ*, J., XVII, 20,
tandis que le Zographensis et le Marianus ont généralisé *slovomĭ*;
l'élimination de la flexion en -*s*- de *slovo* a sans doute été favo-
risée par cet instrumental et par l'influence générale de *dělo*:
ni r. *slóvo*, ni s. *slôvo*, ni tch. *slovo* n'ont trace de la flexion en -*s*-
dans leur déclinaison. Le zd *sravah-* « parole » est identique
et pour la forme et pour le sens; les mots de même racine
et de même formation, skr. *çrávaḥ*, gr. κλέϜος, v. irl. *clú*, ont
un sens différent. — Le mot *dělo* est uniquement thème en -*o*-
dans Év.; il doit à l'influence de *slovo* les formes en -*es*-
qu'il présente dans Supr. et Euch.; on notera par exemple
dělesy i slovesy, Supr., 308, 11; 309, 20. Il y a donc eu action
réciproque de *dělo* sur *slovo* et de *slovo* sur *dělo*.

Il faut ajouter un mot dont l'étymologie est peu claire, mais
qui n'est pas moins nettement thème en -*s*-:

čudo « τέρας, θαυμάσιον », pluriel *čudesa*, Év.; r. *čúdo, čudesá*;
s. *čŭdo, čudèsa*; le pol. *cudo* a subi l'influence de *cudzy*. La
flexion en -*s*- est conservée comme dans *nebo*. La forme *čudo*
semble supposer un i.-e. *kewədes-*; cf. skr. *ā-kūtiḥ, kavíḥ* (voir
ce dernier mot dans l'*Etym. wört. d. altind. spr.* de M. Uhlenbeck); le *d* serait un élargissement.

Le mot *ljuto* « peine », génit. *ljutese* Supr., 251, 16 (témoignage unique), représente correctement un abstrait *leutes-*,
en regard de l'adjectif *ljutŭ*; pol. *luto*, b. sor. *l'uto*; cf. *ljutostĭ* ci-dessus, p. 283.

Dans un cinquième mot, l'étymologie est connue, mais le
vocalisme a été troublé:

kolo « τροχός », Ps., LXXXII, 14, locat. *vŭ kolesi* « ἐν τῷ
τροχῷ », Ps., LXXVI, 19; même locatif, Supr., 66, 8; mais
génit. plur. *kolŭ*, traduisant ἁμάξαις, Supr., 60, 6 (cf. 88, 25);
cf. le pluriel s. *kolèsa*; le russe a *kólo*, mais aussi le pluriel
kolësa, sur lequel a été refait un singulier *kolesó* (pour le
vieux russe, v. les *Materialy* de Sreznevskij, sous *kolo*); le
vieux tchèque présente un pluriel *kolesa*, qu'on observe encore
dialectalement (Gebauer, *Hist. mluvnice*, III, 1, p. 420); sur
des traces du thème *koles-* dans les autres dialectes occidentaux, v. Miklosich, *Vergl. gramm.*, II, 321. — Le mot *kolo*
résulte sans doute de la contamination de *kʷeles-* et de *kʷolo-*,
cf. gr. πόλος, lat. *colus*; cf. le type lat. *pondus* et hom. ὄχεσφιν

(Vendryes, *Recherches sur... l'intensité initiale*, p. 155 et 346);
gr. σκότος, σκότους (avec le vocalisme de σκότος, σκότου); ποθεσ-
dans ποθεινός et dans l'aoriste hom. ποθέσαι, att. ἐπόθεσα (avec
le vocalisme de πόθος, πόθου); κοτεσ- dans hom. κοτεσσάμην, etc.,
avec le vocalisme de κότος, 'κότου. Le vocalisme radical *e*,
attendu pour le thème en -s-, est attesté par le thème en -o-
v. pruss. *kelan* « rad » qui a reçu le vocalisme du thème en
-s- (cf. le composé lette *duceles* « voiture à deux roues »,
BB., XXVII, 325), v. isl. *huel* « roue »; le gr. τέλος, assez
éloigné au point de vue du sens, représente peut-être encore
la forme correcte du thème en *-es-* de la racine i.-e. *$k^w el$-
(v. Noreen, I. F., IV, 322 et suiv.). — De même, le pluriel
ložesna « μήτρα », L., II, 23; Ps., XXI, 11; Euch., 44 b, etc.,
est un dérivé en -no- d'un thème **ložes-*, contaminé de sl. *ože*
« κλίνη » et du thème en *-es-* attesté par gr. λέχος. Inversement *vidŭ* « aspect » et lit. *véidas* doivent peut-être leur vocalisme *e* à un thème **weides-*, identique à gr. Ϝεῖδος (v. ci-dessus, p. 223). Sur *ižesa*, v. ci-dessus, sous *jigo*, p. 236.

Les cinq mots vieux slaves précités sont les seuls qui
aient conservé la forme ancienne du type indo-européen en
**-es-*; il convient d'en ajouter deux autres qui se présentent
dans des conditions particulières : *oko* « œil » et *uxo* « oreille »,
Év.; en vieux slave, la flexion est en -s- au singulier : *očese,
ušese,* et même au pluriel (gén. *očesŭ,* Euch., 37 a; instr.
ušesy, Cloz., 339), mais le duel est celui de thèmes à suffixe
zéro : *oči* = lit. *aki* (cf. hom. ὄσσε) et *uši* = lit. *ausi* (cf. zd
uši), et sur ces nominatifs-accusatifs a été refaite la flexion
connue : *očima, ušima.* L'emploi du duel *oči* et la rareté toute
naturelle du pluriel *očesa* ont eu pour conséquence que la
flexion *očese* a offert moins de résistance que *nebese,* et, dès
les plus vieux manuscrits de l'Évangile, apparaissent les
formes : gén. *oka,* loc. *očě,* instr. *okomĭ*; il est du reste probable
que ces formes ne sont pas dues à l'auteur de la traduction,
mais à des reviseurs ou à des copistes; ainsi, L., VI, 42,
Zog. et Mar. ont le génitif *očese* et une fois, à la fin du verset,
le locatif *očese,* mais, au commencement, le locatif *očě*; dans
Mt., VII, 3-5, Zogr. et Mar. opposent le génitif *očese* au locatif *očě,* Sav. n'a que le locatif *očese,* et Ass. entremêle le génitif
očese et le locatif *očesi* au génitif *oka* et au locatif *očě*; L., XII,

3, Zogr. et Mar. ont *kŭ uxu*, mais Ass. conserve sans doute
la leçon ancienne *vŭ uxo* ; etc. Le russe a conservé *óko, óči* ;
úxo, úši ; le serbe *ŏko, ŏči* ; *ũho, ũši* ; le tchèque *oko, oči* ;
ucho, uši ; mais la flexion en -s- a généralement disparu,
et les plus anciens textes tchèques par exemple n'en ont pas
trace ; on cite toutefois le slov. *ušęsa*. — Le suffixe -s- est
indo-européen dans ces deux mots, mais la flexion indo-
européenne y comportait l'addition d'un second suffixe : skr.
ákṣi, gén. *akṣ-ṇ-áḥ* ; hom. οὖς, gén. οὔατος (cf. got. *ausins*) ; cf.
J. Schmidt, *Pluralbildungen*, p. 405 et suiv.

Durant la période ancienne, alors que la flexion des thèmes
en -s- subsistait encore, une action analogique a étendu cette
flexion de *oko, uxo* aux noms neutres en -o- du corps et de
quelques parties du corps ; l'élimination de la flexion en -es-
a fait disparaître ensuite les traces de cette action. On trouve
ainsi les exemples suivants où il n'y a pas lieu de chercher
d'anciens thèmes en -s-, mais qui attestent une productivité,
passagère et partielle, de -es- en slave :

tělo « σῶμα », génit. *tělese*, L., XXIV, 3 et 23 Zogr. Mar.
Ass., à côté de *těla*, Mt.; XXVII, 58 ; Mc, XV, 43 ; J., II, 21
Zogr. Mar. Ass. ; on remarque ici une hésitation dont on ne
retrouve pas l'équivalent pour *nebo* et pour *čudo*, et qui
indique une innovation analogique ; seul, le pluriel a constamment la forme *tělesa*, Mt. XXVII, 52 et J. XIX, 32,
Zogr. Mar. Ass. Sav. ; la flexion en -o- domine nettement
au singulier, comme l'a montré M. Scholvin ; de même Supr.
a par exemple 3 fois *tělese* et 21 fois *těla* (d'après M. Scholvin) tandis que le pluriel *tělesa* est constant (16 ex.) ; les
monuments de Freising ont gén. sing. *teleze*, gén. plur.
telez. Le r. *tě'lo*, le tch. *tělo* suivent la flexion ordinaire des neutres en -o- ; mais le serbe *tijelo* a un pluriel *tjelésa*, et le dérivé
r. *télésnyj*, s. *tjelesnī*, pol. *cielesny* (v. sl. *tělesĭnŭ*, L., III, 22)
atteste encore que la forme en -es- a été slave commune.
Le *ě* radical représente une ancienne diphtongue, à en juger
par l'intonation ; l'indo-européen n'admettant pas de racine
de la forme *toil-*, l'élément -lo- serait donc suffixal ; l'étymologie est inconnue.

lice « πρόσωπον », génit. *lica*, Év., mais Supr., 247, 15,
présente aussi *ličese*.

istesa « νεφρούς », Supr., 224, 5; duel *istesĕ*, ib., 257, 15; cf. lit. *inkstas*.

On cite encore *udesa* « membres » (v. le *Lexicon* de Miklosich et Miklosich, *Vergl. gr.*, III², p. 43); *črĕvo* « ventre », gén. *crĕvese* (v. *ibid.* ; les textes vieux slaves n'ont que *črĕvo, črĕva*); *čelesĭnŭ*, à côté de *čelo* « front » ; *sluxo, slušese* « lobe de l'oreille » et « ouïe » (v. Miklosich, *Lexicon*),

Dans l'Évangile, *drèvo* « δένδρον » est thème en *-o-*, et de même dans Ps., CIII, 16; Euch. 12 b, 59 b; néanmoins la flexion *drèvese* (par exemple Supr., 121, 6 et 7 ; 298, 4 ; 299, 19) renferme sans doute quelque chose d'ancien; car on ne voit pas de quoi elle pourrait être analogique, et en effet le grec a, à côté de δένδρον, un thème en *-es-*: δένδρος, δένδρεα, δένδρεσι (v. Kühner-Blass, *Griech. gramm.*, I, p. 505, et surtout Osthoff, *Etymologische parerga*, I, 144) ; pour la forme, cf. skr. *pívaḥ*, gr. πῖος. Un autre exemple de **-wes-* est fourni par *divesa* « τέρατα », Ps., CIV, 5, à côté de *divŭ*, Cloz., 570; mais, peut-être, *divesa* est-il dû à une influence du pluriel de sens voisin *čudesa*.

Sur *tęgo, tęžese*, voir le *Lexicon* de Miklosich, et, sur slov. *oje, ojesa* « timon », voir Lidén, *Studien*, p. 60 et suiv.

On peut être tenté de chercher des dérivés thématiques de thèmes en *-s-y* comparables à skr. *útsaḥ* « source », dans quelques mots en *-so-*, comme *klasŭ* « στάχυς », Év., r. *kólos*, s. *klás*, tch. *klas*; mais cette hypothèse repose sur une étymologie incertaine et doit par suite être négligée. — Dans *ovĭsŭ* « avoine » ; r. *ovĕs, ovsá* ; s. *òvas, óvsa* ; pol. *owies, owsa*, le *s* après *ĭ* indique qu'on a affaire à une ancienne palatale sourde, alternant avec la sonore de lit. *avižà*, lette *auzas*, plutôt qu'à un i.-e. **s*, que suggérerait le lat. *auēna* ; du reste le *ĭ* de *ovĭsŭ* et le *e* du lat. *auēna* ne se concilient pas non plus (cf. Pedersen, I. F., V, 42 et suiv.). — Le contraste de got. *fauho*, v. isl. *fóa*, v. h. a. *foha*, et de v. h. a. *fuhs*, agr. *fox* pourrait suggérer l'hypothèse d'un suffixe *-so-* dans *lisŭ* « renard » (v. ci-dessus, p. 237); mais comme l'élément radical du mot slave est obscur, que d'ailleurs sl. *s* pourrait être *k*, à en juger par skr. *lopāçáḥ* « renard », pers. *rōbāh*, gr. ἀλώπηξ (*s* de arm. *alues* est ambigu), on n'a aucun moyen de se prononcer sur la forma-

tion de ce mot. — Dans *kąsŭ* « morceau », r. *kŭs, kŭsa*, slov.
kǫs, pol. *kęs*, tch. *kus*, et dans v. r. *kąsŭ (kusŭ)* « mutilé »,
s. *kŭs, kŭsa, kŭso*, il y a un suffixe sl. *-so-*, à en juger par lit.
kándu, kásti « mordre ». — Sur *pelesŭ*, qui n'est pas attesté
dans les vieux textes, v. Solmsen, K. Z., XXXVIII, 443. —
On voit qu'aucun de ces exemples ne saurait passer pour établi, ni même pour simplement probable.

Le -*x*- de *smĕxŭ* « γέλως », Supr., 381, 29 ; Euch., 54 a, etc.,
est un élargissement qui se retrouve dans le verbe *nasmisati
sę*. Le *x* de *spĕxŭ*, « hâte, zèle », Euch., 37 a, etc., ne peut en
aucune manière représenter phonétiquement *s*, puisque le *ĕ*
qui précède est un ancien *ē*. Quant à *ženixŭ* « νυμφίος »,
Év., etc., à côté de *ženiti*, c'est une formation unique en son
genre (cf. Pedersen, I. F., V, 51 sq.). L'adjectif *vetŭxŭ* « πα-
λαιός », Év., est identique à lit. *vetuszas* (v. Leskien, *Bild.*,
599), et lat. *uetus* (cf. Pedersen, I. F., V, 35) n'en diffère
peut-être que par l'absence de la voyelle thématique *o* ; car
la voyelle $^u/_e$ de *uetus, ueteris* peut représenter un ancien *u* aussi
bien que $^e/_o$, et il est inexplicable que *uetus* soit adjectif s'il
répond à gr. *Fέτος* « année » ; on rapproche, pour la finale,
cĕgŭxŭ à côté de *cĕglŭ*.

Un type en *-uxo-*, fémin. *-uxa-*, est attesté par un certain
nombre d'exemples qui ne sont pas proprement vieux slaves
(v. Miklosich, *Vergl. gr.*, II, 289 sqq.) ; par exemple, on a
kožuxŭ « vêtement de fourrure », de *kožä* ; r. *kožúx*, s. *kȍžuh*,
pol. *kožuch*. Le vieux slave a *goruxa, gorjuxa* « σίναπι » (dans
le dérivé *gorušĭnŭ, gorjušĭnŭ*, Év.) qui semble être dérivé de
gorĭ(kŭ) « amer ». L'ancien *pastyrjĭ* « ποιμήν » est remplacé par
pastuxŭ, Mc, VI, 34 Zogr. ; Supr., 340, 26 et 28 (cf. *pastyrjĭ*,
Cloz., 894 et 896) ; cf. r. *pastúx* (gén. *pastuxá*), s. *pȁstūh* (gén.
pástūha), pol. *pastuch*. Ces divers mots ne présentent aucune
unité de sens, et l'intonation de l'*u* est rude dans les uns,
douce dans les autres. M. Solmsen a proposé sur l'origine
de *-uxŭ* une hypothèse dans la *Deutsche litteraturzeitung*, 1903,
col. 2199, et I. F., *Anz.*, XV, 225 et suiv.

Il n'y a guère d'exemples de cas où un élément suffixal -*s*-
reposerait sur une ancienne palatale ; peut-être pourrait-on
citer r. *lós'* « élan », cf. lat. *alcēs*, v. isl. *elgr*, etc. ; voir, en
dernier lieu, Osthoff, *Et. parerga*, I, 318 et suiv.

XVIII

SUFFIXE -vo-

Le suffixe sl. *-vo-* représente l'i.-e. **-wo-* (v. Brugmann,
I. F., IX, 369 et suiv., et Osthoff, BB., XXIV, 153), qui était
éminemment secondaire. Ce caractère secondaire est évident
dans des mots tels que skr. *keça-vá-ḥ* « chevelu », gr. διωκτέ-
(ϝ)ο-ς, lat. *annuos,* etc. Et, là même où il se dissimule, on
parvient souvent à le discerner (cf. Solmsen, K. Z., XXXVII,
598). Ainsi skr. *pak-vá-ḥ* « mûr » n'est pas un adjectif primaire, mais le dérivé secondaire d'un thème à suffixe zéro
attesté par lat. *prae-cox* et par un dérivé grec avec un autre
suffixe, également secondaire : πέπων, génit. πέπονος ; cf. pour
la forme, skr. *ṛkváḥ* de *ṛk.* De même, on a vu, p. 324, que
le caractère secondaire de ags. *hasu* « gris brun » (suffixe
**-wo-*), est établi par lat. *cascus* (suffixe **-ko-*) et *cānus,* osq.
casnar, v. h. a. *hasan* « brillant » (suffixe **-no-*). Le v. sl.
prŭvŭ-jĭ, le skr. *pûrvaḥ,* zd *pourvō* représentent le suffixe
*-*wo-* ajouté à **pṛ-,* c'est-à-dire à la forme à vocalisme zéro
du thème **perə-* attesté par gr. πέρι, πάρος, skr. *pàri, puráḥ,*
lat. *per, prae,* etc. ; le lit. *pirmas* a un autre suffixe secondaire
(l'hypothèse de M. Pedersen, K. Z., XXXVIII, 372, que le *v*
de *prŭvŭ* est issu de *m* serait invraisemblable si même il était
prouvé que *rm* a jamais donné *rv* en slave ; car il est tout à
fait arbitraire de supposer que *prŭvŭ* soit analogique du dérivé,
beaucoup moins usité, *prŭvĭnŭ*). V. sl. *plavŭ* = lit. *palvas,* v.
h. a. *falo,* est dérivé d'un thème **pel-, *pol-,* non attesté, mais
supposé par d'autres dérivés également secondaires : gr.
πολιός (et πελιός), arm. *alikh* (de **poliyo-*), lit. *pelẽ* « souris », skr.
palitáḥ, fémin. *páliknī,* etc. Skr. *çyāváḥ,* zd *syāva-,* v. sl. *sivŭ,*
lit. *szývas* se trouvent à côté d'un autre mot à suffixe secondaire

skr. *çyāmáḥ*, lit. *szẽmas* (ou plutôt *szêmas*, v. Leskien, *Bild.*, p. 428). Le lit. *kairẽ* « main gauche » ne saurait être séparé de lat. *scaeuos*, gr. σκαιός, l'alternance *sk- : k* étant bien connue ; il en résulte que le *-vo-* de ces deux derniers adjectifs est secondaire et que le mot original était *(s)kai-*. En slave même, la coexistence de v. sl. *divĭjĭ* « sauvage » (supposant *divo-*) et de r. *díkij* (thème *diko-*) indique un thème *di-* non attesté, qui a fourni ces deux dérivés.

Le nombre des adjectifs, sans doute anciennement secondaires, mais où le suffixe *-vo-* s'ajoute directement à une racine, et prend ainsi un aspect primaire, est très petit. On peut citer :

krivŭ « courbe » (v. les exemples dans le *Lexicon* de Miklosich ; le *krivŭ* de *Psalt. sin.*, Ps., V, 7, est évidemment fautif ; le Suprasliensis a le dénominatif *ras-kriviti*, 443, 7) ; r. *kriv, krivá, krívo ; krivój* ; s. *krîv, kríva, krívo ; krîvī* ; tch. *křivý* ; identique à lit. *kreivas* ; cet adjectif lituanien est lui-même très caractéristique ; M. Leskien, *Bild.*, p. 344, a montré en effet que la plupart des adjectifs lituaniens en *-va-* sont des déformations d'adjectifs en *-u-*, ainsi *tenvas* ; le vieux mot *gývas* mis à part, *kreivas* (ou la forme voisine *kraivas*) est à peu près le seul dont l'antiquité ne puisse être suspectée, avec les adjectifs de sens voisin : *klivas* « aux jambes torses », *szeivas* « courbe », *szlivas* « aux jambes torses » ; et, en effet, le mot lat. *cur-uo-s*, dont la racine a une forme différente, mais où l'élément *kr-* au moins est commun, présente le même suffixe. — Il n'est donc pas fortuit que le mot de sens opposé *pravŭ* ait le même suffixe, et il est permis de supposer, malgré le peu de clarté de l'étymologie de ce dernier mot, que son suffixe est dû à l'influence de *krivŭ*.

lěvŭ « εὐώνυμος », Mc, X, 37 Zogr. Sav., etc. ; r. *lé'vyj*, s. *lijevo, lijevī* ; tch. *levý* ; cf. lat. *laeuos*, gr. λαιός ; on retrouve le même suffixe dans lat. *scaeuos*, gr. σκαιός (cf. Brugmann, *Grundr.*, II, 127-129).

pravŭ « εὐθύς », L., III, 4, etc. ; r. *prav, pravá, právo ; právyj* ; s. *prâv, práva, prâvo*, mais *prâvý* ; tch. *pravý* ; pol. *prawy* ; l'origine du mot n'est pas claire ; cf. lat. *pro-bus*, ags. *fra-m* « brave » ?

prŭvŭ « premier », Ev., etc. ; r. *pérvyj (pervá)*, s. *pȓvī*, tch.

prvý ; l'intonation radicale douce est très surprenante en regard de skr. *půrvaḥ*, zd *pourvō* et de lit. *pìrmas*.

sŭdravŭ « ὑγιής, ὑγιαίνων », Év. : r. *zdoróv, zdoróvyj* ; s. *zdrǎv, zdrǎva, zdrǎvo* ; tch. *zdráv, zdravý* ; pol. *zdrówy* ; cf. sans doute skr. *dhruváḥ* (mais cf. aussi Osthoff, *Etym. parerga*, I, 117 et suiv.) ; *sŭ-* est le préverbe connu (cf. M. S. L., IX, p. 50 et suiv.).

trězvŭ « νήφων », Supr., 378, 2 ; r. dial. *terězvyj* ; tch. *střívý*, pol. *trzezwy* ; s. *trijézan* (de **trězvĭnŭ*) ; sans étymologie certaine ; pour le vocalisme *e*, cf. *krivŭ*.

živŭ « ζῶν », Év., etc. ; r. *žív, živá, žívo* ; *živój* ; s. *žĭv, žĭva, žĭvo* (le russe et le serbe supposent que le thème slave *živo-* était oxyton), tch. *živý* ; mot sûrement indo-européen : skr. *jïváḥ*, lit. *gývas*, lat. *uīuos*, v. irl. *bíu*, gall. *byw*. Le *w* se retrouve dans les verbes : v. sl. *živǫ* « je vis », v. pruss. *giwa* (il vit), skr. *jǐvāmi*, lat. *uīuō*,

Les adjectifs désignant des couleurs forment un groupe particulier, très peu représenté en slave, mais nombreux en baltique (v. Leskien, *Bild.*, p. 345), en germanique, en latin et en grec (v. Solmsen, K. Z., XXXVIII, 449) :

plavŭ « λευκός », J., IV, 35 (il s'agit de champs qu'on va moissonner ; donc « blanc roux, blond ») ; r. *polóvyj* ; s. *plâv, pláva, plávo* ; *plâvĭ* ; tch. *plavý* ; cf. lit. *palvas*, v. h. a. *falo* ; skr. *paru-ṣáḥ* « tacheté », zd *pourušō, paouruša-* « gris » (sur lat. *pullus*, v. Solmsen, K. Z., XXXVIII, 438 et suiv.).

sivŭ « gris » (se dit des cheveux) ; r. *sívyj* ; s. *sĭv, sĭva, sĭvo* ; tch. *sivý* ; pol. *siwy* ; cf. lit. *szývas*, skr. *çyāváḥ*.

slavo-(očije) « γλαυκότης », r. *solovój* « de couleur isabelle » ; le dérivé est plus répandu : v. sl. *slavĭjĭ* « rossignol », r. *solovéj*, slov. *slavéc*, pol. *słowik* ; cf. v. h. a. *salo*, etc. (v. Osthoff, *Etym. parerga*, I, 96 ; cf. aussi Zubatý, *Archiv*, XVI, 413 sqq. ; le rapprochement de skr. *çárvaraḥ*, proposé par M. T. Torbiörnsson, *Gemeinsl. liquidametathese*, I, 26, est peu séduisant).

Sur r. *slíva*, s. *slĭva*, tch. *slíva* « prune », v. Solmsen, K. Z., XXXVII, 598 (mais cf. Niedermann, I. F., XV, 120), et sur tch. *žluva* « sorte de pic », Zubatý, *Archiv*, XVI, 425, où ce mot est rapproché de v. h. a. *gelo*, lat. *fuluos* (ce dernier pouvant d'ailleurs être apparenté à lit. *dùlsvas*, v. Niedermann, I. F., XV, 121).

Tous ces adjectifs d'aspect primaire n'ont pas de vocalisme
défini : les uns ont le vocalisme *e*, d'autres le vocalisme *o*,
d'autres enfin ont le vocalisme zéro ; ceci suffit à indiquer
qu'on n'est pas en présence d'un type primaire indo-européen, mais de dérivés très anciens. Quoi qu'il en soit, le slave
n'a plus, à l'époque historique, de suffixe productif -*vo*-, mais
seulement -*ivo*-, -*avo*-, -*ovo*-, qui sont originairement des dérivés
de thèmes en -*ĭ*-, -*a*-, -*o*-, et qui de là se sont étendus à un
plus ou moins grand nombre d'autres cas.

Le suffixe -*vo*- joue dans les dérivés slaves un rôle assez
comparable à celui de indo-iran. -*vant*-, gr. -(ϝ)εντ-, dans skr.
áma-vant-, zd *ama-vant*- « fort », gr. χαρί-(ϝ)εντ-, etc. ; cf.
aussi lat. *officiōsus*, etc. Et, en effet, le suffixe complexe i.-e.
-went- doit être dérivé de *-wo*-.

α. -ivo-.

Les adjectifs en -*ivo*- sont encore, pour la plupart, rattachés
à des thèmes en -*i*-. Leur -*i*-, qui représente i.-e. *-*ī*-, fait au
premier abord difficulté ; de *čĭstĭ*, on attendrait *čĭstĭvŭ*, de
même que le védique a *añjiváḥ* « glissant » de *añjí* « graisse » ;
or, en fait, on a *čĭstivŭ*, avec *i*, et cet *i* a l'intonation rude d'un
ancien *ī*, car le serbe a, par exemple, *dàždiv*, avec *i* bref
accentué. Mais un examen plus attentif fait reconnaître que
le traitement slave est sans doute indo-européen : les suffixes
secondaires, tels que *-to*-, *-lo*-, *-wo*-, etc., s'ajoutent à une
forme allongée de la voyelle terminant le thème du mot ; ainsi
le lituanien a, de *akis*, à la fois *akýlas* « attentif » et *akyvas*
(même sens ; v. Leskien, *Bild.*, 353) ; cf. lat. *sēmentīuos*, de
sēmentis ; avec *-to*- le fait est particulièrement clair : sl.
rogatŭ = lit. *ragútas*, de v. sl. *rogŭ* = lit. *rãgas* ; lat. *aegrōtus*,
aurītus, *cinctūtus* ; gr. κρυωτός ; cf. ci-dessus, p. 290. On attribue
parfois ces longues à l'influence de verbes, par exemple
gr. ἀρτῡτός à ἀρτύσω ; mais, comme tous les thèmes des verbes
dénominatifs autres que celui du présent sont des développements récents et indépendants de chaque langue indo-européenne, c'est au contraire le type ἀρτύσω qui doit sa longue
au type d'adjectifs tels que ἀρτῡτός, lesquels sont devenus verbaux, mais qui étaient à l'origine des dérivés de substantifs ; du reste, en latin, il n'y a aucune forme verbale à

laquelle on puisse attribuer l'*ū* de *statūtus*, et ce type de participe doit être tenu en principe pour dérivé de thèmes en *-u-* tels que *status*. Il y a là une très grosse question qui ne peut être qu'indiquée maintenant, mais qui mérite une étude approfondie.

Adjectifs slaves en *-ivo-* qui se trouvent en regard de thèmes en *-ĭ-* :

blędivŭ « φλυκρός », I Tim., V, 13 Christin., de *blędĭ*.

čĭstivŭ « εὐλαβής », L., II, 25 Mar. Sav. (*bogočĭstivŭ* Ass. ; altéré en *čĭtivŭ* Zogr.) ; *nečĭstivŭ* « ἀσεβής », Ps., I, 5 ; Euch., 43 a ; de *čĭstĭ*.

lěnivŭ « ὀκνηρός », Mt., XXV, 26 Ass. Sav. Ostr. (*lěnŭ* Zogr. Mar.), de *lěnĭ* ; r. *lěnívyj*, s. *ljěniv*.

lĭstivŭ « δόλιος », Ps., XI, L, de *lĭstĭ* ; r. *l'stívyj*.

lŭživŭ « δόλιος, ψευδής », Ps., V, 7 ; LXI, 10, de *lŭžĭ* (on notera cependant que, si *lŭžĭ* est slave commun, c'est *lŭža* qui est le mot vieux slave signifiant « mensonge »).

milostivŭ « οἰκτίρμων », L., XVIII, 13, de *milostĭ* ; r. *mílostivyj*, s. *mìlostiv*, pol. *miłos'ciwy*.

pamętivŭ, dans *pamętivŭ zŭla* « μνησίκακος », Supr., 316, 9 ; de *pamętĭ*.

podraživŭ « imitant », Supr., 67, 11, de *podragŭ*.

prijaznivŭ « εὐγνώμων », Supr., 242, 4, de *prijaznĭ*.

rěčivŭ « λόγιος », Supr., 75, 7, de *rěčĭ* ; *veljerěčivŭ* « μεγαλορρήμων », Ps., XI, 4.

zŭlobivŭ « πονηρευόμενος », Ps., XXI, 17, etc., de *zŭlobĭ*.

Ces exemples suffisent à montrer comment *-ivo-* a pu être transporté à des noms quelconques : *lŭživŭ*, issu de *lŭžĭ*, peut être rapporté à *lŭža* ; *zŭlobivŭ*, issu de *zŭlobĭ*, à *zŭloba* ; etc. En fait, *-ivo-* fournit des adjectifs quelconques indiquant qu'une personne possède telle ou telle qualité. Là où il s'agit d'exprimer ce sens spécial, le suffixe *-ivo-* est même ajouté à certains adjectifs, sans doute sur le modèle de *lěnŭ* : *lěnivŭ*. On peut citer :

ǫrodivŭ « μωρός », Supr., 273, 2, dérivé de *ǫrodŭ*.

x[rĭst]oljubivŭ « φιλόχριστος », Euch., 5 b, de *ljubŭ* ; on a aussi l'adjectif simple *ljubivŭ* « aimant », Supr., 249, 13 (construit avec le datif), et c'est l'un des très rares exemples où l'on pourrait soupçonner l'influence d'un verbe en *-iti-*, ici *ljubiti*.

gągǔnivǔ « μογιλάλος », Mc, VII, 32 Zogr. Mar. Sav., dérivé du mot d'où est aussi tiré le verbe *gągǔnati*.

gladivǔ « affamé », Supr., 130, 21, de *gladǔ*.

krǔvotočivǔ « αἱμόρροῶν », Mt., IX, 20, composé, calqué sur le grec; le second terme est dérivé de *tokǔ*. De même, *krǔvojadivǔ*, qui traduit « αἱμοδόρος », Supr., 158, 28, est visiblement calqué sur le grec.

lopotivǔ « bègue », Euch., 43 a, dérivé du mot d'où sort le verbe r. *lopotát'* (pour le sens, cf. *lepetát'*).

nedążivǔ « ἀσθηνής », Supr., 225, 29, de *nedągǔ*.

nerazumivǔ « ἀσύνετος », Mc, VII, 18 Mar., de *razumǔ*.

opasivǔ « περίεργος », Supr., 345, 27, de *opasǔ*.

pěgotivǔ « λεπρός », Supr., 287, 25, de *pěgota*.

pravǐdivǔ « δίκαιος », L. II, 25, Ass. Sav., variante de *pravǐdǐnǔ*, Zogr. Ass.

pronyrivǔ « πονηρός », Supr., 76, 24; Euch., 78 b; cf. *pronyrǐje*.

rǐvǐnivǔ « ζηλωτής », Supr., 306, 18, de *rǐvǐnǔ*.

strašivǔ « δειλός », Év., de *straxǔ*; s. *stràšiv*.

strupivǔ « blessé », Euch., 53 b, de *strupǔ*.

strǔpǐtivǔ « στρεβλός, σκολιός », Phil., II, 15.

tǔštivǔ « ὀλιγόψυχος », Thess., V, 14, de *tǔštǐ*; et *tǔštivǔ* « σπουδαῖος », Sup. 243, 27; II, Cor., V, 14; à côté de *tǔštǐnǔ* et de *tǔštati sę*.

žestosrǔdivǔ « ἀχάριστος », Supr., 239, 4; le suffixe secondaire de *srǔdǐ-ce* ne se retrouve pas non plus dans *žestosrǔdǐje* « σκληροκαρδία », Év.; le mot peut donc passer, s'il est ancien, pour dérivé du thème en -ǐ- **sǐrdǐ*- (cf. ci-dessus, p. 343).

životvorivǔ « vivifiant », Supr., 215, 12; cf. *tvoriti*.

Le suffixe apparaît souvent compliqué par la présence de *l* précédant -*ivo*-; ainsi dans *trǔpělivǔ* « μακρόθυμος », Ps., VII, 12; cette addition de *l* se retrouve dans l'abstrait *trǔpělistvo* I Cloz., 77; elle permet, on le voit, d'ajouter -*ivo*- à un thème terminé par une voyelle, tel que *trǔpě*-. A en juger par s. -*ljiv* et slov. -*ljiv*, il s'agit d'ailleurs plutôt de -*ljivǔ* que de -*livǔ*, quoique le signe de mouillure ne figure après *l* dans aucun des exemples vieux slaves cités ci-dessous. — Une autre forme, plus complexe encore, en -*ǐlj-ivo*- s'emploie comme substitut exact de -*ivo*- dans certains adjectifs qui désignent

des traits de caractère ; ainsi dans *nerazŭmĭlivŭ* que présente
Zogr., en regard de *nerazumivŭ* Mar., Mc, VII, 18 ; de même
Šiš. a *blĕdlivĭ*, c'est-à-dire *blędĭlivŭ*, en face de *blędivŭ*, cité
ci-dessus, p. 366. On peut citer encore quelques exemples des
vieux textes, tels que :

obidĭlivŭ « ἄδικος », Cloz., I, 117 ; Supr., 347, 27 (cf. Euch.,
70 b), de *obida*.

zavidĭlivŭ « silencieux », Supr., 52, 11 ; *nezavidĭlivŭ*, Euch.,
15 a ; de *zavida* ; de *zavisti*, on lit *zavistĭlivŭ* « βασκαινόμενος »,
Supr., 288, 21.

pobĕdĭlivŭ « νικοποιός », Supr., 235, 5, de *pobĕda*.

poslušĭlivŭ « ὑπηκόος », Supr., 366, 11 ; Euch., 45 b, 82 b ;
cf. *poslušati, poslušĭnikŭ*, etc. ; *oslušĭlivŭ*, Supr., 235, 10 ; 238,
20, cf. *oslušati*, etc.

poučalivŭ « enseignant (volontiers) », Supr., 152, 17 ; cf.
poučati.

mlĭčalivŭ « envieux », Supr., 150, 15 ; cf. *mlĭknąti, mlĭčati* ;
ce dernier mot est fort curieux encore en ceci que l'on possède *mlĭčali* « silence » : c'est sans doute de cas de ce
genre qu'est partie l'addition de *l*.

Ce type en *-(ĭ)ljivo-* joue un assez grand rôle dans les
diverses langues slaves, mais il est encore rare dans les textes
vieux slaves et l'on notera en particulier que Év. n'en présente aucun exemple certain (*nerazumĕlivŭ* ayant pour variante
nerazumivŭ). L'introduction de *-l-* ne peut provenir que de cas
où *-ivo-* a été ajouté à un dérivé dont le suffixe comprend *-l-*,
comme celui de *mlĭčali* ; mais, sur le détail des faits, on ne
saurait avancer que des suppositions ; cf. le type *xraniliště*,
etc., ci-dessus, p. 350 ; le fait essentiel dans tous les exemples de ce genre est qu'un suffixe à initiale vocalique ne peut
être ajouté à un thème terminé par voyelle que s'il s'insère
entre les deux une consonne pour empêcher les combinaisons
qui obscurciraient la formation ; c'est ainsi qu'on a en français *clou-t-ier* en face de *serrur-ier*, etc.

β. *-avo-*.

Les mots en *-avo-* sont originairement des dérivés de thèmes
en *-a-* et ne se rencontrent encore dans les vieux textes
qu'à côté des mots en *-a-* dont ils sont dérivés ; comme les

mots en -*ivo*- ils marquent une qualité. Les exemples, très
peu nombreux, qui ont été rencontrés en vieux slave proprement dit sont :

lǫkavŭ « πονηρός », Év., de *lǫka* ; r. *lukávyj*, s. *lùkav*.

sĕdinavŭ « blanc », Supr., 170, 29, de *sĕdiny*.

skvrŭnavŭ « ῥυπαρός », Supr., 280, 11, de *skvrŭna* ; cf. s.
skrnáviti.

tinavŭ « boueux », Supr., 127, 10, de *tina*.

Il est intéressant de signaler ici s. *bràdavica*, bulg. *bradá-
vica*, tch. *bradavice* et r. *borodávka*, pol. *brodawka* « verrue,
mamelon (du sein) » qu'on tire ordinairement de *brada* « barbe »
et qui supposent un dérivé en -*vŭ* non attesté.

On a déjà *krŭvavŭ* (*o-krŭvav-iti*, Euch., 103 a), de *krŭvĭ* ; r.
krovávyj, s. *kr̆vāv*, pol. *krwawy*. Il s'est donc créé un suffixe
-*avo*- en slave même. Et l'on a fait *veličavŭ* « ἀλαζών », Supr.,
66, 10, sur *veličati*, itératif de *veličiti* ; *sŭničavŭ* « περίεργος »,
Tim., V, 13, Šiš., sur *sŭničati*.

γ. -*ovo*-.

Le type slave en -*ovo*- répond originairement à celui de
skr. *keçaváḥ* « chevelu » (cf. Brugmann, I. F., IX, 373 et
suiv. ; sur v. pruss. *smonenawins*, v. Leskien, *Bild.*, 354) ; il
indiquait sans doute une qualité et ce sens apparaît encore
dans la série : *takovŭ* « τοιοῦτος », Év., de *takŭ* ; *kakovŭ* « ποτα-
πός », Év., de *kakŭ*, etc. ; *sicevŭ* « de l'espèce que voici », Supr.,
417, 28, de *sicĭ*, etc., et surtout dans *jistovŭ* « ἀληθινός », J.,
IV, 37 Mar. (var. de *jistininŭ*), Euch., 36 a ; 70 a, de *jistŭ* ;
nejistovŭ, Mc, III, 21 ; J., X, 20 (forme négative du précédent) ;
surovŭ « cruel », Supr., 3, 14 ; 75, 21 ; pol. *surowy* ; on notera
aussi l'emploi de -*ovo*- pour indiquer la matière dans *trŭnovŭ*
« ἀκάνθινος », J., XIX, 5 Zogr. Mar. Ass. (*trŭnĕnŭ* Sav.), etc.
Mais ce ne sont là que des débris isolés, tandis qu'il s'est fixé en
slave un emploi particulier où -*ovo*- fournit un nombre illimité
d'adjectifs nouveaux : c'est -*ovo*- qui sert ordinairement à former les adjectifs d'appartenance qui suppléent le génitif des
noms de personnes et d'êtres animés. Le suffixe -*ovo*- joue
ainsi le rôle d'un véritable élément flexionnel et apparaît
aussi bien à la suite d'un mot étranger que d'un mot indigène. On peut citer pour définir le type :

jexidŭnovŭ « ἐχιδνῶν », L., III, 7.

jerodovŭ « τοῦ ἐρωδιοῦ », Ps., CIII, 17.

jiɣemonovŭ « τοῦ ἡγεμόνος », Mt., XXVII, 27.

jugovŭ « νότου », Supr., 257, 23 (dans un passage où *jugŭ* est personnifié ; par ailleurs on a *južiskŭ* ; ainsi L., XI, 31, ou *južinŭ*).

k'itovŭ « τοῦ κήτους », Mt., XII, 40.

kranijevŭ « κρανίου », J., XIX, 17 (il s'agit d'un vrai nom propre ; l'emploi de *-ovo-* ici est surprenant).

livovŭ « λέοντος », Ps., XXI, 22 ; Euch., 85 a.

patriarxovŭ « πατριάρχου », II Cloz., 28.

prědaditeljevŭ « τοῦ προδότου », II Cloz., 30 et I Cloz., 238.

skądelĭnikovŭ « τοῦ κεραμέως », Mt., XXVII, 7 Zogr. Mar. (mais *skądelĭničĭ*, ib.. Ass. Sav. Ostr. et Mt., XXVII, 10 Zogr. Mar. Ass. Sav., est sans doute la forme employée par le premier traducteur).

sŭpasiteljevŭ « τοῦ σωτῆρος », dans les titres de Luc dans Zogr. Mar.

sunagogovŭ « τοῦ συναγώγου », dans les titres de Marc et Luc, Zogr. Mar.

tektonovŭ « τοῦ τέκτονος », Mt., XIII, 55.

učiteljevŭ « τοῦ διδασκάλου », II Cloz., 87.

zmĭjevŭ « δράκοντος, ὄφεως », Ps., LXXIII, 14 ; Euch., 54 a (à côté de *zmĭjĭnŭ* « ὄφεως », Ps., LVII, 5)...

La plupart des cas sont des dérivés de mots étrangers, on le voit ; *-ovo-* ne semble normal qu'avec les noms d'agent en *-teljĭ* ; c'est surtout *-je-* et aussi *-ĭsko-*, *-ĭno-* qui servent dans les mots indigènes : on a vu que *skądelĭnikovŭ* apparaît seulement en variante de *skądelĭničĭ* ; de *bogŭ*, on a *božiji*, Év., et *božiskŭ*, Supr., etc. Le suffixe *-ovo-* figure assez régulièrement dans les dérivés de noms propres de personne, ainsi *Petrovŭ* « Πέτρου », Év., et dans un nombre illimité d'exemples analogues de Év. Toutefois, même en cet emploi qui est son emploi propre, *-ovo-* est en concurrence avec *-je-* : *Avraamovŭ* « τοῦ Ἀβραάμ », L., III, 34 Zogr. Mar. dans une longue série de patronymiques en *-ovŭ* interrompue seulement par quelques dérivés en *-je-* comme *Taranjĭ* ; mais *Avraamljĭ* dans les autres passages, par exemple L., XIII, 16 Zogr. Mar. Ass. Sav. L'adjectif *adovŭ* « ᾅδου », Ps., XVII, 6 ; Cloz.,

799 = Supr., 338, 17 provient de ce que le mot *adŭ* est traité comme un nom propre.

On doit noter à part la superposition de *-ovo* et *-ino-* dans quelques exemples :

duxovĭnŭ « τοῦ πνεύματος », L., IV, 14.

četvrĕ-dĭnevĭnŭ « τεταρταῖος », J., XI, 39 ; *dĭnevĭnŭ* « ἡμερινός », Cloz., 561.

dĭždevĭnŭ « τῆς βροχῆς », Euch., 2 a.

On voit que ces exemples sont tout à fait en dehors de l'emploi ordinaire de *-ovo-*.

Substantifs.

En ce qui concerne la formation des substantifs, *-wo-* ne joue en slave presque aucun rôle. Tout au plus convient-il de signaler une petite catégorie, celle des noms d'instrument en *-ivo*, neutres, ou en *-iva*, féminins :

sĕčivo « πέλεκυς », Ps., LXXIII, 6, en regard de *sĕką* ; s. *sječiva* (pluriel neutre) ; cf. le mot de glossaire lat. *seciuom* pour la forme avec *i* sans doute long.

tętiva « corde », Supr., 350, 6 ; s. *tetiva*, pol. *cięciwa*, tch. *tětiva* ; r. dial. *tjativa*, r. *tetivá* (avec *e* au lieu de *ja* en syllabe inaccentuée) ; le lituanien *temptýva* a une accentuation différente et est suspect d'être une adaptation du slave (v. Leskien, *Bild.*, 353).

On cite encore *kladivo* « marteau », *prędivo* « matière à filer » (r. *prjádivo*, s. *prĕdivo*, pol. *przędziwo*), etc.

D'autre part, il faut citer *drŭžava* « κρατύς », L., I, 51 ; Ps. LVIII, 10 (r. *deržáva*, s. *dŕžava*, pol. *drzierzawa*) de *drŭžati* ; *kričava* « οἰμωγή », Supr., 295, 22, de *kričati* ; et cf. les mots des langues modernes chez Miklosich, *Vergl. gramm.*, II, 219 et suiv.

Les autres substantifs où *-vo-* ou fémin. *-va-* est ou semble être suffixal sont isolés. Plusieurs sont obscurs au point de vue étymologique : ainsi *črĕvo* « κοιλία », Év. (r. *čerévo*, s. *crijévo*), sur lequel v. ci-dessus, p. 167 (mais cf. Pedersen, K. Z., XXIX, p. 459) , et cf. lit. *pilvas* « ventre » (v. Leskien, *Bild.*, p. 343) ; *gnĕvŭ* « ὀργή », Év. (r. *gnĕ′v, gnĕ′va* ; s. *gnjĕv, gnjĕva* ; tch. *hnĕv*) ; *jazva* « πληγή, τύπος », L., X, 30 ; J. XX, 25 (tch. *jízva*) ; *mlŭva* « θόρυβος », Év. (r. *molvá*, tch. *mluva*) ; *njiva*

« χώρα », L., XII, 16 (r. *níva*, s. *njĭva*, tch. *níva*). Tel mot
se retrouve ailleurs, mais n'est pas analysable néanmoins :
griva « crinière » (r. *gríva*, s. *grĭva*, tch. *hříva*), cf. skr.
grīvā́, zd *grīva* (et cf. avec *-wā-, mais avec un élément radical
un peu différent, gr. *δερϜᾱ : att. δέρη, hom. δειρή, lesb.
δέρρᾱ). De même aussi *vĭdova* « χήρα », Év. (r. *vdová*, pol.
wdowa), cf. skr. *vidhávā*, v. pruss. *widdewū*, lat. *uidua*, etc.

Le -*va* de *plĕva* « ἄχυρον », L., III, 17 (r. *polóva*, s. *pljĕva*,
tch. *plíva* et *pleva*), cf. v. pruss. *pelwo*, alterne avec -*ū*- du lette
pelus (v. Leskien, *Bild.*, 241, et cf. ci-dessus sur les thèmes
en -*y*-, p. 267); cf. aussi skr. *palǎvaḥ*; il n'y a rien à tirer
de précis de lit. *pelú-dė* (mais lette *pelū-de*); v. Leskien, *Bild.*,
281. — Dans *glava* « κεφαλή », Év. (r. *golová*, s. *glava*, pol.
głowa, tch. *hlawa*), lit. *galvà*, on a peut-être un fait analogue,
moins à cause de v. pruss. *gallŭ* (où *ŭ* peut être -*wā*) que de
arm. *glux* « tête » (v. Pedersen, *K. Z.*, XXXIX, 252 et
suiv.); arm. **glu*- s'expliquerait très bien par **ghōlū-*, d'où
**gulu-*, et ensuite **glū-*; le *ō* du **ghōlū-*, **ghōlwā* supposé
rendrait compte de l'intonation rude de lit. accus. *gálvą*,
laquelle représente l'état ancien (v. *Sbornik statej posv. F. F.
Fortunatovu*, p. 195).

Le mot *drĕvo* « δένδρον », Év. (r. *dérevo*, s. *drĭjevo*, tch. *drĕvo* ;
cf. lit. *dervà*, acc. *deřvą*) est exactement à skr. *dǎru, drúṇaḥ*,
gr. δόρυ, ce que i.-e. **deiwo-* (skr. *deváḥ*, lit. *dĕvas*, lat. *deus*)
est à **dyeu-* (skr. *dyáuḥ*, gr. Ζεύς, etc.). — Le pluriel *drŭva*,
Supr., 4, 7 (s. *drva*, tch. *drva*, pol. *drwa*), rappelle, pour
la forme, gr. δρῦς : le slave a *-wā-, le grec *-ū- de *-wə-.
— Peut-être y a-t-il quelque chose d'analogue dans *krava*
« vache » (r. *koróva*, s. *krǎva*, pol. *krowa*, tch. *kráva*), cf.
lit. *kárvė*, avec un suffixe secondaire, -*(j)ė*-, sur lequel v.
Leskien, *Bild.*, 348 (et v. pruss. *curwis* [Voc.], *kurwan* [Ench.]
« bœuf »), si l'on peut établir un rapport de ce mot avec
lat. *ceruos*, v. h. a. *hiruz*, gr. κόρυδος, cf. v. pruss. *sirwis*
(v. Leskien, *Bild.*, p. 343).

La racine de *dĕva* « παρθένος », Év. (r. *dĕ'va*, s. *djĕva*) est
bien connue ; c'est celle de lat. *fēmina*, gr. θῆλυς, etc. Mais le
thème slave n'a de correspondant exact dans aucune autre
langue. — Il en faut dire autant de *divŭ* « θαῦμα », Cloz., 570 ;
le lit. *dȳvas* est emprunté au slave, comme le montre l'into-

nation ; *divŭ* est peut-être le dérivé d'un thème à suffixe zéro
attesté par skr. *dhī-* « contemplation » ; de **dheyə-*, **dhī-* on a
skr. *dhī-ráḥ* « sage » ; on pourrait aussi rapprocher skr. *dīdeti*
et alors le thème à suffixe zéro **deyə-*, **dī-* serait indiqué par
lit. *dyrė́ti*, *dairýtis* « contempler », v. isl. *tíra* « examiner »,
gr. ζῆλος (?). — Il n'y a pas davantage de correspondant exact
à *pivo* « πόσις », J., VI, 55 ; Euch., 16 b (r. *pívo*, s. *pívo*) ; le
lit. *pývas* est un emprunt au slave. — Ces trois mots sont sans
doute formés d'une même manière, mais la formation ne se
retrouve pas hors du slave. — Il en est de même encore pour
nravŭ « caractère », Supr., 51, 2 ; 52, 5 ; 397, 8 ; etc. (r.
nórov, tch. *nrav*), dont l'élément radical se retrouve ailleurs,
mais qui n'a pas de correspondant exact dans les autres langues ; cf. lit. *nóras*, skr. *sū-náraḥ*, *sū-nŕ̥tā*, zd *hu-nara-* « vertu », etc.

Si, comme il semble, r. *stérvo* « charogne d'animal », s.
stȓv, pol. *śćierw* appartiennent à la famille de *strěti* « étendre »,
le *v* peut être radical, cf. got. *straujan*, v. sax. *strewian* (et lat.
struŏ) ; skr. *str̥nóti*, gr. στόρνῦμι.

Il y a un suffixe -*v*- dans *lędviję* « lumbi » qui sera étudié
ci-dessous, au chapitre des suffixes caractérisés par -*j*-, parce
que ce mot a reçu un suffixe secondaire -*iyā*-.

Il y a peut-être un suffixe -*ava*, dont on n'a pas d'autres exemples en vieux slave et qui est rare même ailleurs (v. Miklosich,
Vergl. gramm., II, 222 ; cf. Leskien, *Bild.*, 352), dans *dǫbrava*
« δρυμός », Ps., CXXXI, 6 ; Euch., 55 b ; r. *dubráva*, s. *dùbrava*,
slov. *dobráva* ; mais la formation du mot est obscure, d'autant
plus qu'on rencontre aussi *dǫbrova*, Ps., XXVIII, 9 ; LXXIII,
5 ; r. *dubróva*, pol. *dąbrowa*, avec une finale -*ova*. Étant donné
que le lat. *populus* est représenté par sl. *topolĭ*, avec dissimilation de la labiale en dentale par une autre labiale, on peut
imaginer que, inversement, *dǫbrava*, *dǫbrova* représentent
**dondrŏwā-*, cf. hom. δένδρεον (de la même famille que v. sl.
drěvo, got. *triu*, etc.) et peut-être aussi skr. *daṇḍáḥ* « bâton » ;
ce que cette dissimilation peut avoir d'irrégulier s'expliquerait
par l'influence de *dǫbŭ* « arbre, chêne » ; inversement *dǫbrŭ*,
qu'on rencontre isolément, devrait son *r* à *dǫbrava*. Dans cette
hypothèse, il n'y aurait pas lieu de poser un suffixe -*ava*,
-*ova* pour le vieux slave.

L'élément -vĭ- est mal expliqué dans quelques noms d'animaux :

črŭvĭ « σκώληξ, σής », Mt., VI, 19 et 20, etc. ; r. *čérv, červjá* ; s. *cȓv, cȓva* ; pol. *czerw* ; cf. v. sl. *črŭmĭnŭ* « rouge » (cf. fr. *vermeil*, de *uermiculus*), et skr. *kŕmiḥ*, lit. *kirmis*, v. irl. *cruim* ; la forme slave est visiblement altérée du thème *$k^w\mathit{\jmath}mei$-.

tetrěvĭ « faisan » (pol. *cietrzew'* « coq de bruyère », r. *téterev*), cf. lit. *teterva, tētervinas* et pers. *taδarv*.

ž̧eravĭ « grue », s. *ž̆ěrāv*, pol. *ž̧oraw'*, tch. *ž̧eráv* (et s. *ž̧drȁo*, génit. *ž̧drála* ; r. *ž̧urávl'*) ; le ·v- est ancien ici, cf. lit. *gérvè*, lat. *grūs*, arm. *kŕunk* (ce dernier supposant une voyelle tombée entre la gutturale initiale et *r*, peut-être un ancien *$\bar{e}$, qui devient arm. *i* et tombe en cette position ; lit. *gérvè* pourrait aussi avoir eu anciennement *er*), mais on n'a pas pour cela le moyen de déterminer le détail de la formation. Il est impossible de ne pas rapprocher, pour la forme, le gr. γρᾱϜ- (nom. γρᾱῦς) ; l'*a* appartient sans doute à la racine dont le vocalisme correct serait attesté par s. *ž̧drȁo* (de *ž̧irąlŭ) ; toutefois l'intonation douce de *a*, attestée par s. *ž̆ěrāv* et par le génitif s. *ž̧drála*, est énigmatique ; l'*e* de *ž̧eravĭ* ne saurait s'expliquer que dans des formes où le second élément de la racine dissyllabique serait au degré zéro, cf. lit. *gérvè*, gr. γέρανος. Quoi qu'il en soit, gr. γέρανος, v. b. all. *krano*, ags. *cran* (et v. h. a. *kranuh, kranih*, ags. *cornuc*), gall. *garan*, gaul. *(tri)-garanos* « aux trois grues », suffisent à montrer que *w est un élément suffixal dans *ž̧eravĭ*, etc.

Sur *vrŭvĭ* « σχοινίον », J., II, 15, voir ci-dessus, p. 265.

XIX

SUFFIXES A *-j-.*

I. Forme masculine et neutre i.-e. **-yo-*, **-iyo-*.

Le suffixe **-yo-*, resp. **-iyo-*, est le plus nettement secondaire de tous les suffixes indo-européens, et ses représentants slaves, *-je-* et *-ĭje-*, ont conservé ce caractère. Divers emplois ont été fixés en slave qu'il convient d'examiner séparément. Il ne semble pas que le slave ait trace d'une différence essentielle entre *-je-* et *-ĭje-*, au moins dans les adjectifs ; et si, comme le croit M. Bezzenberger, l'ἔρχς, p. 171 et suiv., les suffixes **-yo-* et **-iyo-* ont été originairement distincts, le slave ne paraît plus faire de différence entre eux.

1° Adjectifs dérivés en *-je-* et *-ĭje-*.

Les suffixes *-je-* et *-ĭje-* fournissent une partie des adjectifs qui servent en slave de substituts au génitif ; ils s'ajoutent d'ordinaire à des noms d'êtres animés, faisant ainsi concurrence au suffixe *-ovo-* et, en quelque mesure, à *-ĭno-* et à *-ĭsko-*, qui, du reste, se rencontrent parfois concurremment ; et la forme en *-je-*, *-ĭje-* semble être la plus ordinaire en vieux slave pour ces noms, en tant qu'il ne s'agit pas de noms propres ou de mots étrangers encore sentis comme étrangers, où encore des cas où le mot dont il s'agit d'obtenir un dérivé désigne une collectivité, cas où l'on recourt à *-ĭsko-* (v. ci-dessus, p. 331) ; toutefois, les dérivés de noms d'animaux ont *-je-* ou *-ĭje-*, et non *-ĭsko-*, ainsi *ovĭčĭ* « προβάτων » : le suffixe emprunté *-ĭsko-* n'a pas déplacé *-jè-*, *-ĭje-* dans ces mots fixés par un ancien usage. Cet emploi rappelle notamment celui de gr. -ιο- dans les patronymiques thessaliens (v., en dernier lieu, Solmsen, *Rhein. mus.*, LVIII, 603 et suiv.).

α. Type d'adjectifs d'appartenance en *-je-*.

cěsarjĭ « βασιλικός », Év., de *cěsarjĭ*.

člověčĭ « ἀνθρώπου », Ass. (variante de *člověčĭskŭ*, Zogr. Mar. Sav.), Euch., 4 b, de *člověkŭ*.

děvičĭ « virginal », de *děvica*, Supr., 175, 11 et suiv., en face de *děvičĭskŭ* (même sens), Euch., 4 b.

dijavoljĭ « διαβόλου », Euch., 56 a ; Supr., 400, 5 ; de *dijavolŭ*.

gospodinjĭ « du Seigneur », Supr., 270, 10, de *gospodinŭ*, d'après l'édition de Miklosich ; ailleurs on lit *gospodĭnjĭ*.

govęždĭ « de bœuf », Supr., 85, 14, de *govędo* ; r. *goviážij*, s. *gòvedī*.

jarĭmĭničĭ « τοῦ ὑποζυγίου », Mt., XXI, 5, de *jarĭmĭnikŭ*.

juničĭ « ταύρων », Supr., 369, 12, de *juničĭ*.

kozĭljĭ « τραγῶν », Ps., XLIX, 13 ; Supr., 369, 12, de *kozĭlŭ*.

kŭnęžĭ « τοῦ ἄρχοντος », Év., de *kŭnędzĭ* ; pol. *ks'ięžy*.

lovĭčĭ « θηρευτοῦ », Ps., XC, 3, de *lovĭcĭ*.

materjĭ « μητρός », Supr., 175, 13 ; 285, 6 (*materĭnŭ*, Év.), de *mater-*.

mladĭničĭ « νηπίων », Mt., XXI, 16, de *mladĭnicĭ*.

orĭljĭ « ἀετοῦ », Ps., CII, 5, de *orĭlu*.

osĭljĭ « ὄνου », J., XII, 15 Zogr. Mar. Ass. Sav., de *osĭlŭ* (mais *osĭlĭskŭ* « ὀνικός », Mt., XVIII, 6 Mar. ; def. Zogr. Ass. Sav.).

otĭčĭ « πατρός », Év., de *otĭcĭ*.

ovĭčĭ « τῶν προβάτων », Év., de *ovĭca*.

ovĭnjĭ « κριῶν », Ps., XXVIII, 1, de *ovĭnŭ*.

pravĭdĭničĭ « δικαίου », Év., de *pravĭdĭnikŭ*.

proročĭ « προφήτου », Mt., X, 41, de *prorokŭ* (mais *proročĭskŭ* « προφητῶν », Mt., XXIII, 29 ; XXVI, 56).

protivĭničĭ « du contradicteur », Euch., 56 a, de *protivĭnikŭ*.

skądelĭničĭ « τοῦ κεραμέως », Mt., XXVII, 7 et 10, de *skądelĭnikŭ* (var. *skądelĭnikovŭ*, au verset 7, Zogr. Mar.).

tvorĭčĭ « τοῦ δημιουργοῦ », Cloz., 567, de *tvorĭcĭ*.

učenĭčĭ « μαθητοῦ », Mt., X, 42, Zogr., de *učenikŭ*.

vŭdovičĭ « de veuve », Supr., 294, 12, de *vŭdovica*.

Ces exemples, attestés par hasard dans les textes vieux

slaves, donnent un aperçu du rôle que joue -*je*- dans la formation des adjectifs d'appartenance ; on voit que -*je*- est particulièrement fréquent dans les mots où il s'ajoute à une gutturale qu'il transforme en chuintante : types *učenikŭ, učeniči* ; *tvoriči, tvoriči* ; *ovica, oviči* ; *kŭnędzi, kŭnęži* ; la valeur caractéristique de l'alternance *k* (resp. *c*) : *č* qui en résultait a sans doute été pour beaucoup dans l'extension du suffixe.

β. Type d'adjectifs d'appartenance en -*ije*-.

božiji « θεοῦ », Év. (mais aussi *božiskŭ*, Supr.), de *bogŭ*.

kuriji « du coq », Euch., 48 b, de *kurŭ*.

lisiji « du renard », Supr., 54, 20, n'a pas été mis là par le traducteur original ; c'est une correction du copiste qui n'a pas compris la transcription du nom propre grec Λυσίμαχος de son original. On ne cite pas d'autre exemple du mot dans les vieux textes.

otročiji « d'enfant », Supr., 65, 27, de *otrokŭ*.

pĭsiji « κυνός », Ps., XXI, 21 ; LXXVII, 45, de *pĭsŭ*.

rabiji « δούλου », Euch., 3 a, Cloz., 327, de *rabŭ*.

vražiji « τοῦ ἐχθροῦ », Ps., IX, 7 ; Euch., 25 b, de *vragŭ*.

Il faut de plus citer :

čiji « τίνος », L., XX, 24, etc., dérivé de l'interrogatif *kŭto*.

L'emploi de -*ije*- est donc exactement pareil à celui de -*je*- ; en indo-européen, l'emploi de **-yo-* ou de **-iyo-* était sans doute déterminé par la quantité brève ou longue de la syllabe précédente ; mais cette ancienne répartition n'est plus conservée en slave, et l'on n'aperçoit aucun principe qui permette de prévoir en aucun cas l'emploi de l'une ou de l'autre forme.

γ. De divers adjectifs en -*je*- et -*ije*-.

Outre les deux séries énumérées, le slave présente un assez grand nombre d'adjectifs dérivés en -*je*- ou -*ije*-, qui ne constituent pas un groupe défini, et qui ont été formés à des dates diverses avec des valeurs et des emplois assez divergents.

bezratiji « ἀπολέμητος », Supr., 239, 8, de *bez* et *rati*.

bezumlji « ἄφρων », Supr., 2, 4, et L., XII, 20 Sav. (le traducteur original de l'Évangile avait employé *bezuminŭ*, attesté par Zogr. Mar. Ass., et c'est en effet -*ino*- qui figure d'ordinaire dans les dérivés de composés tels que celui-ci ; cf. *bestu*-

dĭnŭ, etc.); pour la forme, cf. le type véd. *s(u)v-áçu(i)yaḥ* « qui a de bons chevaux », hom. ἐννεάβοιος, isl. *dochenéuil* « degener » (v. Stokes, K. Z., XXXVIII, 464), arm. *mecagni* « de grande valeur », etc., et le type tout à fait exactement comparable de véd. *úpamāsyaḥ*, gr. ἐρμήνιος, lat. *ēgregius*, got. *ufaiþeis* (Brugmann, *Kurze vergl. gramm.*, § 591, p. 462). — Un autre dérivé de *bez* et *umŭ* est *bezumajĭ*, Supr., 287, 14 ; ce type en -*aje*- se retrouve notamment dans *besčinajĭ* « ἄτακτος », Supr., 237, 26, de *činŭ*, et dans *besposagajĭ* « ἄγαμος », Supr., 291, 7, de *posagŭ* ; il repose visiblement sur des groupes tels que *bez uma* « sans intelligence », etc.

bujĭ « μωρός », Mt., V, 22 ; Ps., XCIII, 8 ; *(dušą) bują tvorilŭ* « σκοτοῖ », II Cloz., 128 ; cet adjectif pourrait reposer sur le thème *bheu-* qui a fourni, avec le suffixe secondaire *-to-*, arm. *buth* « émoussé », alb. *butz* « tendre », got. *bauþs* « sourd, sans goût », et, avec le suffixe *-ko- (-ku-)*, lit. *bukùs* « émoussé » ; pour la formation et la variété des suffixes, cf. skr. *mūkah* « muet » et gr. μυκός en regard de lat. *mūtus*, de gr. μύδος et μύνεος, d'arm. *munj* (de *muntyos* ou *munkyos*?) ; pour le sens cf. lat. *hebes* ; il n'y a rien à tirer de *obujati* « μωρανθῆναι », Mt., V, 13, au sens de « devenir fade, perdre sa saveur », parce que c'est un simple calque du grec. — Le sens de « violent, cruel, sauvage » qu'on rencontre également (cf. *bujěstĭ* « ὠμότης », Supr., 331, 4 ; *bujĭnŭ* dans r. *bújnyj*, s. *bújan*, pol. *bujny*) pourrait à la rigueur sortir du sens de « fou » ; mais il est permis aussi de se demander si, en ce sens, *bujĭ* ne serait pas le dérivé du thème attesté par les dérivés skr. *bhūriḥ* « puissant, abondant », arm. *boyl* « foule » (cf. cependant Pedersen, K. Z., XXXIX, 387), got. *uf-bauljan* « gonfler ». Il est à peine utile de dire que ce sont là de simples possibilités et qu'il n'y a lieu de rien affirmer.

brězda « grosse, pleine, enceinte », r. *berēžaja*, s. *brěđa*, tch. *breźí* ; dérivé d'un adjectif en *-do-* dont le suffixe se retrouve dans lat. *forda* ; pour l'addition de *-yo-*, cf. lit. *nèszczià* (même sens), Leskien, *Bild.*, p. 563.

bŭždrjĭ « éveillé », Supr., 432, 10, de *bŭdrŭ* (même sens) ; pour la formation, cf. véd. *cĭtr(i)yaḥ* de *citráḥ*.

divijĭ « ἄγριος », Mc., I, 6 ; Ps., LXXIX, 14 ; s. *dǐvljĭ* ; à côté on a r. *dǐkij*, pol. *dziki* ; *divo-*, d'où *div-ĭje-* est dérivé, et *diko-*

sont deux formations secondaires tirées d'un thème *di-* (cf.
les observations générales sur le suffixe *-wo-*, p. 362).

doblji « ἄριστος, δόκιμος », Supr., 203, 21 ; 73, 13 ; cf. *dobrŭ*,
avec un autre suffixe.

jinoroži « μονοκερώς », Ps., XXI, 22, de *jino-* et *rogŭ* ; bon
exemple de *-je-* au second terme d'un composé.

mežda « limite », Supr., 295, 23 (où il traduit gr. ῥύμη) ; r.
mežá, s. *mèđa* (accus. *mèđu*), pol. *miedza* ; féminin subsistant
de l'adjectif représenté par skr. *mádhyaḥ*, gr. μέσος, lat. *medius*,
gaul. *medio-*, got. *midjis*, arm. *mēj*. — Le slave n'a conservé de
l'adjectif que des formes adverbiales : sans doute le locatif
duel dans v. sl. *meždu* « entre », Év., s. *mèđu*, et le locatif
singulier pol. *miedzy*, r. *mež'* (Zubatý, I. F., VIII, 214).

negŭblji « qui ne plie pas », Euch., 35 b, de *gŭb-* (*gŭnǫti*) ;
cf. le type de véd. *dṛç(i)yaḥ* « visible », gr. στύγιος, etc. ; les
formations où le suffixe *-yo-* est ajouté immédiatement à la
racine, ou, plus exactement, à un ancien thème à suffixe zéro,
attesté ou non, sont à peine représentées en slave.

pěši « à pieds », Mt., XIV, 13 ; Mc, VI, 33 ; r. *pé'šij*, pol.
pieszy, pieszo, tch. *pěší*, s. *pjěše* ; dérivé de *pěxo-* (r. dial. *pé'xij*,
tch. *pěchý*), ce dernier très obscur lui-même, avec son *-xo-*, en
regard du thème *ped-* de lat. *pēs*, etc. Les formes lituaniennes
pesczas, pésžczas et *péksczas, pékszczas* (Leskien, *Bild.*, 563) n'é-
claircissent guère les choses ; le suffixe baltique *-tja-* qu'elles
présentent ne se retrouve pas en slave pour ce mot : mais le *x*
de r. *pé'xij* et le *k* de lit. *péksczas, pékszczas* s'expliqueraient tous
deux par un i.-e. *kh*, sans qu'on voie d'ailleurs ce que pourrait
être un ancien *pět-kh(o)-* ; d'ailleurs le traitement sl. *x* de i.-e.
kh est contesté par M. Uhlenbeck, I.F., XVI, 95 et suiv. Ce
mot est entièrement obscur.

pitiji « potable », Supr., 230, 7 et 431, 1, est sans doute
dérivé d'un participe *pitŭ* = skr. *pītáḥ*, qui est attesté
aussi par *pitije* « boisson », Supr., 205, 13 ; on a de même
ne sŭtrŭpětiji « insupportable », Supr., 280, 1 ; cf., pour la
forme, gr. γνήσιος, en regard de (κασί-)γνητος, et θαυμάσιος,
de θαυματός.

poludĭnji « μεσημβρινός », Ps., XC, 6, de *polu-dĭni* (cf. *poludi-
ninŭ*, Euch., 50 b) ; dérivé de composé.

ryždi « πυρρός », r. *rýž, ryžá, rýže* ; s. *rîđ, rîđa, rîđe* ; tch. *ryzí* ;

de *rŭdho- (cf. ags. rúd), à côté de v. sl. rŭdrŭ (rĭdrŭ); le lituanien a rùdis (génit. rùdžio) « cheval brun ».

sujĭ « vide », dans *vŭ suje* « μάτην », Mc, VII, 7, etc. ; cf. lat. *cauos* et skr. *çūnyáḥ* (ce dernier autrement formé, mais ayant aussi *-yo-*).

tuždĭ, štuždĭ « étranger », Év. ; v. ci-dessus, p. 175.

šujĭ « εὐώνυμος », Mc, XV, 27 ; cf. skr. *savyáḥ*, zd *haoya-*. Pour le suffixe, cf. aussi gr. δεξιός, σκαιός.

tretĭjĭ « τρίτος », Év. ; r. *trětij*, s. *trěc'ĭ* ; cf. skr. *tr̥tĭyaḥ*, zd *θrityō* « troisième »; v. pruss. *tirtis*, lat. *tertius*, etc.

tŭštĭ « κενός », L., XX, 10, 11, etc. ; s. *tăšt, tăšta, tăšte* ; r. *tóščij* ; cf. skr. *tucchyáḥ*.

na utrĭja « ἐπὶ τήν αὔριον », L., X, 35 (Zogr. Ass. Sav. Ostr.; *na utrĭni*, Mar.), et *utrějĭ* « ἡ αὔριον », Mt., VI, 34; J., XII, 12, etc., ce dernier étant dérivé du locatif employé adverbialement *utrě* « αὔριον » comme *bezumajĭ* est dérivé de *bez uma* (v. ci-dessus, p. 378).

velĭjĭ « μέγας », Év. (par exemple Mt., XXVIII, 2); Ps., XLVI, 3 ; s. *vêljĭ* ; v. Solmsen, *Untersuchungen*, 228.

L'emploi de *-yo-* dans les adjectifs possessifs *mojĭ, tvojĭ, našĭ, vašĭ* ne serait pas spécial au slave; cf. v. pruss. *mais*, lat. *meus*, skr. *madĭyaḥ*; mais on voit, par le simple aspect de ces mots, que ces formations sont propres à chaque dialecte, et non pas indo-européennes. Au surplus, il n'est pas évident qu'on ait affaire ici au suffixe *-yo-* et certains linguistes coupent *moj-ĭ, tvoj-ĭ*, en voyant dans ces adjectifs des dérivés de génitifs-datifs-locatifs (v. I. F., XIII, p. 148, n. 3).

Adjectifs en *-štĭ* et en *-ĭnjĭ*.

Le suffixe *-yo-* se combine, sans doute dès l'époque indo-européenne, avec d'autres suffixes, de manière à fournir des suffixes complexes.

De *-t(o)* + *-yo-*, on a *-tyo-*, attesté par lit. *apacžià* (v. Zubatý, I. F., VI, 279, et la bibliographie), skr. *amă-tya-ḥ, ni-tya-ḥ, sánu-tya-ḥ*, etc., gr. ὅπ-τιο-ς, et peut-être par lat. *propi-tiu-s* (de *prope*, d'après M. Zubatý); cf. BB., XXVII, 159, et la bibliographie indiquée ; le slave a de même deux adjectifs dérivés d'adverbes, comparables aux exemples cités :

nĭštĭ « πτωχός », Év., r. *niščij*, s. *nĭšt*, v. pol. *niszczotny*; on

ne peut donc partir de **nĭ-tyo-*, ainsi que l'a montré M. Zubatý ;
mais il n'est pas pour cela nécessaire de partir de **nĭskyo-*,
avec M. Zubatý, K. Z., XXXI, 58, et *Listý filologické*, XXX,
84, moins encore de **niʒŭčĭ*, avec Joh. Schmidt; il faut partir
de **nĭs*, et l'on rapprochera skr. *niṣṭ(i)yaḥ* « extérieur » ; il
est vrai que le **nĭs* sur lequel repose *ništĭ* n'existe plus en
slave, où l'on a seulement *niʒŭ*; mais la formation est visiblement très ancienne, si bien qu'on a formé *niʒĭnjĭ* sur *niʒe*,
l'ancien *ništĭ* s'étant isolé de *niʒŭ*.

obĭštĭ « κοινός », Supr., Cloz., 1, 103 ; s. *ȍpc'ĩ*, pol. *w obec*, tch.
obec, de **obĭtyo-* ; r. *óbščij* est emprunté au vieux slave.

Le suffixe **-tyo-* ne se présente en slave que dans deux mots
fixés une fois pour toutes ; au contraire, du suffixe sanskrit
-nya- (v. *Mélanges Kern*, 121 et suiv.) on peut rapprocher un
suffixe slave très productif *-ĭnje-* (*ĭn*[*o*]-+-*yo-*?) d'adjectifs,
pour la plupart tirés d'adverbes exactement comme les adjectifs
en *-tya-* du sanskrit. Dans l'Évangile on trouve les exemples
suivants (tous cités ici sous la forme indéterminée) :

bliʒĭnjĭ « ἐχόμενος (contigu) », Mc, I, 38 ; r. *blíʒnij*, pol. *bliʒni* ;
de *bliʒe* (comparatif de *bliʒŭ*) comme aussi *bliʒiti*, *bliʒika*.

dĭnĭsĭnjĭ « ἡ σήμερον », Mt., XI, 23, de *dĭnĭsĭ*.

drevĭnjĭ « ἀρχαῖος » (et, avec maintien de la caractéristique
du comparatif, *drevljĭnjĭ*, Euch., 1 a) ; r. *drévnij* ; cf. *drevlje*.

jĭskrĭnjĭ « ὁ πλησίον », de *jĭskrĭ* (J., IV, 5).

niʒĭnjĭ « ὁ κάτω », J., VIII, 23 ; r. *níʒnij* ; de *niʒe*.

okrĭstĭnjĭ « ὁ κύκλῳ », L., IX, 12, de *okrĭstŭ*.

poslědĭnjĭ « ἔσχατος », de *poslědĭ* ; r. *poslé'dnij*.

prědĭnjĭ « πρῶτος », de *prědŭ* (et *prěʒdĭnjĭ*, Euch., 79 a, du
comparatif *prěʒde*) ; r. *perédnij*, s. *prȅdnjī*.

prěmĭnjĭ « ὁ κατέναντι », L., XIX, 30, de *prěmo*.

utrĭnjĭ « ἡ αὔριον, ἡ ἐπαύριον », Mt., XXVII, 62. Zogr. Mar.
(*utrě*[*i*] Ass., Sav. def.) et Mc, XI, 12 (Ass. Sav. def.), de
utro.

sŭveʒĭnjĭ « δέσμιος », Mt., XXVII, 15 ; cf. *sŭveʒa*, *sŭveʒati*.

vŭnątrĭnjĭ « ὁ ἔντος, ὁ ἔσωθεν », de *vŭnątrĭ* ; cf. *jątrĭnjĭ*, Supr.,
399, 1.

vyšĭnjĭ « ὁ ἄνω, ὕψιστος », du comparatif *vyše* ; r. *výšnij*, s.
vȉšnjī ; de plus, *prěvyšĭnjĭ* « ὁ ὑπερανώ », Cloz., 807 = Supr.,
338, 23, de *prěvyše*.

En dehors de l'Évangile, on rencontre plusieurs autres adjectifs de ce type ; ainsi : *dalĭnjĭ* « éloigné », Cloz., I, 122 ; *dolĭnjĭ*
« ὁ κάτω », Supr., 237, 15, de *dolu, dolĕ (dolŭ)* ; *gorĭnjĭ* « ὁ ἄνω »,
Supr., 237, 13 (opposé au précédent), de *gorĕ* (nom. *gora*) ;
okrągŭnjĭ « environnant », Supr., 450, 1, de *okrągŭ* (on notera
ici le maintien du *ŭ* de l'adverbe) ; *posrĕdĭnjĭ* « qui est au
milieu », Supr., 350, 11, de *posrĕdu*, et *srĕdĭnjĭ* « du milieu »,
Supr., 248, 18, de *srĕda* (s. *srĕdnjĭ*, pol. *s'rzedni*) ; *jispodĭnjĭ*
« de dessous », Supr., 233, 26, de *jispodŭ*, et *prĕjispodĭnjĭ*
« κατώτατος, βύθιος, καταχθόνιος », Ps., LXII, 10 ; Euch., 53 b ;
Cloz., 807 = Supr., 338, 23 ; Supr., 54, 18 ; 370, 7, de *prĕjispodŭ* ; *vrŭxovĭnjĭ* « du sommet », Euch., 20 b ; Supr., 332,
26, de *vrŭxu* (à côté de *vuirchnemo*, Freis., II, 60 ; slov. *vȓhnji*,
tch. *vrchni*) ; *vŭskrajinjĭ* « ὁ πλησίον », Supr., 281, 24, de *vŭskrajĭ* ; *vysprĭnjĭ* « ὁ ἄνω » Cloz., 905 ; Euch., 32 a, de *vyspri*, et
prĕvysprĭnje « ὑπερῷον » Ps., CIII, 2 et 13.

Il n'y a que quelques adjectifs en *-ĭnjĭ* qui soient tirés de
noms de personnes, et non pas d'adverbes ; ainsi :

vladyčĭnjĭ « ἡγεμονικός, δεσποτικός », Ps., L, 14 ; Cloz., 250 et
817, de *vladyka* ;

bratrĭnjĭ « fraternel », Euch., 88 b ; Cloz., 522, et *bratĭnjĭ*,
Supr., 272, 9, de *bratrŭ, bratŭ* ;

gospodĭnjĭ « du Seigneur », Év. Cloz. etc. (en général écrit
en abrégé g̅n̅ĭ̅) de *gospodĭ*.

otĭnjĭ « paternel » en regard de *otĭci*, bien que non attesté
en vieux slave, est évidemment ancien.

Lorsque le mot sur lequel repose la formation est un
adverbe dont la voyelle finale est maintenue, une consonne
intercalaire est nécessaire avant *-ĭnjĭ* ; alors le suffixe **-nje-*
semble s'ajouter à **-tje-*, d'où les adjectifs suivants, tirés
d'adverbes, dont la formation rappellerait en une certaine
mesure celle des adjectifs latins tels que *prīstinus, annōtinus*, etc., et lit. *apatĭnis* :

domaštĭnjĭ « οἰκιακός », Mt., X, 25 et 36 Mar., de *doma* ; v. r.
domačĭnijĭ ; l'ancien **domatje-* est encore attesté par s. *dòmáč'ĭ*,
pol. *domacy*, tch. *domáci* (cf. skr. *amā̀tyaḥ*).

kromĕštĭnjĭ « ἐξώτερος », Mt., VIII, 12 et XXV, 30 Mar.
Ass. et Mt., XXII, 13 Mar., de *kromĕ*.

vĭnĕštĭnjĭ « ὁ ἔξω », L., XI, 40 Mar., de *vĭnĕ*.

vĭčeraštĭnjĭ « ὁ ἐχθές », Ps., LXXXIX, 4, de *vĭčera*.

nynjaštĭnjĭ « de maintenant », Euch., 65 a, de *nynja*; v. r. *nynĕčĭnijĭ*.

Mais chacun de ces adjectifs en -*štĭnjĭ* a un doublet en -*šĭnjĭ* aussi bien ou mieux attesté, et seul conservé à l'époque moderne :

domašĭnjĭ, Mt., X, 25 et 26 Zogr. Ass. Ostr. (Sav. def.), r. *domáśnij*, s. *dòmāšnī*.

kromĕšĭnjĭ, Mt., VIII, 12 et XXV, 30 Zogr. Sav.; XXII, 13 Zogr. Ass. (Sav. def.).

vĭnĕšĭnjĭ, L., XI, 40 Zogr.; r. *vnĕ′šnij*.

vĭčerašĭnjĭ, Cloz., 765 = Supr., 337, 19; s. *jučĕrašni*, r. *včerášnij*.

nynjašĭnjĭ, Supr., 374, 2; r. *nýnĕšnij*.

Et il est permis de se demander si *domaštĭnjĭ* n'est pas la contamination de *domašĭnjĭ* et de **domaštĭ* (s. *dòmāć′ī*, etc.); le *š* du type assez productif (v. Miklosich, *Vergl. gramm.*, II, 155 et suiv.) *vĭnĕšĭnjĭ*, *domašĭnjĭ*, etc. a probablement été emprunté à *vyšĭnjĭ*.

2° Substantifs abstraits neutres en -*ĭje*-.

Le suffixe i.-e. *-*iyo*- fournissait, entre autres choses, des abstraits neutres dérivés de noms, dont le meilleur exemple est : skr. *svápn(i)yam* « songe » de skr. *svápnaḥ* « sommeil », lat. *somnium* de *somnus*, lit. *sapnis* (et lette *sapnis*) de *sãpnas* (Leskien, *Bild.*, 371), gr. (ἐν-)ύπνιον de ὕπνος, v. sl. *sŭnĭje* de *sŭnŭ*. En slave, ce type en *-*iyo*- a pris une importance immense, et le suffixe -*ĭje*- semble notamment pouvoir fournir des abstraits à la plupart des adjectifs, aux composés (cf. le type lat. *aequinoctium*, v. h. a. *ebannahti*), etc. Le suffixe a aussi parfois la valeur d'un suffixe de collectif, ainsi *kamenĭje* « les pierres », cf. le type v. h. a. *gibirgi* « montagnes ». Voici des exemples de ce suffixe très productif et dont il a été tiré un nombre illimité de mots nouveaux :

ǫdolĭje, de *ǫdolĭ*, dans *ǫdoliě* « κοιλάδες », Ps., LXIV, 14.

brŭselĭje « ὄστρακον », Supr., 78, 23, de *brŭselŭ*.

Toute une série de composés ayant pour premier terme *bes-*, *bez-*, comme : *bestrastĭje* « absence de passion », Euch., 65 a (de *bes- strastĭ*; cf. *bestrastĭnŭ*, Euch., 26 a); *bestudĭje* « impu-

dence », Euch., 53 b (de *bes-studŭ* ; cf. *bestudĭnŭ*, Euch., 54 a) ;
besŭmrŭtĭje « ἀθανασία », Cloz., 605 (de *bes-sŭmrŭtĭ*, cf. *besŭmrŭ-
tĭnŭ*, Euch., 3 a, et *besŭmrŭtĭstvo* « ἀθανασία », Euch., 57 b) ;
beštędĭje « ἀτεκνία », Ps., XXXIV, 12 (de *bes-čędo* ; cf. *beštędĭnŭ*,
L., XX, 28-30) ; *bezakonĭje* « ἀνομία », Mt., VII, 23 (de *bez-
zakonŭ* ; cf. *bezakonĭnŭ*, Cloz., 243, et *bezakonĭnĭkŭ* « ἄνομος »,
L., XXII, 37) ; *bezdĭnĭje* « ἄβυσσος », Ps., XXXV, 7, de *bez-dŭno*,
comme *bezdŭna*, L., VIII, 31 ; Ps., XXXII, 7, etc.) ; *bezdŭždĭje*
« absence de pluie », Supr., 411, 16 (de *bez-dŭždĭ* ; cf. *bez-
dŭždĭnŭ*) ; *bezgodĭje* « ἀωρία », Ps., CXVIII, 147 (de *bez- godŭ* ; cf.
bezgodĭnŭ) ; *bezmlŭvĭje* « ἠρεμία », Cloz., 757-759 (de *bez-mlŭva* ;
cf. *bezmlŭvĭnŭ*, Euch., 19 a) ; *bezočĭje* « ἀναίδεια » (n'est pas vieux
slave ; le mot employé est *bezočĭstvo*, L., XI, 8, etc.) ; *bezumĭje*
« ἀφροσύνη », Mc, VII, 22 (de *bez-umŭ* ; cf. *bezumĭnŭ*, L., XII,
20, *bezumljĭ*, Supr., 2, 4, et *bezumajĭ*, Supr., 287, 14) ; *bezvěrĭje*
« ἀπιστία », Euch., 44 b (de *bez-věra*). Ces mots sont presque
tous exactement calqués sur le grec, comme la plupart des
autres composés slaves.

blagověrĭje « εὐσέβεια », Euch., 18 a (de *blago* et *věra* ; cf. *bla-
gověrĭnŭ* « εὐσεβής », Supr., 50, 5) ; pour la forme, cf. ci-dessous
pravověrĭje et *neverĭje*.

bogočĭstĭje « θεοσέβεια », Supr., 440, 18 et 21 (cf. *bogočĭstivŭ*,
bogočĭstĭnŭ, Supr.), de *bogŭ* et *čĭstĭ* ; de même *nečĭstĭje* « ἀσέβεια », Supr., 441, 18 (cf. *nečĭstivŭ*, *nečĭstĭnŭ*, Supr.).

brĭnĭje « πηλός », J., IX, 6 (avec *r* + *i*, et non *ŗ*) ; mot dont
l'étymologie est obscure.

bylĭje « βοτάνη, φάρμακον », Supr., 380, 3 ; 309, 17 ; de *bylĭ*,
ce dernier appartenant lui-même à la racine de *byti* ; cf. gr.
φύτον et arm. *boys* « plante » (avec élargissement ou suffixe en
-k-).

cělomądrĭje « σωφροσύνη », Euch., 81 a, de *cělomądrŭ*.

dąbĭje « δένδρα », Supr., 322, 8, collectif de *dąbŭ*.

gobĭdzĭje « abondance », Euch., 13 a (écrit *gobezie*), de *gobĭdzĭ* ;
le dérivé *gobĭdzĭje* comme *ugobidzisę* « εὐφόρησεν », L., XII, 16,
conserve *dz* dans des situations où un mot slave original aurait
ž ; mais *gobĭdzĭ* est emprunté au germanique (got. *gabeigs*), et
la palatale *dz* est relativement récente, comme le *c* de *očĭtŭ*,
crŭky, etc.

groznovĭje « βότρυες », Supr., 286, 8, collectif de *groznŭ* ;

traité comme thème en -*ŭ*- ; cf. la flexion *grozdŭmĭ*, Euch.,
14 a, *grozdovŭ*, Euch., 59 a, de *grozdŭ*.

jištędĭje « γέννημα », L., III, 7, de *jis* et *čędo*, dérivé à valeur
collective.

kamenĭje « πέτραι, λίθοι, τὰ πετρώδη », Mt., XXVII, 51, etc.,
collectif de *kamenĭ*.

kǫpinĭje « épines », Supr., 143, 11, collectif de *kǫpina*.

kopĭje « λόγχη », Mt., XXVII, 49 ; « ρομφαία », Supr., 226,
29 ; sans doute dérivé d'un nom à suffixe zéro, comme gr. κοπίς,
σκέπαρνον ; sur lette *kapans*, v. Leskien, *Bild.*, 387.

korenĭje « ρίζαι », Ps., LXXIX, 10 (et Év.), collectif de *korenĭ*.

licemĕrĭje « ὑπόκρισις », Év., de *licemĕrŭ*.

lixojimĭje « πλεονεξία », L., XII, 15 Zogr. (*lixojimĭstvĭje*, Mar.) ;
mot artificiel, calqué sur le grec.

listvĭje « φύλλα », Év., collectif de *listŭ*, lequel est un ancien
thème en -*tŭ*-, comme l'attestent les dérivés, *listŭ-kŭ* (r. *listók*,
listká, s. *listak*, *liska*, pol. *listek*), et *listvĭnŭ* (d'où *oblistvĭněti*,
Supr., 13, 25).

lozĭje « ἀναδενδράδες, κλήματα », Ps., LXXIX, 11 ; Euch., 13 b ;
collectif de *loza*.

maloslovĭje « βραχυλογία », Supr., 302, 9, de *malo* et *slovo* ;
il est à noter que le mot est tiré du nominatif *slovo* et non du
thème *sloves*- (cf. ci-dessus, p. 357).

meždumĕrĭje « intervalle », Supr., 443, 15, de *meždu* et *měra*.

mežduramĭje « μετάφρενα », Ps., LXVII, 14, de *meždu* et *ramo*.

milosrŭdĭje « ἔλεος », L., I, 78 Mar. ; Supr., 410, 22, de *mi-
losrŭdŭ* (adjectif calqué lui-même sur les adjectifs germanique
et latin de même sens : lat. *misericors*, got. *armahairts*) ; pour
la forme, cf. *žestosrŭdĭje*, *usrŭdĭje*.

narěčĭje « δήλωσις », Supr., 147, 26, de *na* et *rěčĭ* (cf. *narešti*).

nasilĭje « καταδυναστεία », Euch., 15 a, de *na* et *sila* ; calqué sur
le mot grec, comme *navodĭje* et presque tous les autres composés.

naslědĭje « κληρονομία », Euch., 65 b, de *na* et *slědŭ* (cf. *na-
slědĭstvovati*).

navodĭje « πλήμμυρα », L., VI, 48, de *na* et *voda*.

nevěrĭje « ἀπιστία », Supr., 368, 5, de *ne* et *věra* (cf. *nevěrĭnŭ*,
Év.).

obilĭje « εὐθηνία », Ps., CXXI, 6, de *obilŭ* (cf. *obilĭnŭ*).

obĭštĭje « κοινωνία », Supr., 307, 23, de *obĭšti* (cf. *obĭštŭnŭ*).

oblĭčĭje « ressemblance », Euch., 67 a, de *ob* et *lice* (cf. *oblĭčĭnŭ*).

ogavĭje « ὄχλος (mauvais traitements) », Ps., XXXIV, 13; cf. *ogaviti*.

orǫžĭje « ῥομφαία, μάχαιρα, ὅπλα », Év.

ostrĭje « pointe », L., XXI, 24, de *ostrŭ*.

otišĭje « γαλήνη », Euch., 84 b; Supr., de *tixŭ*; cf. *otišiti*.

podělĭje « πάρεργον », Cloz., 704, de *po* et *dělo*.

podobĭje « ressemblance », Euch., 4 b; Supr.; de *po době*; cf. *podobĭnŭ*, *podobiti*, etc.

podružĭje « γαμέτη », Supr., 180, 3, de *podrugŭ*.

podŭnožĭje « ὑποπόδιον », Év., de *podŭ* et *noga*.

pomorĭje « παραθαλάσσιος, παράλιος, αἰγιαλός », Év., de *po* et *morje*; de même, *primorĭje* « αἰγιαλοί », Supr., 323, 6, de *pri* et *morje*; on notera le contraste de *-ĭje* des composés *pomorĭje*, *primorĭje*, et de *-je* du simple *morje*.

pravověrĭje « ὀρθοδοξία », Euch., 44 b, de *pravo* et *věra*; cf. *pravověrĭnŭ*.

prǫtĭje « βέργαι », Supr., 143, 5, collectif de *prǫtŭ*.

prědŭdvorĭje « προαύλιον », Mc, XIV, 68, de *prědŭ* et *dvorŭ*.

pričęstĭje « μετοχή », Ps., CXXI, 3; Euch., 37 b; de *pri* et *čęsti*; cf. *pričęstĭnikŭ*.

pronyrĭje « πονηρία », Supr., 249, 7, cf. *pronyrivŭ*.

prostranĭje « ἄδεια », Supr., 102, 5, de *prostranŭ*.

raspǫtĭje « ἄμφοδον, ἀγορά, πλατεῖα », Év., de *ras* et *pǫtĭ*.

različĭje « διαφορά », Cloz., 255; Euch., 8 b; de *raz* et *lice*; cf. *različi* et *različĭnŭ*.

raždĭje « κλήματα », J., XV, 5 Zogr. Mar., *roždĭje*, Ass. Sav., collectif de *rozga*.

rĭvĭnĭje « ζῆλος », Ps., LXXVIII, 5, de *rĭvĭnŭ*.

stĭblĭje « καλάμη », Ps., LXXXII, 14, de *stĭblo*.

straninoljubĭje « φιλοξενία », Supr., 182, 28, de *stranino* et *ljubŭ*.

strastotrŭpĭje, Euch., 38 a, cf. *strastotrŭpĭci* « ἀθλοφόρος ».

sŭdravĭje « ὑγίεια », Euch., 18 a, de *sŭdravŭ*.

sŭnĭje « ἐνύπνιον », Ps., LXXII, 20, de *sŭnŭ*; cf. ci-dessus, p. 383.

timěnĭje « ἰλύς », Ps., LXVIII, 3, collectif de *timěno*.

trĭstĭje « καλαμών », Euch., 54 b, collectif de *trĭstĭ*.

trupĭje « θνησιμαῖα », Ps., LXXVIII, 2, collectif de *trupŭ*.

trŭnĭje « ἄκανθα (pluriel) », Év., collectif de *trŭnŭ*.

usrŭdĭje « πρόθεσις », Supr., 93, 3, de *u* et *srŭdĭ-(ce)*; cf. *milo-srŭdĭje* et *žesto-srŭdĭje*.

veličĭje « μεγαλεῖον, μεγαλειότης », L., I, 49, et IX, 43, de *velikŭ*.

veselĭje « ἀγαλλίασις, εὐφροσύνη », L., I, 14; Ps., IV, 8; de *veselŭ*.

vějĭje « στιβάδες », Mc, XI, 8, collectif de *věja*; et *větvĭje*, Mc, XIII, 28 Mar.; Cloz., I, 36, collectif de *větvĭ*.

vŭskrilĭje « κράσπεδον », Év., collectif de *vŭs* et *krilo*.

vŭzmĭzdĭje « ἀμοιβή », Supr., 366, 21 (ἀντιμισθία, N. T.), de *vŭz* et *mŭzda*.

zaskopĭje « παρατήρησις », Supr., 249, 3, mot d'origine assez obscure.

zelĭje « λάχανον », L., XI, 42, de **zelo*.

znamenĭje « σημεῖον », Év., de **znamen-* (r. *známja*, tch. *známě*) qui a été éliminé par le dérivé, mais que supposent aussi v. sl. *znamenati, znamenitŭ*.

Pour l'addition de **-iyo-* au suffixe **-men-*, cf. par exemple lat. *alimōnium* (et *alimōnia*) en regard de *alimentum*, et *regimōnium, regimen,* et les mots tels que *miserimōnium, uadimōnium,* etc.

žestosrŭdĭje « σκληροκαρδία », Mc, X, 5, de *žesto* et *srŭdĭ(ce)*; cf. *žestosrŭdivŭ,* et *milosrŭdĭje,* etc.

žĭzlĭje « ῥάβδοι », Supr., 143, 5, collectif de *žĭzlŭ*.

Les exemples qui viennent d'être énumérés suffisent à donner une idée de la fréquence des abstraits en -*ĭje,* dérivés de noms; il convient de rappeler encore que les dérivés en -*ĭvo* ont des doublets en -*ĭvĭje,* sans aucune différence de sens, ce qui montre assez que -*ĭje* était au point de vue slave la caractéristique par excellence du nom abstrait (v. ci-dessus, p. 307).

Mais il est une formation particulière qui, à elle seule, fournit plus d'exemples que tous les autres types réunis: de tout participe passé passif slave en -*to-* ou en -*no-* peut être tiré un abstrait en -*ĭje-*; le substantif verbal ainsi formé fait pour ainsi dire partie de la conjugaison, et, par suite,

il existe là même où le participe dont il est virtuellement
dérivé se trouve, en raison du sens, n'être pas employé: par
ex. *jimènĭje* « τὰ ὑπάρχοντα, βίος, οὐσία, κληρονομία », Év., de
jimèti (v. ci-dessus, p. 87).

Exemples tirés de participes en *-to-* :

načętĭje « commencement », Supr., 440, 16, de *načętŭ*.

otętĭje « enlèvement », Supr., 372, 10, de *otętŭ*; *podŭjętĭje*
« ὑποδοχή », Supr., 210, 25, de *podŭjętŭ*; *pri-jętĭje* « récep-
tion », Euch., 22 b, de *prijętŭ* « reçu » ; *sŭnętĭje* « συνέδριον »,
Mc, XIII, 9; Euch., 101 a, de *sŭnętŭ*.

pětĭje « chant », Supr., 372, 13; 429, 25; *vŭspětĭje*, Euch.,
48 b, de *pětŭ* « chanté » (Ps., CXVIII, 54); mais, sous l'influence du type ordinaire en *-nĭje*, on a aussi *pěnĭje* « συμφω-
νία », L., XV, 25; « ὕμνος », Ps., VI, LIII, LIV (dans des
titres); Euch., 94 b.

propętĭje « τὸ σταυρωθῆναι », Év., de *propętŭ*; *raspętĭje* (même
sens), Euch., 30 a, de *raspętŭ*; *zapętĭje*, Supr., 430, 10, de
zapętŭ.

otvrŭstĭje « action d'ouvrir », Supr., 356, 5, de *otvrŭstŭ*.

žrŭtĭje « sacrifice », Supr., 113, 21, de *žrŭtŭ*.

umrŭtĭje « mort », Supr., 413, 29, à côté de *mrŭtvŭ*, qui,
comme lat. *mortuos*, est une altération de **mr̥to-* (cf. skr.
**mr̥táḥ*), sous l'influence de *živŭ*.

On trouve de même:

bytĭje « l'être », *nebytĭje* « le non-être », Euch., 3 b, 56 b, etc.;
cf. *byti*; *pakybytĭje* « παλιγγενεσία », Mt., XIX, 28; *jizbytĭje* « fin »,
Supr., 412, 10. — Le participe est en *-enŭ*, dans *zabŭvenŭ*,
d'où *zabŭvenĭje* « oubli ».

sŭnitĭje « κατάβασις », Cloz., 754 (par correction du texte) =
Supr., 337, 11, cf. *sŭniti* « καταβῆναι »; et « ἀντιπαράταξις »,
Supr., 79, 6; cf. *sŭniti sę* « συνελθεῖν, συμβαλεῖν »; r. *soïtije*.

pitĭje « boisson », Supr., 205, 13; 431, 24, de *piti*, et *upitĭje*
« ivresse », Supr., 196, 2, de *upiti sę*; cf. *pitĭjĭ*, ci-dessus
p. 379.

sětĭje « semaille », Supr., 29, 21, à côté de *osětŭ* « ense-
mencé »; *ib.*, 22.

slutĭje « renommée », Supr., 204, 10, et *proslutĭje* « renommée », Supr., 88, 14, de *sluti, prosluti*.

o-statĭje « fait de rester », Supr., 428, 21, de *ostati*.

vŭzvitĭje « κέρδος », Supr., 271, 26 ; cf. *vŭzviti* (v. ci-dessus, p. 279).

žitĭje « fait de vivre, vie », Euch., 19 a ; II Cloz., 17, de *žiti* ; *prižitĭje (čędă)* « τεκνογονία », Supr., 368, 19 et 20.

Si le participe en -*to*- n'est pas attesté dans ces derniers cas, c'est que le sens s'y prête plus ou moins mal, ou qu'il s'agit de verbes assez peu employés. Mais on trouve aussi par exception -*ĭje* près de participes en -*nŭ* :

vinodatĭje « don du vin », Supr., 238, 14, cf. *danŭ* et *dati*.

tvoritĭje « action de faire », I Cloz., 100, cf. *tvorjenŭ* et *tvoriti*.

Et l'on recontre même *došĭstĭje* « arrivée », Supr., 432, 14.

Il est impossible de ne pas rapprocher ces formations de celle de got. *gaminþi* « souvenir », ou de quelques formations sanskrites telles que *çrútyam* « action glorieuse », *ahihátyam* « meurtre de serpent », etc. ; ces formes n'apparaissent en sanskrit que dans les racines terminées par un élément de caractère vocalique ; à cet égard, sl. -*itĭje* est exactement comparable à skr. *ityä* « fait d'aller ». D'une manière générale, si l'abstrait en -*ĭje* est tiré du participe en -*to*- ou en -*no*-, c'est peut-être en partie parce que ce participe fournissait une consonne intercalaire entre la voyelle qui termine la plupart des thèmes verbaux slaves et la voyelle initiale de -*ĭje* ; on notera *dlĭgotrŭpĕlĭje* « patience », Supr., 367, 12, à côté de *dlĭgotrŭpĕlivŭ*, ib., 16 (v. ci-dessus, p. 367 et suiv.).

Avec le participe en -*nŭ* (réel ou virtuel), l'abstrait dérivé en -*ĭje* a le caractère d'une formation normale existant pour chaque verbe au même titre que l'infinitif ou le participe ; il sert, entre autres choses, à traduire l'infinitif grec accompagné d'article, ainsi : Mc, I, 14, *po prĕdanii že joannovi,* Zogr. « καὶ μετὰ τὸ παραδοθῆναι τὸν Ἰωάννην » ; et il est, par suite, inutile d'énumérer les exemples tels que *avljenĭje,* de *avljenŭ, aviti* ; *bĭjenĭje,* de *bĭjenŭ, biti* ; *ubĭjenĭje,* de *ubĭjenŭ, ubiti* ; *ubivanĭje,* de *ubivati* ; *dĕlanĭje,* de -*dĕlanŭ, dĕlati* ; etc.

Les emplois déjà énumérés du suffixe masculin neutre -*je-,* -*ĭje-* sont les seuls où celui-ci soit productif en slave à l'époque historique ; mais il subsiste des exemples de quelques autres emplois où le même suffixe a été productif à date plus ancienne.

a. Noms d'agent tirés de l'élément radical des verbes, sans doute dérivés originairement de thèmes à suffixe zéro, et, dans une proportion notable, de composés ayant pour second terme un nom à suffixe zéro (cf. Leskien, *Bild.*, 295 et suiv., et Solmsen, chez Jacobi, *Composition und nebensatz*, 13 et suiv., qui rapproche fort bien le type lit. *pirm̃-gimis* « premier-né » du type skr. *viçva-víd·*) :

ljubodějĭ « μοιχαλίς », Mt., XII, 39 ; *prěljubodějĭ* « μοιχός », Év. ; *zŭlodějĭ* « κακοῦργος, κακὸν ποιῶν », Év. ; cf. véd. *dhā-, dhi-* au deuxième terme de divers composés ; l'intonation du type lit. *piktadějas* y dénonce l'emprunt au slave (v. Leskien, *Bild.*, p. 309).

lŭžĭ « ψευστής », Év., (cf. *lŭgati*) a nettement le caractère d'un adjectif ; c'est sans doute un dérivé d'un thème à suffixe zéro *leugh-*, cf. got. *ga-ljuga-* ; la racine du mot ne présente plus d'alternances vocaliques en slave.

sǫpĭrjĭ « ἀντίδικος », L., XVIII, 3, pol. *sąpierz*, tch. *soupeř*, cf. *pĭrja* et *pĭrěti*, dont *sǫpĭrjĭ* a le vocalisme, par opposition à r. *spór*, pol. *spór*.

stražĭ « φύλαξ », Euch., 82 a ; r. *stórož*, tch. *stráž*, pol. *stróż* ; cf. *strěsti* ; le vocalisme radical *o* est à noter.

voždĭ « ὁδηγός », Mt., XV, 14 ; v. r. *vóž, vóža* ; s. *vôđ, vôđa*, pol. *wódz* ; dérivé du même thème qui a fourni *-voda* dans *vojevoda* ; cf. *vesti* et *voditi*.

vračĭ « ἰατρός », L., V, 31, s. *vrâč, vrâča* ; cf. *vrŭčati* ; le vocalisme radical est *o* comme dans les deux mots précédents.

Il faut citer aussi une formation en *-ěj-* attestée au féminin : *lęžaja* « poule », Mt., XXIII, 37 Ass. (*kokošĭ*, Mar.) ; c'est la « couveuse » (cf., pour le sens, lat. *cubāre*, d'où fr. *couver*) ; M. Leskien, *Bild.*, 333 et suiv., a recherché les autres exemples slaves de cette formation qu'il rapproche des noms d'agent lituaniens en *-ějas* ; M. Brugmann, *Kurze vergl. gramm.*, p. 551, § 715 *Anm.*, signale quelques exemples analogues aussi tirés de thèmes de présents.

b. Suffixe *-taje-* de noms d'agent, constitué par la combinaison de **-tā-*, cf. gr. *-τᾱ-* (v. ci-dessus, p. 295), et de *-je-* ; M. Bezzenberger, l'ἕρκς, p. 177 n., propose, inutilement, une autre explication.

Les exemples sont assez nombreux, mais un seul, *rataji*, semble panslave.

On peut citer en vieux slave :

xodataji « πρόξενος, πρέσβυς, μεσίτης », Cloz., 518 ; Euch., 27 b ; Supr., 74, 3 ; 243, 9 ; 265, 5 ; cf. *xodŭ, xoditi* ; aussi *jisxodataji* « πρόξενος », Supr., 316, 25.

povodataji « ὁδηγός », Supr., 393, 3 ; cf. *povodŭ, povoditi*.

poʒorataji « espion, spectateur », Supr., 40, 25, cf. *poʒorŭ* (d'où aussi *poʒorinikŭ* « θεατής », Cloz., 741), *poʒĭrèti*.

rataji « cultivateur, laboureur », r. *rátaj*, s. *ràtaj*, pol. *rataj*, tch. *rátaj* ; répond exactement à lit. *artójis*, v. pruss. *artoys* ; cf. gr. ἀρότης.

Les exemples cités par Miklosich, *Vergl. gramm.*, II, 171, montrent que ces noms d'agent en *-taji* se trouvent pour la plupart à côté de verbes en *-iti* ; ainsi *voʒataji* à côté de *voʒiti*, etc. Sur ces formes, cf. Leskien, *Bild.*, 329 et suiv. ; un nom tel que sl. *poʒorataji* ne peut être dérivé immédiatement que de *poʒorŭ*.

c. Noms de chose masculins ou neutres en *-je-*, dérivés d'autres noms ou de l'élément radical d'un verbe (originairement d'un thème à suffixe zéro) :

(j)aje « œuf », s. *jáje*, pol. *jaje* (d'où le dérivé *ajĭce*, L., XI, 12 ; r. *jajcó*, s. *jájce*) ; le suffixe **-yo-* se retrouve dans gr. ᾠόν, v. h. a. *ei*, v. isl. *egg*, en regard de lat. *ōuom*, forme sans suffixe **-yo-*.

ąʒe « lien, chaîne », Év., cf. *vęʒati* ; on notera le vocalisme qui rappelle celui de *loʒe*.

graʒdĭ « écurie », Supr., 157, 23 ; de *gradŭ*.

kličĭ « κραυγή », II Cloz., 85 ; Euch., 91 b, cf. *kliknąti* ; ce mot forme un groupe naturel avec *kričĭ* « cri », Supr., 82, 2, cf. *kričati* ; avec *plačĭ* « κλαυθμός », Év., cf. *plakati sę* ; avec *plišĭ* « θόρυβος, κραυγή », Supr., 99, 15 ; 224, 2, etc. ; et avec *vŭpljĭ* « κραυγή », Mt., II, 18, et XXV, 6, cf. *vŭpiti*.

ključĭ « κλείς », Év. ; le détail de la formation n'est pas clair.

košĭ « κόφινος », Év. ; r. *kóš, košá* ; s. *kòš, kòša* ; pol. *kosʒ*. On rapproche lat. *quālum, quasillum*.

kraji « αἰγιαλός », Mt., XIII, 48 ; formation obscure.

ložĕ « κλινή », Mt., IX, 6 Mar. (*odrŭ*, Zogr. Ass. Sav.); « κοιτή », Ps., XL, 4, etc.; dérivé d'un thème en -o-, cf. gr. λόγος (s. *lŏg, lŏga* « fait d'être couché »); r. *lóže*, pol. *łoże* et le fémin. s. *lóža* « gîte de lièvre ».

morje « θάλασσα », Év., r. *móre, mórja*; s. *mŏre, mŏra*; pol. *morze*; cf. v. irl. *muir*, v. h. a. *meri*, got. *marei*, lit. *mãrès*, et, avec un autre vocalisme sans doute, lat. *mare* (v. ci-dessus, p. 209).

nožĭ « μάχαιρα », L., XXII, 36, 38; r. *nŏž, nŏžá*; s. *nŏž, nŏža*; pol. *nŏž*; cf. *nĭza*. Pour le vocalisme, cf. la remarque faite sur *ložе*.

plaštĭ « χλαμίς », Supr., 370, 9; r. *plášč, plaščá*; s. *plâšt, plášta*; pol. *plaszcz*; tch. *plášt′*.

pleště « ὦμος », Mt., XXIII, 4; r. *plečó*, s. *plèc′e*, tch. *pleçe*; cf. irl. *leithe* et le dérivë du même thème indo-européen (dont la racine est celle de skr. *práthati* « il étend », lit. *spleczù* et *plantù*, gr. πλατύς), avec un autre suffixe secondaire, gr. πλάτη (ὠμοπλάτη); le lituanien a une formation toute pareille avec *pethə- (racine de zd *paθana-* « étendu », lat. *patĕre, spatium*): *petŷs*.

plušta (plur. neutre) « poumon », Supr., 125, 18, s. *plûc′a* (fémin.); et slov. *pljúča*, tch. *plíca*; cf. lit. *plaŭcziai* (et peut-être gr. πλεύμων); pour les deux formes, cf. la remarque sur *tuždĭ* et *štuždĭ*, ci-dessus, p. 175.

polje « πεδίον », Ps., LXIV, 12; r. *póle*, s. *pŏlje*, pol. *pole*.

rajĭ « παράδεισος », L., XXIII, 43.

sèčĭ « θραῦσις », Ps., CV, 30, cf. *sĕką*.

vĕšte « réunion, conseil », Supr., 318, 2; r. *vé′če*, s. *vijèc′e*; cf. *vètŭ*.

d. Noms d'animaux :

ježĭ « hérisson »; r. *jëž, ježá*; s. *jêž, jĕža*; pol. *jež*; cf. lit. *ežŷs*, lette *ezis*; dérivé d'un thème *eg₁h-, d'où sortent aussi gr. ἐχῖνός, v. h. a. *igil*, arm. *ozni*, phrygien ἔξιν (v. ci-dessus, p. 209).

konjĭ « ἵππος », Ps., XIX, 8; r. *kón′, konjá*; s. *kŏnj, kŏnja*; pol. *kon′*; on rapproche *kobyla* « jument », ce qui conduit à considérer *n* comme faisant partie du suffixe (cf. Joh. Schmidt, *Sonantentheorie*, 139, et Zupitza, *Germanische gutturale*, 27).

slavïjï « rossignol », r. *solovéj*, dérivé de l'adjectif sl. **solvo-*
étudié ci-dessus, p. 364 ; pour cette formation des noms
d'oiseau, cf. gr. χλωρίς, χλωρίων, de χλωρός.

vrabïjï « στρουθός », Ps., X, 1 ; r. *vorobéj* ; cf. d'autres formations, aussi dérivées, dans d'autres dialectes slaves : s.
vrábac, slov. *vrábec*, tch. *vrabec*, et pol. *wróbel*, slov. *vrábelj*.

zmïjï « δράκων », Ps., XC, 13 (et LXXIII, 14) ; Euch., 4 b ;
Supr., 57, 17, etc. (à côté du féminin *zmija*) ; r. *změ'j*, s. *zmáj*,
pol. *żmij* ; il est possible que, dans ce mot, le *j* soit radical.
— Le suffixe -*je*- est certain dans r. *úgor'*, *ugrjá* ; pol. *węgorz*,
węgorza ; slov. *ôgor*, *ôgorja*.

e. Comme en lituanien (voir Leskien, *Bild.*, 283), le suffixe
n'a pas de valeur bien définie en divers cas où il n'est qu'un
moyen de dérivation secondaire, d'élargissement.

gvozdïjï « ἧλος », Supr., 107, 11, etc. (cf. *gvozdïjïnŭ*, J., XX,
25), à côté de *gvozdï*, v. ci-dessus, p. 261.

priključajï « συγκυρία », L., X, 31, cf. *priključiti* ; *umyšljajï*
« πανούργευμα », Supr., 3, 22 ; 76, 22, cf. *umysliti*, *umyšljati* ;
obyčajï « ἔθος, τὸ εἰωθός », Év., cf. *obyknǫti* ; r. *obýčaj*, s. *ôbičáj*,
pol. *obyczaj*. Miklosich, *Vergl. gramm.*, II, 82, cite encore *sūlu-
čajï* et *strěljajï*, avec ce même type en -*jajï*- ; M. Leskien,
Bild., 333, rapproche les formations lituaniennes en -*ějas* de
noms d'agent et diverses formations slaves, notamment *lęžaja*
(cf. ci-dessus, p. 390) et *verěja*.

netïjï « neveu », v. r. *nétij*, cf. zd *naptiya-*, got. *niþjis*, gr.
ἀνεψιός ; *ujï* « frère de la mère », pol. *wuj* (cf. s. *ûjāk*), cf. v.
pruss. *awis* « mutterbruder », et, avec un autre suffixe, lit.
avýnas « frère de la mère », le suffixe -*yo*- indiquant ici comparaison (v. *M. S. L.*, IX, 142) ; *stryjï* « frère du père »,
r. *strýj*, pol. *stryj* (d'où *stryjïcï*, s. *stric*, tch. *strýc*), pour la
forme, cf. skr. *pitṛvyaḥ*, lat. *patruos*.

rěpïje « τρίβολος », Mt., VII, 16 Zogr. Mar. (*trivolŭ* Ass.).

žrěbïjï « κλῆρος », Év. ; Cloz., 698 ; Ps., LXXVII, 55, etc. ;
r. *žérebij*, croate *ždribi* (*Arch.*, XV, 111).

f. — Bien qu'ils ne soient pas représentés en vieux slave,
les noms de mois tirés d'adjectifs en -*ino*- au moyen du suffixe
sl. -*je*- doivent être cités ici. On a par exemple :

v. r. *cvě̂'ten'*, *cvě̂'tnja* ; pol. *kwiecien'*, *kwietnia* « avril » ; de *cvĕtĭnŭ* « des fleurs ».

v. r. *tráven'*, *trávnja* « mai », de *travĭnŭ* « de l'herbe ».

v. r. *sérpen'*, *sérpnja* ; pol. *sierpien'*, *sierpnja* « août », de *srŭpŭ* « faulx ».

peť. r. *véresen'*, *véresnja* ; pol. *wrzesien'*, *wrzes'nia* « septembre », de r. *véres*, pol. *wrzos* « bruyère ».

v. r. *grúden'*, *grúdnja* « novembre » ; pol. *grudzien'*, *grudnia* « décembre », de *grudĭnŭ* « dur ».

Le suffixe slave *-je-* est une addition secondaire et récente dans un grand nombre de cas, au singulier des noms en *-teljĭ-* par exemple (v. A. Meillet, *Génitif-accusatif*, p. 51 et suiv.) ; dans les noms en *arjĭ* le *-je-* qui figure au singulier est étymologique (v. ci-dessus, p. 212 et suiv., et p. 311 et suiv.).

Les masculins en *-jĭ* ont leur vocatif en *-ju* ; M. Leskien, *Bild.*, 326 et suiv., a conclu de là qu'il y a dans ces mots contamination de thèmes en *-yo-* et en *-yeu-* qui en effet se confondaient au nominatif et à l'accusatif singuliers ; mais on peut aussi faire d'autres hypothèses (v. *Génitif-accusatif*, p. 52).

II. Noms slaves en *-ja-*, *-ĭja-*.

Les noms slaves en *-ja-*, *-ĭja-* peuvent représenter les uns d'anciennes formes en *-yā-*, *-ĭyā-*, les autres d'anciennes formes en *-yĕ-*, *-ĭyĕ-* ; le slave ne permet en aucun cas de faire le départ, et, seule, la comparaison avec le lituanien donne quelques indications ; en lituanien même, on observe un flottement dans la forme, et la distinction des sens n'est pas nette (voir Leskien, *Bild.*, 264 et suiv. et 311 et suiv.) ; on reconnaît cependant que la caractéristique slave *-ja-* du féminin des participes présents et passés actifs, répondant à lit. *-jo-* et gr. *-(y)ă-*, est un ancien *-yā-*, tandis que le *-ja-* de l'abstrait *volja*, répondant à lit. *-(j)ĕ-* de *vălė* (cf. le type latin de *spec-iē-s*, *per-nic-iĕ-s*), a un ancien *-yĕ-* ; par analogie, on conclura que le féminin *gospožda* « maîtresse » de *gospodĭ* doit renfermer

un ancien *-yā-* et non un ancien *-yĕ-*. D'une manière plus
générale, la comparaison du baltique (et aussi, indirectement, du germanique et du grec) montre que *-yā-* sert à former des féminins d'adjectifs tandis que *-yĕ-* fournit des substantifs abstraits dérivés de diverses sortes de thèmes et en
particulier de thèmes à suffixe zéro, comme dans v. sl. *vol-ja,
zeml-ja,* etc. Il convient de se borner ici à poser le principe
général, puisque le slave ne permet de faire aucun départ
entre les deux origines de *-ja-*.

Les significations sont variées ; on a par exemple en grec
des substantifs verbaux tels que φύζα, des dérivés d'adjectifs
tels que ὑγίεια (ὑγιείᾱ), des dérivés de composés comme τετραρ-
χίᾱ ; et le slave présente des formations analogues, comme on
le verra par les exemples énumérés ci-dessous.

En dehors des participes actifs, des comparatifs et des mots
en *-ynji,* la finale *-i* de nominatif est exceptionnelle ; on n'en
saurait rien dire tant que la répartition de *-ī* et *-yā,* resp. *-yē,*
en indo-européen n'aura pu être exactement définie ; le slave
oppose *-ĭji* (génit. *-ĭję,* etc.) à *-ja* : *mlŭnĭji,* mais *svĕšta* ; toutefois on notera *bratrĭja.*

1° Féminins.

La formation par *-ja-* des féminins des participes actifs est
fixée par des règles grammaticales constantes, et il n'y a pas
lieu d'y insister ici ; quant aux féminins de comparatifs, il
semble qu'ils résultent d'une innovation propre à un groupe
de dialectes indo-européens contigus (v. M. S. L., XIII, 213),
mais ils n'appellent pas d'autre observation. Il n'est pas inutile de rappeler en passant que, sous l'influence du féminin
en *-ja-,* le masculin neutre des participes actifs présent et
passé a suivi l'analogie des mots en *-je-* à tous les cas autres
que le nominatif ; pareille innovation s'est produite en
lituanien.

Seuls, les substantifs doivent être examinés ; sauf *gospožda*
« maîtresse », féminin de *gospodĭ,* et *tĭšta* « mère de la femme »,
ce sont des abstraits, des collectifs ou des noms d'objet, donc
sans doute d'anciens noms en *-yē-* (lit. *-jē-*) ; on notera que
le type sanskrit correspondant au type lituanien en *-(j)ē-* est
d'ordinaire en *-ī-,* celui du grec en *-ια,* *-(y)α* (au nominatif)

ou en -ŭ. Le type ne semble plus fournir de mots slaves nouveaux à date historique, mais il est représenté par de nombreux exemples, de formation en partie très peu ancienne, comme on le voit par *kuplja,* dérivé d'un emprunt germanique. On peut citer :

bratrija, bratija, Év., collectif servant de pluriel à *bratrŭ, bratŭ* « frère » ; r. *brát'ja,* s. *brăc'a,* pol. *bracia,* tch. *bratři* ; cf. gr. φράτρία (le mot ancien en grec est φράτρᾱ). Pour le sens, cf. *rabija* « δοῦλος » servant de pluriel à *rabŭ.*

burja « λαῖλαψ », Mc, IV, 37, etc. ; r. *búrja,* s. *bŭra,* tch. *bouře,* pol. *burza.* L'étymologie est incertaine. Le lit. *burŷs,* génit. *bùrio,* ne peut être qu'un emprunt au slave.

čaša « ποτήριον », Év. ; r. *čáša,* s. *čăša,* tch. *číše* (v. Gebauer, *Hist. mluv.,* I, p. 97). L'étymologie est incertaine. M. Brückner, *Archiv,* XX, 490, soupçonne, sans raison décisive, que v. pruss. *kiosi* est emprunté au slave.

droždije « τρυγία », Ps., LXXIV, 9 ; r. *dróżdi,* v. tch. *droždie* ; s. *dróżdi* ; cf. la formation de gr. τρυγία et de v. pruss. *dragios.*

duša « ψυχή », Év. ; r. *dušá,* s. *dúša,* tch. *duše* ; à côté de *duxŭ* ; pour la forme, cf. lit. *dvãsė.*

gospożda « δέσποινα », Supr., 270, 11 ; r. *gospożá,* s. *gòspođa* (et *gospòđa*), pol. *gospodza* ; féminin de *gospodĭ* ; *gospoda* est un collectif qui sert de pluriel à *gospodinŭ.*

jażda « cibus », v. russe *ježa,* s. *jĕđa,* pol. *jedza* ; cf. lit. *ėdżios* « crèche », lat. *in-ēdia* ; ces mots sont différents les uns des autres pour le sens, mais la formation est la même ; ce sont des dérivés d'un thème *ēd-.*

kaplja « θρόμβος », L., XXII, 44 ; « σταγών », Ps., LXIV, 11 ; Cloz., 928 = Supr., 341, 25 ; r. *káplja,* s. *kăplja,* pol. *kapia* ; cf. *kapati, kapljǫ* ; le serbe a aussi *kâp, kâpi* (čak. *káp, kăpi*), et le polonais, le dérivé de celui-ci, *kapka.*

**kaša* (*kašica* « puls », Euch., 44 a) ; r. *kása,* s. *kŭša,* tch. *kaše* ; cf. lit. *kósziu,* Zubatý, *Arch.,* XVI, 395.

kąšta « σκηνή », Supr., 311, 3 ; pet. r. *kŭča,* s. *kŭc'a.*

koža « δέρρις », Supr., 134, 8 ; Euch., 4 a ; r. *kóža,* s. *kŏža,* tch. *kože* ; dérivé de *koza* ; pour la forme, cf. gr. ὠία (cf. Lagercrantz, *Z. griech. lautgesch.,* p. 115 et suiv.) Il n'y a donc pas lieu de rapprocher v. h. a. *hegga* « clôture », qui va mal pour le sens.

krŭmlja « τροφή », Supr., 321, 14 ; r. *kórmlja,* pol. *karmia* (le serbe a *kŕma*) ; cf. *krŭmiti.*

kuplja « ἐμπορία », Év. ; r. *kúplja* ; pol. *kupia,* tch. *koupě* ; du verbe emprunté *kupiti.*

ladĭji « πλοῖον », Mc, I, 19 et 20 Zogr. Mar. (avec graphie *aldii,* Mc, I, 19 Zogr.) ; r. *lód'ja,* s. *lâđa,* pol. *łodza.*

lędvĭję « lumbi » traduit ψυχή, Ps., XXXVII, 8 = Euch., 76 a ; r. *ljádveja,* s. *léđa,* pol. *lędz'wie* ; cf. lat. *lumbī* et ags. *lenden,* v. isl. *lend,* avec un autre vocalisme radical.

luča « rayon », Euch., 1 b ; Supr., 360, 28 ; r. *lučá,* s. *lûča* ; dérivé d'un thème à suffixe zéro attesté par lat. *lūx,* skr. *ruc-,* et dont on a d'autres dérivés, comme gr. λοῦσσον ; le slave même a le masculin *luči,* r. *lúč, lučá* ; s. *lûč, lučá* (et čak. *lúč, lúča*), tch. *louč* (v. ci-dessus, p. 209).

lŭ̆ža « ψεῦδος », Mc, XIV, 57 et J., VIII, 44 ; Ps., IV, 3 ; Supr., 2, 1 ; Euch., 98 a ; r. *lžá* ; cf. v. h. a. *lugī* « mensonge » ; la plupart des dialectes ont pour « mensonge » des représentants de **lŭži,* qui est sans doute une forme altérée d'un thème à suffixe zéro **leugh-, *lugh-* (cf. ci-dessus, p. 264). — On a vu, p. 390, *lŭži* « menteur », autre dérivé du thème à suffixe zéro **leugh-* ; cf. *lŭgati, lŭ̆ža.*

mlŭnĭji (accus. *mlŭnĭją*) « ἀστραπή », Év. ; r. *mólnija,* s. *múnja* (plur. *mûnje*).

mravĭji « fourmi », dont on a les correspondants en bulgare, slovène et serbe (v. Miklosich, *Et. wört.,* p. 202) ; il·y a d'autres dérivés de **morw-* : s. *mrâv,* pol. *mrówka* (cf. pol. *kapka* à côté de *kapia*).

mrěža « δίκτυον », Év. ; r. *meréža,* s. *mrěža,* tch. *mříže* ; dérivé du mot attesté par r. dial. *merěga* (sorte de tissu lâche) ou peut-être d'un thème à suffixe zéro **merəgᵢ-,* d'où serait tiré, avec un autre suffixe secondaire, lit. *márszka* (sorte de grand filet), que rapproche Joh. Schmidt, *Vocalismus,* II, 75 ; les rapprochements de M. Lidén, *Studien,* 14, sont plus lointains.

nadežda « ἐλπίς », Euch., 79 b ; Supr., 97, 12, etc., mot tiré du présent *nadeždą* ; le polonais a *nadzieja,* tiré du thème d'infinitif ; le serbe a *nâd,* qui représente le type le plus archaïque (cf. ci-dessus, p. 234). — Un autre mot formé comme *nadežda* est *odežda* « ἔνδυμα, ἱματισμός, στολή », Év.

nǫžda « ἀνάγκη », L., XIV, 18 ; pol. *nędza,* slov. *nôja* ; cf.

nąditi. Supr. a *nužda*; r. *núža*, tch. *nouze* peuvent reposer sur la forme à *ą* ou sur celle à *u*.

nedělja « dimanche » et « semaine », Ass. ; r. *neděʹlja*, s. *nèdjelja*, pol. *niedziela* ; de *ne* et *dělo*.

onušta « ὑπόδημα », Supr., 332, 18 ; r. *onúča*, tch. *onuce*, slov. *onúča* ; cf. s. *òbucʹa*, etc., avec un autre préverbe ; l'élément suffixal. complexe, est **-tja-*, cf. ci-dessus sl. **-tje-*, p. 380, et ci-dessous *prašta* « fronde » dans la présente liste.

pišta « τροφή », Év. ; s. *pîcʹa*, pol. *pica*, tch. *pice* ; cf. le participe isolé *pitomŭ*.

pìrja « φιλονεικία », L., XXII, 24 ; « δική », Ps., XXXIV, 23 ; r. *prjá*, tch. *pře* ; *raspìrja* « σχίσμα », J., VII, 43 ; dérivé d'un thème à suffixe zéro de la racine de r. *s-pór*, pol. *spór* ; cf. zd *parəne* « je combats », etc.

postelja « στρωμνή », Ps., VI, 7 ; r. *postélja*, s. *pòstelja* (à côté de r. *postélʹ*, pol. *posʹcʹiel*) ; cf. *steljǫ*, *stĭlati* ; v. ci-dessous *stelja*.

prašta « fronde » (d'où *praštinikŭ* « σφενδονίτης », Supr., 393, 4), s. *prǎcʹa*, pol. *proca* ; cf. *porjǫ*, *prati* ; le suffixe est *-tja-*, comme dans *onušta* ; avec le suffixe secondaire *-ko-*, on a : tch. *prak*, h. sor. *prok*, v. r. *porokŭ* « fronde, baliste ».

s. *prĕđa* « fil », slov. *prêja*, r. *prjáža*, pol. *przędza*, tch. *přize* ; cf. *prędǫ*, *pręsti*.

pritŭča « παραβολή, παροιμία », Év., et aussi παράδειγμα, Supr., 306, 7 ; « αἴνιγμα », Supr., 326, 14 ; s. *prîča*, r. *prítča* ; cf. *pritŭknǫti*.

radoštę (au pluriel) « ἀγαλλίασις », L., I, 44, dérivé de *radostĭ* ; r. *rádošči* (cf. Pokrovskij, K. Z., XXXV, 243).

rŭžda « ἰός (rouille) », Supr., 297, 17 ; r. *ržá*, s. *řđa* (accus. *řđu*), pol. *rdza* ; cf. *rŭdrŭ*, *rĭděti*, etc. ; pour le sens, cf. lat. *rūbīgō*.

sažda « suie », r. *sáža*, pol. *sadze* (pluriel), slov. *sája* ; le lituanien a un masculin *sůdžiai* (plur.) ; cf., pour le suffixe, irl. *suide* ; l'anglo-saxon a *sól*.

srŭdobolja « συγγενεῖς », Supr., 397, 28 ; collectif.

stelja « στέγή », Supr., 219, 29 ; cf. *steljǫ* (v. ci-dessus *postelja*) ; le s. *stělja* a un tout autre sens, le r. dial. *stélʹ* une autre forme.

straža « φυλακή », Év. ; r. *storóža*, s. *stráža*, tch. *stráža*, pol. *stróža* ; cf. *strěgǫ* et *stražĭ* « φύλαξ ».

struja « courant, rivière », Supr., 363, 4 ; r. *strujá* ; cf. lit. *srovẽ*, lette *strǎwe* ; dérivé d'un thème à suffixe zéro, comme peut-être *struga*.

suša « ξηρά », Mt., XXIII, 15 ; r. *súsa*, s. *súša*, pol. *susza* ; abstrait de l'adjectif *suxŭ*.

sŭrẹšta « σύμπτωμα », Ps., XC, 6, avec la nasale du présent *sŭrẹštǫ* (on cite de même *obrẹšta*, de *obrẹštǫ*), cf. *nadeẓda, odeẓda*, aussi tirés du thème du présent ; les autres dialectes ont la forme attendue avec *ě* : r. *vstrě'ča*, s. *srěc'a, sŭsrec'a*, v. tch. *střiecě* (Gebauer, *Hist. mluv.*, I, 395).

svěšta « φῶς, λαμπάς », Mc, XIV, 54 ; J., XVIII, 3 ; r. *svěčá*, s. *svijěc'a*, pol. *s'wieca* ; cf. *světŭ, světěti*, etc. ; le védique a *çvet(i)yā́* « nom d'une rivière » (R. V., X, 75, 6).

svinĭja « χοῖρος », Mt., VIII, 32 ; r. *svin'já* (plur. *svin'ji*), s. *svínja* (plur. *svínje*), pol. *s'winia* ; dérivé de *svinŭ*.

tǫča « ὄμβρος », L., XII, 54 ; s. *tŭča* « grêle » ; r. *túča* « nuage sombre » ; pol. *tęcza* « arc-en-ciel » ; cf. got. *þeihwo* « tonnerre ».

tęẓa « κρῖμα », Cloz., I, 145 ; cf. *tęẓĭkŭ*, etc. ; s. *tẽẓa*, pol. *ciąẓa* servent d'abstraits à *tęẓĭkŭ* et signifient « pesanteur ».

tĭlja « βρῶσις » (d'où le sens de « σής »), Mt., VI, 19, 20 ; cf. *tĭlěti*.

tĭšta « πενθερά (mère de la femme) », Mt., VIII, 14 ; r. *tёšča*, s. *tăšta* ; féminin de *tĭstĭ* « père de la femme ».

tvrŭẓda « fermeté » ; s. *tvr̂da*, tch. *tvrẓe*, pol. *twierdza* ; abstrait de l'adjectif *tvrŭdŭ*.

tysǫšta « χιλιάς », Év. ; s. *tĭsuc'a* ; avec un autre vocalisme ; r. *týsjača* ; cf. pol. *tysiąc* ; évidemment inséparable de v. pruss. *tūsimtons* (et de lit. *túkstantis*) et de got. *þūsundi* ; la dérivation du mot gotique est exactement pareille à celle du mot slave.

večerja « δεῖπνον », Év. ; r. *večerja*, s. *večera*, pol. *wieczierza* ; de *večerŭ* ; aussi *večerĭnja* (même sens), Supr., 249, 28, dérivé de *večerĭnjĭ*.

verěja « μοχλός », Ps., CVI, 16 ; r. *verejá*, tch. *veřeje* ; cf. -*vrěti* (cf. ci-dessus p. 354, *verigy*, et, sur le suffixe, v. Leskien, *Bild.*, 333).

věẓda « βλέφαρον », Supr., 323, 20 ; s. *vjěda*.

volja « θέλημα, εὐδοκία », Év., r. *vólja*, s. *vŏlja*, pol. *wola* ;

cf. lit. *vālė*; à côté de skr. *váraḥ* « choix », v. isl. *val* (neutre) et v. h. a. *wála* « choix ».

vonja « ὀσμή », J., XII, 3; s. *vánja* (probablement avec *n* aussi suffixal).

vyja « τράχηλος », Év.; « αὐχήν », Ps., CXXVIII, 4; un autre mot de même sens et formé de la même manière est *šija*, Supr., 172, 22, s. *šija*, r. *šéja*, pol. *szyja*.

zarja « αἰγλή », Supr., 183, 3; « ἀκτίς », ib., 257, 9; *zorja*, Ps., LXXIII, 16; Supr., 151, 8; tch. *zoře* et *záře*; pol. *zorza* et *zarza*; r. *zarjá*; s. *zöra* (accus. *zöru*); cf. sans doute *zirěti*. L'hésitation du vocalisme radical entre *a* (ancien ǒ) et *o* (ancien *o*) suffit à montrer qu'il s'agit d'un dérivé de thème à suffixe zéro, où il y avait en effet alternance de ǒ et de *o*. Le lit. *zarijà* « charbon (brûlant) » a un sens un peu différent (v. Leskien, *Bild.*, p. 317).

zemlja « γῆ », Év., r. *zemljá* (acc. *zémlju*), s. *zěmlja* (*zěmlju*), pol. *ziemia*; cf. lit. *žēmė*, v. pruss. *semmē* (avec accent sur la finale, comme le mot slave); dérivé du thème attesté par zd *zǝm-* « terre », etc.

želja « θρῆνος », Supr., 286, 23; cf., avec un autre vocalisme, *žalĭ*.

žęzda « δίψα », Ps., LXI, 5; s. *žěđa*, v. tch. *žiezě*, pol. *ządza*; à côté de *žedati*, *žęždą*; ce mot fait pendant à *alča* « faim », de même que l'on a gr. δίψα et πεῖνα.

2° Substantifs masculins.

Il existe quelques masculins, les uns en *-ja*, les autres en *-ĭji*, qui semblent répondre au type de skr. *rathīḥ* « conducteur de char », gr. νεᾱνίᾱς (cf. Leskien, *Bild.*, 313; Zubatý, *Sitzsber. d. böhm. Ac. d. wiss.*, 1897; M. Bezzenberger a, depuis, proposé sur ces mots des hypothèses tout à fait incertaines, l'ἔραξ, p. 175 et suiv.). Le type paraît avoir été encore productif à date historique, dans une très faible mesure, il est vrai:

drěvodělja « τέκτων », Supr., 180, 1; cf. *děliti*; cf., pour ce type de composés, quelques composés lituaniens: *nevedža* « célibataire », *nežadža* « muet » (Leskien, *Bild.*, p. 312).

prědůteča « πρόδρομος », Supr., 348, 26; cf. *tešti*.

velĭmoža « δυνάστης » (v. Miklosich, *Lexicon*), cf. *mošti*.

junoša « νεανίσκος », Év., de *junŭ,* ou plutôt d'un thème *junos-* « jeunesse », cf. *junostĭ* (v. ci-dessus, p. 281).

balĭji « ἰατρός », Mar. ; *bali,* Freis., II, 90 ; r. *bálij* (mot sans doute savant).

sądĭji « κριτής », Év., r. *sud'já,* s. *sûđa,* pol. *sędzia* ; de *sądŭ, sąditi.*

větĭji « orateur », Supr., 297, 24, de *větŭ.*

<hr>

XX

SUFFIXES QUI PRÉSENTENT *r*.

Les suffixes indo-européens qui comprennent *r* n'ont fourni au slave aucun type productif, ni à l'époque historique, ni même à une époque immédiatement antérieure ; et l'on ne trouve en slave un élément suffixal présentant *r* que dans des noms anciens ou imités de noms anciens par suite d'associations particulières à tel ou tel mot.

Le groupe le plus considérable est celui des adjectifs en *-*ro*-, féminin *-*rā*-, qui jouait un grand rôle en indo-européen ; le slave en a conservé d'assez nombreux exemples et en a peut-être même créé, à une date de beaucoup antérieure à l'époque historique. Le vocalisme normal de l'élément présuffixal est le degré zéro ; mais on rencontre aussi le degré *o* : cf. à cet égard v. h. a. *bittar* en face de got. *baitrs*. Quelques-uns seulement de ces adjectifs se retrouvent en baltique ; mais il est curieux que les sens exprimés soient à peu près les mêmes en baltique et en slave ; un coup d'œil jeté sur la liste de M. Leskien, *Bild.*, 440 et suiv., suffit à montrer par exemple que beaucoup désignent la vivacité, la rapidité, l'habileté, la force. — Exemples :

bĭdrŭ (avec *ĭ* d'après *bĭděti*) « πρόθυμος », Mt., XXVI, 41 ; Mc. XIV, 38 ; r. *bódryj* ; s. *bădar, bădra, bădro* ; cf. lit. *budrùs* et zd *(zaĕni-)budra-* « éveillé » (Vd, XIII, 39, d'après la traduction pehlvie ; v. Bartholomae, *Altiran. wört.*, sous ce mot), et *Budra-*, nom propre.

bystrŭ « ἐντρεχής », Supr., 50, 7 ; r. *býstr, bystrá, býstro, býstryj* ; s. *bĭstar, bĭstra, bĭstro* ; pol. *bystry*. Sans étymologie certaine.

xrabŭrŭ ou *xrabĭrŭ* « πολεμιστής », Supr., 52, 2 ; 447, 28 ;
145, 24 ; pet. r. *xorobryj* ; s. *hrábar, hrábra, hrábro* ; pol. *chrobry.*
Sans étymologie certaine ; cf. peut-être skr. *kharaḥ* « rude »,
gr. κάρχαρος, avec un élargissement qui resterait à expliquer.

xytrŭ « habile », Supr., 444, 9 ; r. *xítryj* ; s. *hĭtar, hĭtra,
hĭtro* ; pol. *chytry.* Évidemment inséparable de *xytiti* « saisir ».

dobrŭ « ἀγαθός, καλός », Év. ; r. *dóbr, dobrá, dobró, dóbryj* ; s.
dŏbar, dŏbra, dŏbro, dŏbrī ; pol. *dobry* ; cf. *dobiti*, etc. On rapproche
v. h. a. *tapfar.*

jarŭ « αὐστηρός », L., XIX, 21, 22 ; r. *járyj* ; à citer ici si
l'on rapproche gr. ζωρός (v. en dernier lieu Solmsen, I. F.,
XIV, 435).

jędro « ταχύ », Mt., XXVIII, 8, Mar. Ass. (*skoro* Zogr. Sav.) ;
Ps., XXXVI, 2 (à côté de *skoro*). Le s. *jédar, jédra, jédro*
signifie « ferme, solide ».

mądrŭ « φρόνιμος », Év. ; r. *múdryj* ; s. *múdar, múdra, múdro,*
mais *múdrī* ; pol. *mądry* ; cf. lit. *mandrùs, mandras* (v. Leskien,
Bild., 441), aussi avec vocalisme *o*, mais v. h. a. *muntar*, avec
vocalisme zéro, qu'on retrouve dans lit. *mundrùs, muñdras.*

modrŭ « liuidus » ; s. *mŏdar, mŏdra, mŏdro* ; tch. *modrý*, pol.
modry ; cf. Zubatý, *Archiv*, XIII, 418 sqq. ; pour l'emploi du
suffixe dans les adjectifs indiquant des couleurs, cf. *pĭstrŭ,*
rŭdrŭ, sěrŭ.

mokrŭ « humide », Supr., 58, 1 ; r. *mókryj* ; s. *mŏkar, mŏkra,*
mŏkro ; pol. *mokry* ; même suffixe dans lette *mitrs* « humide ».

ostrŭ « ὀξύς », Ps., LVI, 5 (traduit τραχύς, L., III, 5) ; r.
óstryj ; pol. *ostry* ; s. *ŏštar, ŏštra, ŏštro* ; cf. lit. *asztras* (v. Leskien,
Bild., 440), *asztrùs*, gr. ἄκρος ; à côté du nom à suffixe zéro dont
on a les dérivés dans lat. *aciēs*, gr. ἀκίς, v. h. a. *ecka*, v. sax.
eggia, v. isl. *egg* « pointe ».

pĭstrŭ « ποικίλος », r. *pěstryj*, pol. *pstry* ; cf., pour la forme,
gr. πικρός, et, pour le sens, v. h. a. *fēh*, gr. ποικίλος.

rŭdrŭ « rouge » (se dit notamment des vaches) ; r. dial.
rědryj, v. r. *redrŭ* ; cf. gr. ἐρυθρός, lat. *ruber*, et skr. *rudhiráḥ.*

sěrŭ « gris », r. *sě″ryj*, pol. *szary*, tch. *šerý* ; cf. v. h. a. *hēr,*
ags. *hár* (v. Pedersen, K. Z., XXXVIII, 392 ; peut aussi être
considéré comme emprunté au germanique ; v. ci-dessus,
p. 321 et suiv.).

sirŭ « ὀρφανός », J., XIV, 18 ; r. *síryj*, tch. *sirý* ; pour la forme, cf. le dérivé lit. *szeirŷs* « veuf », et, pour le sens, zd *saē* (v. l'*Altiran. wört.* de M. Bartholomae); pour la formation, cf. gr. χῆρος. Le vocalisme radical *e* de ce mot est exceptionnel, mais il coïncide d'une manière très remarquable avec celui de χῆρος, dont l'*ē* représente aussi un degré *e*.

sporŭ « uber », r. *spór, sporá, spóro, spóryj*, s. *spȍr, spȍra, spȍro*, pol. *spory*, tch. *sporý*; on rapproche skr. *sphiráḥ*, lat. *pro-sper*, et, d'après M. Pedersen (*Materialy i prace kom. jęz.*, I, 172), v. h. a. *spar*. — Le lit. *spėrùs* « rapide » a un autre sens et un autre vocalisme (Leskien, *Bild.*, 441).

starŭ « πρεσβύτης, γέρων », Év.; r. *stár, stará, stáro* (et *staró*), *stáryj*; s. *stȁr, stȁra, stȁro*; pol. *stary*; cf. lit. *stóras* « gros », v. isl. *stórr* « grand, fort », et, avec un autre vocalisme, skr. *sthiráḥ* « ferme », v. h. a. *star* (à moins que ces deux derniers ne soient à rapprocher de gr. στερεός).

syrŭ « ὑγρός », L., XXIII, 31 (dit d'un arbre qui n'est pas sec); r. *syrój*; le sens est « cru, non mûr », ce qui autorise en quelque mesure le rapprochement avec lit. *súras* « salé », v. h. a. *sūr* « aigre ».

ščedrŭ « οἰκτίρμων », Ps., CII, 8; Supr., 408, 25; r. *ščédryj*; pol. *szczodry*, v. tch. *ščedry*; cf. *ščeděti*.

Un autre groupe, plus petit que le précédent, mais aussi assez nettement défini, est celui des substantifs à racine terminée par une voyelle (ou une sonante) longue; ces substantifs indiquent des choses :

darŭ « δῶρον », Év.; r. *dár, dára*; s. *dȃr, dȃra* (avec une intonation altérée); tch. *dar*; cf. gr. δῶρον, arm. *tur* (génit. *troy*) « don »; d'autres langues ont le suffixe *-no-: skr. *dánam*, lat. *dōnum*, gall. *dawn*; cf. v. sl. *danĭ*.

měra « μέτρον », Év.; r. *mě́ra*; s. *mjèra*; tch. *míra*; sauf le genre, le v. sl. *měra* « mesure » est à skr. *mānam* « mesure », v. perse *(fra-)mānā* ce que *darŭ* est à skr. *dánam*; on notera que c'est le seul substantif féminin de la série.

mirŭ « εἰρήνη », Év. (sans doute identique au fond à *mirŭ* « κόσμος », Év.); r. *mír, míra*; s. *mȋr, míra*; cf. skr. *mitráḥ* « ami » (voir Uhlenbeck, *Et. wört. d. aind. spr.*), v. sl. *milŭ*, lat. *mītis*, etc.

pirŭ « δοχή », L., XIV, 13; r. *pír, píra*; s. *pȋr, píra* (pour l'intonation, cf. *darŭ*); difficile à séparer de *piti*; pour le sens, cf. lit. *pûta* « banquet » (Leskien, *Bild.*, p. 543), et aussi lit. *gyra*, lette *džīras*, même sens (*ib.*, p. 205).

rarŭ « sonitus », cf. r. dial. *rájat'* « faire du bruit »; les dialectes occidentaux ont un dérivé en *-go-* : pol. *raróg* « laneret ». Cf. ags. *rár* « cri » (avec un vocalisme différent).

žirŭ « νομή », dans la traduction du Nouveau Testament, II.Tim., II, 17 ; r. *žîr, žíra* ; s. *žîr, žíra* (pour l'intonation, cf. *darŭ* et *pirŭ*); tch. *žir*; on peut à la rigueur rapprocher le verbe v. sl. *žiti* : mais on a fait aussi d'autres rapprochements (v. Hirt, BB., XXIV, 256). En aucun cas il ne faut rapprocher directement skr. *jīráḥ* « vif », comme on le fait souvent.

Le mot *pyro* « ὄλυρα, κέγχρος » est ancien, cf. lit. *pūrai* « blé d'hiver », lette *pūri*, gr. πῡρός (v. Meister, *Sitzber. d. sächs. ges. d. wiss.*, 1899, p. 152), mais ne se prête à aucune analyse. — Quant à tch. pol. *jar* « printemps » (cf. r. *jarovój* « d'été », s. *jārĭ* « d'été »), on doit évidemment en rapprocher zd *yārə* « année », got. *jer*, gr. ὥρος, mais non le skr. *yắti* « il va (en véhicule) », v. sl. *jadǫ*, lit. *jóti*, car le lit. *o* suppose ici une racine en *ā*, puisqu'un i.-e. *ō* qui n'alterne pas avec une voyelle de timbre *e* donne lit. *û*, et qu'une racine en *ā* n'a pas normalement de degré *ō*; il est donc incertain que *-ro-* soit suffixal dans le mot slave.

Tous les mots slaves comprenant un *r* suffixal sont plus ou moins isolés. Et même le slave a dissocié des catégories très nettes de l'indo-européen. Par exemple, les noms de parenté en *-r-* n'y forment plus un groupe défini : *mati* « mère » et *dŭšti* « fille » ont subsisté et forment un petit groupe ; le mot correspondant à gr. πατήρ, etc., a été éliminé ; les noms du « frère », *bratrŭ, bratŭ,* et de la « sœur », *sestra,* ont passé respectivement aux thèmes en *-o-* et en *-a-* ; le nom de la « femme du frère du mari » est devenu thème en *-y-*, *jętry,* sous l'influence de *svekry* « mère du mari » ; enfin *dĕverĭ* « frère du mari », qui n'est pas attesté dans les textes proprement vieux slaves, est isolé.

Le suffixe marquant opposition de deux objets, i.-e. *-tero-*, *-toro-*, *-tro-*, n'est plus représenté en slave que par quelques mots dont l'unité de formation n'est pas sensible, qui n'ont aucune nuance de sens en commun et où l'existence même du suffixe n'est pas toujours évidente.

jeterŭ « τις », Év. ; Euch., 31 a ; Supr., 359, 3 (où on lit *eterŭ* et non *jeterŭ*) ; cf. ombr. *etro-* « alter » (et lat. *cēteri*, v. Brugmann, I. F., VI, 87 ; cf. I. F., XI, 13, 14, et *Demonstrativpronomina*, 33), ou skr. *yataráḥ* (on sait que sl. *je-* n'est pas exclusivement relatif ; cf. Meillet, *Génitif-accusatif*, p. 132 et suiv.) ; *jeterŭ* sert à isoler un personnage que l'on considère spécialement et équivaut en quelque mesure à l'article indéfini *un* du français ; il tend du reste à être remplacé par *jedinŭ* qui a fini par l'éliminer entièrement ; la valeur d'opposition d'un objet à un autre qui est celle du suffixe n'y est donc pas abolie.

jetro « foie », s. *jêtra*, tch. *játra* ; cf. gr. ἔντερον, arm. *ənderkh* « intestins », skr. *āntrám* ; l'adverbe *ǫtrĭ* « à l'intérieur », Év., et le substantif *ǫtroba* « κοιλία », mss. de Év. (Zogr. Mar. Ass. Sav.) reposent sans doute sur un ancien **antro-*, cf. ombr. *ander*.

jutro « πρωία, πρωί », J., VIII, 2 Zogr. Mar. (Ass. Sav. def.), Ps., LIV, 18 ; s. *jútro*, pol. *jutro*, tch. *jitro* ; à côté de *utro*, J., XVIII, 28 Zogr. Mar. Ass. Sav. ; r. *útro* (et *závtra*) ; Ps., XLVIII, 15, a *za ustra* dont on peut rapprocher v. pol. *justrzenka* « étoile du matin » (Brückner, *Archiv*, XXI, 69 et suiv.). — Le *j* de *jutro* s'explique malaisément par une prothèse ; M. Pedersen (K. Z., XXXVIII, 311) enseigne, il est vrai, que *j* se développe souvent devant *u* initial ; mais le seul exemple qu'il cite, outre *jutro*, est *jugŭ*, dont on n'a qu'une étymologie très incertaine ; et il ne semble pas qu'il existe aucun autre exemple slave commun à joindre à celui-ci. Quoi qu'on puisse penser de *ustro* (v. Oblak, *Archiv*, XIX, 328 et suiv.), on ne saurait guère séparer *utro* de lit. *auszrà* « aurore » et de gr. αὔριον, ni sans doute *jutro* de *ju* « déjà », cf. lit. *jaũ*, got. *ju* (voir toutefois une autre hypothèse de M. Prellwitz, BB., XXVI, 324). Il y a sans doute eu ici des contaminations multiples dont il serait chimérique de vouloir reconstituer le détail ; mais le suffixe **-tro-* a dû figurer dans l'un ou l'autre des mots qui ont été contaminés.

kotoryjĭ « lequel », Év., avec variante *koteryjĭ*, J., VII, 13 Zogr. Mar. (*kotoryjĭ* Ass. ; Sav. def.), r. *kotóryj*, pol. *który*, tch.

který; cf. skr. *kataráḥ*, lit. *katràs*, got. *hwaþar*, gr. πότερος. Le
sens du mot indo-européen était « lequel des deux » ; mais
le slave ayant perdu la notion de la valeur précise du suffixe,
kotoryjĭ signifie « lequel » d'une manière absolue.

**matorŭ* (s. *mätor* « àgé », r. *materój* « grand, fort »), d'où
materĭstvo « πρεσβεῖον », Ps., LXX, 18 ; *zamatorěvŭ* « προβε-
βηκώς », L., I, 7 et 18 ; II, 36 Zogr. Mar. Ass. Sàv. (*zamate-
rěvŭ* Zogr. dans L., II, 36), doit figurer ici si l'on rapproche
lat. *mäne, mätürus* (voir sur ces mots, Pokrovskij, K. Z.,
XXXV, 233 et suiv. ; Prellwitz, BB., XXIV, 105) ; sur l'*e* de
materĭstvo, zameterěti, v. ci-dessus, p. 115.

v. russe *nestera* « nièce », v. ci-dessus, p. 167.

peštera « caverne », v. ci-dessus, p. 166.

vŭtoryjĭ « δεύτερος », Év. ; r. *vtorój*, pol. *wtóry* ; le tch. *úterý*
semble reposer sur **ateryjĭ*, cf. lit. *añtras*, got. *anþar*, skr. *ánta-
raḥ* ; dès lors, il semble naturel d'expliquer *vŭtorŭ* par **ṇtoro-*,
comme aussi gr. ἄτερος (ἕτερος). Le mot « autre (par opposition à plusieurs) » avait en indo-européen le suffixe **-yo-* :
gr. ἄλλος, lat. *alius*, irl. *aile*, got. *aljis* (et cf. skr. *anyáḥ*) ; lat.
alter est isolé, sans doute de création italique.

Un type indo-européen de noms en *-tro-* n'est représenté
que par un seul mot, qui se trouve être masculin et qui, par
suite, doit être rapproché du type gr. ἰᾱτρός, δαιτρός bien plutôt
que du type de noms d'instrument ordinairement neutre : λέκτρον
(χύτρος a subi une dissimilation et représente **χυθρος* ; cf. att.
Κύθροι et aussi κύθρα à côté de χύτρα) ; toutefois on a κέστρος
qui ne paraît comporter aucune autre explication qu'un
suffixe *-tro-* ; l'indo-iranien a de même le masculin *mántra-*
« formule de prière », et le sanskrit a *dáṃṣṭraḥ* « dent »,
etc. : cf. Niedermann, I. F., XV, 116.

větrŭ « ἄνεμος », Év., r. *vé'ter, vé'tra* ; s. *vjětar, vjětra* ; tch.
vitr ; cf. lit. *vétra* « tempête » ; et skr. *vāyúḥ*, lit. *vé'jas* ; lat.
uentus, got. *winds*, etc. C'est sans doute originairement le vent
personnifié, le génie du vent, comme l'indique en quelque
mesure le genre masculin (v. Osthoff, *Forsch. im gebiete d. idg.
nom. stammbildung*, I, 59).

On a des dérivés du thème en *⁻ʳ/-n-* de gr. ὕδωρ, ὕδατος,
v. h. a. *wazzar*, got. *watins*, dans : *vèdro* « κάδος, στάμνος »,

Euch., 20 b; Supr., 253, 24 et 26 ; s. *vijêdro*, pol. *wiadro*, ou, avec un vocalisme différent, s. *vêdro*, pet. r. *vedró*, cf., pour le sens, gr. ὑδρίᾱ; et dans *vydra* « loutre », r. *výdra*, s. *vĭdra*, tch. *vydra*, cf. lit. *ûdra*, lette *ûdrs*, gr. ὕδρος, ὕδρᾱ, v. h. a. *ottar*, skr. *udráḥ*, zd *udrō*.

Les autres mots qui présentent *r* dans l'élément suffixal ne rentrent dans aucune catégorie définie. Ainsi :

ašterŭ « σαῦρα », Supr., 297, 19 (cf. ci-dessus, p. 174), r. *jáščer*, pol. *jaszczur*.

avorŭ « platane », Supr., 13, 21 ; r. *jávor*, s. *jȁvor*, pol. *jawór*.

bedro « μηρός », Ps., XLIV, 4 ; r. *bedró*, s. *bèdro*, pol. *biodro*; cf. *rebro*, formé exactement de la même manière, et aussi *jadra*.

dĭbrĭ « φάραγξ », L., III, 5 ; r. *debr'*. Si le *ĭ* était ancien, il représenterait i.-e. **o* (voyelle réduite), cf. gr. τάφρος : mais le *ĭ* peut être issu de *ŭ* devant voyelle suivante de la série palatale, par exemple dans le génitif *dĭbri*, d'où le nominatif *dĭbrĭ*; alors on rapprocherait lit. *dubŭs* « profond », gall. *dwfr* « eau »; et c'est ce qu'indique pol. *debrz*, *debrza*, avec *e* dur représentant sl. comm. *ŭ*.

govorŭ « θόρυβος, θρύλλος », Cloz., 766 = Supr., 337, 20 et Cloz., 771 = Supr., 337, 23 ; r. *góvor*, s. *gȍvōr*; la racine est clairement attestée par skr. *jóguve* « je fais entendre un bruit », lit. *gauju*, gr. βοή (et γόος?), etc. Le polonais a une forme énigmatique, irréductible à celle des dialectes cités : *gwar*.

jadra (nomin. plur. neutre) « κόλπος », Cloz., 911 = Supr., 341, 12; Ps., LXXIII, 13; et, avec préposition précédente, *vŭnĕdrěxŭ* « ἐν τῷ κόλπῳ », Ps., LXXXVIII, 51 ; *vŭnĕdra* « εἰς τὸν κόλπον », Ps., LXXVIII, 12 ; *vĭnĕdrěxŭ* « ἐν κόλποις », Supr., 178, 23 ; de là *nĕdra*; s. *njȅdra*, tch. *ňádra*, r. *nê'dro*. On a rapproché gr. ἦτορ, ἦτρον, mais le *d* reste alors obscur; le rapprochement avec v. h. a. *eiz* « geschwür, eiterbeule » ne va guère ni pour le sens ni pour le traitement de *ei* initial (tel qu'il est indiqué par *jiskati* « chercher »). Si l'on admettait, inversement, que *nĕdra* est la leçon ancienne et que **ĕdra* (v. sl. *jadra*) résulte d'une coupe fausse *vŭn-ĕdra*, au lieu de

vŭ-nědra, on pourrait songer à rapprocher *nědra* de gr. νηδύς
« ventre ». — Quant à *jadro* « ἱστός », Supr., 298, 4, c'est
un mot différent, d'origine obscure.

jezero « λίμνη », L., VIII, 33 Zogr. Mar. Ass., mais *jezerŭ*
Sav., avec une forme masculine qui se retrouve L., VIII, 23
dans Zogr., en regard de *ezero* Mar. Ass. (Sav. def.; r. *ózero*
(et masc. dial. *óžer*), s. *jêžero,* pol. *jezioro*; cf. lit. *ĕžeras* (plur.
ežeraì, sans doute ancien neutre), v. pruss. *assaran* (Voc.);
v. Prellwitz, BB., XXIV, 106 et suiv., sur un rapprochement
grec douteux.

jigra « jeu » (la forme attestée en vieux slave est *jigrĭ* « παίγ-
νιον », Supr., 95, 28; 162, 4); r. *igrá,* s. *igra* (accus. *ȋgru*),
v. tch. *jhra,* pol. *gra.*

jiskra « σπινθήρ », Euch., 23 b; r. *ĭskra,* s. *ȋskra,* tch. *iskra,*
pol. *iskra.*

koprŭ « ἄνηθον », Mt., XXIII, 23, nom de plante sans étymologie sûre; sans doute emprunté.

kotora « μάχη », Supr., 394, 10.

kurŭ « ἀλέκτωρ », Mt., XXVI, 34 Zogr. Ass. Sav. (remplacé
par *kokotŭ* Mar.); r. *kúr* (féminin *kúra*); d'une racine signifiant
« crier, chanter »; cf. skr. *kauti,* gr. κωκύω, v. h. a. *hūwo,*
lit. *kóvas.*

mężdra « petite peau », r. *mezdrá (mjazdrá),* tch. *mázdra*;
cf. ci-dessus, p. 129.

sŭ-motriti « καταμαθεῖν, κατανοῆσαι »; Ev., s. *mòtriti* (et r.
smotrě̀t') supposent un mot **motrŭ,* et en effet le russe a *smótr*;
cf. lit. *isz-matrus* « pénétrant » à côté de *matýti* « voir ». Il
est curieux que les dialectes occidentaux aient un mot formé
de la même manière : tch. *patřiti,* pol. *patrzyć'.* Il n'est pas
certain que le suffixe ne soit pas **-tro-* plutôt que **-ro-,* car,
ainsi que l'a montré M. F. de Saussure, les groupes *-ettre-* et
-etre- sont indiscernables en indo-européen; le grec a, il est
vrai, μάστρος « enquêteur » (v. pour le témoignage, Herwerden,
Lexicon suppletorium), mais le -στ- de ce mot peut être analogique de celui de μαστήρ, qui a le même sens. La formation
serait donc comparable à celle de *větrŭ.*

nozdri « ῥῖνες », Ps., CXIII, 14 (accusatif pluriel de thème
en *-ĭ-*); cf. r. *nozdrjá,* s. *nȏzdra*; à côté de lit. *nasraì*; cf. ci-
dessus, p. 129.

odrŭ « κράϐαττος, κλίνη, etc. », Év. ; s. *ŏdar, ódra* ; on a proposé des explications diverses, toutes très hypothétiques ; la présence d'un élément suffixal est au moins incertaine.

pętoro « groupe de cinq, etc. » ; v. ci-dessus p. 231 ; cf. toutefois Windisch, I. F., IV, 298 et suiv.

rebro « πλευρά », Év. ; r. *rebró*, s. *rèbro*, tch. *žebro* ; cf. v. h. a. *rippa* et *rippi*, ags. *ribb*, avec une autre formation.

sekyra « ἀξίνη », Mt., III, 10 ; L., III, 9 ; Ps., LXXIII, 5 ; pet. r. *sokýra* ; cf. lat. *secūris* ; la plupart des dialectes ont substitué *ě* à *e* sous l'influence de *sěką* : r. *sěkira* (où le *ě* est sans doute purement graphique, il est vrai, et ne se distingue pas de *e* dans la prononciation), s. *sjěkira*, pol. *siekiera*, v. tch. *siekyra*.

sěverŭ « ῥορρᾶς », L., XIII, 29 ; r. *sě'ver*, s. *sjěvěr* ; cf. lit. *sziáurė, sziaurỹs* ; et peut-être lat. *Caurus* et got. *skūra-*, v. h. a. *scūr*.

stežerŭ « cardo », Supr., 44, 6 ; s. *stěžěr* et *stŏžěr* ; cf. lit. *stāgaras* et *stegerỹs*.

svekrŭ « père du mari » ; r. *svěkor, svěkra* ; s. čak. *svěkar, svěkra* ; pol. *s'wiekier, s'wiekra* ; cf. got. *swaihra* ; et lit. *szēszuřas*, skr. *çváçuraḥ*, zd *hvasurō*, hom. ἑκυρός, lat. *socer*.

turŭ « taureau (sauvage) », Supr., 5, 29 ; r. *tŭr*, pol. *tur* ; cf. v. pruss. *tauris*, lit. *taūras* (v. Leskien, *Bild.*, p. 285), gr. ταῦρος, lat. *taurus*, gaul. *tarvos* (v. Vendryes, M. S. L., XII, 41).

večerŭ « ὀψία », Év. ; r. *věčer*, s. *věčěr*, pol. *wieczor* ; cf. lit. *vàkaras*. L'origine du mot est inconnue (voir une hypothèse incertaine de M. Brugmann, I. F., XIII, 157 et suiv.).

vedro « εὐδία », Mt., XVI, 2 ; r. *vědro*, pet. r. *védro*, tch. *vedro* : c'est un adjectif, non un substantif, que l'on rencontre dans s. *vědar*, slov. *vęder* « serein ». Le rapprochement avec v. h. a. *wetar*, v. sax. *wedar*, v. isl. *vedr* « temps » n'est pas certain à cause du sens ; on pourrait rapprocher gr. εὐδία (cf., pour la forme, en grec même εὔκηλος à côté de Ϝέκηλος).

vepri « σῦς », Ps., LXXIX, 14 ; r. *vępr'*, *véprja* ; s. *vèpar, vèpra* ; pol. *wieprz* ; cf. v. h. a. *ebar*, éol. ἔπερος (v. en dernier lieu Schulze, K. Z., XXXIII, 132). Le *v* initial n'est pas clair, même après les explications de M. Pedersen, K. Z., XXXVIII, 311.

vixrŭ « tourbillon » (ou *vixŭrŭ*?), s. *vȋhar*, v. tch. *vicher*, tch. mod. *vichr*, pol. *wicher* ; cf. r. *vixát'* « déplacer » ; le russe a *vixr'*, *vixri* ; ce mot n'aurait rien à faire avec lit. *vĕsulas*, *vĕsulȳs* « tourbillon » d'après M. Leskien (*Bild.*, 485) qui rattache les derniers mots à *vĕsti* « se refroidir » (mais cf. Brugmann, *Grundriss*, II, 1049, et Pedersen, *I. F.*, V, 70).

z̧abrĭ « urus », r. *zŭbr*, tch. *zubr* ; cf., pour la fin du mot, lit. *stum̃bras*, etc. (v. J. Schmidt, *Sonantentheorie*, 38, et Leskien, *Bild.*, 434 et suiv.).

XXI

SUFFIXES CARACTÉRISÉS PAR l.

1° Adjectifs en -*lŭ*.

Le suffixe i.-e. *-*lo*-, féminin *-*lā*-, a fourni les participes en
-*lŭ*-, -*la*-, -*lo*-, du type *neslŭ, nesla, neslo*, qui figurent dans les
temps composés du slave et dont on rapproche le type arm.
bereal « ayant porté, porté », et lat. *crēdulus*, etc., gr. μιμη-
λός, etc. ; il n'y a pas lieu d'insister ici sur cette formation
grammaticale normale. Le même suffixe a fourni aussi au slave
un assez grand nombre d'adjectifs à une époque de beaucoup
antérieure à l'époque historique ; plusieurs de ces adjectifs
sont indo-européens et se retrouvent dans d'autres langues ;
à date historique, le suffixe n'est plus productif (hormis naturellement le cas des participes). Exemples :

cělŭ « ὑγιής », Év. ; r. *cě′l, cělá, cě′lo, cě′lyj* ; s. *cĭo, cijěla, cijělo,
cĭjeli* ; pol. *cały* ; cf. got. *hails* « bien portant » et le dérivé
v. pruss. *kailūstikan* « santé ».

dręxlŭ « κατηφής », Supr., 302, 19, etc. ; r. *drjáxlyj* ; et *dręselŭ*,
Mc, X, 22 ; L., XXIV, 17 Zogr. Ass. (*dręxlŭ* Mar.) ; on pourrait expliquer *dręselŭ* en partant de **dręxolŭ* d'après la loi de
M. Baudouin de Courtenay ; mais on ne retrouve -*olo*- dans
aucun autre suffixe.

gnilŭ « pourri » ; cf. *gnili* ; *jizgnilŭ*, variante de χŭlŭ, dans
Sav., Mt., XII, 33 ; *sŭgnilŭ* « pourri », Euch., 20 a et b ; r.
gnilój ; s. *gnjĭlo, gnjĭla, gnjĭlo, gnjĭli* ; pol. *zgniły*.

krąglŭ « rond » ; r. *krúglyj* ; s. *òkrūgao, okrúgla, okrúglo* ; pol.
okrągły ; cf. *krągŭ, okrągŭ*.

kysèlŭ « aigre », Euch., 14 a ; de *kysěţi*, cf. *kysnąti* ; le
serbe a *kĭseo, kĭsela, kĭselo*, avec -*elŭ*, cf. *veselŭ* ; le russe a *kĭsel,
kĭslyj*, avec -*ĭlŭ*, cf. *světĭlŭ*.

milŭ « qui a pitié », Év.; r. *míl, milá, mílo, mílyj*; s. *mȉo, mȉla, mȉlo*; pol. *miły*; cf. lit. *mélas*, v. pruss. *mīls, mīlan*; et skr. *máyaḥ* « joie, réconfort », etc.

mŭdĭlŭ « νωθρός », Hébr., V, 11; VI, 12; d'où *mŭdlostĭ* « ῥαθυμία », Cloz., 150; *mĭdĭlĭnŭ* « βραδύς », Ostr.; cf. *muditi, jizmŭdĕti*.

naglŭ « προπετής »; r. *nágl, nágla, náglo, náglyj*; s. *nâgao, nâgla, nâglo*, mais čak. *nágal, nágla, náglo*; tch. *náhlý*; cf. lit. *nůglas*, avec une intonation douce qui s'accorde avec celle attestée par le serbe čakavien, mais qui contredit, par une exception très rare, le principe général de l'intonation rude des anciennes longues, posé par M. F. de Saussure; du reste, il n'est pas impossible que *nůglas* soit un emprunt au slave (v. Leskien, *Bild.*, 468).

obilŭ « δαψιλής », Supr., 381, 5; Euch., 83 b; s. *ȍbil, ȍbila, ȍbilo*; de **ob-vilŭ* (cf. *vŭzvitĭ*)?

sulĕjĭ « κομψότερος », J., IV, 52, semble supposer **sulo-*, de **k₁owəlo-*, cf. skr. *çávaḥ* « force », *çūráḥ* « fort » et pol. *sowity* « abondant »?

svĕtĭlŭ « φωτεινός, λαμπρός, τηλαυγής », Év.; r. *svĕ́tlyj*; s. *svȉjetao, svijètla, svijètlo*; *svȉjetlĭ*; dérivé de *svĕtŭ, svĕtĭti*; cf. le type gr. χθαμαλός, lat. *humilis*.

svętĭlaĕ nedĕlĕ « semaine de Pâques », Ass., dérivé de *svętŭ, svętiti*.

toplŭ « θερμός », Euch., 92 b; Supr., 257, 11; etc. (d'où *toplota*, Ps., XVIII, 7); s. *tȍpal, tȍpla, tȍplo*; et *teplŭ* (d'où *teplostĭ*, Supr., 399, 13), r. *tĕplyj*, pol. *ciepły*, tch. *teplý*; le sanskrit a un adjectif en *-u-*: *tápuḥ* « brûlant ». Il est à supposer que *teplŭ* des dialectes russes et occidentaux est la forme ancienne et que *toplŭ* des dialectes méridionaux doit son *o* à l'influence de *topiti*; cf. peut-être lat. *Tepula* (nom d'une conduite d'eau de Rome) qui recouvrirait exactement le mot slave, mais qui est malheureusement un nom propre.

veselŭ « φαιδρός », Cloz., 749; r. *vésel, vesëlyj*; s. *vȅseo, vȅsela, vȅselo*; pol. *wesoły*; cf. gr. Ϝεκών, skr. *váçmi*? ou got. *wizon* (v. Uhlenbeck, *Et. wört. d. got. spr.*, sous ce mot)?

dzĕlo « λίαν, σφόδρα », L., XVIII, 23 Zogr. Mar. Ass. Sav., etc.; l'adjectif *dzĕlŭ* « violent » ne paraît pas se trouver dans les textes vieux slaves proprement dits qui ont seule-

ment la forme adverbiale ; cf. lit. *gailùs*, v. h. a. *geil*, ags.
gál.

žĭrĕlŭ « πέπειρος », Supr., 288, 11, de *žĭrĕti* « mûrir » ; r.
zrě'lyj ; s. *zrĕo, zrĕla, zrĕlo* ; pol. *doirzaly*.

2° Noms verbaux en -*lo* et -*slo* et en -*lĭ* et -*slĭ*.

Quelques substantifs neutres en -*slo*- désignent des objets
(sur ce suffixe, voir Osthoff, *Forsch. im gebiete d. idg. stammbildung*, I, 190 et suiv.) ; le sens est distinct de celui des noms
d'instrument en *-*tro*-, etc. (cf. ci-dessus, p. 315) ; par exemple
v. sl. *veslo* « rame », lat. *uēlum* « voile de vaisseau » s'opposent à skr. *váhitram*, lat. *uehiculum*, gr. ὄχετλον ; c'est le
type de lat. *uēlum* (de **uecslum*), got. *hunsl* « sacrifice » ; lit.
spąslas « piège » (v. Leskien, *Bild.*, 453) ; ce suffixe *-*slo*-
fait pendant à *-*lo*-, comme *-*smo*- et *-*smen*- à *-*mo*- et *-*men*-
(v. G. Mekler, Γέρας, p. 252 et suiv.). Les exemples en sont
peu nombreux, mais clairs, et ils attestent le caractère productif du suffixe en slave commun ; ce suffixe s'ajoute seulement à la racine des verbes primaires ou d'apparence primaire ; le vocalisme de la racine est au degré *e* :

čislo « ἀριθμός », J., VI, 10 ; r. *čisló*, pol. *czysło* ; cf. *čĭtą, čisti*.

r. *čeresló* et *čereslo* « coutre (de charrue) », pet. r. *čeresló*,
pol. *trzosło*, en regard de v. pruss. *kersle* « axt » (suffixe *-*sljē*-),
cf. *črŭtą, črĕsti*, lit. *kertù*.

maslo « ἔλαιον », L., VII, 46 ; X, 34 Zogr. (variante de *olĕjĭ*
Mar. Ass. Sav.) ; Euch., 19 a ; Supr., 273, 3 et 8 ; r. *máslo*, s.
màslo, tch. *máslo*, pol. *masło* ; cf. *mazati, mažą*.

preslo « degré » (?), r. *prjáslo*, pol. *przęsło*, tch. *přáslo* ; cf.
prędati « sauter ». — D'autre part, le r. *prjáslo* désigne une
partie du fuseau, et *preslica* est le nom panslave de la « que-
nouille » : r. *prjáslica*, s. *prĕslica*, pol. *przes'lica*, etc. ; en ce
sens, **preslo* est apparenté à *pręda, pręsti* « filer ».

veslo « κώπη », Supr., 298, 6 ; r. *vesló*, s. *vèslo*, pol. *wiosło* ;
cf. *vezą* ; le latin paraît avoir le mot exactement correspondant dans *uēlum* « voile de vaisseau ». — Dans Supr., 321,
26, on lit *privesla* qui traduit sans doute πηδάλια.

sŭ-veslo « chaîne », *u-veslo* « diadème », r. *vjáslo* « lien de
gerbe », tch. *obáslo* ; cf. *vezati, u-vestŭ* ; la forme du suffixe de
v. pruss. *saninsle* « gürtel » (Voc.) ne saurait être déterminée

exactement; mais il n'y a pas de raison d'y voir un emprunt au slave avec M. Mikkola, *Baltisches und slavisches*, p. 13.

povrĕslo « τρυτάνη », s. *povrijèslo*, pol. *powrosło*; cf. *-vrūzą*.

Dans *teslo* « hache », r. *teslá* et *tesló*, cf. *tešą*, on ne saurait discerner si le suffixe est *-lo-* ou *-slo-*, non plus que dans v. h. a. *dehsala* « hache »; pour la formation, cf. v. pruss. *kersle* « hache », en face de lit. *kertù* « je coupe ».

L'étymologie de *črĕsla* « ὀσφύς », Év., pol. *trzosła*, tch. *třísla* est inconnue.

Si l'on admet l'étymologie, tout à fait hypothétique proposée par M. Meringer (*Stellung d. bosn. hauses* [SWAW., CXLIV], p. 96) de r. *krésło*, pet. r. *krisło*, pol. *krzesło* (et v. pol. *krzasło*), à savoir **krēt-slo*, cf. *črŭtati* et lat. *crēna*, on a un nouvel exemple de **-slo-* après dentale.

Dans tous les exemples cités, pour autant qu'ils sont clairs, le suffixe *-slo-* s'ajoute à une racine terminée par *(s)*, *z*, *t*, *d*; après voyelle, et après occlusive labiale ou gutturale, on ne trouve, dans le même emploi, que *-lo-*; c'est le suffixe de lat. *templum*, de v. h. a. *seil*, etc.; en baltique, la répartition des formes *-l-* et *-sl-* est en principe la même qu'en slave, mais avec moins de rigueur (voir les faits chez Leskien, *Bild.*, p. 451 et suiv.), tandis qu'en germanique il n'y a pas trace de pareille limitation; du reste, le suffixe lituanien est d'ordinaire *-ala-* (v. Leskien, *Bild.*, 472 et suiv.), et les exemples de lit. *-la-* sont en petit nombre (sur ce suffixe **-lo-*, voir Osthoff, *Forsch. im gebiete der idg. stammbild.*, I, p. 159 et suiv.):

dĕlo « ἔργον, πρᾶξις », Év., r. *dě'lo*, s. *djèlo*, tch. *dílo*, pol. *działo*; cf. *dĕti*.

greblo « rame », r. *grebló*, pol. *grzebło*, cf. *grebą*.

oblĕklo « vêtement », cf. *oblĕšti*; avec un autre vocalisme radical et un suffixe un peu différent, le lituanien a *ãpvalkalas* « vêtement », *ùžvalkalas* « couverture de lit » (v. Leskien, *Bild.*, 473).

praglo « rets, filet », v. r. *prúglo*, tch. *pruhlo*, a un vocalisme *o* anomal, en regard de *pregą*, *pręšti*; pour la formation et le sens, cf. gr. σκάνδαλον « piège » en face de lat. *scandere* (v. Osthoff, *Et. parerga*, I. 355).

Une règle semblable à celle qui régit la répartition de

-*slo* et -*lo* définit la répartition de -*sli* et de -*li*. On a ainsi avec -*sli*- (cf. lat. *tōlēs* à côté de *tonsillae*), après χ ou après dentale :

gǫsli « κιθάρα », Ps., XXXII, 2 ; Euch., 88 a ; Cloz., 353 ; r. *gúsli*, tch. *húsli* ; s. *gūsle*, pol. *gęs'le* ; cf. *gǫdǫ* ; on notera que -*li* figure dans d'autres noms d'instruments de musique : *svirěli*, *sopli* et *sopěli*, *pištali*.

jasli « φάτνη », L., II, 7, etc. ; r. *jásli* ; s. *jǎsle*, pol. *jas'le* ; le *ja* est slave commun ; il représente donc i.-e. *ō*, en regard du *ě* du verbe *jamǐ*, r. *ě'm*, s. *ǐjem*, pol. *jem*. On a par suite ici le degré vocalique *ō*.

mysli « ἐνθύμησις, διάνοια », Év., r. *mýsl'*, *mýsli*, s. *mîsao*, *mǐsli* (avec intonation douce secondaire), tch. *mysl*, pol. *mys'l* ; on rapproche got. *gamaudjan* « rappeler » et parfois aussi gr. μῦθος ; — *sǔmyslǔ* « διάνοια », Supr., 114, 15 ; II Cloz., 130 ; r. *smýsl*, *smýsla* ; s. *smîsao*, *smîsla* ; pol. *zmysł* ; et aussi *pomyslǔ* « désir », Supr., 175, 28, *domyslǔ*, *promyslǔ*, *razmyslǔ* sont des postverbaux de *sǔmysliti*, *pomysliti*, *domysliti*, etc. ; sans préverbe, on n'a jamais que *mysli*.

lěto-rasli « κλάδος », Supr., 236, 25, r. *lě'torosl'*, pol. *latoros'l* ; et *novorasli* « νεόφυτον », Ps., CXXVII, 3 ; cf. *rastǫ*.

A ces quatre exemples, on peut opposer : *byli* « herbe » (d'où le collectif *bylǐje*, Supr., v. ci-dessus, p. 384), cf. *byti* ; *sopli* « flûte », cf. *sopǫ* ; *tekli* « résine », cf. *tekǫ* ; *zebli* « poussé », cf. *zebnǫ*. Et surtout, on trouve un type en -*ěli*, très bien attesté en vieux slave :

gyběli « ἀπώλεια », Mc., XIV, 4 ; *pogyběli* (même sens), Supr., 1, 2 ; r. *pogíbel'* (mais s. *pògībao*, *pògībli*, avec -*ǐli*) ; pol. *gibiel* ; cf. *gybnǫ*.

kǫpěli « κολυμβήθρα », J., V, 4 ; r. *kupél'*, pol. *kǫpiel*, tch. *koupel* ; cf. *kǫpati*.

mlǐčali « silence » (d'où *mlǐčalǐnǔ*, Supr., 207, 12 et *mlǐčalǐnǔ*, Supr., 215, 29), en face de *mlǐčati*, *mlǐknǫti*.

obitěli « κατάλυμα, μονή », Év., s. *òbitelj* « famille » ; cf. *obitati*.

obrětěli « εὕρημα », Supr., 288, 20 ; *priobrětěli*, Supr., 126, 9 ; cf. *obrěsti*, *priobrěsti*.

pečali « μέριμνα, θλίψις, λύπη », Év. ; cf. *pekǫ sę*.

pištali « αὐλός », I Cor., XIV, 7 ; r. *piščál'*, pol. *piszczel*, v.

tch. *piščel*; cf. *piskati*; la formation paraît imitée de celle de *sopělĭ*, à côté de r. *sopě't'*, slov. *sopęti* et de *sopǫ*.

skrižalĭ « πλάξ, πέτρα », Supr., 203, 26.

svirělĭ « καθάρα », Supr., 313, 4; r. *svirél'*; cf. *svirati*.

tvrŭdělĭ « στερέωμα », Supr., 233, 22, de *tvrŭdŭ*; le mot semble artificiel et calqué sur le grec; c'est le seul qui soit dérivé d'un adjectif; le r. *tverdél'* peut évidemment passer pour savant.

Le -*ě*- qui figure dans tous ces mots est celui du type verbal en -*ěti*; cette origine est claire dans *mlĭčalĭ* et *sopělĭ*; on peut supposer l'existence d'un thème en -*ěti* (type de r. *běgŭ*, *běžát'*) dans quelques autres cas, par exemple pour *pečalĭ* ou *obrětělĭ*; le reste serait analogique. On pourrait peut-être rapprocher l'*ě* des noms d'agents lituaniens en -*ėlis*, tels que *użmirszélis* « oublieux » (v. Leskien, *Bild.*, 466 et suiv.) et surtout le type lat. *loquēla*.

Le *ě* de -*ělĭ* est précédé d'un -*t*- après une racine terminée par voyelle, dans :

dětělĭ « action », Euch., 14 b; Cloz., 307; cf. *děti*. On imagine assez aisément une contamination de *(blago)dětĭ* et du type en -*ělĭ*. — On cite aussi *obutělĭ* « ὑπόδημα ».

3° Noms divers.

A côté des formations définies qui précèdent, il y a un certain nombre de mots isolés, dont plusieurs se retrouvent dans d'autres langues indo-européennes et qui tous sont anciens en slave, notamment :

ŭglĭ « ἄνθραξ » (masc.), Ps., XVII, 9 ; Supr., 422, 25; r. *ŭgol'*, *ŭglja*; s. *ŭgalj*, *ŭglja*; pol. *węgiel*, *węgla*; tch. *uhel*; cf. lit. *anglìs* (acc. *añglį*). féminin ; et skr. *áṅgāraḥ* « charbon », persan *angišt* (de iran. **angr̥šta*-?).

balĭji « ἰατρός » est le dérivé d'un mot à suffixe en **-l-* non attesté, d'où sort aussi *balĭstvo* « remède »; cf. *bajati*.

brŭselŭ « ὄστρακον » (d'où *brŭselĭje*, Supr., 78, 23), cf. *brŭsnǫti*?

bŭčela « μέλισσα », L., XXIV, 42; r. *pčelá*, plur. *pčély*; s. *(p)čela*, plur. *(p)čéle*; pol. *pszczoła*; le suffixe -*lo*-, -*la*- n'est pas rare dans les noms d'animaux; cf. *kozĭlŭ*, *orĭlŭ*, etc., et v. h. a. *igil* « hérisson », *egala* « sangsue », *wisula* « belette ».

v. r. *dělŭ* « part », s. *d'o, dijela*, mais čak. *děl, dělà* (et cf.
Rešetar, *Südslav. dialektstud.*, p. 53), pol. *dział*; composés:
dělomĕrinŭ « κληροδοσίας », Ps., LXXVII, 55; *prědělŭ* « ὅριον »,
Év., etc., « κλῆρος », Ps., LXVII, 14; cf. got. *dails* « part »
(thème en *-i-*); le mot lit. *dalis* « part » semble aussi avoir
un suffixe à *-l-*.

jela « sapin », s. *jéla*, pol. *jodła* (et r. *jél'*), cf. lit. *ēglė*,
v. pruss. *addle*; et peut-être lat. *ebulus, ebulum* (Niedermann,
Mélanges A. Meillet, p. 100); cf. **-lo-, *-lā-*, dans le nom
d'arbre lat. *corulus*, irl. *coll*, v. h. a. *hasal, hasala*.

jelikŭ (*jeliko*, Év.), *kolikŭ* (*koliko*, Év., r. *kolíkij*, s. *kòlik*),
tolikŭ « τοσοῦτος », Év., *selikŭ* « τοσοῦτος », J., VI, 9; et les
adverbes *jeli, koli, toli, seli* rappellent, pour la formation, lit.
keli « quelques-uns », lat. *quālis, tālis*, gr. ἡλίκος, πηλίκος, sans
qu'il soit possible de définir exactement les rapports existant
entre ces mots.

kalŭ « πηλός », Supr., 254, 10; Euch., 70 a; r. *kál, kála*;
s. *kȁo, kȁla*, čak. *kál, kála*, tch. *kal*; cf. dor. πᾱλός, att. πηλός?;
**-lo-* serait suffixe, car il n'y a pas de racine indo-européenne
de la forme **kāl-*; l'intonation douce de la longue slave est
surprenante.

r. *kášel', kášlja*; s. *kȁšalj, kȁšlja*; pol. *kaszel, kaszlu*; cf. lit.
kósiu, skr. *kā́sate*, ags. *hwósta*.

kozilŭ « chevreau », traduit « κλοιός », Supr., 111, 16 (on
notera les dérivés *kozilę* « ἔριφος », L., XV, 29; *kozilišti*
« ἔριφος », Mt., XXV, 32 et 33): r. *kozël, kozlá*; pol. *koziel*.

krastěli « ὀρτυγομήτρα », Ps., CIV, 40; r. *korostél'*, p. r.
korostíl'; ou, avec *x* initial, pol. *chros'ciel*, s. dial. *râstelj*.

migla « ὀμίχλη », II Pierre, II, 17; r. *mglá*, s. *màgla* (accus.
màglu), pol. *mgła*; cf. lit. *miglà*, gr. ὀμίχλη.

motyla « φορτίον », Supr., 141, 6; mot obscur.

orilŭ « ἀετός », L., XVII, 36; r. *orěl, orlá*; s. *òrao, ȍrla*;
pol. *orzeł, orła*; cf. lit. *erēlis, arēlis*, v. pruss. *arelie* (Voc.);
sans doute dérivé de la forme en *-l-* du suffixe alternant ⁻ˡ⁻/₋ₙ₋:
car on a got. *ara* « aigle », cf. gr. ὄρ-ν-ῑς; le slave même, à
côté de *srŭšeni* « crabro », r. *šeršen'*, pol. *sierszen'*, cf. lit. *szirszŭ*,
szirszens, a une forme **srŭsl-*, attestée par s. *sršljen*, cf. lit.
szirszlys, v. pruss. *sirsilis*; et, de même que le gallois a *eryr*
« aigle » avec *r*, en face de v. sl. *orilŭ*, le latin a *crābrō*, aussi

avec *r*, en face de lit. *szirszlys*, ce qui paraît indiquer que, dans les deux mots en question, *l* du suffixe provient d'une dissimilation.

osla « ἀκόνη », Supr., 297, 17 ; pol. *osła,* slov. *ósła* ; l'opposition de *osla* et de gr. ἀκόνη (et skr. *açániḥ*) suggérerait l'idée d'un ancien suffixe alternant *-l-/-n-*, comme dans le cas précédent ; mais la dissimilation n'a pu jouer aucun rôle ici ; de plus on trouve la graphie *osĭla* en vieux slave, et les dérivés pol. *osełka,* r. *osëlok* (gén. *osëlka*), slov. *ǫselnik,* qui supposent *osila* ; cf. peut-être arm. *aseln* « aiguille » et ags. *egl* « pointe (d'épi) » ; ces divers mots sont dérivés d'un mot à suffixe zéro supposé aussi par v. sax. *eggia,* v. isl. *egg* « pointe », v. h. a. *ecka,* lat. *aciēs,* gr. ἀκίς et ἀκή (avec les suffixes secondaires **-yē-* et **-ā-*).

pečatĭlěti « σφραγίζειν », Év., suppose un substantif dérivé de *pečatĭ* avec un suffixe à *-l-*.

plěvelŭ « ζιζάνια », Mt., XIII, 26 ; v. r. *polovelŭ* ; bulg. *plével* ; cf. *plěti, plěvǫ.*

s. *sědlo* « selle », pol. *siodło* (et, avec emprunt du vocalisme du verbe, r. *sêdló,* pet. r. *sidló*), formé exactement comme v. isl. *sǫdull,* v. h. a. *satul* « selle » ; entre *d* et *l* des mots slaves cités, il est tombé un jer, noté dans le verbe dénominatif *osedŭlati* « seller », Supr., 37, 6 et 162, 12. On retrouve le suffixe **-lo-* (ou **-lā-*) dans un mot de sens différent : got. *sitls* « siège », gaul. *-sedlon* (Fick-Stokes, *Et. wört.,* II⁴, 298), lat. *sella,* lac. ἑλλά· καθέδρα Hes. Et il est possible que, en vieux slave même, *selo* « σκηνή, σκήνωμα », Ps., LIX, 8 ; LX, 5, etc., soit à distinguer de *selo* « ἀγρός », Év. et Ps., CVI, 37 ; le premier serait un ancien **sedlo* (cf. b. sor. *sedlo* « siège » ?) et le second (tch. *selo,* pol. *sioło* « village ») serait à rapprocher de lat. *solum,* got. *saliþwa.* Les questions que pose le mot slave *selo* sont si complexes qu'il est à peine possible d'en espérer une solution entièrement satisfaisante.

sokolŭ « faucon », r. *sokól, sokolá* ; s. *sòkō, sokòla* ; pol. *sokół* ; on a rapproché skr. *çakunáḥ.*

solilo « τρυβλίον », Év. ; r. *solílo,* s. *sòlilo* ; dérivé de *solĭ.*

stĭblo « tige » (d'où *stĭblĭje* « καλάμη », Ps., LXXXII, 14), r. *stebló,* s. *stáblo,* pol. *ździbło* ; cf. skr. *stíbhiḥ,* lette *stiba* « bâton », lit. *stëbas, staĭbis,* lat. *tibia.*

stolŭ « θρόνος, σκαμνίον », Supr., 92, 9 (et *prěstolŭ* « θρόνος », Év.); le sens de « siège » est conservé dans s. *stõ, stòla,* et dans quelques diminutifs; mais le sens est « table » dans r. *stòl, stolá,* et dans la plupart des autres dialectes; v. pr. *stalis* et lit. *stãlas* « table » sont suspects d'être empruntés; si l'on rapproche got. *stols* « θρόνος » et lit. *pastólai,* on a affaire à *stə-lo-, et par suite, il y a un suffixe *-lo- (voir Meringer, *Die stellung d. bosn. hauses,* p. 93 et suiv., dans SWAW., CXLIV); mais on a aussi rapproché avec grande vraisemblance skr. *sthálam* (v. Uhlenbeck, *Et. wört. d. aind. spr.,* sous ce mot) et v. sl. *stelja.* On ne saurait rien affirmer.

tĭlja « σής, βρῶσις », Év. (d'où *tĭliti* « ἀφανίζειν ») a été rapproché de lat. *tinea,* etc. (Solmsen, K. Z., XXXV, 476 et suiv.); il renfermerait alors un suffixe à -*l*- et l'on pourrait rapprocher les noms d'agent lituaniens en -*lȳs,* -*lis,* -*lė* (v. Leskien, *Bild.,* 455 et suiv.); mais d'autres étymologies ont été proposées.

r. dial. *tulit'* et *tŭlit'* « cacher », s. *túliti* « éteindre », pol. *tulic'* « calmer »; ce verbe suppose un nom, sans doute apparenté à arm. *thoyl* « permission » et « mou ».

tulŭ « φαρέτρα », Ps., X, 2; tch. *toul;* ressemble d'une manière singulière à skr. *tūṇaḥ, tūṇí* « carquois », lequel pourrait être une forme prâkrite de *tūrṇa-, *tūrṇī-; l'élément -*l*- serait naturellement suffixal; le gr. τελαμών ne saurait donc être rapproché de v. sl. *tulŭ;* le skr. *tūṇaḥ* admet plusieurs explications.

tylŭ « nuque »; r. *týl;* tch. *týl;* pol. *tył;* s. *zátilak;* le mot signifiait sans doute à l'origine « renflement », cf. skr. *tūlam* « touffe » et gr. τύλη (cf. Zubatý, *Archiv,* XVI, 417).

slov. *ŭlj* « arbre creux, rucher », pol. *ul,* tch. *oul* (génit. *oule)* et r. *úlej* (génit. *úl'ja*): cf. lit. *aulȳs* et *avilȳs,* lette *aulis, aule, awele;* avec des suffixes secondaires *-yo-, *-ĭyo-, *-yě- en slave et en baltique.

žila « nerf, tendon, veine », Év., Euch., 31 a, etc.; r. *žíla,* s. *žȋla,* tch. *žíla;* cf. lit. *gĭsla,* v. pruss. *gislo* (Voc.), arm. *jil* « nerf, tendon », et lat. *filum* (?).

žizlŭ « ῥάβδος », Év., r. *žézl,* tch. *žezl* (et s. *žĕželj*); sans étymologie claire.

Il convient de signaler, en terminant, quelques mots en
-*tĭlo-* ou *-*tĭlo-*, non attestés en vieux slave proprement dit,
notamment *vitĭlŭ* « μηχάνη », s. *vĭtao, vĭtlo*, slov. *viteł, vítla,* et
s. *pijĕtao, pijĕtla* « coq » qui suppose **pĕtĭlŭ* ou **pĕtŭlŭ*. —
Le mot *ątĭlŭ* « percé », Supr., 404, 23, est de formation très
obscure.

Le substantif *milo* « dot, φερνή » (v. Sreznevskij, *Materialy*)
est à rapprocher de gr. μείλιον « don fait par le père à la
fille » ; ce substantif est sans doute apparenté à l'adjectif
milŭ, cité ci-dessus p. 413.

Sur *tělo,* v. ci-dessus, p. 359)

XXII

RESTES DU SUFFIXE INDO-EUROPÉEN *-men-.

Du suffixe *-men-, de même que de *-es- (v. ci-dessus, p. 356), le slave n'a conservé que des restes isolés en petit nombre. La formation a, de bonne heure, cessé d'être productive, et l'on ne rencontre que des noms où le suffixe suit immédiatement la racine. Le vocalisme est le degré *e*, conforme à ce que l'on observe en baltique (cf. Osthoff, *Etymologische parerga*, I, 62) et partout ailleurs : type gr. σπέρμα; la doctrine de M. Hirt que le type aurait eu originairement le vocalisme radical zéro est en l'air (*Ablaut,* § 847, p. 201). Le type masculin et le type neutre, tous deux indo-européens, sont représentés ; mais il ne subsiste aucun nom d'agent ; tous les exemples attestés sont des noms de chose :

brěmę « φορτίον », Év. ; « ἄρσις », Ps., LXXX, 7; « γόμος », Supr., 96, 4 ; r. pop. *berémja, berémeni* ; s. *brěme, brěmena* ; tch. *břímě* ; cf. véd. *bháriman-* et *bhárman-* (neutre), gr. φέρμα ; les racines dissyllabiques ont, avec ce suffixe, le type *e* + consonne (resp. sonante) + *ə* : skr. *jarimă,* etc. ; et c'est ce vocalisme que semble présenter le v. sl. *brěmę,* etc. — Ce qui montre bien que *brěmę* s'est tout à fait isolé du verbe, c'est que *bŭrati* a pris le sens de « prendre », tandis que le substantif, conservant le sens ancien de la racine, signifie « fardeau ».

čismę « ἀριθμός », Supr., 68, 23, etc. ; cf. *čĭtą, čisti.* Le suffixe a ici la forme *-smen-* après dentale, de même que l'on a, après dentale, *-slo-,* et non *-lo-,* ainsi *čislo,* v. ci-dessus, p. 414 (sur *-smen-* v. Solmsen, *Rhein. museum,* LVI, 497 et suiv. ; sur gr. πεῖσμα, πάσμα, v. Brugmann, I. F., XI, 104); le lette a aussi dans *mesmens* « chaîne de tisserand », à côté

do lit. *metmens* (v. Leskien, *Bild.*, 417), un exemple de *-smen-*
après dentale ; et c'est le seul cas de *-smen-* que semblent
présenter les dialectes baltiques, à en juger par les listes de
M. Leskien.

pismę « γράμμα, στοιχεῖον », Mt., V, 18 ; Supr., 179, 27 ; etc. ;
r. *pis'mja, pis'meni* ; tch. *pismě* : cf. *pisati, pišą* ; le suffixe
peut être -*smen*- aussi bien que -*men*- ; on notera la forme r.
pis'mó, pol. *pismo*, avec le suffixe -*mo*- ou -*smo*-.

plamenĭ « φλόξ », L., XVI, 24 ; Ps., LXXXII, 15 (et *plamy*,
Supr., 326, 11) ; r. *pólomja* ; pet. r. *polómja* et *polómin'* ; s. *plämen*
et *plâm* ; pol. *płomien'* ; cf. *planąti, paliti, plapolati* ; pour la formation, cf. gr. φλέγμα, φλεγμονή. L'*o* radical tient à ce que le
vocalisme *o* a été généralisé dans les formes verbales de cette
racine.

sěmę « σπέρμα, σπόρος », Év. ; r. *sě'mja*, s. *sjěme*, pol. *siemię* ; à
côté de *sěją* ; cf. lat. *sěmen* ; v. pruss. *semen* « same » (Voc.),
lit. *sěmens, sěmenys* ; v. h. a. *sámo*.

vrěmę « καιρός, χρόνος », Év., pet. r. *véremja*, s. *vrijěme*,
vrěmena ; on rapproche la racine de *vratiti*, etc. Toutefois la
forme du suffixe est différente de celle que présente *čismę* ; le
sens tout particulier de *vrěmę* empêche d'ailleurs de voir dans
cette étymologie plus qu'une simple hypothèse, non démon-
trable.

znamenĭje « σημεῖον », Év. ; *znamenati* « σφραγίζειν, σημειοῦν »,
Év., Ps., et aussi *znamenitŭ* sppuosent *znamen-* ; et en effet on
a : r. *známja*, tch. *známě*, à côté de *znają, znati* ; cf. gr. γνῶμα ;
ce vocalisme à seconde longue de racine dissyllabique n'est
pas conforme au type indiqué ci-dessus à propos de *brěmę* ;
c'est que le type vocalique sl. *zna-* = gr. γνω- = lat. *gnō-*
a été généralisé en slave, en grec et, dans une certaine
mesure, en latin pour cette racine.

Enfin, *(bes)prěsmenę* « (sans) interruption », synonyme de
besprěstani, s'expliquerait bien par **perə-stəmenes* ; en effet i.-e.
ə tombe en slave en syllabe intérieure d'un mot ; le vocalisme
radical zéro, en regard de skr. *sthăma*, lat. *stămen*, lit. *stomů*, etc.,
est surprenant ; toutefois la présence d'un préverbe justifie
dans une certaine mesure une différence de vocalisme.

De plus, le russe a quelques mots, tels que *suxmén'* « sécheresse, lieu sec » (déjà en vieux russe), *gluxmén'* « temps de

silence », etc., dérivés des adjectifs *suxŭ, gluxŭ*, etc. ; v. Miklosich, *Vergl. gr.*, II, p. 237.

Dans les autres exemples, on rencontre des conditions spéciales, très obscures dans la plupart des cas, et l'élément -*men*- par lequel se termine le thème ne doit pas nécessairement être tenu pour un suffixe *un*, ni même pour un suffixe.

jimę « ὄνομα », Év. ; r. *imja, imeni* ; s. *ïme, ïmena* ; tch. *jmě* et *jméno* ; pol. *imię* et *miano* ; il s'agit ici d'un mot indo-européen à vocalisme très complexe : skr. *nắma*, lat. *nŏmen* — gr. ὄνομα — got. *namo* — arm. *anun*, v. irl. *ainm n-* — v. pruss. *emnen, emnan* (à l'accusatif). On n'a aucun moyen de séparer une racine et un suffixe ; on est en présence d'un mot un.

kameni « λίθος, πέτρα », Év. (et *kamy*, Supr.), r. *kámen'*, s. *kämĕn* (et *käm*), tch. *kámen* ; cf. lit. *akmũ* ; gr. ἄκμων ; v. h. a. *hamar* « marteau (de pierre) », v. isl. *hamarr* « rocher, marteau » ; la coexistence de skr. *áçman-* « pierre » et de *açmaráḥ* « de pierre » ne laisse aucun doute sur le fait qu'il s'agit d'un thème indo-européen en ⁻ʳ⁻/₋ₙ₋ à alternance vocalique de l'élément qui précède la syllabe prédésinentielle ; or, les thèmes proprement dits à suffixe i.-e. **-men-* n'ont pas l'alternance ''ₙ, et le vocalisme de leur élément présuffixal est fixe. Ici encore, il s'agit d'un mot non analysable.

plemę « γένος », Supr., 20, 20, etc. ; r. *plémja* ; s. *plĕme* ; pol. *plemię* ; tch. *plémě* ; sans étymologie sûre.

ramę « épaule », tch. *rámĕ*, pol. *ramię*, s. *răme*, pet. r. *ramjá* (génit. *rámeni*) a l'air du dérivé en -*n*- de *ramo* « ὦμος », L., XV, 5 ; Euch., 97 a ; Supr., 60, 6 ; r. *rámo*, s. *rämo* ; et cf. les masculins got. *arms*, skr. *īrmáḥ*, lat. *armus* et aussi v. pruss. *irmo* (Voc.). Joh. Schmidt, *Sonantentheorie*, 99, considérait le -*mo*- de v. sl. *ramo*, etc. comme issu de **-mno-* ; la même observation s'appliquerait à *pismę : pismo*.

remeni « ἱμάς », Év. ; r. *remén', remnjá*, ; s. *rĕmĕn, rĕmena* ; pol. *rzemien'* ; tch. *řemen* (**remy* est supposé par s. *rĕmik*, pol. *rzemyk*) ; étymologie incertaine (v. en dernier lieu, Pedersen, K. Z., XXXVIII, 311 et suiv.).

slemę « poutre », mot sur l'origine duquel on a beaucoup discuté ; v. en dernier lieu, T. Torbiörnsson, *Liquidametathese*, I, 98, et Solmsen, *Untersuchungen*, 209 ; sur lit. *szelmo*, v. Leskien, *Bild.*, 418.

těmę « sommet, front » ; r. *témja*, pet. r. *těmja* ; s. *tjěme* ;
pol. *ciemię* ; tch. *těmě*.

Dans les deux mots suivants, *-men-* est suffixe secondaire :
ruměnŭ « πυῤῥός ». Supr., 101, 9 ; pol. *rumjany* ; r. *rumjányj* ;
s. *ruměn, ruměna, ruměno* : tch. *rumèný* ; dérivé d'un thème
rumen-, cf. lit. *raumů* « chair de muscle » ; cf. s. *rŭd* « rou-
geâtre », lit. *raudas*. Dans ce dérivé, comme aussi dans r.
výmja, le suffixe a, après dentale, la forme -*men*-, et non
-*smen*-.

r. *výmja* « pis », s. *vime*, tch. *výmě*, pol. *wymię* ; cf. skr. *ūdhar*,
ūdhnah, gr. οὖθαρ. La formation est isolée et à peu près unique
en son genre. Le lituanien a *tezmů* « pis » (lette *tesmens*), avec
ce même suffixe.

XXIII

SUFFIXES CARACTÉRISÉS PAR -*m*-.

A la différence des dialectes baltiques, le slave n'a pas
de suffixe productif en -*m*-, sauf celui des participes passifs
en -*mŭ*, cf. lit. -*mas*, qui, faisant partie de la flexion verbale
normale, n'a pas à être examiné ici ; tout au plus convient-il
de signaler *pitomŭ* « σιτευτός », L., XV, 30, v. r. *pitómyj*, s. *pitom*
et *lakomŭ* « affamé », Supr., 30, 15, r. *lákomyj*, s. *lăkom*, pol.
lakomy, qui se trouvent isolés par suite de la disparition des
thèmes verbaux auxquels se rattachaient originairement ces
participes, et aussi le cas particulier de *narodovodimo* « conduite du peuple », Supr., 204, 12 (cf. Miklosich, *Vergl. gramm.*,
II, 231 et suiv.).

D'autre part, la question des suffixes à -*m*- est compliquée
par l'alternance de -*mn*- et -*m*- (ou -*n*-) sur laquelle J. Schmidt,
Sonantentheorie, p. 87 et suiv., a attiré l'attention. Et il
faut mettre à part les ordinaux *sedmŭ* « septième » et *osmŭ*
« huitième » ; dans *sedmŭ*, *m* est radical, comme on le voit par
lat. *septem, septimus* ; *osmŭ* a été fait d'après *sedmŭ*, comme lit.
ászmas d'après *sēkmas*. Les autres mots doivent être examinés
un à un ; ceux qui ne sont pas des mots indo-européens
conservés tels quels en slave sont d'origine tout à fait obscure. Voici les principaux exemples :

črŭmĭnŭ « ἐρυθρός », Ps., CV, 7 et 9 ; Cloz., 301 (d'où *črŭmĭ-
novati sę* « πυῤῥάζειν », Ev.), semble dérivé d'un mot *črŭmĭ*
« ver » identique à lit. *kirmis* (cf. lette *cerms, cerme*), skr. *kŕmiḥ*,
v. irl. *cruim* ; au lieu de ce mot, on a v. sl. *črŭvĭ* dont le *v* est
peu clair ; en revanche, v. r. *vermije*, qui traduit ἀκρίδες, répond
peut-être à got. *waurms*, lat. *uermis* (v. Zubatý, I. F., VI, 155

et suiv.) et cf. pet. r. *vermjányj* « rouge », v. pruss. *wormyan*, *urminan* « rouge », peut-être aussi gall. *gwrm* « noir ».

xramŭ « οἶκος, οἰκία », Év. : s. *hrâm*, génit. *hráma*, r. *xorómy*, tch. *chrám*; sans étymologie certaine (cf. Pedersen, K. Z., XXXVIII, 395).

drŭmŭ est un mot très obscur (v. J. Schmidt, K. Z., XXV, 53, et Jagic', *Archiv*, IV, 528).

dymŭ « καπνός », Ps., XVII, 9; r. *dým*, *dýma*; s. *dïm*, *dïma*; tch. *dým*; cf. lit. *dúmai*, skr. *dhūmáḥ*, lat. *fūmus* (sur la racine, cf. Fick, *Et. wört.*, I⁴, 465; Hirt, *Ablaut*, § 405).

golĕmŭ « grand » (de **golęmŭ*, comme le fait remarquer M. Brandt, *Dopolnit. zamêtki*, p. 66), s. *gòlem*, tch. *holemý*, v. pol. *z-golemo* « beaucoup », r. dial. *galjáma* (*Archiv*, XI, 127).

grŭmŭ « φύτον », thème en -*mŭ*-; à en juger par le locatif *grŭmu*, Euch., 15 b, et par s. *gr̂m*, *gŕma*, nom. plur. *gŕmovi*.

gumĭno « ἅλων », Év.; r. *gumnó*, s. *gúmno*, pol. *gumno*; -*ĭno*- étant suffixe secondaire, on a un primitif **gum*- ou **gumo*-, d'origine inconnue.

jarĭmŭ « ζυγόν », Supr., 326, 29 (et le dérivé *jarĭmĭničĭ* « τοῦ ὑποζυγίου », Mt., XXI, 5); r. *jarém*, *jarmá*, s. *járam*, *járma*; au neutre : r. *jarmó*, pol. *jarzmo* (sur ce mot, cf. Pedersen, K. Z., XXXVIII, 313; Mikkola, *Baltisches und Slavisches* dans *Finska Vetenskaps-Soc. Förhandl.*, XLV], p. 47).

kosmŭ « cheveux », pol. *kosm*, r. *kosmá*; à côté de *kosá*.

krŭčĭma « boisson enivrante », r. *korčmá*, s. *kŕčma*, pol. *karczma*.

krŭma « πρύμνη », Mc, IV, 38; r. *kormá*, s. *kŕma*; à rapprocher de gr. πρύμνα, où -μν- est issu de -*my*- (cf. F. de Saussure, *M. S. L.*, VII, 92).

krŭma, krŭmŭ « nourriture » (d'où *krŭmlja* « τροφή », Supr., 321, 14), r. *kórm*, s. *kŕma*, pol. *karm*, *karmi*.

nĕmŭ « κωφός, ἄλαλος », Év.; r. *nĕmój*, s. *nĭjem*, *nijĕma*, *nijĕmo*; tch. *nĕmý*; sans étymologie connue; par suite la présence d'un suffixe -*mo*- est incertaine.

prĕmŭ « droit » (*prĕmo* « ἀνέναντι, κατέναντι », Év.), r. *prjám*, *prjámo*; formation peu claire; les hypothèses de M. Il'inskij, *O nêkotoroxyx arxaizmax*, 76, ne sont pas convaincantes.

ramo « ὦμος », L., XV, 5; r. *rámo*, s. *rămo*; cf. got. *arms*, skr. *īrmáḥ*, lat. *armus*, etc.; cf. ci-dessus, p. 424.

sěmǐ, *sěmǐja* « famille », r. *sem'já* ; cf. lit. *szeima* (Leskien, *Bild.*, 424), et, avec un autre suffixe, lat. *cīuis*, v. h. a. *hīwo*.

slama « paille », r. *solóma*, s. *slăma*, tch. *sláma*, pol. *słoma* ; cf. lette *salms*, v. h. a. *halm*, lat. *culmus*, et, avec un autre vocalisme, gr. καλάμος, καλάμη.

sramu « ἐντροπή », Ps., XXXIV, 26 ; v. r. *sórom*, *sóroma* (et *soróm*), s. *srám*, *sráma*, pol. *srom* ; cf. zd *fšarəmāṭ* « par honte », persan *šarm*.

strimu « en pente », *strimoglavi* « κατὰ κεφαλῆς », Supr., 104, 18 : *strimu* « tout à fait », Supr., 200, 15 ; s. *str̄m*, *str̄ma*, *str̄mo* ; tch. *strmý* ; v. J. Schmidt, *Sonantentheorie*, p. 39.

šumǔ « ἦχος », L., IV, 37 ; r. *šúm*, *šúma* ; pol. *szum* ; tch. *šum* ; cf. κωκύω, et lit. *szaúkti* « crier » (avec élargissement *k*) ; donc de **keumos*.

umǔ « νοῦς », L., XXIV, 45 ; r. *úm*, *umá* ; s. *ûm*, *úma* ; pol. *um* ; on a rapproché got. *gaumjan*.

usmǔ « vêtement, cuir », cf. *ob-uti* ; le suffixe est *-smo-*, cf. lit. *-sma-* de *vařsmas*, etc. (v. Leskien, *Bild.*, 422 et suiv.), gr. *-σμο-* de σχισμός, etc. ; le dérivé *usnǐje* (même sens), d'où sort l'adjectif *usnǐjanǔ*, Év., suppose **usmn-ǐje*, c'est-à-dire l'existence d'un thème en *-men-* à côté de *usmǔ* ; cf. le cas de *ramo*, ci-dessus, p. 427.

zima « χειμών », Év. ; r. *zimá* ; s. *zíma* ; tch. *zima*, *zíma* ; cf. lit. *zēmá* (accus. *zēmą*) ; cf. lat. *bīmus* (*bi-himus*), gr. -χιμος.

XXIV

Le suffixe *-ęt-*, qui sert à former des noms d'enfants ou de
jeunes animaux, est encore assez nettement productif dans
son domaine limité durant la période historique du slave.
Les exemples vieux slaves ne sont pas nombreux, car *-ęt-* est
en concurrence avec *-ĭce-* (v. ci-dessus, p. 342) et *-ĭšte-* (v. ci-
dessus, p. 303) ; on peut citer :

agnę « agneau », Supr., 367, 8, à côté de la forme ordinaire
agnĭcĭ (v. ci-dessus, p. 342) ; le simple, correspondant à lat.
agnus, gr. ἀμνός, n'est pas attesté.

kljŭsę « iumentum », Supr., 433, 23 et 24 ; s. *kljŭsc, kljŭseta.*

kozĭlę « ἔριφος », L., XV, 29 (en regard de *kozĭlĭštĭ*, Mt.,
XXV, 32 et 33), de *kozĭlŭ* ; s. *közle* ; pol. *kozlę* ; r. *kozlënok.*

mladętĭce « νήπιον », Euch., 8 a, est un dérivé de *mladę*,
dérivé lui-même de *mladŭ* ; s. *mläde.*

osĭlę « ὄνος, ὀνάριον », Mt., XXI, 2 ; J., XII, 14 ; de *osĭlŭ.*

otročę « παιδίον », Év. ; de *otrokŭ.*

ovĭčę « πρόβατον », Mt., XII, 11 et 12 ; dérivé de *ovĭca.*

zrěbę « πῶλος », Év., à côté de *zrěbĭcĭ* ; r. *zerebënok*, s. *ždrĭ-
jebe, ždrěbeta* ; pol. *zrzebię.*

Le hasard seul fait d'ailleurs que ces mots soient attestés,
et non d'autres ; sans doute, certains des mots attestés dans
d'autres dialectes n'existaient pas en vieux slave ; le vieux slave
a *telĭcĭ, kurŭ, dětĭštĭ*, et non *telę, kurę, dělę* ; mais, par exemple,
r. *porosënok*, s. *prâse*, pol. *prosię* indiquent nettement une forme
slave commune *porsęt-*, en regard de lit. *par̃szas*, v. h. a. *farh*,
irl. *orc*, lat. *porcus* ; de même, v. sl. *štenę*, s. *štène*, p. r. *ščenjá*,
pol. *szczenię*, en regard de v. sl. *štenĭcĭ* et de r. *štenók*, qui établissent le caractère productif de ces divers suffixes : *-ęt-, -ĭce-,*

-ŭko-. Il y a d'autres exemples qu'il est inutile d'énumérer ici.

L'origine de ce suffixe est assez peu claire, et M. Il'inskij, *O nèkotoryx arxaizmax*, p. 16 et suiv., est allé jusqu'à rechercher dans un thème tel que *telęt-* le participe présent d'un verbe *teliti* « vêler » : il est à peine utile d'indiquer que cette explication est de tous points invraisemblable et qu'elle ne repose sur aucun fait probant. La flexion russe, singulier *telěnok*, pluriel *teljáta*, suffit à montrer que *-t-* ne fait pas partie intégrante de la formation, non plus que le τ dans gr. ὀνόματος, en regard de ὀνομαίνω et de lat. *nōmen, nōminis*. En réalité, on ne saurait, dans *mladęt-*, séparer *mladę-* de *mladĭn-ĭcĭ, mladěn-ĭcĭ, mladen-ĭcĭ, mladěn-ištĭ* (v. ci-dessus, p. 341 et suiv.). Sur le *-t-* de *mladę-t-, telę-t-*, etc., cf. A. Meillet, *Sur une difficulté générale de la grammaire comparée*, p. 14 (où est cité l'exemple sanskrit : *maghávā, maghónaḥ, maghávad-bhyaḥ*), Hirt, *Handbuch d. gr. laut-und formenlehre*, p. 272 et suiv., Osthoff, *Et. parerga*, I, 247 et suiv. : on rapprochera notamment v. pruss. *smūnenisku* « menschlicher », Ench., 57 (et *smonenawi[n]s* « mensch », Voc., 67), à côté de *smunents*, accus. *smunentin*, avec M. Leskien, *Bild.*, 384. L'intonation rude attestée par l'*e* bref de s. *dijěteta*, par exemple, rend probable que *ę* repose ici sur *-ēn-*, ce qui s'accorde bien avec le *ě* de *mladěn-ĭcĭ, mladěn-ištĭ*, et le *ė* de lette *wersēns* « jeune bœuf » (sur ce type lette, v. Leskien, *Bild.*, 389 ; l'*e* bref de r. *telěnok*, etc., rappellerait celui de *mladen-ĭcĭ*. La formation isolée *govędo*, qui a été rapprochée ci-dessus, p. 323, de celle en *-ęt-*, a aussi *ę* intoné rude : s. *góvedo*.

XXV

SUFFIXES CARACTÉRISÉS PAR -n-.

1° Suffixe *-en-.

Du suffixe secondaire *-en-, si important en indo-européen
(v. en particulier Osthoff, *Forsch. im gebiete d. idgen nominalbildung*, II), le slave n'a gardé que quelques restes isolés ; seuls
les masculins ont encore des traces de la flexion consonantique ; il n'y a pas de neutres :

dĭnŭ, génit. *dĭne* « ἡμέρα », Év. ; r. *dén'*, *dnjá* ; s. *dân* ; pol.
dzien', *dnia* ; on a des dérivés de ce même thème dans : lat.
nūn-dinum, lit. *dĕnà*, got. *sin-teins* ; et le caractère éminemment
secondaire du suffixe *-en- ressort bien de ce que l'on trouve
par ailleurs *dy-eu- (skr. *dyáuḥ*, gr. Ζεύς, ΔιϜός, lat. *Iuppiter*,
Iouis et *diēs*, arm. *tiw* « jour », etc.).

grebenĭ « peigne » ; r. *grében'*, *grébnja* ; pol. *grzebien'*, *grzebnia* ;
tch. *hřeben* (Gebauer, *Hist. mluv.*, III. 2, 406 et suiv., où l'on
trouvera des faits vieux tchèques relatifs à ce mot et aux
suivants) ; le mot est à *grebǫ* ce que lat. *pecten* (cf. gr. κτείς) est
à *pectō* ; pour la formation, cf. lit. *gelŭ* « aiguillon » (v. Leskien,
Bild., 381).

jasenĭ « frène » ; r. *jásen'*, *jásenja* ; s. *jäsĕn*, *jäsena* ; cf. ci-
dessus, p. 209 ; sans traces de la forme consonantique ; le
v. pruss. *ausonis* « eiche » (Voc.), en regard de lit. *aužůlas*,
présente peut-être un exemple de formation analogue en -n-
cf. Leskien, *Bild.*, 394).

. *jelenĭ* « ἔλαφος », génit. *jelene*, Supr., 164 ; Ps., XVII, 34, etc. ;
r. *olén'*, *olénja* ; s. *jelen* ; pol. *jelen'*, *jelenia* ; tch. *jelen* ; cf. arm.
eln « cerf », lit. *élnis*, gaul. *Elem-biu* (nom de mois dans le
calendrier de Coligny), gr. ἔλα-φος, ἑλλός ; cf. Osthoff, *Et.
parerga*, I, 295 et suiv.

jesenĭ « automne » (féminin), r. *ósen'*, s. *jĕsĕn* (loc. *jesénĭ*), pol. *jesien'* ; sans doute ancien thème en *-en-* ; mais les formes athématiques ne sont pas attestées.

korenĭ « ῥίζα », L., VIII, 13 ; r. *kóren'*, *kórnja* ; s. *kórijen* ; pol. *korzen'*, tch. *koṙen*.

kremenĭ « silex », thème en *-n-*, comme le montre assez le nominatif *kremy* (d'où *kremykŭ*, pol. *krzemyk*, s. *kremíčak*) ; r. *kremén'*, *kremnjá* ; s. *krĕmĕn* ; tch. *křemen*.

r. *pĕčen'* « foie » (fémin.), cf. lit. *kepens* (v. les observations de M. Leskien, *Bild.*, p. 381).

prŭstenĭ « δακτύλιος », L., XV, 22 ; r. *pérsten'*, *pérstnja* ; s. *pṙstĕn* ; tch. *prsten* ; dérivé de *prŭstŭ*.

srŭšenĭ « frelon », non attesté dans les vieux textes et par suite sans trace de la flexion athématique ; r. *šéršen'*, *séršnja* ; pol. *sierszien'* ; cf. lit. *szirszŭ*, *szirszeñs* (ancien thème en *ʳ/ₙ* ; cf. ci-dessus, p. 418).

slepenĭ « ἀνάβαθμός », Supr., 203, 13 ; r. *stépen'*, *stépeni* (féminin).

strŭženĭ « moelle », sans exemple en vieux slave proprement dit ; r. *stéržen'*, *stéržnja* ; tch. *stržen* (sans trace de la flexion athématique) ; le v. pruss. *strigeno* « gehirn » est à *strŭžen-* ce que v. pruss. *musgeno* (*mulgeno* ms.), cf. lit. *smagens*, etc., est à skr. *majján-* (sur les formes baltiques, v. Leskien, *Bild.*, 383) ; v. sl. *strižen-* est à *striža* « moelle », s. *stṙž*, *stṙži* à peu près ce que skr. *majján-* est à zd *mazga-*, v. sl. *mozgŭ*.

studenĭ (fémin.) « κρύος, κρυμός », Supr., 56, 29 ; 257, 15 ; r. *stŭden'* (masc.) ; s. *stŭdĕn* ; à côté de l'adjectif *studenŭ* « froid » ; peut-être dérivé de celui-ci ; cf. le type lit. *rudŭ* « automne » à côté de l'adjectif *rŭdas* (Leskien, *Bild.*, p. 382).

À l'époque historique, *-en-* avait cessé depuis longtemps d'être un suffixe productif en slave ; mais, d'autre part, aucun des mots cités, sauf *srŭšenĭ* (ancien thème en *ʳ/ₙ*), ne se retrouve exactement dans une autre langue ; l'extension du suffixe i.-e. *en-* en slave est donc un fait très ancien sans doute, mais néanmoins dialectal, et non pas indo-européen ; *prŭstenĭ*, par exemple, montre le parti que, à une époque bien antérieure à l'époque historique, le slave a tiré de ce suffixe.

Il faut, de plus, ajouter les mots en *-jan-* (singulier *-janinŭ*, nom. plur. *-jane*), dérivés anciens de thèmes en *-yo-* et répon-

dant au type grec en -*ιων*- de ουρανίων, μαλακίων, au type latin
de *centuriō*, etc ; le plus clair est *graždan-*, nomin. plur. *graždane*
« πολῖται », Év., de *gradŭ* ; ce type fournit surtout des noms
propres tels que *Rimljan-*, nom. plur. *Rimljane* « Ρωμαῖοι », J.,
XI, 48. Sur cette formation, cf. *M. S. L.*, XI, 11 et XIII, 250).
Le mot en -*tel*-, *žeteljĭ* « θεριστής », a reçu -*an*- comme élargissement, d'où *žeteljane*, Mt., XIII, 39 Ass. Ostr., en regard
de *žetelje* Zogr. Mar. ; cf. aussi Supr., 31, 22, 24 et 27. Le
rapport avec le type *Slovène*, rapproché par M. Leskien,
Bild., 390, du type lit. *Tilžénas* « de Tilsitt », n'est pas clair.

2° Suffixe *-*no*- (féminin -*na*-).

A. Adjectifs.

Le suffixe *-*no*-, qui est très souvent (et peut-être toujours)
secondaire, fournit un grand nombre d'adjectifs dérivés de
divers thèmes nominaux ; là où le suffixe suit immédiatement
la racine, il est permis de se demander s'il ne s'agissait pas,
au point de vue indo-européen, de dérivés de thèmes à suffixe
zéro. Il a donc paru inutile de faire le départ entre les formations d'apparence primaire (pour la plupart de date indo-
européenne) et celles qui sont sûrement secondaires, type lat.
aěnus, gr. φαεινός, skr. *straiṇaḥ* « féminin ». En dehors des
participes passés passifs rattachés à des thèmes verbaux
slaves, formation verbale normale qu'il n'y a pas lieu d'examiner ici, on peut citer :
črŭnŭ « μέλας », Mt., V, 36 ; r. *čeren, černá, čěrno* et *černó,*
černyj ; s. *cȓn* ; pol. *czarny* ; cf. v. pruss. *kirsnan,* skr. *kṛṣṇáḥ*
« noir ». — On notera que le suffixe -*no*- est assez fréquent
dans les adjectifs qui indiquent des couleurs (v. Solmsen, K.
Z., XXXVIII, 439).
desnŭ « δεξιός », Év. (sans trace du *i* de la forme *desinŭ* qu'on
pose d'ordinaire ; v. ci-dessus, p. 111), s. *dèsnī* ; dérivé en
*-*no*- du mot dont on a plusieurs autres dérivés avec divers
suffixes : skr. *dákṣiṇaḥ,* zd *dašina-,* lit. *deszinê* ; gr. δεξιός ; lat.
dexter ; got. *taihswa,* gall. *dehou* ; etc.
jinŭ « ἄλλος », Év. ; r. *inój,* s. *ino, înjī* ; tch. *jiný* ; on n'a
pas affaire ici sans doute à un suffixe *-*no*-, mais à un mot de
la famille de skr. *anyáḥ* « autre » ; *jinŭ,* qui s'explique bien par

un ancien *ainos, est à skr. *anyáḥ* ce que arm. *ayl* « autre »,
cypr. éléen αἶλο- sont à gr. ἄλλος, lat. *alius*, got. *aljis* ;
M. Danielsson a repoussé le rapprochement avec cypr.
él. αἶλο- (I. F., XIV, 378), mais sans expliquer arm.
ayl et v. sl. *jinŭ*, et sans d'ailleurs donner sur gr. αἶλο- autre
chose que des hypothèses ; M. Brugmann, *Demonstrativpronomina* (*Abhandlungen* de l'Académie de Saxe, XXII, VI),
p. 109, identifie sl. *jino-* « autre » à **jino* « un » ; mais on a
vu ci-dessus, p. 159, que ce dernier était un ancien **jĭno-*,
distinct par conséquent de *jino-* « autre », qui a une longue
slave initiale ; on ne voit du reste pas qu'un mot signifiant
« un » aboutisse nulle part à un sens de « autre » aussi net
que l'est celui de v. sl. *jinŭ*, qui équivaut exactement à
gr. ἄλλος.

kaměnŭ « λίθινος », J., II, 6 (Zogr. Mar. Ass.) ; Supr., 401,
24 ; pet. r. *kámjanyj* et *kamjanýj* ; s. *kämen* « de pierre » (avec
e issu de *ę*) ; de **kamen-nŭ*, cf. Zubatý, *Archiv*, XV, 497 ; dans
v. sl. *kaměnŭ*, il y a dénasalisation de *ę* devant *n*, normale
en vieux slave ; l'explication par **-mn-ěno-* qu'a proposée
Joh. Schmidt, *Sonantentheorie*, 96, pour *kaměnŭ* et autres formations pareilles : *plaměnŭ*, *ruměnŭ* (v. ci-dessous), est rendue
impossible par le *ę* que supposent serbe *-en*, russe *-jan* ; cf.
ci-dessous, p. 437.

krŭnŭ « court, mutilé » (en parlant du nez, des oreilles) ;
cf. Bartholomae, I. F., III, 169 et 193 ; Fortunatov, *K. Z.*,
XXXVI, 15 et suiv. ; Brugmann, *Grundr.*, I², 546.

lěnŭ « ὀκνηρός », Mt., XXV, 26 Zogr. Mar. (mais *lěnivŭ*
Ass. Sav. Ostr.) ; s. *lijen* ; tch. *léný*, *liný* ; étymologie incertaine.

otvrŭnŭ « renversé », d'où *otvrŭni* « τοὐναντίον », Supr., 139,
26 ; c'est-à-dire *ot-vrŭnŭ*, où *vrŭnŭ* représente **wr̥t-no-* (type
de skr. *bhinnáḥ* « fendu ») ; cf. *vrŭtěti*, *vratiti*.

plaměnŭ « φλόγινος », Supr., 226, 29 ; s. *plämen* ; de **polmen-
nŭ* ; cf. ci-dessus l'observation relative à *kaměnŭ*.

plŭnŭ « μεστός », Év. ; r. *pólon*, *polná*, *pólno* (et *polnó*), *pólnyj* ;
s. *pŭn*, *pŭna*, *pŭno* ; pol. *pełny* ; tch. *plný* ; cf. lit. *pilnas*, skr.
pūrṇáḥ, v. irl. *lán*, got. *fulls*, et, avec un autre vocalisme
(d'après **-plēre*), lat. *plēnus* ; pour la formation, cf. *otvrŭnŭ*
cité ci-dessus.

prisno « ἀεί », Mc, XV, 8 ; Ps., XCIV, 10 ; *prisnyjĭ, prisnojĭ*
« γνήσιος », Supr., 400, 24 ; Euch., 5 b.

prostranŭ « πλατύς », Mt., VII, 13, n'est pas un adjectif
immédiatement rattaché à la racine : le vocalisme *o*, en regard
du vocalisme zéro de *črŭnŭ, otvrŭnŭ, plŭnŭ*, serait énigmatique ; c'est un composé possessif de *pro-* et du substantif *strana*.

ranŭ « matinal », *rano* « ὄρθρον », L., XXIV, 1 ; r. *ráno* ;
s. *răno, rânī* ; tch. *ráno, raný* ; sur l'étymologie, v. Lidén,
Anlautgesetz, 23 et suiv.

rěsnŭ « vrai » (d'où *rešnota* « ἀλήθεια », souvent dans le Psal-
terium sin.) ; cf. lit. *raiszkus* « évident », *réiszkiu* « je mets en
évidence », etc. Le *k* est tombé dans le groupe -*skn*-, cf. ci-
dessous *těsnŭ*.

ruměnŭ « πυῤῥός », Supr., 101, 9 ; r. *rumjányj* ; s. *rùmen* ;
tch. *ruměný* ; pol. *rumiany* ; de **rumen-no-* ; cf. lit. *raumŭ*, v.
ci-dessus, p. 424.

slanŭ « salé », Euch., 2 b ; Supr., 260, 6 ; *neslanŭ* « ἄναλος »,
Mc, IX, 50 ; r. *sólon, soloná, sólono, sólonyj* et *solónyj* ; s. *slân,
slána, sláno, slânī* ; pol. *słony* ; de sl. **sol-no-*, plus ancien **sal-no-*
dérivé du thème **sal-* d'où sort v. sl. *solĭ* ; v. ci-dessus p. 207.

srěnŭ « blanc » (v. Miklosich, sous ce mot).

studenŭ « ψυχρός », Mt., X, 42 ; r. *studěnyj* ; s. *stùden, stùdena,
stùdeno* ; tch. *studený* ; cette formation, qui se retrouve dans
zelenŭ, est à rapprocher du type sanskrit en -*ana*-, par exemple
sacanáḫ « serviable », et germanique en -*ina*-, par exemple got.
fulgins « caché » ; c'est ce type qui a fourni les participes
passifs slaves tels que *nesenŭ*, etc.

těsnŭ « τεθλιμμένος », Mt., VII, 14, Zogr. Mar. (*těsenŭ* Ass. ;
cf. L., XIII, 24, *těsĭnaě* Ass., en face de *těsnaa* Zogr. Mar. Sav.) ;
Euch., 69 b ; r. *těsĭnyj* ; s. *tijèsan, tijèsna, tijèsno, tĭjesnī* ; tch.
těsný (v. tch. *tiesný*) ; cf. *těskŭ, tiskati*, etc. ; pour l'absence
de *k*, cf. *rěsnŭ*.

unje, uněje « mieux », Év. d'après Mar. Ass. Sav. ; *unjĭjĭ*
« βελτίων », Supr., 309, 14 ; comparatif d'un adjectif, qui lui-
même est peut-être un dérivé en **-no-* d'un mot tel que skr.
ávaḫ « secours, faveur » ; cette hypothèse, en tout cas incertaine, est tout à fait à écarter si l'on rapproche de *unje* le
verbe *uniti* « désirer », Supr., 326, 18.

vranŭ « noir » (d'où « κόραξ », L., XII, 24 ; Ps., CI, 7) ; r.

vóron, voronój ; s. *vrân, vrána, vráno* ; pol. *wroný* ; tch. *vraný* ;
cf. le substantif lit. *var̃nas* « corbeau » ; le féminin *vrana* « cor-
neille », r. *voróna*, s. *vrăna*, tch. *vrána*, pol. *wrona*, a, comme
lit. *várna*, une autre intonation radicale (cf. Pedersen, *Mate-
riały i prace* de l'Académie de Cracovie, I, 169).

ʒelenŭ « χλωρός », Mc, VI, 39 ; r. *ʒelĕnyj* ; s. *ʒĕlen, ʒĕleni* ;
pol. *ʒielony* ; cf. lit. *ʒeliù, ʒãlias* ; gr. χλόος ; lat. *(h)olus*, etc. ;
pour la forme, cf. *studenŭ*, ci-dessus. Un autre adjectif de
même forme est *črŭvenŭ* « rouge » (s. *crven*), à distinguer
sans doute de *črŭveny pragŭ* « σκωληκοκάρπη », Euch., 59 a.

ʒelĕznŭ « de fer », Mc, V, 3 et L., VIII, 29 ; Euch., 54 b ;
Supr., 2, 8 et 169, 2 (et non *ʒelĕʒinŭ*, car, dans aucun de ces
exemples, il n'y a trace probante de *ĭ*, et la graphie constante
ʒelĕznŭ du nominatif dans Supr. et Euch. exclut *ʒelĕʒinŭ*; le
ʒelĕʒinyjimi de Ass. L., VIII, 29, est isolé et ne prouve rien,
comme le montre bien M. Ščepkin, *Razsuʒd. o jazykĕ Savv. kn.*,
139 ; de *ʒelĕʒo*; r. *ʒelĕ'ʒnyj*, pol. *ʒelazny*; *ʒelĕznŭ* est donc formé
tout autrement que lit. *geleʒinis*.

Les exemples cités montrent que, si *-no-* a été productif en
slave à une époque préhistorique et a fourni quelques adjectifs
nouveaux inconnus à l'indo-européen, notamment dans le cas
de v. sl. *kamĕnŭ* et *ʒelĕznŭ*, c'est-à-dire d'adjectifs indiquant la
matière (cf. lat. *aēnus, salĭgnus*, etc.), ce n'a été que dans une
très faible mesure. Le type de *kamĕnŭ, plamĕnŭ, rumĕnŭ* a du
reste pris une certaine extension et a fourni toute une petite
catégorie d'adjectifs en v. sl. *-ĕnŭ*, r. *-jan*, s. *-en*, indiquant
la matière dont est faite un objet :

bagŭrĕnŭ « πορφυροῦς », Act. XVI, 14 (d'où *bagŭrĕnica*, v.
p. 346), v. r. *bagrjanŭ* (v. Sreznevskij, *Materialy*); de *bagŭrŭ*.

cvĕlĭčanŭ « ἀνθοφόρος », Supr., 253, 4, de *cvĕtĭcĭ*.

drĕvĕnŭ « τοῦ ξύλου », Cloz., 593 ; Supr., 322, 25 ; r. *derevján-
nyj*; tch. *dřevený* (de *dřevo*); s. *drven* (de *drŭva*). On lit *drĕvĭnŭ*
(même sens), Ps., LXXIII, 6.

jęčĭnĕnŭ « κρίθινος », J., VI, 9, 13 Zogr. Ass. (éd. Črnčic';
jęčĭnŭ Mar. Ostr.) ; sans doute *jęčĭmĕnŭ*, dérivé du thème en
-en- jęčĭmy, jęčĭmene, c'est-à-dire un adjectif du type de *kamĕnŭ*,
contaminé avec *jęčĭnŭ* (cf. sur toutes ces formes les hypothèses de Joh. Schmidt, *Sonantentheorie*, 138).

kožanŭ « de peau » ; r. *kóžanyj* ; s. *kŏžan* ; de *koža*.

lĭnĕnŭ « de lin », Supr., 139, 7 ; r. *l'njanój* ; pol. *lniany* ; s. *länen* ; de *lĭnŭ*.

mĕdĕnŭ « χαλκοῦς », Ps., CVI, 16 (mais *mĕdĭnŭ*, Ps., XVII, 36 ; Supr., 372, 17) ; r. pop. *mĕdjanój* : s. *mjĕden* ; pol. *miedziany* ; de *mĕdĭ*. Les dérivés de noms de métaux ont du reste des formes assez diverses ; *olovĕnŭ* « de plomb » est formé comme *mĕdĕnŭ*, et *sŭrebrĭnŭ* « d'argent », Ps., CXIII, 12, comme *mĕdĭnŭ* ; sur *zlatŭ* « d'or », cf. ci-dessus, p. 298, et, sur *želĕznŭ* « de fer » (et non *želĕzĭnŭ*), p. 436.

moždanŭ « μεμυελωμένος », Ps., LXV, 15, de *mozgŭ* ; s. *mŏždāni* « cerveau ».

ocĭtĕnŭ « ἐσμυρνισμένος », Mc, XV, 23 Sav. (*ocĭtĭnŭ* Zogr. Mar. Ostr. , *ozmĭrenŭ* Ass.), de *ocĭtŭ*.

olovĕnŭ « de plomb », Supr., 1, 8, de *olovo* ; r. *olovjánnyj* ; pol. *ołoviany*.

rožanŭ « κεράτινος », Ps., XCVII, 6 ; s. *rŏžan* ; de *rogŭ*.

trŭnĕnŭ « ἀκάνθινος », J., XIX, 5 Sav. (mais *trŭnovŭ* Zogr. Mar. Ass.) ; Mt., XXVII, 29 « ἐξ ἀκανθῶν », Sav. (mais *otŭ trŭnĭĕ* Zogr. Mar. Ass.).

usnĭjanŭ « δερμάτινος », Mt., III, 4 Ass. Sav. (Zogr. Mar. def.) ; Mc, I, 6 Mar. Ass. Sav., de *usnĭje* ; *usŭmĕnŭ*, Mc, I, 6 Zogr., de *usmŭ*.

vlasĕnŭ « τρίχινος », Supr., 156, 17 ; r. *volosjanój*, pol. *włosjany* ; de *vlasŭ*.

Ce type n'a rien à faire avec le type skr. *-ena-*, zd *-aēna-*, lit. *-ēna-*, *-ainja-*, ainsi que le fait remarquer M. Brugmann, *Grundr.*, II, p. 151. Il paraît récent et provient sans doute du fait que, dans **kamęno-* et les mots analogues (v. ci-dessus p. 434), en regard de *kamy, kamenĭ*, etc., on n'a plus senti la coupe **kamę-no-* et qu'on a isolé **-ęno-*, qui est représenté par v. sl. *-ĕno-*. Le type ainsi formé ne comprend d'ailleurs que peu de mots et pour la plupart assez rarement attestés ; il n'y a pas un exemple net qu'on puisse attribuer avec certitude à l'original de la traduction de l'Évangile ; car *jęčĭnĕnŭ* sort de *jęčĭmen-* comme on l'a vu ; *usmĕnŭ* suppose sans doute **usmen-*, et *usnĭjanŭ* doit résulter de quelque contamination (cf. ci-dessus, p. 428). Il est probable que *kamĕnŭ* a entraîné *drĕvĕnŭ*, *mĕdĕnŭ, olovĕnŭ, rožanŭ*, tous ces mots indiquant la matière

dont sont faits certains objets : *drĕvĕnŭ* s'opposait naturellement
à *kamĕnŭ*. — Cette explication est purement hypothétique ;
mais elle justifie que le vieux slave, le bulgare, le tchèque,
le polonais aient *-ĕno-*, en regard de *-ęno-* du serbe, du slovène et du russe, et que le sorabe ait un traitement à párt
(v. Šakhmatov, *Izvĕstija* de la section de langue russe de l'Académie de Saint-Pétersbourg, VI, 4, 272 et suiv.) ; le serbe
même a, pour ce *ę* devant *n*, un traitement différent de celui
des autres *ę* ; car, après chuintante, on y trouve *an* (*rŏžan,* etc.)
et non *en*.

Quant à *pĭjanŭ* « μεθύων » (d'où *pĭjanica* « ὁ μεθύων », Mt.,
XXIV, 49 ; *pĭjanĭstvo* « μέθη », L., XXI, 34 ; Euch., 68 a) ; r.
p'ján, p'jányj, s. *pĭjan, pĭän,* pol. *pijany,* la forme en est si
singulière que M. Zubatý a proposé de le rapprocher d'un
participe présent moyen skr. *píyānah* (*Listy fil.,* XXVIII, 24
et suiv.).

Le seul suffixe d'adjectifs en *-no-* qui soit largement productif en slave à date historique est *-ĭno-* qui a fourni un
nombre illimité de mots ; c'est avec *-ĭno-* qu'on forme tous
les adjectifs dérivés de noms d'objet ou de noms abstraits ou
(au moins virtuellement) de composés et aussi quelques
adjectifs dérivés de noms de personne qui indiquent une qualité ; les adjectifs tirés de noms d'objet sont en *-ĭno-*, et aussi
quelques adjectifs d'appartenance tirés d'anciens noms de
personne athématiques, comme *gospodĭnŭ, materĭnŭ* ; cf. lit.
-ina- (v. Leskien, *Bild.,* 399), gr. *-ινο-*, lat. *-ino-* (Brugmann,
Grundr., II, p. 146 et suiv.). Les exemples suivants, tous pris
dans l'Évangile, donneront une idée suffisante du type (qui a
lui-même donné naissance au type en *-ĭniko-*) :

beštędĭnŭ « ἄτεκνος » (cf. l'abstrait *beštędĭje* « ἀτεκνία », Ps.),
v. ci-dessus, p. 338 et suiv. ; *bezumĭnŭ* « ἄφρων » (cf. *bezumĭje*
« ἀφροσύνη », Év.) ; *bezvodĭnŭ* « ἄνυδρος » ; *bĕdĭnŭ* « κυλλός, ἀνά-
πειρος », de *bĕda* ; *bĕsĭnŭ* « δαιμονιζόμενος » (d'où *bĕsĭnovati* « δαι-
μονίζεσθαι ») ; *blądĭnŭ* « ἄσωτος », de *blądŭ* ; *bolĭnŭ* « ἀσθενής »,
de *bolĭ* ; *bračĭnŭ* « γάμου », de *brakŭ* ; *crŭkŭvĭnŭ* « τοῦ ἱεροῦ, τοῦ
ναοῦ », de *crŭky* ; *čĭstĭnŭ* « ἔντιμος », de *čĭstĭ* ; *xrizmĭnŭ* « μύρου »,
de *xrizma* (mot grec) ; *divĭnŭ* « θαυμαστός », de *divŭ* ; *dlŭžĭnŭ*
« qui doit » (d'où *dlŭžĭnĭkŭ*), de *dlŭgŭ* ; *dovolĭnŭ* « ἱκανός »,

cf. *dovĭlěti* et *volja*; *gospodĭnŭ* « κυρίου » (exemple d'adjectif
d'appartenance en -*ĭnŭ*- d'un nom de personne), de *gospodĭ*;
grěšĭnŭ « ἁμαρτωλός » (d'où *grěšĭnikŭ*), de *grěxŭ*; *kamenĭnŭ*
« πετρώδης », de *kamenĭ*; *k'inŭsĭnŭ* « τοῦ κήνσου », de *k'inŭsŭ*
(simple transcription du grec κῆνσος); *krasĭnŭ* « ὡραῖος », cf.
krasiti et *krasota* (le mot d'où sont tirés ces divers dérivés
n'est pas attesté); *materĭnŭ* « μητρός », de *mati* (à côté de
materjĭ, Supr., 285, 6; on cite aussi *dŭšterĭnŭ*, qui n'est pas
attesté dans Év. parce que, par hasard, le traducteur n'a pas
eu occasion d'employer l'adjectif d'appartenance de *dŭšti*);
měsęčĭnŭ « σεληνιαζόμενος », de *měsęcĭ*; *pogybělĭnŭ* « τῆς ἀπολείας »,
de *pogybělĭ*; *pravĭdĭnŭ* « δίκαιος » (d'où *pravĭdĭnikŭ*), de *pravĭda*;
protivĭnŭ « ἐνάντιος, ἀπειθής », cf. *protivą*; *ravĭnŭ* « ἴσος » (r.
róvnyj, s. *rávan*, pol. *równy*) d'un primitif non attesté en slave;
vrěmenĭnŭ « τοῦ καιροῦ, πρόσκαιρος », de *vrěmę*; *zemĭnŭ* « τῆς γῆς »,
de *zemlja*; *zimĭnŭ* « d'hiver », de *zima*; *žrŭnovĭnŭ* (avec o) « μυλι-
κός », de *žrŭny*; etc.

On a d'assez remarquables dérivés de locutions adverbiales dans *jiskonĭnŭ* « primitif », Supr., 436, 9, de *jiskoni*
« dès le commencement »; *jizdrędĭnŭ* « extraordinaire »,
Supr., 440, 19, de *jizdrędĭ*.

Dans quelques cas, le suffixe -*ĭno*- s'ajoute à un élément -*ov*-:
četvrědĭnevĭnŭ « τεταρταῖος », J., XI, 39, et *dĭnevĭnŭ* « ἡμερινός »,
Cloz., 561, de *dĭnĭ* (r. *dnevnój* et *dnévnyj*); *duxovĭnŭ* « τοῦ πνεύματος », L., IV, 14 et Euch., 8 b, de *duxŭ* (dont le datif est
souvent *duxovi*; r. *duxóvnyj*, s. *dŭxovnī*, pol. *duchowny*); *duše-
vĭnŭ* « ἔμψυχος », Supr., 178, 16; Euch., 25 b, de *duša* (d'après
le précédent? r. *dušévnyj*, s. *dŭšēvan*, pol. *duszewny*); *dŭždevĭnŭ*
« de pluie », Euch., 2 a, de *dŭždĭ*; *grěxovĭnŭ* « de péché »,
Euch., 25 b; 78 a, de *grěxŭ* (cf. génit. plur. *grěxovŭ*, L., XXIV,
47 Mar. Ass.; L., I, 77 Mar.); *plačevĭnŭ* « τοῦ κλαυθμῶνος »,
Ps., LXXXIII, 7, de *plačĭ*; *slonovĭnŭ* « ἐλεφάντινος », Ps.,
XLIV, 9, de *slonŭ*; *vinovĭnŭ* « coupable », Supr., 426, 14,
de *vina*. Ces formes sont en partie analogiques des dérivés de
thèmes en -*ŭ*- tels que *volovĭnŭ* « βοῶν », Év., de *volŭ*: -*ovĭnŭ*
se rencontre d'une manière très caractéristique près des thèmes
en -*o*- qui ont subi l'action des thèmes en -*ŭ*- comme *duxŭ* et
grěxŭ; il y a eu aussi contamination avec des thèmes en -*ovo*-;
ainsi dans *dŭždevĭnŭ*, en regard de *dŭždevŭ*, Supr., 183, 9;

enfin *vinovĭnŭ* (et r. *vinovát*, dès les vieux textes) rappelle l'itératif *-vinovati* (pol. *winovac'*), étudié ci-dessus, p. 45, dont la
racine est la même que celle de *vina*.

Ce qui montre bien le caractère productif du suffixe et le
sentiment qu'en avaient les sujets parlants, c'est que le dérivé
en -*ĭnŭ* suit le sort du mot dont il est dérivé; là où un mot
comme *slovo* reste nettement en -*es-*, on ne trouve d'autre
dérivé que *slovesĭnŭ* « λογικός », Euch., 8 b; si au contraire
un ancien thème en -*o-* tend à passer aux thèmes en -*es-*,
l'adjectif suit: ainsi *tĕlesĭnŭ* « σωματικός », L., III, 22, de *tĕlo*;
si enfin *čudo* fournit, à côté de l'ancien *čudesĭnŭ*, un nouveau
dérivé *čudĭnŭ* « θαυμαστός », Ps., VIII, 2. Supr., 225, 27, c'est
que Ps. sin. a un datif *čudu*, Ps. LXX, 7, et de même Supr.,
444, 29 (cf. le verbe *čuditi*).

Le *z* de *ljubĭznŭ* (*ljubĭznĕ* « ἐρωτικῶς », Supr., 302, 8; *lju-
bĭzno*, Euch., 17 b), r. *ljubéznyj*, s. *ljùbazan*, pol. *lubiezny*, est
assez énigmatique. — La formation de *seĭnŭ* « ἔσχατος »,
Supr., 280, 6, etc., est obscure.

L'adjectif *neprijazninŭ* « τοῦ πονηροῦ », Mt., XIII, 38; Euch.,
80 a; Supr., 267, 25, etc., de *neprijaznĭ*, fait une grave difficulté; il semble que le -*ĭ-* du suffixe se contracte avec le -*ĭ-*
final du thème auquel s'ajoute le suffixe pour donner un *i*. On
pourrait encore citer *golǫbinŭ*, *golǫbinjĭ* (Euch., 3 a) « de
pigeon, de colombe », de *golǫbĭ*; *zvĕrinŭ* « d'animal », Euch.,
54 a; Supr., 136, 26 (cet adjectif a semblé sans doute peu clair
et, par suite, a été élargi en *zvĕriniskŭ*, Supr., 63, 22 et *zvĕ-
rininŭ* « d'animal », Supr., 126, 17); et, en dehors des textes
vieux slaves, *tatinŭ* « de voleur », de *tatĭ*. On notera aussi
osĭlętinŭ « d'âne », de *osĭlę*, Supr., 248, 24. Dès lors *jigŭlinŭ*
« ῥαφίδος, βελόνης », Mc, X, 25; L., XVIII, 25, supposerait un
substantif non attesté **jigŭlĭ*, à côté de *jigŭla*, et en effet le
petit russe a *hólka* de **jigŭlĭ-ka*, en face de r. *iglá*, s. *ígla*,
tch. *jehla*.

Il convient de mettre tout à fait à part les adjectifs en
-*ĭno-* qui indiquent une possibilité; ces adjectifs répondent
peut-être aux adjectifs grecs en -*χνο-* tels que πιθανός, et
sl. -*ĭno-*, lit. -*ina-* y seraient issus de **-°no-*, et non de **-ĭno-*,
comme dans le cas précédent. Le plus bel exemple est:

 prijętinŭ « δεκτός », L., IV, 24 Mar. Ass. (Zogr. def.;

prijętŭ, Sav. Ostr.), de *prijętŭ*; r. *prijátnyj*; cf. les participes lituaniens en *-tinas*; le grec a dans les mêmes conditions un autre suffixe secondaire, le suffixe *-wo-*, d'où -τε(F)ος.

De même on lit, Euch., 4 a, *neispisanenŭ* « indescriptible » et *neizglagolanenŭ* « indicible », où *-enŭ* vaut *-ĭnŭ,* et qui sont formés exactement comme *prijętĭnŭ,* et Supr., 40, 9, *tĭlĕnĭnŭ* « corruptible », *netĭlĕnĭnŭ* « incorruptible » (*bestĭlĕnĭnŭ,* Supr., 171, 16, a subi l'influence de *bestĭlję*); *nepostradanĭnŭ* « qui n'est pas de nature à souffrir », Supr., 8, 21 ; *nedočajanĭnŭ* « qu'on ne saurait attendre », Supr., 389, 5; v. d'autres exemples chez Wiedemann, *Beitr. z. altbulg. conjug.,* p. 139.

Dans *mlŭčanĭnŭ* « de silence, où l'on peut observer le silence », Supr., 200, 23, le sens est un peu différent.

Le type exactement comparable à celui de gr. πιθανός, à savoir celui de *dokosĭnŭ* « qui peut être touché », ne semble guère attesté dans les textes proprement vieux slaves: toutefois on peut mentionner *priležĭno* « ἐπιμελῶς, εὐτόνως », Év., et *priležĭnŭ* « constant », Supr., 405, 7, cf. *priležati; dostojinŭ* « ἱκανός, ἄξιος », Év. (cf. *dostojati*) où la graphie ne permet pas de distinguer entre *ĭ* et *i,* mais où en tout cas on prononçait *-inŭ,* ce qui fait que l'on a créé *dostojinĭnŭ,* en réajoutant le suffixe, ainsi Supr., 82, 13; *nepozybĭnŭ* « inébranlable », Supr., 152, 27, cf. *pozybati; nepostąpĭnŭ* « immuable », Supr., 158, 5, cf. *postąpiti; govějĭnŭ* « εὐλαβής » (d'où *govějĭnĭstvo,* Supr., 435, 12), cf. *govĕti.*

Dans *svinŭ* « τῶν χοίρων », Mt., VIII, 31, et Mc, V, 11, r. *svinój* (d'où *svinĭja* « χοῖρος », Év., etc.), on a un adjectif en *-ino-* identique à got. *swein* et surtout à lat. *suīnus*; l'intonation douce de s. *svînje* (nom. plur.) indique sans doute que sl. *i* représente un i.-e. *ei*; le mot d'où est tiré ce dérivé est *sū-* (lat. *sūs,* etc.); cf. le type de lat. *caprīnus, bouīnus, lupīnus,* etc.

Un suffixe *-ino-* fournit les adjectifs dérivés de noms terminés en *-a-* :

vojevodinŭ « du général », Supr., 14, 4, de *vojevoda.*

Ioninŭ « Ἰώνου », J., I, 43, etc.; dérivé de *Iona.*

Jiliinŭ « Ἠλεία », L., I, 17, de *Jilija.*

De même le dérivé de *Sotona* « Σατανᾶς » est *Sotoninŭ,* etc.

Un cas tout particulier est celui de *žena Xuzaně* « γυνὴ Χουζᾶ », L., VIII, 3 Mar., tandis que Zogr. a *Xuzěanina*.

Les noms propres de ce genre faisaient difficulté au point de vue slave ; de là l'aspect assez insolite de tous ces dérivés.

B. Substantifs.

Le suffixe *-no-*, ou sa forme féminine *-nā-*, figure en slave dans un certain nombre de substantifs de formation indo-européenne, ou du moins de formation dialectale très ancienne, mais il n'est productif ni à date historique, ni à une date voisine de l'époque historique. En l'état actuel des choses, les mots qui présentent un élément suffixal *-no-*, *-na-* sont d'origines assez diverses ; tel est un ancien thème en $^{-r}/_{-n}$ avec un suffixe secondaire *-ā-*, ainsi *vesna* ; tel autre est un dérivé secondaire d'un autre nom, ainsi *ložes-na, azno, plesna, ostĭnŭ, ovĭnŭ, luna* ; plusieurs représentent un type indo-européen défini de noms d'objets, de choses, à vocalisme *o* de la racine, formant pendant à un type indo-européen en *-to-*, *-tā-*, ayant même vocalisme radical et même valeur sémantique (v. ci-dessus, p. 296), ainsi *cěna, měna, runo, slana, strana, věn-(ĭcĭ)*. Sans tenter le départ, impossible, de ces diverses formations, on peut citer :

azno, jazno « cuir » (ou *azĭno, jazĭno*?), du thème *āg₁-* de lit. *oʐŷs* « bouc », *ószka* « chèvre » ; cf. skr. *ajínam* « peau ».

blȧznŭ « erreur, scandale », Euch., 53 b ; *sŭblaznŭ* « σκάνδαλον », Év., Ps. ; on rapproche lat. *flāgitium* (*BB.*, XVIII, 283 et suiv.).

tch. *blána* « petite peau, aubier », pol. *błona* « peau transparente », r. *boloná* (acc. *bólonu*) « verre » ; M. T. Torbiörnsson, *Liquidametathese*, I, p. 71, a rapproché gr. φολίς, φελλός « ... φλοιὸς δένδρου καὶ ξύλον ἐλαφρόν », Hesych.

blizna « cicatrice », r. *blizná* (nom. plur. *blízny*), s. *blîzne* ; cf. lat. *flīgere* ?

s. *brána* « herse », r. *boroná* (acc. *bóronu*), pol. *brona,* tch. *brána* ; cf. gr. φάρος, φαρόω. — Le mot a sans doute été contaminé avec un autre de la famille du verbe *brati* ; de là r. *oboróna* « défense », pol. *obrona*, tch. *obrana*, et s. *brána* « défense », tch. *brána* (accus. *branou,* avec *ra* bref répondant normalement à r. *óro*).

cěna « τιμή », Mt., XXVII, 6 et 9; Ps., XLIII, 13; Euch.,
49 a; « prix », Cloz., 230, Supr., 310, 14; r. *cěná* (acc. *cě′nu*),
s. *cijěna,* pol. *cena;* cf. zd *kaēnā-,* gr. ποινή, et, avec un suffixe
secondaire, lit. *kainė* « prix » (Leskien, *Bild.,* 375); M. Osthoff, PBB., XIII, 451, a rapproché v. isl. *heiđ* « paiement,
prix », qui aurait même formation et même vocalisme, avec
le suffixe du type gr. κοίτη. On a de la même racine des formes
verbales, notamment gr. τίν(*F*)ω, τείσω.

člǐnǔ « bateau »; r. *čěln, čělna;* s. *čûn, číina;* tch. *člun;* cf.
v. h. a. *scalm* « bateau », J. Schmidt, *Sonantentheorie,* p. 110.

xrana, s. *hrána,* est spécialisé au sens de « nourriture » dans
les dialectes du Sud, ainsi qu'en polabe et en kašub; mais il
a un sens plus général en slave commun, ainsi que l'indique
le dérivé *xraniti* « φυλάσσειν », Év.; et ce sens apparaît conservé (ou rétabli?) dans des formes munies de préverbes et
qui, comme telles, ont subi l'influence des verbes : pol. *ochrona,
pochrona,* s. *pòhrana;* r. *póxorony* signifie « obsèques ».

dǔno « fond » (d'où *bezdǔna* « ἄβυσσος », Év.), r. *dnó,* s. *dnȏ,*
tch. pol. *dno;* cf. lit. *dùgnas* de **dubnas* (v. Leskien, *Bild.,* 360);
sur une contamination avec le mot attesté par skr. *budhnáh,* etc.,
v. *M. S. L.,* XII, 430.

glěnǔ « φλέγμα, φλεγμονή », tch. *hlen;* cf. gr. γλοιός, lat.
glǔs, etc. (Hirt, *BB.,* XXIV, 280). — *glina* « argile » (d'où
glinǐnǔ, Supr., 295, 6) appartient peut-être au même groupe
de mots; r. *glína,* tch. *hlína;* le serbe a une forme altérée par
association avec *gniti* : *gnjȋla* (cf. déjà *gnilǐnǔ* « ὀστράκινος »,
Supr., 299, 24).

granǔ « vers, verset », dont on trouve des exemples dans
le *Lexicon* de Miklosich et les *Materialy* de Sreznevskij (et
Euch., 65 a?), et que M. T. Torbiörnsson, *Liquidametathese,* II,
27 (*Upsala univ. årsskrift,* 1904) rapproche avec raison de h.
sor. *hrono,* b. sor. *grono* « discours », b. sor. *gronis′,* polabe
górni⁺s « parler »; ce mot est intéressant parce que le pluriel
granesa (attesté une fois) et le dérivé *granesi* « vers, verset »,
du thème **gornes-,* semblent fournir une trace de la formation
en -*nes-* connue par skr. *rékṇah* « reste » = zd *raēxnō,* skr.
ápṇah « biens », zd *rafnō* « joie », lat. *uolnus,* etc. Quant à la
racine, cf. skr. *gṛṇắti* « il chante », *járate,* lit. *giriù* « je
loue », *garsas* « bruit », etc.

grŭnŭ « lebes », r. *górn*; d'où *grŭnĭcĭ* « pot », v. r. *gornéc*, s. *gŕnac*, pol. *garniec* et *garnek*; cf. lat. *fornus (fornāx)*, et aussi skr. *ghṛnáḥ* « chaleur ».

kolĕno « γόνυ », Év., r. *kolě'no*, s. *kòljeno*, pol. *kolano*; cf. lit. *kelỹs* « genou », avec un autre suffixe secondaire.

kolĕno « φυλή », L., XXII, 30, etc.; Ps., LXXI, 17; s. *kòljeno*; cf. v. sl. *čeljadĭ* et gr. τέλος « groupe d'hommes », etc.

ložesna « μήτρα », L., II, 23; Ps., XXI, 11; LVII, 4; Euch., 4 b, 62 a; partout écrit sans jer entre *s* et *n*; dérivé en *-no-* de **ložes-* (cf. ci-dessus, p. 111 et p. 358).

luna « σελήνη », Mt., XXIV, 29 Mar. Ass. Sav. (*měsęcĭ* Zogr.), Mc, XIII, 24 Zogr. Mar. (Ass. Sav. def.), L., XXI, 25 Mar. Ass. Sav. (*měsęcĭ* Zogr.); Ps., VIII, 4, etc.; Euch., 4 a, etc.; Supr., 325, 7; r. *luná* « lune »; pol. *łuna*, tch. *luna* signifient « lueur d'un grand feu »; cf. v. pruss. *lauxnos* « gestirne », lat. *lūna* (= prénestin *losna*), zd *raoxšna-* « brillant »; gr. λύχνος a un vocalisme radical différent; on peut partir d'un thème **loukes-* ou d'un élargissement **leuks-* de la racine **leuk-* (v. Uhlenbeck, *Et. wört. d. a. ind. spr.*, sous *rukṣáḥ*).

měna « συνάλλαγμα », Supr., 310, 17 et 18 (et *jizměna* « ἀντάλλαγμα », Mc, VIII, 37, d'après *jizměniti*); r. *mě'na* (et aussi *měná*); s. *mijèna*; tch. *měna*; cf. lit. *mainas* « échange », *atmainà, su-mainà* (v. Leskien, *Bild.*, 365), lette *maina* et les dérivés got. *gamains*, lat. *commūnis*; pour la racine, cf. v. sl. *jiz-mětŭ sę*, lette *mīt*, skr. *máyate*.

mlŭnĭji « ἀστραπή », Év.; r. *mólnija*; s. *mŭnja* (plur. *mŭnje*); cf. v. pruss. *mealde* « éclair ». Le mot slave renferme un suffixe secondaire *-ĭja-*, sur lequel v. ci-dessus, p. 394 et suiv.

ostĭnŭ « pointe, aiguillon », Supr., 300, 9; 250, 21; r. *ostén*, s. *òstan*, pol. *os'cien*; de **ostĭ* (r. *óst'*); cf. lit. *ākstinas* « aiguillon ».

ovĭnŭ « κριός », Ps., LXV, 15; Euch., 15 b; r. *ovén, ovná*; s. *òvan, óvna*; v. pol. *owien*; dérivé de **ovĭ* (cf. lat. *ouis*, etc.), comme le féminin correspondant *ovĭca*, étudié ci-dessus p. 336 (cf. Osthoff, *Et. parerga*, I, 245); cf. lit. *ávinas* « bélier », v. pruss. *awins* (Voc.); pour ce type, cf. Leskien, *Bild.*, 405.

pelena « σπάργανον », Cloz., 622, 887 et 888 (= Supr., 340, 21); r. *pelená*, s. *pelèna*; on cite aussi tch. *pléna, plína*; cf. lit. *plėnė* « peau », gr. πέλμα, etc., avec des sens différents.

pěna « ἀφρός », Év. ; r. *pě'na,* s. *pjěna,* pol. *piana,* tch. *pěna,*
pína ; cf. v. pruss. *spoayno,* lit. *spáinė,* skr. *phénaḥ* ; cf. J. Schmidt,
Sonantentheorie, p. 107.

pišeno « farine » (d'où *pišenica* « σῖτος », Év. ; r. *pšenica,* s.
šenica, pol. *pszenica*) ; cf. *pišǫ* et v. pruss. *sompisinis* « grobbrot »
(Voc.). Pour -*eno-,* cf. *vrěteno.*

plenica « πλόκαμος », Supr., 296, 7 ; dérivé d'un mot **plena,*
non attesté ; cf. *pletǫ.*

plesna « plante des pieds », Euch., 35 b ; Ps., XVII, 37 ;
r. *plesná* ; dérivé d'un thème en **-es-* attesté par skr. *práthaḥ,*
zd *fraθō,* gr. πλάτος ; soit **pleth(ə)s-nā* ; pour le sens, cf., de la
même racine, lat. *plantu,* en face de lit. *splintu.*

plěnŭ « αἰχμαλωσία », Ps., XIII, 7 : « τὰ σκῦλα », Supr., 242,
20 ; s. *plijen, plijena* ; tch. *plen,* pol. *plon* (r. *polón* a une intonation rude inexpliquée) ; on rapproche lit. *pelnas* « mérite »,
avec le vocalisme *e* anomal, comme en slave.

rana « μάστιξ, πληγή », Év. ; r. *rána* ; s. *rȁna* ; tch. *rána* ; cf.
skr. *vraṇáḥ* d'après MM. Lidén (*Anlautgesetz*) et Rozwadowski
Quaest. gramm., II, 8, dans les *Rozprawy* de l'Académie de
Cracovie, XXVIII).

runo « πόκος », Ps., LXXI, 6 ; r. *runó* ; s. *rȕno* ; tch. *rouno* ;
pol. *runo* ; cf. *rŭvati* ; le vocalisme radical est **ou* ; autrement
on aurait **rjuno.*

sěno « χόρτος », Mt., VI, 30 ; Cloz., 927 = Supr., 341, 24 ;
Ps., CI, 5 ; Euch., 12 b ; r. *sě'no,* s. *sijeno,* pol. *siano* ; cf. lit.
szěnas ; on a rapproché gr. σχοῖνος (Lidén), κοινά· χόρτος, Hes.
(P. Persson), χῑλός (Niedermann).

skvrŭna « μολυσμός, μύσος », Euch., 9 b ; Supr., 242, 29 ; r.
skvérna ; sans doute dérivé d'un thème en ⁻ʳ⁻/₋ₙ₋ attesté par gr.
σκώρ, σκατός ; cf. v. isl. *skarn* (cf. Osthoff, *Et. parerga,* I, 188 ;
on conçoit d'ailleurs bien que -*na* puisse être ici un suffixe
secondaire comme dans *luna, plesna,* etc., et n'ait rien à faire
avec l'élément nasal de σκατός ; on ne saurait donc rien affirmer).

slana « πάχνη », Ps., LXXVII, 47 ; s. *slána,* tch. *slána* ; cf.
lit. *szalnà.*

slězena « rate », dérivé en **-ā-* d'un ancien thème en -*n-* ;
v. ci-dessus, p. 169 et suiv.

sliny « salive, crachat », Euch., 28 a ; r. *slina,* s. *sline* (plur.), pol. *s'lina*; cf. lette *slēnas* (plur.) « crachat »; v. J. Schmidt, *Sonantentheorie*, 106; P. Persson, XIX, 280, n. 7. Leskien, *Bild.*, 367. Le lette *slëkas* « crachat » indique qu'on est ici en présence du dérivé d'un ancien thème à suffixe zéro, d'où sort aussi m. h. a. et ags. *slīm* « schleim ».

slŭnĭce « ἥλιος », Év.; r. *sólnce*, s. *sûnce,* tch. *slunce*; dérivé en *-ĭce* d'un thème **slŭn-*; cf. ci-dessus, p. 343.

sosna « sapin » présente peut-être un suffixe **-snă-* (Pogodin, *Russkij fil. věstnik*, XXXII, 125); cf. lit. *glŭksnis, glŭsnis,* etc. (Leskien, *Bild.*, 373).

r. *séren* et *serén* « croûte glacée », pol. *srzon,* tch. *střín*; cf. lit. *szarná* et *szerksznas,* lette *sersns* (Leskien, *Bild.*, 362) et v. isl. *hiarn* « neige durcie »; le vocalisme radical *e* indique un dérivé de thème en *-en-* (cf. arm. *sařn* « glace », génit. *sařin*), plutôt qu'un thème ancien en **-no-*. Le v. sl. *srěnŭ* est adjectif et signifie « blanc » dans les exemples cités par Miklosich.

srŭna « δορκάς », Act., IX, 36 et 39; r. *sérna,* pet. r. *serná,* s. *sřna* (plur. *sřne*; le r. *sérna* semble être accentué d'après le pluriel), pol. *sarna,* tch. *srna*; le lit. *stirna* doit être séparé à cause du *t* et à cause de la différence d'intonation; cf. v. pruss. *sirwis* « reh » (Voc.), lat. *ceruos,* etc.

stegno « μηρός », Supr., 190, 19; r. *stegnó*; s. *stégno*; difficile à séparer de la famille obscure de skr. *sákthi, sakthnáḥ* « cuisse », gr. ἰσχίον, arm. *azdr* « cuisse ».

stěna « τεῖχος », Ps., XVII, 29; r. *stěná,* s. *stijěna,* tch. *stěna*; au point de vue de la forme, pourrait être un dérivé en **-ă-* à valeur collective d'un mot correspondant à got. *stains* « pierre ».

stĭgna, stŭgna « ῥύμη », Év.; « ἀγορά », Supr., 101, 7; à côté de *stĭgda* « πλατεῖα », cf. ci-dessus, p. 321, et de *stĭdza*; il faut partir d'un thème à suffixe zéro i.-e. **steigh-,* cf. ci-dessus, p. 208.

strana « χώρα, περίχωρος », Év.; r. *storoná,* acc. *stóronu*; s. *strána, strânu*; tch. *strana*; pol. *strona*; cf. *stĭrǫ, strěti*.

struna « corde » (d'où *desętistrŭnĭnŭ* « δεκάχορδος », Ps., XCI, 4); r. *struná* (nom. plur. *strúny*); s. *strŭna*.

sukno « habit de laine », Supr., 88, 2; 123, 2; « ὕφασμα », Supr., 133, 26; r. *suknó,* s. *súkno,* pol. *sukno*; l'*u* repose sur un plus ancien *ou*; cf. peut-être **sŭkǫ, sŭkati* « tourner, tresser ».

sŭnŭ « ὕπνος », Év.; r. *són, sná*; s. *săn, snă*; pol. *sen*; iden-

tique à gr. ὕπνος; cf. avec des vocalismes différents, skr.
svápnaḥ, lit. *săpnas*, v. isl. *suefn*, arm. *khun* (vocalisme radical *o*), lat. *somnus*.

tina « βόρϑορος », Supr., 404, 6 ; r. *tína* ; v. J. Schmidt, *Sonantentheorie*, 109, 119, qui rapproché *timĕno* « ἰλύς », Ps.,
XXXIX, 3, sans doute dérivé en *-no-* de *timen-*, non attesté.

trŭnŭ « ἄκανθα », Ps., XXXI, 4 ; r. *tĕrn*, *térna* ; s. *tȓn*, *tȓna* ;
pol. *tarn* ; cf. skr. *tŕ́ṇam* « herbe » et got. *þaurnus* « épine ».

vesna « ἔαρ », Ps., LXXIII, 17 ; r. *vesná* (acc. *vĕsnu*) ; pol.
wiosna, tiré de la forme en *-n-* (cf. skr. *vasan-tá-ḥ*) d'un mot à
suffixe *-r-/-n-*, comme lit. *vasarà* « été » est tiré de la forme
en *-r-* (cf. gr. Ƒέαρ).

vĕnĭcĭ « στέφανος », Év., r. *vĕnéc*, s. *vijĕnac*, pol. *wieniec*, en
regard de lit. *vainìkas*, et r. *vĕnók*, *vĕnká*, pol. *wianek* sont dérivés
d'un mot *vĕnŭ*, qui est, ou un ancien *woyə-no-* (cf. *viti*), ou
un ancien *woibno-* (cf. got. *weipan* « couronner », *waips*
« couronne »).

vĕno « dot », r. *vĕ́no*, pol. *wiano*, tch. *vĕno* ; de *wĕdno-*, cf.
gr. Ƒέδνον, et ags. *weotuma* « prix de la fiancée », ou de
wĕ(s)no- (avec chute indo-européenne de *s*, comme dans v. isl.
vár « printemps »), cf. lat. *uēnum*, arm. *gin* « prix » et skr.
vasnám (cf. E. Hermann, *Z. gesch. des brautkaufs* [Progr. 1904],
p. 33 et suiv.)

vina « αἰτία », Év., r. *viná*, pol. *wina* ; on rapproche lit.
vaina « faute », lette *waina* « accusation », qui ont le vocalisme radical *o* attendu ; le vocalisme slave paraît être emprunté au verbe *-vinŭti*, *-vinovati* (v. ci-dessus, p. 45).

vlŭna « laine », r. *vólna* (et *volná*, s. *vŭna*, tch. *vlna*, pol.
wełna ; cf. skr. *ū́rṇā*, lit. *vìlnos*, got. *wulla*, lat. *lāna* ; mot indo-
européen ; cf. lat. *uellus* et *uellere*, arm. *gełmn* « toison » ?

vlŭna « κῦμα », Év., r. *volná* (nom. plur. *vólny*), tch. *vlna*,
pol. *wełna* ; cf. lit. *vilnìs* (acc. *vilnį̃*), v. h. a. *wella*, skr. *ū́rmíḥ*,
ags. *wielm*, *wylm* ; les formes divergent d'une langue à l'autre.

vrèteno ; r. *veretenó* « fuseau » (et autres objets qui tournent),
cf. skr. *vartanam* « action de tourner ».

zrŭno « κόκκος », Év. ; r. *zernó* ; s. *zȓno* ; tch. *zrno* ; cf. got.
kaurn, v. irl. *grán*, lat. *grānum* ; lit. *žìrnis*.

žlŭna « pic », r. *želná*, pet. r. *žóvna*, pol. *żołna*, tch. *žluna* ;
cf. lette *dzilna* (sorte de grand pic), v. Zubatý, *Archiv*, XVI,

425, et Leskien, *Bild.*, 366. Le mot baltique est ancien et a passé en finnois, v. Thomsen, *Beröringer*, 173.

Toutes ces formations sont nettement préhistoriques ; il n'y a pas trace ici d'un type productif à l'époque historique.

Il n'y a pas non plus trace d'un suffixe *-sna* correspondant au type de v. pruss. *biāsnan* « crainte », lit. *varsnā*, etc. (v. Leskien, *Bild.*, 368). Mais quelques mots présentent devant *-n-* du suffixe un *-z-* d'origine obscure ; chose curieuse, les mots ainsi formés ont, en partie, l'air assez récents, comme ceux du type baltique en *-snă-*, et cette formation s'est développée dans plusieurs dialectes slaves :

glavizna « κεφαλίς », Supr., 141, 2, et, d'après quelques manuscrits, Ps., XXXIX, 8 (*sŭvitŭkŭ*, Ps. sin.), de *glava*.

trizna « ἔπαθλον », Supr., 278, 21, cf. lette *strīds*, *strīde* « lutte », v. h. a. *strīt* « lutte » (et v. isl. *strīðr* « fort », etc.) ; v. Fortunatov, BB., III, 61).

ukorizna « ἀτιμία », Cloz., 649 (et I, 99 ; 675), cf. *ukoriti*.

On verra ci-dessous que *-zni* se rencontre de même à côté de *-ni* et a été légèrement productif.

Un suffixe *-ino-* s'ajoute en slave à nombre de thèmes de substantifs indiquant l'état social, la nationalité des personnes, pour fournir un singulier, particulièrement à des substantifs qui ont au pluriel des formes athématiques ; la valeur singulative de *-ino-* est du reste très sensible par exemple dans *čeljadinŭ* « esclave » en regard de *čeljadĭ* « familia », dans *ljudinŭ* « un homme libre » en regard de *ljudĭje* « les gens », etc. La formation semble avoir eu en vieux slave tendance à s'étendre ; dans l'Évangile, les mots en *-ar-* et en *-tel-* (pluriel *-ar-e* et *-tel-e*) n'ont jamais *-ino-* au singulier et sont en *-arjĭ*, *-teljĭ*, tandis qu'on trouve des exemples de *-arinŭ*, *-telinŭ* dans le Suprasliensis. On a ainsi :

boljarinŭ « grand », Supr. (v. Miklosich, *Lexicon*), pluriel *boljare* ; s. *bòljār*, génit. *boljára* ; r. *bojárin* (avec un abrègement qui s'explique dans un mot de ce genre), plur. *bojáre*, d'où la forme plus abrégée encore *bárin*.

Galilěaninŭ « Γαλιλαῖος », Év.

gospodinŭ « κύριος », Év., désigne le « maître de la maison », tandis que *gospodĭ* est le « Seigneur » ; r. *gospodín* « maître » (pluriel *gospodá*), s. *gospòdin* « maître » (pluriel *gospòda*) (sur *gospodinji* « du Seigneur » v. ci-dessus, p. 376); toutefois le slovène présente un fait inverse (v. Miklosich, *Christliche terminologie*, 35), et surtout le vieux tchèque où *hospod* signifie « maître » et *hospodin* « Seigneur (Dieu) », v. Gebauer, *Slovník staročeský*. Le mot *gospodinŭ* est un dérivé de *gospodi*, lequel est un ancien *gospod-*.

graždaninŭ « πολίτης », Év., plur. *graždane*; r. *gorožánin*, s. *grädanin*, pol. *grodzanin*.

jispolinŭ « γίγας », Ps., XVIII, 6 ; XXXII, 16 ; en regard du pluriel accus. *jispoly*, Euch., 52 b ; génit. *spolovŭ*, Supr., 370, 25.

ljudinŭ, Euch., 103 a, désigne un simple homme libre; v. r. dial. *ljüdin*, *ljudín* « citoyen », s. *ljùdina* : c'est le singulatif du pluriel *ljudĭje*; cf. les pluriels lette *l'audis*, ags. *léode*.

murinŭ « Maure, nègre », Nouveau Testament, est le singulier de *muri*.

poganinŭ « païen », Supr., 442, 3, sert de singulier à *pogani*, Euch., 23 a ; Cloz., 850 = Supr., 339, 25, etc. ; pol. *poganin*, etc.

Samarjaninŭ « Σαμαρείτης », Év., singulatif du pluriel *Samarjane*, Év. ; de même *Persĕninŭ* « Πέρσης », f. Undolskij, 50.

židovinŭ « Ἰουδαῖος », J., XVIII, 35, sert de singulier au pluriel *židove*.

žitelinŭ, Supr., 180, 27, traduit οἰκητήριον et semble de toutes manières incorrect.

Le mot *vojinŭ* « στρατιώτης », Év., r. *vóin*, dérivé de *voji* « guerre », est peu clair ; il est même difficile de déterminer si le suffixe est -*ino*- ou -*ĭno*-.

L'emploi de -*ino*- qu'on observe dans *gospodinŭ*, etc., est propre au slave et n'a de correspondant exact dans aucune langue indo-européenne; on rapproche le suffixe de lit. *kaimýnas* « voisin », lat. *uīcīnus*, gr. ἀγχιστῖνος, skr. *navĭnaḥ*, arm. *verjin* « dernier », etc. L'*i* du slave a l'intonation rude qu'on attend dans cette hypothèse : s. *gospòdin*, *vlastèlin*, etc. Il n'y a pas lieu d'entrer ici dans l'examen des hypothèses plus ou moins arbitraires à l'aide desquelles on a tenté de rendre compte de la forme indo-européenne de ce suffixe (v. Bezzenberger, Γέρας, p. 153 et suiv.). — L'emploi singulatif du suffixe slave *-ino-* (i.-e. **-īno-*) rappelle celui du brittonique *-īno-* (gall. *-yn*, bret. *-en*), dont il ne diffère que par la quantité de l'*i* (cf. Gaidoz, *Cymmrodor*, IV, 217 et suiv.)

Le suffixe de féminins *-ina-* (avec *i* rude : s. *tmĭna*, etc.), encore productif à date historique, a une valeur sémantique très peu définie ; il répond à lit. *-ýna* de *lentýna* « planchette (de la muraille) », *žemýna*, etc. (v. Leskien, *Bild.*, 410) et à gr. -ῑνᾱ- de χοιρίνη, etc. Il est d'ailleurs possible que ce suffixe ait été contaminé avec un autre qui correspond à lit. *-ěnà* de *avěnà* « viande de mouton », etc., et ceci expliquerait l'accentuation des mots serbes tels que *zimina* (sur ces mots, v. Leskien, *Untersuch. über quantität*, I, 100) ; v. r. *zvěrina* « chair de bête sauvage » (v. Szreznevskij, *Materialy*) et les exemples analogues rappellent immédiatement lit. *žvěrěnà*, etc. (v. Leskien, *Bild.*, 413, et cf. la remarque de M. Brugmann, I. F., XII, 390) ; le lat. *ferīna* « chair de bête sauvage » n'enseigne rien, et, d'une manière générale, les mots latins tels que *caprīna* sont ambigus. On peut citer en vieux slave :

bljĭvotina « vomissement », Euch., 70 a ; cf. *bljują* ; ce mot est dérivé d'un mot **bljĭvoto-* ou **bljĭvota-* non attesté.

xlěvina « καταγώγιον », Supr., 311, 2 ; Euch., 41 b, de *xlěvŭ*.

xramina « οἰκία », J., XII, 3 (r. *xorómina*, tch. *chrámina*) ; de *xramŭ*.

xyzina « κέλλα », Supr., 90, 17, de *xyzŭ* (cf. r. *xižina*, s. *hĭžina*, de *xyža*). On notera que les trois mots *xlěvina*, *xramina* et *xyzina* forment un groupe naturel pour le sens et que les primitifs de deux d'entre eux sont sûrement empruntés au germanique.

desętina « δεκάτη », Év. ; r. *desjatĭna*, s. *desětina*, pol. *dziesięcina* ; de *desętĭ*.

družina « συνοδία », L., II, 44 ; r. *družína*, s. *drùžina*, pol. *drużyna* ; de *drugŭ*.

dupina « σπήλαιον », Supr., 160, 14 ; cf. *dupljĭ*.

glębina « βάθος », Év. ; r. *glubiná*, pol. *głębina* (cf. s. *dubina*. accus. *dûbinu*) ; à côté de *glębokŭ*.

gobina « εὐθηνία », Supr., 296, 25 (au locatif, si bien qu'on ne peut déterminer s'il ne faut pas poser *gobino*, comme le fait Miklosich).

godina « ὥρα » Év. ; r. *godína,* s. *gȍdina* (avec accent sur *go-*
d'après *gôd, gȍda*), pol. *godzina* ; de *godŭ.*

jistina « ἀλήθεια », Év. ; r. *ístina,* s. *ìstina* ; de *jistŭ.*

kąpina « βάτος », L., VI, 44 ; r. *kupína,* s. *kùpina,* pol. *kępina.*

koničina « συντέλεια », Év. ; r. *končína* ; pol. *kon'czyna* ; de
koničĭ.

krina, d'où *krinica* « vase », Supr., 213, 17 ; cf., avec un
autre vocalisme radical, r. *čára,* skr. *carúḥ* « vase », etc. ?

maslina « ἐλαία », Ps., LI, 10 ; r. *máslina* « olivier » s.
màslina ; de *maslo.*

novina « jachère » n'est pas attesté dans les textes proprement vieux slaves ; l'accentuation de r. *noviná,* s. *novìna* ne
s'accorde pas avec celle de l'adjectif skr. *navínaḥ* « nouveau »
dont on se plaît à rapprocher ce substantif.

obĭština « τὸ κοινόν », Euch., 58 a, de *obĭštĭ.*

otĭčina « πατρίς », Supr., 105, 23 et 24 ; 215, 14 ; r. *vótčina*
« bien patrimonial » ; de *otĭcĭ* (cf. aussi pol. *ojczyzna*).

otročina « enfance », Mc, IX, 21, de *otrokŭ.*

paąčina « ἀράχνη (toile d'araignée) », Ps., XXXVIII, 12 ;
LXXXIX, 9 ; *pajączina* (même sens), Supr., 201, 9 ; s. *pàučina* ;
pol. *pajęczyna* ; de *paąkŭ* « araignée ». Les mots en -*ina*- désignent assez souvent en slave un objet tiré d'un animal ; on
peut citer ainsi *jarina* « laine », s. *jàrina* à côté de *jarĭcĭ* ;
vlŭčina « peau de loup », s. *vùčina,* de *vlĭkŭ* ; etc.

pastvina « νομή », Ps., XCIV, 7 ; XCIX, 3, de *pastva.*

pąčina « πέλαγος », Mt., XVIII, 6 ; Supr., 182, 28 ; r. *pučína.*

raspalina « brèche », Supr., 26, 12 et 220, 26, semble
dérivé d'un mot **raspalo* ; cf. *raspasti sę* « se fendre », *raspadŭ*
« trou ».

rogozina « tapis (natté de jonc) », Supr., 436, 23, de *rogozŭ.*

sědiny « πολιά », Euch., 8 a ; Supr., 407, 11 ; r. *sědiná* ; slov.
sedine (et *sędina*) ; de *sědŭ.*

slatina « ἅλμη », Ps., CVI, 34 ; r. *solotína,* s. *slàtina,* tch.
slatina ; d'un dérivé en -*t*- de *solĭ* (cf. le cas de *bljĭvotina*) ; cf.
r. *sólot'.*

širina « largeur » (cf. *širokŭ*) ne se rencontre pas dans les
textes vieux slaves proprement dits, qui emploient *širota* ; mais
on a r. *širiná,* s. *širìna* (accus. *širinu*), pol. *szerzyna.*

strŭbina « brisure », de *štrŭbŭ,* n'est pas non plus attesté en

vieux slave proprement dit, mais doit être mentionné à cause
de r. *ščerbina*, pol. *szczerbina* (et s. *škŕbina*).

tajina « μυστήριον », L., VIII, 10 ; Euch., 22 a ; r. *tájna*, s.
tâjna ; de *taji*.

taĭbina « κλοπή », Supr., 30, 27, dérivé de *taĭba* (même
sens), Év.

tišina « γαλήνη », Év. ; r. *tišiná*, s. *tišina* ; de *tixŭ*.

udavljenina « chose étouffée », Euch., 104 b, de *udavljenŭ*.

unjĭšiina « le mieux », Supr., 389, 13, et *izunjĭšinu* « amé-
lioration », Supr., 231, 12, de *unjĭšje-*.

Un masculin remarquable, dérivé de comparatif, est :

starĕjĭšina « chef », Euch., 87 a ; Supr., 90, 20, de *starĕjĭ* ;
s. *starjéšina*, r. *staršiná*.

Un suffixe *-ino-*, *-ina-* de substantifs existe à peine ; toutefois on a quelques exemples qu'il semble malaisé d'analyser
sans y recourir, car on ne saurait citer de thèmes en *-ĭ-* auxquels
-no-, *-na-* auraient été ajoutés en slave même :

brašino « nourriture », Év., r. dial. *bórošno* « farine de
seigle », s. *brăšno* ; cf. lat. *far, farris* et *farīna* ; got. *bariz-eins*.

brĭvino « δοκός », Év. ; pol. *bierwiono, bierzwiono* ; l'étymologie est discutée.

govĭno « fumier, ordure » ; r. *govnó*, s. *góvno*, pol. *gówno* ;
cf. skr. *gūthaḥ, gūtham*, zd *gūθa-*, arm. *ku* « fumier ».

grivĭna « collier », r. *grívna*, s. *grîvna*, pol. *grzywna* ; de
griva.

nakovalĭno « ἄκμων », Supr., 338, 5, du synonyme *nakovalo*.

pętĭno « éperon », dérivé de *pęta*, répond exactement au mot
lit. *pentinas*, qui présente un emploi du suffixe balt. *-ina-* tout
à fait isolé (v. Leskien, *Bild.*, 404) ; le vieux prussien a d'ailleurs *pentis* « talon » (Voc.).

platĭno « tissu », r. *polotnó*, s. *plátno*, pol. *płótno*, tch. *plátno*.

ustĭna « χεῖλος », Mc, VII, 6 ; s. *ûsna* ; de *usta*.

vapĭno « chaux », dans *povapĭnjenŭ* « κεκονιαμένος », Mt.,
XXIII, 27.

Un suffixe *-uno-* se rencontre dans divers mots dont le principal est *perunŭ* « foudre », et principalement nom du dieu
de la foudre, r. *perún*, pol. *piorun*, tch. *perun* ; ce nom est

attesté en slave méridional par des dérivés tels que s. *peкù-nika* (nom d'une plante qu'on nomme aussi *bògiša*), slov. *perunika*. On s'accorde maintenant à chercher dans ce nom la racine *per-* « frapper » de sl. *perą,* lit. *periù,* arm. *hari* « j'ai frappé » ; v. Léger, *Mythologie slave,* 66 ; Ivanov, *Izvéstija* de la section de langue russe de l'Académie de Saint-Pétersbourg, VIII, 4, 144 et suiv. ; Wiedemann, BB., XXVIII, 10 et suiv.) ; quant au suffixe, M. Mikkola, IF., VIII, 303, a rapproché gr. κεραυνός ; cf. d'ailleurs lit. *Perкùnas,* avec une forme élargie **perk-* de la racine, qui apparaît aussi dans v. isl. *Fiǫrgynn* ; quant au dieu védique *Parjanyaḥ,* la racine de son nom a un autre élargissement, qui se retrouve dans arm. *harkanem* « je frappe » (v. A. Meillet, *Esquisse d'une gramm. comp. de l'arm. class,* 100 et suiv.).

3° Suffixe -*nŭ*-.

Les formations en **-neu-* n'existaient en indo-européen qu'à l'état de cas isolés ; les groupes qu'elles constituent sont particuliers à certains mots ; par exemple, le zend oppose *jąfnuš* « profondeur » à *barəšnuš* « hauteur ». Le slave a conservé un nombre relativement considérable d'exemples de ce suffixe ; mais plusieurs sont douteux par suite du fait que les thèmes en -*o*- et en -*ŭ*- ont commencé à confondre leur flexion dès avant la période historique. Le plus bel exemple et le plus sûr, et aussi le seul qui se retrouve hors du slave, est :

synŭ « υἱός », Év., avec de nombreuses formes de thèmes en -*ŭ*- ; s. *sîn, sînovi* ; r. *sýn, synov'já* (sur les formes anciennes du tchèque, v. Gebauer, *Hist. mluv.,* III, 1, 332) ; cf. lit. *sūnùs,* skr. *sūnúḥ,* got. *sunus* ; les dérivés *synŭ-kŭ* « filiolus », *synovĭstvo* « qualité de fils » (Euch., 66 b), *synovĭcĭ* « ἀνεψιός », etc., attestent clairement l'élément -*ŭ*-, -*ov*-.

Les autres thèmes en -*nŭ*- dont on a trace en slave sont :
česnŭkŭ « ail » (r. *česnók,* pol. *czosnek*) et *česnovitŭ,* r. *česnóvica,* supposant **česnŭ-* ; c'est sans doute l'oignon fendu ; cf. *česati* ; du reste **česnŭ* est attesté dans les dialectes du Sud par s. *čěsan,* slov. *čěsen.*

činŭ « τάξις », loc. *vŭ činu,* L., I, 8 Zogr. Mar. Ass. ; nom. plur. *činove,* Supr., 346, 11 et 17 ; génit. plur. *činovŭ,* Supr., 350, 21 et 25 (mais avec de nombreuses formes en -*o*-, comme

nom. plur. *čini*, Euch., 84 a, et Cloz., 768 = Supr., 337,
21, etc.) ; v. tch. *čin*, génit. *činu* (Gebauer, *l. c.*, p. 327) ; cf.
le verbe skr. *cinóti* « il met en ordre, il entasse », et gr.
ποι(F)έω, etc.

člěnŭ « membre », Hébr., IV, 12, semble être un thème en
-*nŭ*-, à en juger par les dérivés *člěnŭkŭ* (tch. *člának*) et *člěnovĭnŭ*.

groznŭ « σταφυλή », Mt., VII, 16 Mar. (*grozdŭ* Zogr. Ass.),
« βοτρύς », Supr., 272, 1 ; le -*ŭ*- est attesté par le dérivé *groznovĭje* « βότρυες », Supr., 286, 8. Ce mot, évidemment apparenté
à son synonyme *grozdŭ* (aussi thème en -*ŭ*-, cf. ci-dessus,
p. 243), est d'origine obscure ; on a peine à en séparer gr. βότρυς
et βόστρυχος ; il faudrait donc supposer une initiale i.-e. *$g^w ro$- ;
r manquerait en grec par suite d'une dissimilation ; cf. gr.
βάτραχος en regard de ion. βρόταχος et de v. h. a. *kreta, krota*?
Les rapports respectifs de *groznŭ* et de *grozdŭ* en slave sont
malaisés à déterminer.

oprěsnŭkŭ « ἄζυμος », v. ci-dessus, p. 334.

stanŭ « παρεμβολή », Ps., CV, 16 (loc. *stanu*), mais gén.
stana, Ps., LXXVII, 28 ; le vieux tchèque a de même *stan*,
génit. *stanu* (Gebauer, *loc. cit.*, p. 331) ; s. *stân*, loc. *stánu* ;
sur les dérivés *stanŭkŭ* « ἐγκατάλειμμα » et *ostanŭkŭ* (même
sens), v. ci-dessus, p. 334, s. *òstanak*. Le véd. *sthāṇúḥ* « sou-
che » n'a sans doute rien à faire ici, comme l'indiquent et
le *ṇ* et la différence de sens. D'autre part, lit. *stónas*, véd.
sthā̆nam, etc. ont le suffixe -*no*-.

synŭ « tour », à en juger par loc. *synu*, Supr., 451, 18 (mais
gén. *syna*, ib., 20, et le dérivé *synĭnŭ*, ib., 14) ; le synonyme
sunŭ, de la même racine, a l'air d'un mot en -*no*-, avec le même
vocalisme radical que *cěna*, etc. ; l'exemple *synŭ* même est très
incertain, comme le montrent les faits cités.

Tous ces mots sont anciens en slave ; il n'y a pas de suffixe -*nŭ*- productif à date historique.

4° Suffixe -*nĭ*-.

Les mots en -*nĭ*-, peu nombreux, sont tous anciens ; le suffixe ne fournit aucun mot nouveau en slave à date historique
sous cette forme simple, mais seulement, et encore dans une
mesure assez restreinte, sous la forme -*snĭ*- ou -*znĭ*-. Sauf le
germanique, ce suffixe ne joue d'ailleurs un rôle important

dans aucune langue indo-européenne. Quelques-uns des mots
en *-ni-* sont visiblement secondaires. L'équivalence de *-nei-*
avec *-nā-* ressort de rapprochements tels que: v. sl. *vlŭna*
« vague » à côté de lit. *vilnis* (même sens).

Les principaux exemples de *-ni-* sont:

ablani « pommier », à côté de *ablŭko* « pomme » ; les formes
dialectales sont peu claires ; cf. v. pruss. *wobalne* « pommier »
(Voc.).

brani « πόλεμος », Év. ; v. r. *bóron'*, slov. *brân*, v. tch. *bran'*
« résistance » (et « arme », le second sens peut-être par contamination avec le mot emprunté *brŭnja*) ; cf. *borją, brati* ; le
lituanien a un mot identique : *barnis* « querelle ».

dani « φόρος », L., XX, 22 ; r. *dán'*, pol. *dan'*, tch. *daň* ; à
côté de *dati* ; cf. lit. *dŭnis* « don ».

dlani « paume de la main », Euch., 3 a ; Supr., 389, 29 ;
r. *ladón'* (au lieu de *dolón'*), s. *dlän*, pol. *dłoń* ; cf. lit. *délna* (et
delnas, chez Szyrwid ; v. Leskien, *Bild.*, 364) ; le vocalisme *o*
de l'élément présuffixal en slave est à noter. Pour la formation, cf. skr. *pāṇíḥ* « main », en face de gr. παλάμη, lat.
palma, v. irl. *lám*, v. h. a. *folma*.

goleni « σκέλος », J., XIX, 31 et 33 ; r. *gólen'*, s. *gòlijen*, pol.
golen'.

grŭtani « λάρυγξ », Ps., V, 10 ; Supr., 259, 3 ; r. *gortán'*,
pol. *krtan'*.

kazni « δόγμα, τιμωρία », Euch., 91 a ; Supr., 76, 8 et 14 ;
147, 12 et 18 ; r. *kázn'*, v. tch. *kázn*, tch. mod. *kázen* ; cf.
kazati, kažą ; aussi *pokazni* « ἐπιτιμία », II Cor., II, 6, cf. *po-
kazati*.

ognji, génit. *ognja* « πῦρ », Év. ; r. *ogón'*, *ognjá* ; s. *òganj, ògnja* ;
pol. *ogien', ognia* ; ancien thème en *-ni-* (cf. lit. *ugnis*, skr. *agníḥ*,
lat. *ignis*) passé en slave aux thèmes en *-je-*.

povoni « inondation », de *po* et *voda*.

**prěstani*, dans *besprěstani* « sans interruption », Supr.,
142, 24 ; cf. *prěstati* ; pet. r. *perestán'* ; pour la formation,
cf. *dani*.

sěni « σκιά », Év., etc. ; r. *sě'n'*, *sě'ni* ; s. *sjĕn* (masculin en
-o-) ; tch. *siň* ; et aussi v. sl. *stěni*, Supr., 225, 28 ; Cloz., 327 ;
tch. *stín* (masculin en *-o-*). Ces deux mots sont très obscurs ;
on notera cependant que *sinąti* « briller » est à got. *skeinan*

ce que *sěnĭ* (de **k₁oyə-nis* ?) est à *stěnĭ* (de **skoyə-nis* ?) ; le vocalisme radical *o* rappelle celui de got. *taikns* « signe ». L'étymologie de *stěnĭ* a été discutée en détail par M. Vondrák, dans un article qui a paru durant l'impression de la présente feuille, BB., XXIX, 173 et suiv.

Le suffixe -*nĭ*- est productif dans une mesure très restreinte sous les deux formes élargies : -*snĭ*- et -*χnĭ*-, qui servent à tirer de racines ou de thèmes verbaux terminés par un élément vocalique des noms exprimant ce qui résulte de l'action verbale.

a. -*snĭ*- (cf. lit. -*sni*-, Leskien, *Bild.*, 370).

basnĭ « μῦθος », Nouveau Testament ; r. *básn'*, *básni* (et aussi le mot *básnja*) ; v. tch. *básn* (tch. mod. *báseň*), pol. *bas'n'* ; à côté de *bają*, *bajati* ; cf. arm. *ban* « parole », instr. *baniw* (on n'a pas le moyen de déterminer si arm. *n* représente ici **n* ou **sn*) ; ags. *bén* « prière » (de germ. **bōniχ*).

pěsnĭ « ᾠδή », Ps., XVII, 1 ; Euch., 94 b ; Supr., 401, 25 ; r. *pě́sn'*, *pě́sni* (et *pě́snja*) ; v. tch. *piesn* (tch. mod. *píseň*), pol. *pies'n'* (s. *pjěsna*) ; cf. *pěti*, *pоją*.

v. r. *plěsnĭ* « moisissure », r. *plě́sen'*, v. tch. *plésn* et *plíseň*, pol. *ples'n'* ; cf. lit. *pelù*, *pelěti*.

b. -*χnĭ*- (cf. ci-dessus -*χna*-, p. 448). On peut rapprocher lette -*žni*- dans *pūžnis* « pourriture », cf. lit. *púti* (v. Leskien, *Bild.*, 374).

bojaznĭ « φόβος, δέος », Supr., 283, 27 ; 334, 28 ; r. *bojázn'*, v. tch. *bázn* (tch. mod. *bázeň*) ; de *bojati*.

bolěznĭ « ἀσθένεια », Év., de *bolěti*.

kajaznĭ « repentir », Supr., 256, 17, de *kajati* ; *pokajaznĭ* « repentir », Supr., 267, 9, de *pokajati* ; ces mots n'ont rien de commun avec *kazni*, *pokazni* cités ci-dessus p. 455.

kŭznĭ « μηχάνημα », Supr., 74, 28 ; *kyznĭ* « τέχνη », Euch., 62 b ; cf. *kоvą*, *kovati*.

prijaznĭ « amitié », Euch., 18 a ; r. *prijázn'*, pol. *przyjaz'n'*, v. tch. *přiezn* ; de *prijati*. De *prijaznĭ* on a le composé masculin *neprijaznĭ* « πονηρός », Év. ; Euch., 4 b, etc.

žiznĭ « ζωή », Mt., XXV, 46 Ass. (*životŭ* Zogr. Mar.) ; Sav. et Supr. remplacent régulièrement *životŭ* par *žiznĭ* ; Euch., 10 a ; 84 b ; Cloz., 944 = Supr., 342, 8 ; r. *žizn'* ; pol. *žyz'n'* ; de *žiti*.

5° Suffixe -*ynja*-.

Le slave présente un suffixe complexe -*ynja*- qui sert à former des dérivés indiquant soit des êtres de sexe féminin, soit des abstraits à peu près synonymes de ceux en -*ostĭ* tirés d'adjectifs. Le *$\bar{u}$ que représente le *y* de -*ynja*- renferme une première marque de féminin (cf. ci-dessus, p. 267) et -*nja*- repose sur un i.-e. *-*nyā*- qui paraît avoir joué un rôle dans la formation des féminins (cf. skr. *pátnī*, etc. ; voir Zubatý, *Archiv,* XXV, 355 et suiv., et aussi Bezzenberger, Γέρας, p. 168, n.), si bien qu'il y a ici en réalité deux marques de féminin superposées.

Les exemples vieux slaves sont assez peu nombreux, mais ils attestent la productivité du suffixe :

blagynji « bonté », Supr., 335, 7, de *blagŭ* ; *blagostynji* « χρη- στότης », Ps., XIII, 1 et 3 ; XXXVI, 3, est une contamination de *blagynji* et de *blagostĭ*.

bogynji « θεά », Supr., 162, 26, féminin de *bogŭ* ; r. *boginja*, pol. *bogini*.

grŭdynji « ὑπερηφανία », Mc, VII, 22 ; Euch., 89 a ; v. r. *gordýnja*, s. *gŕdinja* ; de *grŭdŭ*, à côté de *grŭdostĭ*, Ps., IX, 23 ; Euch., 91 b.

krĭstĭjanynji « χριστιανή », Supr., 100, 23 et 24 ; féminin de *krĭstĭjanŭ* « χριστιανός ».

kŭnęgynji « princesse », féminin de *kŭnędʒĭ*, non attesté dans les textes vieux slaves proprement dits, mais ancien, à en juger par la forme ; r. *knjagínja*, s. *knèginja* ; la conser- vation de *g* indique, d'après la loi de M. Baudouin de Cour- tenay, que l'accent a été originairement sur *ę*.

milostynji « ἐλεημοσύνη », Év., dérivé de *milostĭ* « ἔλεος », Év. ; ce mot a l'air d'un arrangement artificiel de *milostĭ* des- tiné à traduire le gr. ἐλεημοσύνη.

poganynji « Ἑλληνίς (païenne) », Mc, VII, 26, féminin de *poganinŭ*.

pravynji « εὐθύτης », Ps., IX, 9, de *pravŭ*.

prostynji « ἁπλότης », d'où « συγγνώμη », Supr., 275, 9, de *prostŭ*.

pustynji « ἡ ἔρημος », Év., r. *pustýnja*, s. *pústinja* ; de *pustŭ*.

rabynji « παιδίσκη », Év., féminin de *rabŭ* ; r. *rabýnja*, s. *rȍbinja*.

Samarjanynji « Σαμαρεῖτις », Év., féminin de *Samarjaninŭ*.

sąsědynji « ἡ γείτων », L., XV, 9, féminin de *sąsědŭ*.

svętynji « ἁγιωσύνη, ἁγίασμα, ὁσιότης », Ps., XXIX, 5; LXXVII, 69; I Cloz., 23; r. *svjatýnja*, s. *svétinja*, pol. *s'wiątynia*; de *svętŭ*.

Le mot *prěgynji*, Supr., 19, 20, qui semble signifier « montagne », ou quelque chose d'approchant, est d'origine assez peu claire; on en a rapproché got. *fairguni*.

APERÇU DES PRINCIPALES FORMATIONS

Si l'on jugeait de la formation des noms slaves par les listes précédentes, on serait tenté de la croire singulièrement diverse, complexe et variée. Mais c'est que ces listes renferment des mots appartenant à des formations qui ont été productives à toutes dates, depuis l'indo-européen jusqu'à l'époque historique. En fait, le nombre des formations plus ou moins productives en vieux slave, les seules qui puissent passer pour régulières à la date où ont été fixés les textes, est petit.

En regard des thèmes verbaux primaires, on a des abstraits en *o* du type *sŭ-borŭ, sŭn-ĭmŭ* (v. p. 215 et suiv.) ; en regard de tout verbe, un abstrait en *-ĭje* tiré du participe passé passif, type *prijętĭje, dělanĭje* (v. p. 387 et suiv.) Le nom d'agent tiré du verbe est en *-teljĭ* : *dělateljĭ*, et souvent en *-iteljĭ* (v. p. 311 et suiv.), ou en *-ĭcĭ*, type *tvorĭcĭ* (v. p. 344 et suiv.), et le nom d'instrument, en *-(d)lo* : *světilo* (v. p. 315 et suiv.) ; quelques noms d'objet sont en *-lo, -slo* (v. p. 414 et suiv.).

Les adjectifs d'appartenance, que le slave substitue à des génitifs, sont ceux en *-ĭnŭ* (v. p. 438 et suiv.), *-jĭ* (v. p. 375 et suiv.), *-ĭskŭ* (v. p. 330 et suiv.) et *-ovŭ* (v. p. 369 et suiv.) ; ces dérivés jouent le rôle de formes casuelles, mais la formation en est relativement libre, et le choix du suffixe dépend, comme on l'a vu, du sens du mot. Le suffixe *-ĭnŭ* sert d'ailleurs à former des adjectifs quelconques dérivés de substantifs. — Des adverbes on tire des adjectifs en *-ĭnjĭ* du type de *prědĭnjĭ* (v. p. 381 et suiv.). — Quant aux adjectifs tirés de substantifs, ils sont principalement en *-ĭnŭ* (v. p. 438 et suiv.), en *-vŭ*, et surtout en *-ivŭ* (v. p. 365 et suiv.), en *-atŭ* ou *-itŭ* (v. p. 290 et suiv.), en *-jĭ, -ijĭ* (v. p. 377 et suiv.). Les adjectifs indiquant la matière sont en *-ěnŭ*, ancien *-ęnŭ* (v. p. 436 et suiv.).

Les abstraits dérivés de noms sont en *-ostĭ* (v. p. 280 et suiv.), en *-istvo, -istvĭje* (v. p. 306 et suiv.), en *-ĭje* (v. p. 383 et suiv.), en *-ota* (v. p. 293 et suiv.), plus rarement en *-ynjĭ* (v. p. 456 et suiv.), etc.; le type en *-ĭba* (v. p. 272 et suiv.) est peu défini.

On substantive des adjectifs pour indiquer des personnes au moyen de *-ĭcĭ* (v. p. 341 et suiv.), ainsi *slĕpĭcĭ*, ou, dans certains cas spéciaux, au moyen de *-ĭkŭ* (v. p. 337 et suiv.), ainsi *učenikŭ*.

Les noms d'agent tirés de noms sont en *-ĭnikŭ*, ainsi *dvĭrĭnikŭ* « portier » (v. p. 337 et suiv.); le féminin de ces noms est en *-ĭnica*: *dvĭrĭnica* (v. p. 346 et suiv.); et, en principe, *-ica* fournit des féminins. Les noms de profession sont en *-arjĭ* (v. p. 211 et suiv.). Sur les mots en *-tajĭ*, v. p. 390 et suiv.

Les mots en *-ište* désignent le lieu où l'on fait quelque chose (v. p. 350 et suiv.). On se sert de *-ĭnica* pour indiquer des objets, ainsi *nožĭnica* « fourreau » (v. p. 346 et suiv.).

Les diminutifs sont en *-ĭštĭ* (v. p. 303), en *-ĭce-* (v. p. 341 et suiv.), etc.; d'ailleurs le suffixe *-ĭce-* paraît servir simplement d'élargissement en beaucoup de cas. Les noms en *-ęt-*, tels que *agnę*, désignent en particulier des petits d'animaux (v. p. 429 et suiv.).

Les collectifs sont en *-ĭje* (v. p. 383 et suiv.).

Les plus productifs de ces suffixes, et notamment le type de *dĕlanĭje*, les types en *-istvo* et *-istvĭje*, *-ĭnjĭ*, *-ĭnikŭ* et *-ĭnica* résultent d'innovations slaves. Pour la formation des mots comme à tous les autres égards, le slave présente une structure entièrement renouvelée, et l'indo-européen n'a fourni que les éléments au moyen desquels le système slave de dérivation s'est construit progressivement.

INDEX DES MOTS VIEUX SLAVES [1]

Cet index, étant en caractères latins, est dans l'ordre de l'alphabet latin ; ě et ę viennent après e ; de même ï après i, etc. Le x, qui sert ici à transcrire la spirante gutturale sourde qu'on transcrit d'ordinaire par ch, figure entre v et ʒ.

ablanĭ, 455.

ablŭko, 335.

adovĭnŭ, 332.

adovŭ, 370.

adovĭskŭ, 332.

adŭ, 188.

afedronŭ, 188.

agnę, 323, 429, 460.

agnędŭ, 323.

agnĭcĭ, 342.

agoda, 320.

(j)aje, 391.

ajĭce, 342.

akridŭ, 188.

alavastrŭ, 187.

alčĭba, 272.

alŭkati, 19.

antъpatŭ (anθipatŭ), 190.

aromaty, 188.

aspida, 188.

assarĭjĭ, 187.

ašterŭ, 174, 408.

avě, 153.

aviti, 28.

avljati, 20, 28.

avljenĭje, 389.

avorŭ, 408.

Avraamovŭ, 370.

aʒno (jaʒno), aʒino, 172, 204, 442.

ǫda (ǫdica), 320.

ǫdica, 346.

ǫdolĭ, 162, 266

ǫdolĭje, 383.

ǫglĭ, 417.

ǫgŭlŭ, 183.

ǫkotĭ, 280.

ǫrodivŭ, 366.

ǫrodŭ, 232.

ǫsobica, 346.

ǫtĭlŭ, 421.

ǫtrĭ, 157, 167.

ADDITIONS ET CORRECTIONS[1]

Observation sur l'ensemble de l'ouvrage. — Toutes les
citations du Suprasliensis renvoient à l'édition de Miklosich ;
l'édition nouvelle de M. S. Sever'janov, qui a paru durant
l'impression du présent ouvrage, n'a pu être utilisée ; il ne
semble pas que l'emploi de la nouvelle édition eût rien
changé d'important à l'exposé ci-dessus ; mais, comme
M. Sever'janov a eu le tort de ne pas marquer la concor-
dance de son édition avec l'édition princeps à laquelle on a
toujours renvoyé jusqu'à présent, les citations seront difficiles
à retrouver dans la nouvelle édition.

P. xi. L'étude sur le vocalisme, annoncée dans le premier
fascicule de cet ouvrage (lequel a paru en 1902), sera insérée
dans un périodique, afin de ne pas grossir démesurément le
volume.

P. 8 et suiv. M. E. Boehme a publié une dissertation inau-
gurale, *Die actiones der verba simplicia in den altbulgarischen
sprachdenkmälern* (Leipzig, 1904), qui complète et rectifie sur
plusieurs points de détail, notamment sur la valeur des types
veza et *voža,* l'exposé fait ci-dessus. Sur les questions générales, la doctrine de M. Boehme ne diffère guère de ce qui
a été indiqué ici. M. Boehme, p. 10, déclare fausse la formule que *l'existence d'un itératif est le criterium essentiel du caractère perfectif d'un verbe donné* ; mais, quand il affirme que le
criterium en question est l'existence d'un système, il repro-

1. Sur les 190 premières pages, v. aussi p. 191.

duit en termes un peu différents la substance du paragraphe dont cette formule est la conclusion. Il est vrai que, dans un certain nombre de cas, l'existence d'un itératif n'établit pas le caractère perfectif du verbe correspondant; mais ceci n'arrive guère que pour une seule catégorie d'itératifs, ceux du type indo-européen, c'est-à-dire pour *goniti, nositi, voditi,* etc. (v. ci-dessus, p. 33 et p. 44); comme *stojati, sěděti,* etc., ces verbes demeurent imperfectifs même après addition de préverbes parce qu'ils sont essentiellement duratifs (v. ci-dessus, p. 36 et suiv.) ; mais ils ne sont pas dérivés de *gŭnati, nesti, vesti,* etc. ; et c'est pour cela qu'ils n'établissent pas le caractère perfectif de ces verbes : pour qu'un itératif suffise à prouver le caractère perfectif d'un verbe, il faut qu'il en soit dérivé, comme *padati* l'est de *pasti* ou *raždati* de *roditi.* Sous le bénéfice de cette réserve, la formule attaquée par M. Boehme est valable en vieux slave, la seule langue à laquelle on ait prétendu l'appliquer.

P. 15 et suiv. : *metają (mětają)* sert d'itératif au perfectif *vrŭgą.*

P. 33, l. 4̃; la forme *prašajęi* est fausse; le texte porte *praštajęi.*

P. 43, l. 7 du bas, lire *çamnīte,* au lieu de *camnīte.*

P. 46, l. 9, lire : la valeur perfective, au lieu de la valeur itérative.

P. 55 et suiv. Dans la 4ᵉ édition de son *Handbuch* (1905), M. Leskien reconnaît nettement, p. 161, que, à l'époque historique, l'itératif joue le rôle d'un imperfectif pur et simple ; mais il maintient que, à l'origine, l'itératif avait une valeur réellement itérative, sans indiquer sur quoi repose son affirmation (il n'apparaît pas que le verbe *bivati,* cité par M. Leskien, *l. c.,* p. 159, existe en vieux slave) ; et il soutient que les préverbes rendaient perfectif à l'origine tout verbe slave, fût-il itératif; mais on a vu, ci-dessus, p. 36 et suiv., que nombre de verbes imperfectifs, même non itératifs, demeurent imperfectifs après l'addition d'un préverbe.

P. 78, l. 1 du bas; à propos de *nepomračją̌štiimĭ,* il convient de noter que le Suprasliensis présente un très grand nombre d'exemples de participes présents perfectifs accompagnés de *ne* pour indiquer une impossibilité ; par exemple *nepobědimŭ*

« invincible », Supr., 44, 7 (et Cloz., 780); *neprèidomŭ* « impossible à dépasser », Supr., 293, 8 ; *neistrŭgnomŭ* « non arrachable », Supr., 442, 7 ; *nepočuję* « insensible », Supr., 312, 1 : *nepoxvalę* « qui ne loue pas », Supr., 378, 29 ; *neuvęždę* « qui ne se flétrit pas », Supr., 260, 10 ; les exemples sont surtout fréquents avec les participes passifs.

P. 124, l. 5, lire : prononciation dure, au lieu de : prononciation molle.

P. 128, l. 9, lire : r. *nôč'*.

P. 129, l. 1, lire : *lędvĭję*, au lieu de : *lędva*.

P. 131, l. 1, lire : tch. *dvihnouti*.

P. 137, l. 3, lire : *prižitŭ*.

P. 149, l. 7, lire : -*ĕn*-, -*ōn*-, au lieu de : -*ĕu*-, -*ōu*-.

P. 156. Dans son étude, *Der indogermanische ablativ* (Marburg, 1903), p. 16 et suiv., M. C. Kappus a aussi constaté (sans connaître l'étude ci-dessus, parue seulement en 1902) que *ot-* était une forme authentique du slave ; le rapprochement qu'il propose avec got. *id-*, v. irl. *aith-* se concilie bien avec l'hypothèse proposée ici.

P. 159, l. 12 et suiv. M. Fortunatov enseigne de son côté que *jino-* « un » sort de **ino-* ; v. *Izvêstija* de la section de langue et littérature russes de l'Académie de Saint-Pétersbourg, VI, 4, p. 293.

P. 163, l. 2 du bas et suiv. ; à cette liste d'exemples, il faut ajouter *slanǫtŭkŭ*, Supr., 30, 10, *slanutŭkŭ*, Supr., 29, 22 et 30, 14.

P. 164, l. 7 du bas, lire : *Handbuch* et *Formenlehre*.

P. 168, l. 9 et suiv. ; il aurait fallu citer avant tout l'exposé de M. Johansson, I. F., II, 16.

P. 168, l. 14 du bas ; le *je-* de *nejęsytĭ*, etc., n'est pas une négation, mais simplement un élément verbal (cf. *jęti*), comme dans *nevêglasŭ* ; v. Pogodin, *Slêdy kornej osnov*, p. 130.

P. 175. M. Vondrák avait déjà indiqué, dans son travail *Zur kritik* (S. W. A. W., CXII), 775, que *tuždĭ* provient d'une dissimilation ; cette dissimilation doit être postérieure à celle qui a abouti à *žějǫ* ; ceci tient sans doute à ce qu'il s'agit d'un mot emprunté qui ne figurait pas encore dans la langue au moment où a commencé d'agir la loi de dissimilation ; de là vient l'hésitation entre *tuždĭ*, qui marque une dernière phase d'activité de la dissimilation, et *štuždĭ*, r. *čužo'j*, pol. *cudzy*, qui représentent **tjudje-* sans dissimilation.

P. 178, l. 9, lire : ἐπιφώσκειν.

P. 182, l. 1 du bas, lire : (Supr., 370, 25), semble re-.

P. 183, l. 16, lire : s. *pògača*, au lieu de : r. *pògača*.

P. 186, l. 9, lire : r. *kotlá*.

P. 186, l. 4 du bas. On notera que le sl. *monastyrjĭ* repose sur **monastŭrjo-*, et non sur **monistŭrjo-*, forme que ferait attendre le germanique (cf. M. Grammont, *Revue des langues romanes*, 1904, p. 92) ; la forme slave est relativement savante.

P. 188 ; *aromatŭ* sort d'une forme byzantine ἀρώματον (Solmsen, *Deutsche litteraturzeit.*, 1903, col. 2199).

P. 189, l. 9 du bas. Sur la transcription de gr. υ en copte et en arménien, v. Thumb, I. F., VIII, 195 et suiv. ; l'υ n'est entièrement confondu avec ι qu'à date très basse.

P. 191 ; supprimer la correction relative à la page 96, l. 17.

P. 208, l. 8, ajouter : Le zd *maxšī-* « mouche » est à skr. *makṣ-* ce que gr. μυῖα est à i.-e. **mus-*.

P. 225, entre la l. 7 et la l. 8, ajouter : l'accusatif pluriel *zavory* « verrous », Supr., 233, 16, peut appartenir, soit à *zavorŭ*, soit à *zavora* (cf. *zavrěti*), qui sont tous deux attestés.

P. 235, l. 9 du bas, l. *gadŭ*, au lieu de *godŭ*.

P. 245, titre, lire : **-ā-*, au lieu de : *-ā-*.

P. 249, l. 8 du bas ; les rapprochements avec *klada* qui sont indiqués ici sont douteux ; on pourrait aussi voir dans *-da* un suffixe et rapprocher v. sl. *koljǫ, klati*.

P. 283, l. 16 du bas, lire : *radoštami*.

P. 284, l. 12 du bas, lire : *grŭdynji*.

P. 298, avant la l. 3 du bas, ajouter : *klokotŭ* « bruit de l'eau qui bout » ; le Suprasliensis, 170, 14 et 27, a le verbe dérivé *klokotati* ; cf. aussi pol. *klekot* « cliquetis », d'où *klekotac'*.

P. 300, l. 16 du bas, lire : Les premières de ces formes, au lieu de : Toutes ces formes.

P. 305, l. 14 du bas. Ajouter : Pourtant on explique got. *bandwa* « signe » par **bhontwā̆*, cf. gr. φαίνω ; v. Uhlenbeck, PBSB, XXX, 264.

P. 328, l. 3, lire : aux adjectifs.

P. 333, l. 18, lire : Le suffixe *-ko-*.

P. 343, l. 9 du bas, lire : d'un thème *sų̆ln-* que suppose..., au lieu de : qui suppose.

P. 346, l. 12 et 13 du bas, lire : *bagŭrĕnŭ, bagŭrĕnica,* avec *ŭ* entre *g* et *r*.

P. 363, l. 21, lire : *gývas.*

P. 376, l. 10 et suiv., la forme *gospodinjĭ* est confirmée par l'édition Sever'janov, p. 365, 24.

P. 391, l. 8. On notera que *pozorataji* est à *pozorŭ* ce que gr. δεσμώτης est à δεσμός.

P. 391, l. 3 du bas, *košĭ* est le dérivé en *-yo-* d'un thème à suffixe zéro d'où sort d'autre part le lat. *quas-slo-* (v. W. Schulze, *Lat. personennamen,* 462 ; dans *Abh. Ges. Wiss. z. Göttingen, phil. hist. Kl.,* N. F., V, 2).

P. 435, l. 10 du bas, l. r. *tě́snyj.*

TABLE DES MATIÈRES DE LA DEUXIÈME PARTIE[1]

---

1. La table des matières de la première partie (pp. i-xii et 1-192), parue en 1902, se trouve dans cette première partie, avant l'Avertissement, p. ix.